사기열전(史記列傳)

1. 본서는 『사기열전』 전 70편 가운데 대중적으로 읽힐만한 편을 선별하여 모두 26편을 우리말로 번역하였다.

2. 번역의 저본(底本)은 사고전서본(四庫全書本) 『사기(史記)』를 썼으며, 부산방(冨山房)에서 간행한 『사기열전(史記列傳)』(上, 下)을 참조하였다.

3. 현재 통용되는 『사기』는 저소손(褚少孫)이 보충한 부분을 포함하고 있으나, 본서에서는 사마천의 「열전」 중에서도 일부를 선별하여 실은 만큼, 저소손이 보충한 부분은 제외하였다. 예를 들면 『골계열전』이 그러하다.

4. 각편의 순서는 『사기열전』의 순서를 따랐다.

5. 각편의 제목은 『사기열전』의 편명을 따랐으며, 추가로 등장하는 인물이 있는 경우, 소제목으로 인물을 병기하였다.

6. 구, 절, 문장을 인용한 경우는 따옴표["", ['']로 표시하였다.

7. 서명은 『 』로 표시하고, 편명은 「 」로 표시하였다.

8. 제후국의 왕인 경우 생몰년이 아닌 재위기간을 병기하였다.

고전의 향기 ③

사기
열전

사마천司馬遷 **저** / 조장연 **역주**

㈜삼양미디어

인류가 소리를 담는 기술을 개발한 지 한 세기가 지났다. 현재의 우리들에게 축음기 또는 녹음기는 너무도 당연한 기계이겠지만, 1세기 전만 해도 그것은 참으로 신기한 것이었다. 인류는 그 도구로 인해 과거에는 상상하지 못했던 일들을 일상에서 즐기고 있다. 바로 음악, 노래가 그것이다. 이미 이 세상 사람이 아닌 마이클 잭슨의 노래가 듣고 싶으면 우리는 언제든지 그 노래를 들을 수 있다. 콘서트장에 갈 필요도 없고, 굳이 그가 생존해 있을 필요도 없다. 하지만 축음기 발명 이전의 음악에는 이렇게 쉽게 다가갈 수 없다. 모차르트와 베토벤이 작곡한 많은 곡들은 그 악보만 있을 뿐, 현재의 우리들은 당시에 모차르트와 베토벤이 그들의 곡들을 어떻게 지휘하고 연주했는지 정확히 알지 못한다. 여기서 그 음악을 연주하고 또 그 연주를 지휘하는 사람들의 해석이 필요하게 된다. 해석은 클래식 음악이 있게 된 기반이다. 마찬가지로 책으로 전승되는 고전도 끊임없는 해석이 필요하다. 모차르트와 베토벤이 남긴 악보를 보면서 그의 음악을 상상하듯이 동양 고전을 읽으면서 그 생각을 가늠해볼 수 있을 것이다. 그 해석은 작자 본연의 생각에 얼마만큼 다가가느냐 하는 것이 기준이 될 수도 있겠지만, 현재에 얼마나 설득력 있는 재해석을 이루어내느냐 하는 것도 중요하다. 따라서 그 해석은 우리들이 지금 그 고전을 대하는 자세이자 독자의 관점에서 고전에 담고자 하는 바람이기도 하다.

시대가 달라지면 많은 것이 바뀐다. 같은 문자, 같은 단어로 표기되어 있어도 의미전달에 어려움을 겪기 일쑤다. 통상 번역은 다른 언어권의 작품을 모국어로 바꾸는 작업을 의미하지만, 시대의 간극으로 해독이 어려운 것을 좀 더 쉬운 표현으로 전달하는 것을 의미하기도 한다.

유럽의 언어와는 달리 과거 동북아시아의 대표적인 언어는 오랫동안 뜻글자인 한자로 표기되었다. 이런 문자적 특성은 유럽에서 민족 언어에 기반을 둔 번역이 일상화 된 것과는 달리 좀 색다른 형태의 해석방식을 낳았다. 즉, 하나의 문장을 통째로 다른 언어 또는 현대적 언어로 번역하는 것이 아니라 '주석(註釋)'의 형태로 보완하는 것이다. 그 주석은 핵심적인 단어나 난해한 문구만을 풀이 또는 해설하는 방식이었다. 같은 한자라 하더라도 시대에 따라 그 통용되는 의미와 활용이 달랐기 때문에, 주석은 동시대인들에게 익숙한 표현을 요구할 뿐, 오랜 기간 그 주석의 형태를 벗어나는 일은 찾아보기 어려웠다.

이러한 고전의 주석은 우리나라에서도 예외가 아니었다. 조선 초기에 한글이 창제되고 우리 글자로 보급되었다. 조선의 한글 작품은 세종대 이후로 꾸준히 찾아볼 수 있으며, 선조대에 이르면 유교 경전을 한글로 번역한 작품이 등장하기도 하였으나, 글 쓰는 습관은 오랜 기간 유지되어 오던 한자문화권의 범위를 벗어나지 못하였다. 여전히 한자는 학술언어로서의 위치를 확고히 하면서 한자를 모르는 이들에게 아예 그 내용에 접근조차 못 하게 하는 커다란 장벽이었다. 현재에도 그 난맥은 고전에 다가서려는 일반인들에게 그대로 재현된다. 과거에는 한문을 익히고 나서 글 읽기를 하였다면, 이제는 번역된 고전을 통한 글 읽기가 대부분이다. 한문이 낯설어지고, 번역을 통한 글 읽기가 현대인들에게는 필수가 되어버린 것이다. 이러한 이유로 현대에는 다른 언어의 번역 못지않게 고전의 번역이 중요한 부분을 차지한다. 지금까지는 주석으로 대신하던 글 읽기가 번역을 통해서야 가능해진 것이다.

『사기』는 역사서이다. 역사서는 사실 기록에 기초하기 때문에 문학이나 철학과 관련된 서적에 비해서 의미 전달이 명확하다. 이 때문에 그 번역도 상대적으로 쉽다고 할 수 있다. 그러나 풀어쓰는 방식을 어느 선까지 해야 하는지에 대한 합의가 필요한 만큼, 여전히 현대적 표현으로 전환하는 작업은 까다로울 수밖에 없다.

통상 경전의 반열에 오른 서적들은 그 원문에 대한 배려가 특별하여 해석을 하면서도 원문을 병기하는 경우가 많았다. 역사서이면서 경전으로 취급되는 서적을 꼽는다면, 『서경』과 『춘추』를 들 수 있을 것이다. 그에 비하면 『사기』는 좀 망설여진다. 이것이 『사기』의 경우 한문과 병기되는 번역문을 찾아보기 어려운 이유일 수도 있겠다. 게다가 원문 대조가 용이하지 않으면 의역(意譯)의 심도 조절 문제가 바로 나타난다. 어디까지 각주로 처리하고 어디까지 본문에 노출시켜야 할지를 정하는 것도 빠뜨릴 수 없는 고민이다. 여기에 한문 본연의 문체까지 염두에 두려면 이중 삼중의 단계가 필요해진다. 이래서 번역은 어렵다.

『사기』가 후대에 다른 역사서들에 비해 특별히 주목받는 이유는 「열전」의 편집에 있다고 해도 과언이 아니다. 역사서는 일기처럼 날짜를 중심으로 서술할 수도 있고, 하나의 사건을 중심으로 그 시작과 마무리까지를 서술할 수도 있으며, 한 인물이나 주제를 놓고 정리할 수도 있다. 『사기열전』은 이 가운데 가장 마지막 방식으로 쓰였으며, 모두 70편의 인물 또는 주제를 담고 있다. 본 저서에는 이 70편 중 태사공자서를 비롯한 사마천의 삶을 엿볼 수 있는 자료들을 통해 제1부를 구성하였다. 그리고 70편 가운데 26편을 선별하여 제2부를 구성하였다. 독자의 입장에서는 원문의 내용과 문체를 그대로 재현하는 탁월한 번역자와 인연을 맺는 것이 가장 바람직한 책 읽기지만, 여전히 번역자의 창이라는 한계를 넘어서기 어렵다. 하여 본 서적에 흥미를 느꼈다면, 원문에 바탕을 둔 글 읽기에도 한 번 도전해 보길 권한다.

目次

목차

고전의 향기 청고고아(淸古高雅)

史記列傳

제 1 부

사마천과 『사기』

1. 역사서술의 가문

　2015년 국내에서 개봉한 「이미테이션 게임」은 영국의 수학자인 앨런 튜링
(Alan Turing, 1912~1954)의 생애를 영화로 만든 작품이다. 앨런은 뛰어난 수학
적 재능으로 해독이 불가능했던 독일의 암호화된 전문을 풀이하여 연합군 승리
의 결정적 역할을 하였다. 그 공로와는 별도로, 동성애자였던 그는 재판을 통해
감옥과 화학적 거세의 선택을 강요받게 되는데, 자신이 손수 만들었던 암호 해
독기와 떨어져 지내는 감옥행 대신 화학적 거세를 선택한다. 대부분의 남자라
면 아마도 감옥에서의 격리수용을 선택했을 것이다. 영화적 상상력으로 치부되

는 장면이지만, 앨런 튜링의 선택은 일찍이 궁형을 감내했던 사마천을 기억하는 이들에게 묘한 유사성을 느끼게 한다. 앨런과 사마천은 무엇을 지키는 것이 더 자신에게 절실한 것인지의 기로에서 비슷한 선택을 하였기 때문이다.

『사기』의 저자로 알려진 사마천의 일생은 자신의 저서 속에 등장했던 수많은 인물만큼이나 비극적이고 다채로웠다. 「태사공자서」에 의하면, 그는 자신의 가문인 사마씨(司馬氏)의 기원을 여(黎)라는 인물에서 찾고 있는데, 그는 상고시대의 통치자였던 전욱(顓頊)의 신하였다. 여를 필두로 이어진 가업은 천문과 지리를 담당했던 사관(史官)이었으며, 부친인 사마담과 자신의 역할도 그 전통 위에 있었다.

사마천은 동중서(董仲舒)에게서 춘추공양학(春秋公羊學)을, 공안국(孔安國)에게서 『고문상서(古文尙書)』를 배웠다. 한 제국 성립 후에 민간에서 서적의 유통을 금지했던 협서율(挾書律)이 폐지되고, 과거의 사상서들이 경전으로 연구되기 시작하였는데, 그 경전은 금문(今文)과 고문(古文)이라는 두 가지 다른 판본으로 나뉜다. 한 제국 초기에 오경을 암송하는 원로학자들을 통해 전승되어 당시의 문자로 기록된 것을 금문이라고 하며, 진(秦)의 분서갱유 때 파기되지 않고 숨겨졌다가 후대에 발견된 옛 문자체의 기록을 고문이라고 한다. 한나라는 전한과 후한을 거쳐 금문경학과 고문경학이 크게 융성했던 시기였다. 다행스럽게도 사마천은 비교적 이른 시기에 그 두 가지 학문 경향을 대가들에게 접할 수 있었다.

20세 무렵에는 호남(湖南)과 강남(江南)의 각지를 여행하면서 고대의 유적을 직접 살폈고 그 풍토와 민심을 익혔다. 그 뒤 30대에 이르러서 무제(武帝)의 명을 받아 파(巴)·촉(蜀)·곤명(昆明) 지역을 원정하였는데, 이 두 차례에 걸친 답사는 후에 『사기』의 집필에 실증적 기초를 쌓게 되는 요인이 되었다.

이 시기는 한나라뿐만 아니라 중국의 학술사에서도 대단히 중요한 기점이 된다. 문경지치(文景之治:문제와 경제의 치세)로 평가받는 한대 초기의 전성기가 무제(武帝) 대에 이르러 과도한 해외 원정과 대토목 사업으로 인해 쇠퇴의 길로 접어들었지만, 학술사 측면에서는 유학의 첫 번째 재평가가 진행되면서, 오경을 중심으로 한 유학이 전국시대까지의 그 위상과는 비교할 수 없는 주목을 받왔다.

부친 사마담이 바라보는 당대의 학술은 한무제(재위:B.C. 141~B.C. 87)가 추진했던 독존유술(獨尊儒術)과는 다른 방향이었던 듯하다. 그가 남긴 「논육가지요지(論六家之要旨: 6개 학파의 요지를 논함)」에는 당시의 대표적인 학술을 음양가(陰陽家)·유가(儒家)·묵가(墨家)·명가(名家)·법가(法家)·도가(道家) 등 육가(六家)로 요약하면서, 이 가운데에서 가장 균형잡힌 학문으로 유가가 아닌 도가를 꼽고 있다. 그가 이 글을 쓰던 시기는 두태후(竇太后)가 무제보다 큰 권력을 쥐고 있던 시기였는데, 그 두태후가 선호했던 것이 황로학(黃老學)이었다. 아마도 사마담의 학술적 태도는 이러한 당시의 분위기에 코드를 맞춘 것으로 보인다. 도가를 유가(儒家)에 앞서 두었던 그의 논조는 무제의 정책에 대한 비판적 입장을 보여주는 것이며, 한대의 학술이 여전히 황로학의 성격을 띠고 있음을 반증하는 사례라 할 것이다.

또한 자기 스스로 공자의 업적에 준하는 무엇을 이루겠다는 야심찬 포부를 다음과 같이 밝히기도 하였다. "주공(周公)이 죽고 난 뒤 500년 만에 공자가 태어났다. 그리고 공자가 죽고 난 뒤 오늘에 이르기까지 500년이 지났으니, 다시 밝은 세상을 계승하고 『역전』을 정정하고, 『춘추』를 계속하고, 『시』·『서』·『예』·『악』의 근본을 구명할 수 있을 사람이 나타날 것이다." 그의 포부란 다름 아닌 한대(漢代)까지의 중국 역사를 총정리하는 학술사업이었다.

그러나 사마담은 한나라에서 최초로 치러졌던 봉선(封禪) 의식에 참여하지 못하고 병을 얻어 죽게 되었고, 그 사명은 자연히 아들 사마천에게 이어졌다. 사마천은 부친의 벼슬을 이어받아 한나라 최초의 역법인 태초력(太初曆)을 산정하는 한편 엄청난 분량의 역사 자료를 정리하였다.

2. 치욕적 형벌

사마천에게 부친 사마담(司馬談)의 임종만큼이나 자신의 삶에 큰 획을 그은 사건은 궁형(宮刑)에 처해진 상황이었을 것이다. 사마천이 궁형을 당한 것은 흉노족 토벌에 나섰다가 포로로 귀환한 장군 이릉(李陵)을 옹호했기 때문이다. 이릉 장군은 5천 명의 기병을 이끌고 흉노족의 본거지에 깊숙이 쳐들어가 10여 일 동안 전공을 세웠다. 그러나 곧 그의 군사는 화살이 바닥난 채 구원군조차 오지 않는 상황에서 8만의 적군에 포위되어 투항하였다. 당시 이릉과 함께 흉노족 토벌에 나선 총사령관 이광리(李廣利)는 무제의 총애를 받았던 이희(李姬)와 남매지간이었기에, 이릉에 대한 변호는 자연스럽게 이광리에 대한 비난으로 비춰질 수 있었다. 대부분의 관료들은 이 미묘한 문제를 거론하지 못하였다. 사마천은 평소에 이릉을 선비와 같은 기품을 가진 인물로 보고, 그의 투항도 후일 조국에 다시 봉사하겠다는 충정이라고 변호하였다. 하지만 이는 무제의 노여움을 사는 빌미가 되고 만다.

궁형이란 생식기를 제거하는 형벌이다. 『서경』에 의하면 고대의 형벌은 크게 다섯 가지로 나뉘는데, 얼굴에 문신을 하는 묵형(墨刑), 코를 베는 의형(劓刑), 발목 힘줄을 제거하는 족형(足刑), 궁형, 그리고 대벽(大辟:사형)이 그것이다. 그 중 궁형은 대벽 다음으로 무거운 형벌에 해당한다. 물론 한나라의 법에 구제책이 없는 것은 아니어서 재물로 속죄(贖罪)하는 방법이 있었다. 그러나 그 비용은 당시 개인이 감당하기에는 엄청나게 컸다고 한다. 하여 통상 그 형벌을 받게 되면 스스로 목숨을 끊는 경우가 많았다. 이를 두고 그는 「임안(任安:少卿)에게 보내는 편지[報任少卿書]」에서 다음과 같이 회고하였다.

"천한 노예와 하녀조차도 자결할 수 있습니다. 저 또한 그렇게 하려 했다면 언제든지 할 수 있었습니다. 그러나 그 고통과 굴욕을 참아내며 구차하게 삶을 이어가는 까닭은, 가슴 속에 품고 있는 숙원이 있어 비루하게 세상에서 사라질 경우 후세에 문장을 전하지 못함을 안타깝게 여겼기 때문입니다."

사마천 역시 그리할 수도 있는 상황이었을 텐데, 그를 붙잡은 것은 무엇이었을까? 그리고 그 문장이란 무엇일까? 그는 과거의 역사적 사실 속에서 자신의 처지를 반추하였다.

"무릇 『시』나 『서』에서 뜻이 은미하고 언사가 간략한 것은 마음속에 있는 의지를 실현하고자 하였던 것이었다. 옛날 문왕은 은나라의 주(紂)에 의해 유리(羑里)에 억류되어 있었기 때문에 『주역』의 팔괘를 육십사괘로 연역하였고, 공자는 진나라와 채나라의 국경에서 위험한 순간을 겪고 나서 『춘추』를 지었으며, 굴원은 왕실에서 추방된 뒤에 「이소(離騷)」를 지었으며, 좌구명(左丘明)은 시력을 상실하고 나서 『국어(國語)』를 편찬하였고, 손빈(孫臏)은 다리를 잘리고 나서 병법을 논찬하였으며, 여불위(呂不韋)는 촉(蜀)으로 좌천되고 난 뒤 세상에 『여람(呂覽)』을 전하였으며, 한비자(韓非子)는 진(秦)나라에 갇힘으로써 「세난(說難)」과 「고분(孤憤)」이 세상에 있게 되었으며, 『시』 300편도 대체로 현성(賢聖)들이 자기의 비분을 촉발하여 지은 것이다. 이런 사람들은 모두 마음속에 울분이 맺혀 있으되 그것을 시원하게 풀어버릴 방법이 따로 없어서 이에 지난날을 서술하여 미래에 희망을 걸어본 것이었다.(「태사공자서」)"

이후 사마천은 명석한 환관이 필요했던 무제의 부름을 다시 받게 된다. 무제의 잦은 내전(內殿) 출입으로 자연스럽게 내전출입이 자유로운 거세된 관리의 필요성이 부각되었고, 그는 환관 최고의 관직인 중서령(中書令)에 발탁되었다. 이로 인해 다시 부친의 유명을 다할 기회를 얻은 셈이었다. 한 번의 형벌과 또 한 번의 임용은 사마천의 생애에 중요한 기점이 되었다. 진리와 정의가 천명(天命)의 이름으로 존재한다면 자신의 이러한 처지를 어떻게 정당화시킬 수 있는 것일까? 그는 이러한 물음에 답해야 했다.

사마천은 스스로 훌륭한 관료를 네 가지로 꼽고 있다. 군주를 잘 모시는 것, 유능한 자를 추천하는 것, 전쟁에서 승리하는 것, 공적을 주변과 함께 하는 것이 그것인데, 자신은 그중 하나도 제대로 이루지 못하였음을 고백하고 있다. 그러나 그가 구구한 생명을 유지하는 가장 큰 이유는 바로 다름 아닌 인간다움의 실현이라 할 수 있다. 그리고 이것은 더 나아가 인류의 고귀함을 실현하는 것이었다. 정의와 진리는 저절로 존재하고 구현되는 것이 아니다. 누군가가 그것을 확인하고 발현하려는 노력이 뒷받침되어야 가능한 것이다. 그는 그 노력의 당사자로 자임하면서 삶의 이유와 그 삶의 목표를 찾아 나갔다.

3. 역사서술의 전형(典型)

『사기』는 중국 역사에서 그 분량과 내용을 따져볼 때 작자가 분명한 가장 위대한 단일 저작으로 꼽히며, 그 후의 '정사(正史)' 체제를 확립한 업적으로 평가받는다. 『사기』는 정치(政治) · 문화(文化) · 경제(經濟) · 지지(地誌) · 예악(禮樂) · 문예(文藝) · 관제(官制) · 율력(律曆) 등에 관한 내용을 모두 갖추고 있으며, 인의도덕(仁義道德)의 이념적 측면과 치란(治亂)과 욕망 등 현실적 측면까지 입체적으로 접근할 수 있는 다양한 창을 지니고 있다. 『사기』는 중국의 전설적인 군주인 황제(黃帝)에서 한나라 무제(武帝)까지 약 3,000년에 걸친 시대의 역사를 담고 있는데, 국가가 아닌 개인의 역사편찬물로는 타의 추종을 불허한다. 본래 '사기(史記)'는 역사서의 통칭으로서 어떤 하나의 지정된 서명(書名)은 아니었다. 그러나 그것이 위(魏)나라에 이르러 '태사공기(太史公記)'의 약칭으로서 사마천의 글을 가리키게 되었다고 한다. 『사기』는 「본기(本紀)」 12편, 「서(書)」 8편, 「표(表)」 10편, 「세가(世家)」 30편, 「열전(列傳)」 70편 등, 총 130편으로 구성되어 있다. 그 분량은 대략 52만 6천 5백 자이다. 현재의 『논어』, 『맹자』와 오경(五經) 외에 『주례』, 『의례』, 『효경』, 『이아』 등을 합해 십삼경(十三經)이라 통칭하는데, 이 경전들을 모두 합한 글자 수가 대략 63만 자에 달하니, 『사기』의 방대함을 짐작할 수 있을 것이다.

전설시대에서 한나라 때까지의 왕조 흥망사를 다루고 있는 본기는 「오제본기(五帝本紀)」, 「하본기(夏本紀)」, 「은본기(殷本紀)」, 「주본기(周本紀)」, 「진본기(秦本紀)」, 「진시황본기(秦始皇本紀)」, 「항우본기(項羽本紀)」, 한나라의 「고조본기(高祖本紀)」,

「여후본기(呂后本紀)」, 「효문본기(孝文本紀)」, 「효경본기(孝景本紀)」, 「효무본기(孝武本紀)」의 12권으로 되어 있다. 특히 항우는 왕조를 수립하지는 못했으나 『본기』에 편입되어 있는데, 한나라와 자웅을 겨루었던 초나라를 역사의 한 축으로 이해하고 있음을 알 수 있다. 「항우본기」는 그 내용 뿐 아니라 문장으로도 후대의 좋은 평가를 받았다.

「표(表)」는 연표(年表)에 해당하는데, 「삼대세표(三代世表)」, 「십이제후연표(十二諸侯年表)」, 「육국연표(六國年表)」, 「진초지제월표(秦楚之際月表)」, 「한흥이래제후왕연표(漢興以來諸侯王年表)」, 「고조공신후자연표(高祖功臣侯者年表)」, 「혜경간후자연표(惠景間侯者年表)」, 「건원이래후자연표(建元以來侯者年表)」, 「건원이래왕자후자연표(建元已來王子侯者年表)」, 「한흥이래장상명신연표(漢興以來將相名臣年表)」 등이다. 하·은·주 삼대에서 춘추전국시대의 제후국 및 한 왕조에 이르는 왕위 계승관계를 엿볼 수 있으며, 특히 한나라의 경우는 제후, 왕족, 중신 등을 체계적으로 분류해 그 전모를 쉽게 알아볼 수 있게 하였다.

「서(書)」는 「예서(禮書)」, 「악서(樂書)」, 「율서(律書)」, 「역서(歷書)」, 「천관서(天官書)」, 「봉선서(封禪書)」, 「하거서(河渠書)」, 「평준서(平準書)」 등인데, 예악과 음률, 역법, 천문, 법률, 치수(治水), 경제 등의 제도 연혁을 정리해 놓았다.

「세가(世家)」는 「오태백세가(吳太伯世家)」, 「제태공세가(齊太公世家)」, 「노주공세가(魯周公世家)」, 「연소공세가(燕召公世家)」, 「관채세가(管蔡世家)」, 「진기세가(陳杞世家)」, 「위강숙세가(衛康叔世家)」, 「송미자세가(宋微子世家)」, 「진세가(晉世家)」, 「초세가(楚世家)」, 「월왕구천세가(越王句踐世家)」, 「정세가(鄭世家)」, 「조세가(趙世家)」, 「위세가(魏世家)」, 「한세가(韓世家)」, 「전경중완세가(田敬仲完世家)」, 「공자세가(孔子世家)」, 「진섭세가(陳涉世家)」, 「외척세가(外戚世家)」, 「초원왕세가(楚元王世家)」, 「형연세가(荊燕世家)」, 「제도혜왕세가(齊悼惠王世家)」, 「소상국세가(蕭相國世家)」, 「조상국세가(曹相國世家)」, 「유후세가(留侯世家)」, 「진승상세가(陳丞相世家)」, 「강후주발세가(絳侯周勃世家)」, 「양효왕세가(梁孝王世家)」, 「오종세가(五宗世家)」, 「삼왕세가(三王世家)」 등 모두 30편에 이른다. 특기할 부분은 공자는 당시에 제후의 신분이 아니었음에도 세가를 별도로 두고 있는데, 이러한 면은 공자에 대한 사마천의 남다른 존숭을 엿볼 수 있는 대목이다.

그 가운데 왕조 또는 군왕의 일생을 담은 '본기'와 분량상 가장 큰 부분을 차지하는 '열전'이 핵심을 이루는데, 이 둘을 합해서 사기의 서술 특징을 '기전체(紀傳體)'라고 한다. 기존의 역사서술 방법은 시대별로 정리하는 것으로, 역사서로 경전의 지위에 오른 『춘추』가 대표적이다. 『사기』는 기존의 서술방식과는 차별화된 방식으로 서술되었으며, 차후 동아시아 역사 서술방식의 중요한 모델이 되었다. 아울러 『춘추』가 포폄을 통해 모든 역사적 사실을 그 잘잘못을 반영하여 기술하던 것과는 달리, 그 실상을 객관적으로 서술함으로써 직접적인 평가를 최대한 감추는 방식의 서술을 함으로써, 후대의 평가에 돌리는 방식도 색다른 서술방식이라 할 것이다. 이는 후세의 정통으로 굳어져 대대로 계승되었다. 이후 중국의 정사(正史)는 모두 『사기』의 기술형태를 따른 것이며, 우리나라의 대표적 사서(史書)인 『삼국사기』나 『고려사』도 사기의 영향을 받은 것이다.

그 대표적인 주석서로는 남북조시대 송(宋)나라 배인(裵駰)의 『사기집해(史記集解)』, 당대(唐代) 사마정(司馬貞)의 『사기색은(史記索隱)』, 장수절(張守節)의 『사기정의(史記正義)』 등이 있다. 이 세 학자의 주석은 중국 중화서국(中華書局)에서 삼가주본(三家注本)으로 통합되어 발간되었다. 그리고 명대에 출간된 『사기평림(史記評林)』과 비교적 최근의 인물인 다카가와 가메타로(川龜太郞)의 『사기회주고증(史記會注考證)』이 그 뒤의 학자들의 견해와 누락된 내용들을 덧붙여 놓아서 참고할 만하다.

4. 썩지 않고 남는 것

『사기』의 백미는 열전에 있다. 그 시작이 「백이열전」이요, 그 끝이 「태사공자서」이다. 대부분의 열전에서 사마천은 끝 무렵에 짤막한 논평으로 마무리를 하고 있지만, 「태사공자서」와 「백이열전」에서만큼은 예외이다. 전체가 하나의 논문에 해당할 정도로 정돈된 논조로 이루어져 있으며 그 논거와 주장도 일관되어 있다. 이러한 이유로 『사기』 집필 동기와 그의 사상을 가장 손쉽게 엿볼 수 있는 것이 바로 이 두 편의 글이다.

책의 가장 앞이 어떤 얘기로 시작되는가 하는 것은 매우 중요한 문제이다. 그 전체를 가늠할 수 있는 지표가 되기 때문이다. 이러한 이유로 당나라 때에는 조칙을 내려 「백이열전」 앞에 「노장신한열전(老莊申韓列傳)」을 둔 적이 있었다. 당나라에서 숭상했던 것이 도가와 불교였기에 가능했던 일이다. 그럼 백이와 숙제는 어떤 인물이겠는가? 백이는 아우인 숙제와 함께 공자의 존경을 받은 인물이었다. 이는 달리 말하면 공자에 대한 오마주(Hommage)라 할 수 있다. 「백이열전」에서는 백이와 숙제가 어질고 고결한 행동을 하였음에도 불구하고 굶어 죽었고, 안연(顏淵)은 학문을 좋아하여 공자의 사랑을 받았으나 일찍 죽었는데, 도척(盜跖)은 갖은 악행을 저질렀어도 무난히 수명을 다한 사실을 상기시키면서, "도대체 이른바 천도(天道)란 것이 옳은가, 그른가?[儻所謂天道, 是耶, 非耶]"라는 유명한 말을 남겨 놓았다. 이는 사마천 자신이 이릉을 변호하다 당한 억울한 형벌과도 연관 있는 대목이다.

백이와 숙제가 단지 군주의 자리를 포기하고 속세와 연을 끊었고, 그래서 스스로를 때묻게 하지 않으려 했기 때문에 공자의 존경을 받았다고 결론 내린다면, 이는 잘못된 해석이다. 임금의 기회를 미련 없이 내던진 인물은 과거에도 있었다. 요임금의 제안을 뿌리쳤던 허유(許由)가 그러했고, 탕임금의 선위(禪位)를 치욕으로 여겼던 변수(卞隨)와 무광(務光)이 그러했다. 그러나 이들은 오히려 도가의 은자였지, 선친의 유훈을 앞세우고 효를 역설했던 백이·숙제와는 그 취지가 달랐다. 그들이 은거로 자임했던 것은 허유, 변수, 무광 등과 같았으나, 그 바탕에서 세상을 바라보는 시각이 달랐던 것이다. 이런 그들을 기억하고 기린 것이 공자였다. 공자의 관심이 없었다면 그들은 기억되지 않았을 것이다.

유교의 가르침에 '삼불후(三不朽)'라는 것이 있다.(『춘추좌씨전』「양공 24년」) 삼불후란 썩지 않고 오래 가는 것, 또는 영원한 것을 의미하는데, 그것을 덕(德), 공(功), 언(言)으로 꼽는다. 유학자들은 이미 죽어 버린 사람들이 후손들에게 무엇으로 남아 있는가를 생각했다. 『서경』과 『시경』 등을 통해서 찬미되는 성현들은 무엇으로 우리에게 남아 있으며, 역사를 움직인 위인들은 우리에게 무엇으로 남아 있는가를 생각했다. 그들은 훌륭한 덕성과 업적과 말씀으로 우리에게 남아 있다.

생명이란 한계가 있기 마련이다. 아무리 노력을 해도 인간의 유한한 생명을 무한하게 연장할 수는 없다. 부모도 언젠가는 죽음에 임할 것이고, 그 후손 역시 죽음에서 자유로울 수 없다. 이러한 죽음에 대한 현실적 두려움을 어떻게 극복할 수 있을까? 서양의 경우 이를 신에게 의탁함으로써 극복하였다면, 동양은 지극히 현실적인 측면에서 이 문제를 바라보았다. 그 방법은 크게 두 가지로 요약되는데, 효(孝)라는 종족보존에 기초한 덕목을 내면화함으로써 분신으로 이어지는 삶의 연속이 그 하나이며, 또 다른 하나는 후세의 기억과 평가에서 영원한 삶을 모색하는 것이다. 사마천은 전자보다는 후자에 주목하였다. 이러한 이유로 그는 자신의 삶을 후세에 전할 기록에 전념한 것이다.

당시까지의 역사를 살펴보면, 후세까지 기억되고 평가되는 인물은 지극히 제한된 범위에서나 가능했다. 나라를 세운 고귀한 군주나 지덕을 겸비한 신하들에 주목할 뿐이었다. 주어진 환경에서 최선을 다한 수많은 인물들이 인(仁)과 의(義)를 위해 떳떳한 삶을 살아갔으나, 결과는 참담한 실패요 억울한 누명이었으며, 그 내막조차 묻혀버리기 일쑤였다. 공자에 의해 기억되는 백이와 숙제는 다행히 후세에 알려졌지만, 그들을 제외한 어느 누구도 우리에겐 기억되지 못하고 있다. 역사적으로 아무런 흔적을 남기지 못한 것이다.

이러한 이유였을까? 사마천은 『서경』이나 『춘추』와 같은 방식으로 역사를 기술하지 않고 주로 해당 인물의 생애에 주목하였다. 그리고 그것을 신분에 따라 군왕[본기(本紀)]과 신하[열전(列傳)]로 구분하여 놓았을 뿐이었다. 그러므로 『사기』는 통사적인 조망에는 불편함이 있으나 하나하나의 본기와 열전을 살펴보면 결국 커다란 역사의 모자이크가 그려진다.

그 시공간적 범위는 공자가 선을 그은 요순시절의 이전으로 소급해 올라가고, 다루어지는 주제 또한 백과사전에 가까울 정도로 다양하다. 그는 역대 점서의 흐름을 정리해서 「귀책열전」을 내었는가 하면, 이름 없이 묻히기에 십상인

자객과 협객들의 이야기를 「자객열전」과 「유협열전」으로 나누어 실었으며, 우스갯소리나 하는 실없어 보이는 변설가들까지 「골계열전」이란 하나의 열전으로 만들어놓았다. 농업이 국가 경제의 기초였던 그 시대에 상거래는 생산과는 동떨어진 천한 일로 치부되었지만, 사마천은 부를 쌓아갔던 상인들의 이야기까지 역사서술의 소재로 확장시켰다. 「화식열전(貨殖列傳)」에서는 경제가 도덕(道德)을 지배하는 힘이라는 신념을 피력하면서, 예의 도덕(禮義道德)은 부유함으로 말미암아 흥성하고 빈곤으로 인하여 없어진다고 하였다.

열전의 시작은 지조와 절의를 지킨 백이와 숙제로 출발하였고, 서론 격인 「태사공자서」를 제외한다면 가장 마지막에 해당되는 열전은 재화를 늘린 상인들의 이야기로 끝을 맺은 셈이다. 『대학』에는 덕은 근본이요, 재화는 말단[德者本也, 財者末也]이라고 규정하고 말단인 재화는 분쟁의 단서이며 위정자가 재화에 욕심을 부리면 민심을 잃는다는 경고를 하고 있다. 그렇다면 『사기열전』의 전체 구조는 바로 『대학』의 '덕본재말(德本財末)'의 구조를 따르고 있음을 알 수 있다.

사마천보다 후대의 인물인 반고는 한(漢)나라 왕실의 명으로 당대의 역사기록을 정리하여 『한서(漢書)』를 완성하였다. 사마천이 왕실과 무관하게 역사를 기술하였다면, 반고는 왕실의 지원으로 역사를 기술하였으니, 양자의 저작에 보이는 분위기는 사뭇 다를 수밖에 없다. 그는 사마천과는 달리 유학이 국가 이념으로 정립된 시대에 활동하였는데, 이러한 시대적 분위기는 반고로 하여금 사마천에 대한 평가를 인색하게 만들었다. 반고는 엄격한 유학자의 눈으로 사마천을 바라보았다.

"사마천의 태도는 성인(聖人)의 가르침에 위배된다. 모든 삶의 최고 기준을 논하면서 유가 사상보다 도가 사상을 우위에 놓았고, 협객(俠客)을 논하면서 고결한 인물을 뒤로 하고 간웅(奸雄)을 치켜세웠다. 또한 돈 문제로 들어가면 권력과 재물을 숭상하고 빈곤함을 경멸하였으니, 이런 점들이 사마천의 오류라 할 것이다."

후한(後漢)의 이념화된 유학에 익숙했던 반고를 염두에 둔다면, 이러한 비판은 오히려 자연스럽다. 사마천이 살았던 전한시대는 무제에 의해 천명되었던 '제자백가의 사상을 모두 물리치고 오직 유학만을 존숭한다'는 '파출백가(罷黜百家), 독존유술(獨尊儒術)'의 기치 아래 유교적 이념에 기반한 국가를 지향했지만, 그 선언과 실효성 사이에는 학술문화적 관성으로 인한 시간적 간극이 존재할 수밖에 없었다. 그 간극에는 황로학(黃老學)이 자리하고 있었고 당시의 학술문화적 분위기는 여전히 묵가, 법가, 음양가 등 다양한 학파들에 의해 제기된 논의들이 충분히 정리되지 못한 다분히 혼란스러운 모습이었을 것이다. 예컨대 사마천의 스승이기도 했던 동중서가 주장했던 천인감응설(天人感應說)은 주재적 하늘과 통치자 또는 백성들이 서로 도덕적인 교감을 하며 그 결과가 다양한 상서(祥瑞)로 표출된다는 이론이었다. 이러한 이론은 기존 공자와 맹자, 그리고 순자로 이어지는 선진유학의 전통에 음양가와 도가의 이론이 접합된 결과로 보인다. 그렇다면 당대의 유학은 반고의 시대에 익숙했던 독존유술의 엄숙한 유학이라기보다는 제자백가 시대의 융통성 있는 유학에 가까웠을 것이다. 사마천이 반고에 비해서 주제 선택과 논평에서 상대적으로 자유로웠던 것은 국가 주도가 아닌 개인의 역사서술이었기 때문이기도 하겠지만, 이러한 시대적 분위기의 차이가 결정적인 역할을 한 것으로 보인다.

『사기열전』은 시대의 주인공에 한정되지 않고 비극적 인물에 대한 관심도 크다. 우리는 여러 대목에서 사마천의 숨겨진 울분을 엿볼 수 있다. 「태사공자서」가 그 하나요, 「백이열전」이 또 그 하나이다. 그러나 그 울분이 유가를 넘어서 도가의 경지를 그리워하지도 않았고, 또 묵가나 법가의 이성주의에 경도되지도 않았다. 현실 속에서 정의가 어떻게 실현될 수 있는지, 그리고 그것이 얼마나 크나큰 노력에 의해서야 가능한 것인지, 그리고 그것이 설령 결실을 보지 못한다 하여도 누군가는 그것을 기억하고 기록으로 남기고 있다는 확신과 위로로 그의 집필 동기를 가늠해본다. 우리에게 사마천이 던져주는 것은 또 다른 반성과 도전일 것이다.

사마천 연보

　사마천의 출생과 사망에 대한 기록은 정확하지 않다. 그의 출생연도는 기원전 153년, 145년, 143년, 135년, 129년, 127년 등 여러 가지 주장이 있다. 그 가운데 기원전 145년이라는 주장과 기원전 135년이라는 주장이 가장 유력하다. 기원전 145년이라는 주장은 당나라 때 학자인 장수절(張守節)이 주석한 『사기정의(史記正義)』와 청나라 말기 왕국유(王國維)의 「태사공행년고(太史公行年考)」(『관당집림(觀堂集林)』)에 보인다. 기원전 135년이라는 주장은 당나라 때 사마정(司馬貞)이 주석한 『사기색은(史記索隱)』과 이장지(李長之, 1910~1978)의 「사마천생년위건원육년변(司馬遷生年爲建元六年辨)」에 보인다. 여기에서는 장수절과 왕국유의 설을 따랐다.

1세(B.C. 145년)	사마천, 하양현(夏陽縣:현 섬서성(陝西省) 한성시(韓城市) 남쪽의 농촌에서 태어나다. 부친은 사마담(司馬談).
5세(B.C. 141년)	한나라 경제가 세상을 떠나고, 태자 유철(劉徹)이 16세에 제위에 오르니, 그가 무제이다.
7세(B.C. 139년)	무제, 자신의 능원을 장안성 80리 밖 무향에 조성하기 시작하고 이곳을 무릉(茂陵)이라 부르다. 유학에 관심을 가졌으나, 황로학을 선호한 두태후에 의해 실효를 거두지 못하다. 사마담, 태사승이 되어 무릉 축조에 참여하다. 이 무렵에 「논육가지요지(論六家之要旨)」를 짓다.
8세(B.C. 138년)	사마담, 태사령이 되자 장안(長安)으로 이주하여 천문·역법을 주관하다.
10세(B.C. 136년)	사마천, 고향에서 농사를 짓고 목축을 하다
11세(B.C. 135년)	황로학을 신봉하던 두태후가 세상을 떠나다. 무제(22세)는 천하를 이끌어갈 통치질서 확립을 구상하다.
12세(B.C. 134년)	동중서(董仲舒)와 공손홍(公孫弘) 등의 유교적 정치이념이 무제의 신망을 얻다. 파출백가(罷黜百家), 독존유술(獨尊儒術)의 정책을 시행하다.
19세(B.C. 127년)	무제, 주보언(主父偃)의 건의에 따라 왕권 강화의 일환으로 지방호족과 부호들을 무릉으로 강제 이주시키다. 사마천의 집안도 무릉으로 이주하다. 동중서(董仲舒)에게 「공양춘추」를 배우고, 공안국(孔安國)에게 「고문상서」를 배우다.
20세(B.C. 126년)	사마천, 학업을 일시 중단하고 아버지 권유로 약 2년여 기간의 천하 답사를 시작하다.
21세(B.C. 125년)	흉노족이 침입하다. 사마담, 무제를 수행해서 감천(甘泉)에 가다.
22세(B.C. 124년)	사마천, 낭중이 되어 처음 벼슬살이에 나서다.
24세(B.C. 122년)	사마천, 부친과 함께 무제를 수행하여 옹(雍) 지방에 가서 제사를 지내다.
33세(B.C. 113년)	무제, 지방 순시에 나서다. 사마천은 부친과 함께 무제를 모시고 각 지역의 인심과 풍속을 살피다.

35세(B.C. 111년)	무제의 명을 받아 서남지방의 풍속을 살피다.
36세(B.C. 110년)	무제, 봉선의식(封禪儀式)을 거행하다. 사마담, 사마천에게 역사 정리의 유언을 남기고 세상을 뜨다. 사마천, 봉선의식을 준비중 위독해진 부친의 전갈을 받고 부친의 유언을 듣다.
37세(B.C. 109년)	무제, 치수사업을 벌이다. 사마천, 역대 치수사업을 정리한 「하거서(河渠書)」를 쓰다.
38세(B.C. 108년)	사마천, 태사령이 되다.
42세(B.C. 104년)	사마천, 역법을 개정하여 태초력(太初曆)을 완성하다.
47세(B.C. 99년)	사마천, 흉노와의 전투에서 패한 장군 이릉(李陵)을 변호하다가 황제의 심기를 건드려 사형선고를 받다.
48세(B.C. 98년)	사마천, 태사령직에서 파면되고 '황제를 무고했다'는 죄명으로 사형이 확정되다. 치욕을 감수하고 궁형을 자청하여 죽음을 면하다. 이릉은 멸족의 형을 당하다.
50세(B.C. 96년)	사마천, 사면되어 중서령의 직을 받다.
51~54세 (B.C. 95~92년)	사마천, 무제를 수행하여 지방 여러 곳을 순시하고 돌아오다.
53세(B.C. 93년)	친구 임안이 옥에 갇혀 사마천에게 편지를 쓰다.
55세(B.C. 91년)	이 무렵 『사기』가 완성되다. 사마천, 임안이 옥에 갇혔다는 소식을 듣고 서한문「임안(자:소경)에게 답하는 편지(報任少卿書)」를 통해 궁형에 처한 내력과 역사서 저술의 심경을 전하다.
56세(B.C. 90년)	사마천, 세상을 떠나다. 사망 원인은 분명치 않다. 일설에는 B.C. 87년 무렵이라고 하며, 다른 일설에는 B.C. 86년이라고 한다.

司馬遷年譜

고전의 향기 청고고아(淸古高雅)

史記列傳

제 2 부

백이열전

伯夷列傳

[말세에 사람들은 모두 이익을 다투었으나, 오로지 백이와 숙제만은 의를 추구하여 임금의 자
리도 마다하고 굶어 죽으니, 천하 사람들이 그들을 칭송하였다. 그래서 「백이열전」을 지었다.]

배우는 자에게 서적은 매우 많으나, 그래도 육경(六經:詩·書·禮·樂·易·春秋)
을 기반으로 살펴야 하니, 『시경』과 『서경』은 비록 결손된 것이 있더라도, 순임
금과 우임금 때의 문장을 알 수 있다.

요임금이 임금의 자리를 넘겨주려 함에 순임금에게 넘기었는데, 순임금이 우
임금에게 넘기던 때에는 악목[1] 이 모두 우를 추천하여 곧 그를 자리에서 시험하
여 수십 년간 직책을 맡겨 공적이 흥한 후에 권력을 넘기니, 천하의 중요한 기
구인 왕은 대통이며 천하를 전수하는 것이 이처럼 어렵다는 것을 보여준 것이
다.

---

1 岳牧 (동서남북)4岳과 12牧으로 모든 지방관을 통칭.

한편 혹자는 말하길 "요임금이 허유(許由)[2]에게 천하를 양위하려 하였으나, 허유가 받지 않았고 자신에게 양위하려 하였다는 사실을 부끄러워하여 도망가 숨었다. 하나라 시대에 이르러 변수(卞隨)와 무광(務光)[3]이 있었다"고 하였으나, 이것은 무엇을 근거로 말한 것인가?

태사공은 다음과 같이 말하였다.[4]

내가 기산에 올랐는데 그위에 허유의 묘라고 하는 것이 있었다. 공자가 옛날의 어진 인물, 성인, 현인 등을 서열지었는데 오태백과 백이같은 이들을 상세히 하였다. 내가 들은 바에 의하면 허유와 무광은 뜻이 지극히 높았으나, 육경(六經)에 그들에 대한 내용이 조금이라도 개괄하여 나타나지 않았으니, 무슨 까닭인가?

공자는 다음과 같이 말하였다.

"백이와 숙제는 지난 잘못을 마음에 두지 않았으니, 그들을 원망하는 사람이 이 때문에 드물었다."[5]
"백이와 숙제는 인(仁)을 추구하여 인을 이뤘으니, 또 무슨 후회를 하였겠는가?"
하지만 나는 백이의 뜻을 비통하다고 느꼈으며, 일시(軼詩)[6]를 보니 이상한 것이 있었다.

---

2 허유(許由) 고대 중국의 전설상의 인물로 자는 무중(武仲)이다. 요임금이 왕위를 물려주려 하였으나 받지 않고 기산(箕山)에 들어가 은거하였다. 당시 요임금이 자신을 구주(九州)의 장(長)으로 삼으려 하자, 그 말을 듣고 자기의 귀가 더러워졌다며 영수(潁水) 강 물에 귀를 씻었다고 한다.
3 변수(卞隨)와 무광(務光) 탕왕이 천하를 물려 주려하였으나 받지 않는 인물.
4 이하 본 편의 끝까지 태사공의 논평에 해당된다.
5 子曰 "伯夷.叔齊, 不念舊惡, 怨是用希."(『論語』「公冶」)
6 일시(軼詩) 일반적으로 『시경』에 실려 있지 않은 시 또는 제목만 전해지는 시를 의미한다. 여기서는 백이와 숙제가 노래한 시가 『시경』에 실리지 않았기 때문에 일시라고 하였다.

전해지는 내용은 다음과 같다.

"백이와 숙제는 고죽군의 두 아들인데, 아버지는 숙제를 왕으로 세우고 싶어 했다. 아버지가 돌아가시자, 숙제는 큰 형인 백이에게 왕위를 양보하였다. 하지만 백이는 '아버님의 명령이다'라고 하고서 끝끝내 도망갔다. 숙제도 왕으로 서려고 하지 않고 도망하니, 나라에서는 그 둘째 왕자를 왕으로 세웠다.

이때에 백이와 숙제는 서백(西伯) 창(昌)[7]이 노인을 잘 봉양한다는 소문을 듣고 '어찌 그에게 가서 귀순하지 않으리오!'라고 하였다. 그곳에 이르고 보니, 서백은 죽었고, 아들 무왕이 죽은 서백을 문왕이라 시호한 나무로 된 신주를 싣고서 동으로 주(紂)[8]를 정벌하려 하였다.

백이와 숙제가 말을 두드리며 간하여 말하길 '아비가 죽어 아직 장례도 치르지 않았는데 전쟁을 일으키니 효라 할 수 있습니까? 신이 임금을 죽이는 것이 인이라 할 수 있습니까?' 하자 좌우의 군사들이 그를 공격하려 하였다. 태공(太公)[9]이 '이들은 의로운 사람이다'하고 부축하여 보냈다.

무왕이 은나라의 난리를 평정하고, 천하가 주나라를 종주국으로 모셨다. 그러나 백이와 숙제는 그것을 부끄럽게 여기고, 의리상 주나라 곡식을 먹지 않고 수양산에 은둔하면서 고사리를 캐 먹었다. 굶주림에 시달리며 죽어갈 무렵 노래를 지었는데, 그 가사는 다음과 같다.

'저 서산에 올라 고사리를 캐네!

난폭함을 난폭함으로 바꾸면서도 그 잘못을 알지 못하네!

신농씨(神農氏), 순임금, 우임금도 홀연히 사라졌으니 우리는 어디로 돌아갈까?

아, 떠나리라! 천명이 쇠퇴하였구나!'

그들은 결국 수양산에서 굶어 죽었다."

---

7 창(昌) 주나라의 통치자 서백(西伯)으로 사후에 아들 무왕(武王)에 의해 문왕(文王)으로 추숭되었다.
8 주(紂) 상(商) 나라의 마지막 임금이다. 기록에 의하면, 폭정으로 주변국은 물론 백성들에게 큰 원망을 받았다고 하였다.
9 태공(太公) 강태공(姜太公)으로 불린 강상(姜尙)을 이른다.

이것으로 살펴본다면, 그들은 원망한 것인가? 원망하지 않은 것인가? 어떤 사람은 "하늘의 이치는 따로 친애하는 것이 없고 항상 선인과 함께한다."[10]고 하는데 백이와 숙제의 경우 선한 사람이라고 할 수 있지 않은가? 이처럼 인을 쌓고 행실을 깨끗하게 했는데도 굶어 죽었다.

또 70명의 제자들 중에서 공자가 유독 안연(顔淵)을 추천하여 학문을 좋아한다고 하였지만, 그의 쌀독은 자주 비었고, 술찌게미도 배불리 먹지 못하다 마침내 일찍 죽었다. 하늘이 선한 사람에게 보답하는 것이 어찌 그럴 수 있는가? 도척은 날마다 죄 없는 사람을 죽이고 인육을 날것으로 먹고 함부로 이치에 어긋나는 일을 자행하면서, 수천 명을 모아 천하를 횡행하다 마침내 천수를 누리고 죽었다. 이것이 무슨 덕을 따랐겠는가? 여기서 그 모순이 더욱 분명히 드러나는구나.

근세에 이르러도 이러한 부류들은 몸가짐이 법도에 맞지 않고 오로지 기피하는 일만 저지르면서도, 평생 편안하게 즐기고 재화가 몇 대에 걸치도록 끊어지지 않았다. 혹 땅을 골라 딛고, 때를 만난 연후에 말을 하고, 지름길을 가지 않으며 공정하지 않으면 발분하지 않았으나 재앙을 만난 사람이 이루다 헤아릴 수 없다. 나는 매우 이해하기 어려운 것이 있다. 혹시 소위 천도라는 것이 있는 것인가 없는 것인가?

공자가 말씀하셨다. "도가 같지 않으면 서로 도모하지 않는다"[11] 이것은 각자 자기의 뜻을 따른다는 것이다. 또 "부귀를 구할 수 있다면 비록 마부라도 나는 하겠다. 만약 구할 수 없다면 내가 좋아하는 것을 따르리라"[12] 하였고, "날이 추워진 뒤에 소나무와 잣나무가 나중에 시드는 것을 안다"[13]고 하셨다. 온 세상이 혼탁하여야 깨끗한 선비는 드러나는 것이다. 어찌하여 그 중함을 그처럼 하

---

10 "天道無親, 常與善人."(『老子』「第79章」)
11 子曰 "道不同, 不相爲謀."(『論語』「衛靈公」)
12 子曰 "富貴如可求, 雖執鞭之士, 吾亦爲之 ; 如不可求, 從吾所好."(『論語』「述而」)
13 歲寒然後, 知松柏之後凋.(『論語』「子罕」)

고 그 가벼움을 이처럼 하는가? "군자는 죽어서 이름이 불리지 않는 것을 싫어하는 것이다."[14]

가의(賈誼, B.C. 201~B.C. 169)[15]가 말하였다. "탐욕스러운 자는 재물 때문에 죽게 되고, 열사는 명예 때문에 죽으며 권력을 과시하는 자는 권세 때문에 죽게 되고, 백성은 먹고사는 데 급급하다 죽는다."

명석한 사람은 서로를 알아보며, 같은 무리는 서로 찾는다. 구름은 용을 쫓고 바람은 호랑이를 쫓는다. 성인이 일어나니 만물이 바라본다.[16] 백이와 숙제가 비록 어질다 하나 공자를 만나 이름이 더욱 드러났고, 안연이 비록 학문에 돈독하였다고 하나 공자로 비유할 수 있는 천리마의 꼬리에 붙어서 행실이 더욱 드러났다. 시골의 알려지지 않은 선비도 나아갈 때와 멈출 때가 있는 것이다. 이와 같은 부류의 선비는 뛰어난 성인의 평가를 얻지 못하면 이름조차 알려지지 않으니, 슬프도다! 알려지지 않은 시골 선비로서 행실을 닦고 명예를 세우고자 하는 자가, 청운의 뜻을 가진 선비[靑雲之士]에 붙지 않는다면 어찌 후세에까지 이르겠는가?

---

14 君子疾沒世而名不稱焉.(『論語』「衛靈公」)

15 가의(賈誼) 하남(河南) 낙양(洛陽) 사람으로, 한나라의 학자이다. 제자백가에 정통하여 약관으로 최연소 박사가 되었다. 그 후 태중대부(太中大夫)로서 진(秦)나라 때부터 내려온 율령·관제·예악 등의 제도를 개정하였고 한나라의 관제를 정비하기 위한 많은 의견을 상주하였다. 저서에 『신서(新書)』 10권이 있다.

16 同明相照, 同類相求. 雲從龍, 風從虎. 聖人作而萬物睹.(『周易』「乾卦·文言傳」)

관안열전

管晏列傳 : 관중, 안영

> 안자(晏子) 평중(平仲)은 검소했고 관자(管子) 이오(夷吾)는 사치하였다. 이오는 제환공을 패자로 만들었고, 평중은 제경공으로 하여금 치세를 이루게 만들었다. 그래서 「관안열전」을 지었다.

관중(管仲, ?~B.C. 645) 이오(夷吾)[1]는 영상(潁上) 사람이다. 어린 시절에는 항상 포숙아(鮑叔牙)와 더불어 놀았는데, 포숙아는 그의 현명함을 알고 있었다. 관중은 가난해서 항상 포숙을 속였는데, 포숙은 끝까지 그를 잘 대해주면서 불평을 하지 않았다.

얼마 후 포숙은 제나라 공자 소백(小白)을 섬기고, 관중은 그의 형인 공자 규(糾)를 섬겼다. 소백이 왕위에 올라 환공(桓公)이 되자, 공자 규는 죽고, 관중은 옥에 갇혔다. 포숙이 마침내 관중을 천거하니, 관중은 등용되어 제나라에서 정치를 하였다. 제환공이 패자(覇者)로서 제후들을 규합하고 천하를 일시에 바로

---

1 관(管)은 성, 중(仲)은 자(字), 이오(夷吾)는 이름이다.

잡은 것은 관중의 책략이었다.

관중은 다음과 같이 말하였다. "내가 처음 가난할 때 일찍이 포숙과 장사를 하였는데, 이익을 나누어 스스로 많이 가졌는데도, 포숙이 내가 탐욕스럽다고 여기지 않은 것은 내가 가난한 것을 알았기 때문이었다. 내가 일찍이 포숙을 위하여 일을 도모하다가 더욱 곤궁하여 졌으나 포숙이 나를 어리석다고 여기지 않은 것은 때에는 유리한 때와 불리할 때가 있음을 알았기 때문이다. 내가 일찍이 세 번 벼슬하고 세 번 임금에게 쫓겨났지만, 포숙이 나를 어리석다고 여기지 않은 것은 내가 때를 못 만난 것을 알았기 때문이다. 내가 일찍이 세 번 싸워 세 번 도망했으나, 포숙이 나를 겁쟁이라고 여기지 않은 것은 내가 노모를 모시고 있음을 알았기 때문이다. 공자 규(糾)가 패하고 소홀(召忽)[2]이 죽고 나서 내가 감옥에 갇혀 욕을 당할 적에, 포숙은 내가 부끄러움을 모른다고 여기지 않았다. 그것은 내가 작은 절개를 지키지 못한 것을 부끄러워하지 않고 천하에 공명을 드러내지 못하는 것을 부끄러워한다는 것을 알았기 때문이다. 나를 낳아 준 이는 부모요, 나를 알아준 이는 포숙이다."

포숙이 관중을 추천하여 자신을 그의 밑에 두었으나 포숙의 자손은 대대로 제나라에서 벼슬하였고 읍을 봉해 받은 것이 10여 세대에 이르렀으며 항상 이름있는 대부가 되었다. 천하 사람은 관중의 현명함을 칭찬하지 않고 포숙이 사람을 알아봄을 칭찬하였다.

관중이 제나라의 재상이 되어 바닷가에 위치한 변변치 못한 제나라에서 재화를 유통하고 재물을 축적하여 부국강병을 이루고 백성들과 더불어 좋고 나쁜 것을 같이 하였다. 그는 말하였다. "창고가 가득해야 예절을 알고, 입고 먹는 것이 충분해야 명예와 수치를 안다. 윗사람들이 법을 따르면 육친(六親)[3]이 굳건해지고, 예의염치가 베풀어지지 않으면 나라가 곧 멸망한다. 명령을 내리는 것

---

2 소홀(召忽) 관중과 함께 공자 규를 모시던 신하이다. 공자 규는 노나라에서 처형되고, 소홀은 관중과 제나라로 압송되던 중 자결하였다.
3 육친(六親) 부모, 형제, 처자(妻子)를 통틀어 이르는 말.

이 흐르는 물같이 되면 백성의 마음을 따르게 할 수 있다."

그러므로 의논하는 것을 백성 수준으로 낮추어 백성들이 실천하기 쉬웠으며, 백성들이 원하는 바를 들어주고, 백성들이 원하지 않는 것을 버렸으니, 그의 정치는 화를 복으로 바꾸고 패배를 공으로 바꾸는 것을 잘하였다. 사안의 경중을 중요하게 생각하고, 상황에 따라 조절하는 것을 신중히 하였다.

환공이 실제로 소희(少姬)에게 노하여 남쪽으로 채(蔡) 나라를 공격할 때[4], 관중은 군사행동을 이어 초(楚) 나라를 치면서 포모(布茅)[5]를 주(周) 왕실에 공물로 바치지 않은 것을 질책하였다. 환공이 실제로 북쪽으로 산융(山戎)을 정벌할 적에, 관중은 군사행동을 이어 연(燕) 나라로 하여금 소공(召公)[6]이 나라를 세웠던 당시의 정신을 본받도록 하였다.

노나라와 가(柯) 지방에서 회맹할 때, 환공이 노(魯) 나라 장군 조말(曹沫)과의 약속[7]을 어기려고 하였다. 관중은 그 약속을 그대로 지키게 하였고, 제후들이 이를 계기로 제나라로 귀의하였다. 그러므로 "주는 것이 받는 것임을 아는 것이 정치의 보배라"는 말이 있는 것이다. 관중의 부가 왕실과 비슷하여 삼귀(三歸)[8]와 반점(反坫)[9]이 있었으나 제나라 사람들은 관중이 사치하다고 여기지 않았다. 관중이 죽은 뒤에도 제나라는 그의 정치를 계승하여 다른 제후국보다 항상 강력하였다.

---

4 제나라 환공은 부인 소희(少姬)가 뱃놀이하는 중에 배를 흔들어 환공을 놀라게 한 죄를 물어 그녀를 모국인 채(蔡) 나라로 돌려보냈다. 이후 채나라에서 그녀를 다시 시집보내자, 화가 나서 채나라를 공격하였다.

5 포모(布茅) 억새풀의 다발이다. 제사에 올릴 술을 마련하기 위해서는 억새풀 다발에 술지게미를 걸러내는 절차를 거친다. 초나라에서 주나라에 바치는 공물(貢物)에 이 억새풀 다발이 포함되어 있었는데, 당시에는 초나라가 그 공물을 바치지 않아서, 주나라의 제사에 어려움이 있었다.

6 소공(召公) 주 무왕의 동생 석(奭)으로 연(燕)에 봉해져서, 연나라의 초대군주가 되었다. 주공 단(旦), 제나라의 강태공(姜太公)과 함께 주나라를 개국한 공신들 중 한 사람이다.

7 조말(曹沫)과의 약속 조말은 제나라와의 전쟁에서 여러 차례 패하면서 많은 영토를 제나라에게 빼앗겼다. 제 환공과 노 장공이 그동안 치렀던 전쟁을 중단하는 회맹을 할 때, 조말이 비수를 품고 제 환공을 위협하자, 환공은 노나라에서 빼앗은 땅을 돌려주기로 약속하였다.

8 삼귀(三歸) 제후들의 누대. 또는 성(姓)이 다른 여인 셋을 거느리면서 별도의 거처로 삼았던 곳.

9 반점(反坫) 공식적인 회견에서, 술을 주고받는 예가 끝난 뒤 빈 잔을 엎어 놓는 받침대를 뜻하는데, 이것은 제후 이하 신분에서는 가질 수 없는 것이었다.

백여 년 뒤에 안자(晏子)가 나왔다. 안평중(晏平仲) 영(嬰)[10]은 래(萊) 나라의 이유(夷維) 사람이다. 제나라 영공(靈公)[11], 장공(莊公)[12], 공경(景公)[13]을 섬겼는데 절약검소하고 힘써 행하여 제나라에 중용되었다. 제나라의 재상이 되어서도 식사에는 고기 반찬을 둘 이상 놓지 않았고, 첩들이 비단옷을 입게 하지 않았으며, 조정에서 임금이 말하면 나아가 바른 말로 하고 말이 없으면 바르게 행동하였다. 나라에 도가 있으면 명령에 순응하였고, 도가 없으면 명령을 저울질하여 평가하였으며, 이것으로써 삼대에 걸쳐 제후들 사이에 명성을 드러냈다.

월석보(越石父)는 현자였으나 구속 상태였다. 안자가 외출 중에 그를 길에서 만나 왼쪽 참마(驂馬)[14]를 풀어 대신 죗값을 치렀다. 그리고 마차에 그를 싣고 돌아왔는데, 따로 인사하지 않은 채 안방으로 들어가 버렸다.

한참 뒤에 월석보는 안자에게 절교를 청하였다. 안자가 놀라 의관을 정돈하고 사과하여 말하였다. "제가 비록 어질지 못하지만 당신을 곤란한 상황에서 구해드렸는데, 어찌하여 당신은 이렇게 급하게 절교를 원하시오?"

월석보가 말하였다. "그렇지 않습니다. 내가 듣건대 군자는 자기를 알아주지 않는 자에게는 굽신거리고 자기를 알아주는 자에게는 당당하고 합니다. 내가 구속되어 있을 때 저들은 나를 알아주지 않았습니다. 선생께서 이미 깨달은 바 있어 속죄금을 주고 나를 풀어준 것은 나를 알아주는 것입니다. 자신을 알아주면서도 예의를 갖추지 않는다면, 이는 실로 감옥 안에 있는 것만 못합니다."

안자가 이에 그를 맞이하여 들어오게 하고 상객으로 삼았다.

---

10 안평중(晏平仲) 영(嬰)은 이름, 평(平)은 시호, 중(仲)은 자이다.

11 영공(靈公, B.C. 581~B.C. 554) 춘추시대 제나라의 제24대 임금. 성은 강(姜)이며, 이름은 환(環)이다.

12 장공(莊公, B.C. 553~B.C. 548) 춘추시대 제나라의 제25대 임금. 이름은 광(光)이다. 재상 최저(崔杼)의 아내와 사통하다가 최저에게 시해당했다.

13 경공(景公, B.C. 547~B.C. 490) 춘추시대 제나라의 제26대 임금. 이름은 저구(杵臼)이다. 영공의 아들이며, 장공의 이복동생이다.

14 참마(驂馬) 수레를 끄는 말로서 좌우 끝에 위치한 말. 고대에는 수레 한 대에 말 네 필을 나란히 하여 끌게 하였는데, 가운데에서 힘을 많이 쓰는 두 필을 복마(服馬)라 하고, 좌우 끝에서 보조 역할을 하는 두 필을 참마라고 하였다.

안자가 제나라 재상이 되어 외출할 때에 마부의 처가 문틈으로 보니, 그 남편이 재상을 위하여 말을 모는데, 큰 덮개를 덮고 말 네 마리를 채찍을 휘두르면서 의기양양하여 심히 만족스러워하였다. 얼마 후 돌아오자 처가 헤어질 것을 청하였다. 그 남편이 까닭을 물으니, 처가 말하였다. "안자는 키가 6척이 되지 않으나 몸은 제나라의 재상이고 이름이 제후들에게 알려졌습니다. 그런데 지금 첩이 보니, 그는 뜻과 생각이 깊고 항상 스스로를 낮춥니다. 지금 당신은 키가 8척인데도 다른 사람을 위하여 말을 몰면서, 당신의 뜻은 스스로 만족하고 있습니다. 첩이 이런 이유로 헤어지기를 구하는 것입니다." 그 후 마부는 저절로 기가 꺾여버렸다. 안자가 이를 괴이하게 여겨 물으니, 마부가 사실대로 말하였다. 안자가 그를 추천하여 대부가 되도록 하였다.

태사공은 말한다.

"내가 관중의 「목민편(牧民編)」, 「산고편(山高編)」, 「승마편(乘馬編)」, 「경중편(輕重編)」, 「구부편(九府編)」[15]과 안자의 『안자춘추(晏子春秋)』[16]를 읽었는데, 그 내용이 상세하니, 그가 말한 것은 이미 책에 다 드러나 있다. 이에 그의 행적을 보고자 하여, 그들의 생애를 차례로 적어 이 책에 실었는데, 세상에 많이 알려진 것은 논하지 않고 빠진 일만 논하였다.

관중은 세상에서 이른바 어진 신하였으나, 공자는 그를 작게 비판하였다. 아마도 주(周) 나라의 도(道)가 쇠미한 상황이라도 환공이 이미 어질었는데, 그를 왕도(王道)에 이르도록 힘쓰지 않고 패자(覇者)를 칭하도록 하였다고 생각했기 때문인듯하다. 옛말에 이르길 '그 뛰어난 점을 돕고 따르며 그 나쁜 점을 바로잡

---

15 이상의 편은 『관자』에 수록된 편명이다. 『관자』는 원래 86편이었으나 10편은 분실되고 76편이 현존한다. 전체가 「경언(經言)」, 「외언(外言)」, 「내언(內言)」, 「단어(短語)」, 「구언(區語)」, 「잡편(雜篇)」, 「관자해(管子解)」, 「경중(輕重)」의 8부로 나뉘어 있다. 그 내용은 정치·경제·군사·교육 등 다방면에 걸쳤고, 도가·유가·묵가·병가·농가·음양가 등 여러 종류의 학설이 혼재되어 있다.

16 『안자춘추』 안자의 언행을 기록한 책으로, 내편은 간상(諫上)·간하(諫下)·문상(問上)·문하(問下)·잡상(雜上)·잡하(雜下)의 6편, 외편은 상하 2편으로 되어 있다. 내용은 주로 경공(景公)에 대한 간쟁(諫爭)과 정치 문답으로서, 노동과 절검을 강조하는 묵가사상의 경향을 지니고 있다.

아 구제한다. 그러므로 위아래가 서로 친해질 수 있다'[17]고 하였는데, 아마도 관중을 이르는 말인 듯하다.

안자는 장공의 시신에 엎드려 곡을 하고 예를 마친 후 떠났다. 이것이 아마도 이른바 '의를 보고 행하지 않으면 용감한 자가 아니다'라는 말일 것이다. 바른 말을 하여 임금의 표정이 변하는 것을 개의치 않았으니, 이른바 '나아가서는 충성을 다하고 물러나서는 과오를 보충할 것을 생각한다'라는 것이다. 만약 안자가 살아있으면 나는 그를 위하여 비록 마부 노릇을 하더라도 기뻐할 것이다."

---

17 將順其美, 匡救其惡, 故上下能相親也. 〈『효경』「事君章第十七」〉

노장신한열전

老莊申韓列傳 : 노자, 장자, 신불해, 한비

> 노자는 무위로써 자신을 교화하였고 청정으로써 자신을 바로잡았다. 한비는 일의 실정을 헤아려 힘의 논리를 따랐다. 그래서 「노장신한열전」을 지었다.

노자

노자(老子)는 초(楚)나라의 고현(苦縣) 여향(厲鄕) 곡인리(曲仁里) 사람이다. 성은 이(李)이고 이름은 이(耳)이며, 자는 백양(伯陽), 시호는 담(聃)이라고 하는데, 그는 주(周)나라의 장서실(藏書室:도서관)을 관리하는 사관(史官)이었다.

공자(孔子, B.C. 551~B.C. 479)가 주나라에 갔을 때, 노자에게 예(禮)에 관해서 묻자, 노자는 이렇게 대답하였다. "당신이 말하는 성현들은 그 육신과 뼈가 모두 이미 썩어버리고 단지 그 말만 남아 있을 뿐이오. 더욱이 군자도 때를 만나면 관직에 나아가지만, 때를 못 만나면 바람에 떠도는 쑥처럼 유랑의 신세가 될 것이오. 내가 들은 바로는, 뛰어난 장사꾼은 상품을 깊숙이 두고도 아무것도 없는 것 같이 보이고, 군자는 훌륭한 덕을 지니고도 어리석은 듯이 처신한다고 하였소. 그대의 교만과 탐욕, 과시와 집착을 버리도록 하시오. 이러한 것들 모두가 그대에게 아무런 도움이 되지 않을 것이오. 내가 그대에게 말할 것은 단지 이것뿐이오."

공자는 돌아와서 제자들에게 이렇게 말하였다. "새는 날고, 물고기는 헤엄치며, 들짐승은 달리는 것을 나는 알고 있다. 그러므로 달리는 들짐승은 그물로 잡고, 헤엄치는 물고기는 낚시로 낚고, 나는 새는 화살로 잡을 수가 있다. 그러나 용의 경우는 바람과 구름을 타고 하늘로 올라가니, 그것에 대해서 나는 알지 못한다. 오늘 내가 노자를 만나보니 그는 마치 용과 같았다."

노자는 도덕(道德)을 수련하였는데, 그의 학설은 자신을 감추어 이름이 드러나지 않도록 하는 것에 힘쓰는 것이었다. 그는 주나라에서 오래 지냈지만 주나라가 쇠퇴하는 것을 보고 마침내 그곳을 떠났다. 관문(關門)에 이르자 관령(關令) 윤희(尹喜)가 "선생께서 앞으로 은거하시려 하니, 수고롭지만 저를 위해 저술을 남겨주십시오."라고 하였다. 이에 노자는 상, 하 편의 저서를 지어 도덕(道德)의 의미를 5,000여 자로 서술하고 떠났다. 그리하여 그의 최후를 아무도 알지 못하였다.

어떤 사람은 노래자(老萊子) 역시 초나라 사람인데 15편의 저서가 있고 도가(道家) 사상의 실천을 말하였으며 공자와 같은 시대에 살았다고 말한다. 또 노자는 160여 세 혹은 200여 세까지 살았다고 하는데, 그가 도를 닦아 양생하였기 때문이다.

공자가 죽은 지 129년 후[1], 사관(史官)의 기록에는 주나라 태사(太史) 벼슬을 한 담(儋)이 진(秦)나라 헌공(獻公)을 뵙고 말하기를 "진나라는 처음에 주나라와 합해졌다가 분리되었고, 분리된 지 500년 후에는 다시 합하였으며, 합한 지 70

---

1 동진시대 서광(徐廣, 352~421)에 따르면 129년은 119년의 잘못이라고 한다.

년 후에는 패왕(覇王)이 출현할 것이다."라고 하였다는데, 어떤 사람은 담이 바로 노자라고 하고 또 어떤 사람은 아니라고 하였다. 세상에는 그 진위 여부를 아는 자가 없으니, 노자는 은둔한 군자이다.

노자의 아들은 이름이 종(宗)이다. 종은 위(魏)나라 장수이며 단간(段干)을 봉지(封地)로 받았다. 종의 아들은 주(注)라고 하며, 주의 아들은 궁(宮)이라고 하고, 궁의 현손은 가(假)라고 하는데, 가는 한(漢)나라의 효문제(孝文帝)를 섬겼다. 그리고 가의 아들은 해(解)라고 하는데 교서왕(膠西王) 유앙(劉卬, ?~B.C. 154)의 태부(太傅)가 되었으므로 제(齊)나라에 정착하였다.

세상에서 노자의 학설을 배우는 사람들은 유학을 배척하고, 유학도 역시 노자의 학설을 배척한다. "도가 같지 않으면 서로 도모하지 않는다."[2]라고 하였는데, 아마도 이런 것을 두고 하는 말인 듯하다. 이이(李耳)는 무위(無爲)로써 저절로 교화되게 하고 청정(淸靜)으로 스스로 바르게 되도록 하였다.

장자

장자(莊子)는 몽(蒙) 지방 사람으로 이름은 주(周)이다. 장주는 일찍이 몽 지방 칠원(漆園) 지역의 관리를 지냈는데, 양(梁)나라 혜왕(惠王, B.C. 400~B.C. 319), 제나라 선왕(宣王, ?~B.C. 301)과 같은 시대 사람이었다. 그의 학문은 다루지 않은 분야가 없었지만, 그 요체는 본래 노자의 학설에 귀속하였다. 그러므로 10여 만 자에 이르는 그의 저서는 대체로 우언(寓言)으로 되어 있다. 그는 「어부(漁父)」, 「도척(盜跖)」, 「거협(胠篋)」 편 등을 지어 공자(孔子)의 무리들을 비방하고 노자의 처세술을 밝혔다. 「외루허(畏累虛)」, 「항상자(亢桑子)」 등의 편은 모두 지어낸 말로 사실이 아니지만, 문장의 표현이 탁월하고 일의 실정에 잘 들어맞았으며,

---

2 『論語』「衛靈公」: 子曰, "道不同, 不相爲謀."

이로써 유가와 묵가를 공격하였으니, 비록 당대에 학식과 덕망을 겸비하였더라도 그 비판에서 벗어나지 못하였다. 그의 주장은 넘실대는 바다처럼 거침이 없이 자기 마음에 딱 맞추었으므로, 왕공대인(王公大人)들로부터는 훌륭한 인재로 평가받지 못하였다.

초나라 위왕(威王)은 장주가 현명하다는 말을 듣고 사신을 보내 후한 예물로 그를 맞아들여 재상으로 삼으려고 하였다. 그러나 장주는 웃으며 초나라 사신에게 다음과 같이 말하였다. "천금(千金)은 귀중한 재물이며 재상은 존귀한 자리이긴 하네. 그대는 교제(郊祭)[3]에 제물로 쓰이는 소를 보지 못하였는가? 그 소는 몇 년 동안 잘 길러지다 수놓은 옷이 입혀져 태묘(太廟)로 끌려 들어갈 것이네. 그때 가서 보잘것없는 돼지가 되고자 한들 어찌 그렇게 될 수가 있겠소? 그대는 빨리 돌아가 나를 욕보이지 마시오. 나는 차라리 더러운 시궁창에서 노닐며 즐거워할지언정 나라를 다스리는 이들에게 얽매이지 않을 것이오. 죽을 때까지 벼슬하지 않고서 나의 마음을 즐겁게 할 것이오."

신불해

신불해(申不害)는 경(京:하남성 일대) 지방 사람으로 본래 정(鄭)나라의 하급 관리였다. 그 뒤에 법가의 학술을 공부하여 한(韓)나라 소후(昭侯: B.C. 362~B.C. 333)에게 관직을 구하였는데, 소후는 그를 등용하여 재상으로 삼았다. 그는 안으로는 정치와 교화를 정비하고 밖으로는 제후들에 응대하기를 15년에 걸쳐 자신이 죽을 때까지 주관하였다. 이로 인해 나라는 안정되고 군사력은 강력해지니, 한나라를 침략하는 일이 없었다.[4]

신자(申子), 즉 신불해의 학설은 황제와 노자의 학설[황로학]을 근본으로 하면

---

3 교제(郊祭) 하늘과 땅에 지내는 제사. 동지에는 남교(南郊)에서 하늘에 제사 지내고, 하지에는 북교(北郊)에서 땅에 제사 지낸다.
4 죽서기년에 의하면 한나라 소후 때에는 실제로 전쟁과 약탈이 많았다고 하니, 본문의 내용과는 차이가 있다.

서 형명(刑名:법에 근거한 통치)을 주장하였다. 그의 저서에는 2편이 있는데 제목을 『신자(申子)』라고 불렀다.

한비

한비(韓非)는 한(韓)나라 공자(公子)이다. 그는 형명과 법술(法術)의 학문을 좋아하였으나, 그 귀결점은 황제와 노자의 학설[황로학]에 있었다. 한비는 선천적으로 말을 더듬어서 변론에는 서툴렀으나 저술에는 뛰어났다. 그는 이사(李斯, B.C. 284~B.C. 208)와 함께 순경(荀卿, B.C. 313~B.C. 238)을 스승으로 섬겼는데, 이사는 자기 스스로 한비만 못하다고 생각하였다.

한비는 한나라가 날로 쇠약해짐을 보고 여러 차례 글로써 왕에게 간언하였으나, 왕은 그 의견을 쓰지 않았다. 이에 한비는 법제를 정비하여 나라를 다스리고 신하를 통제하여 세력을 유지하는 등 부국강병과 인재 등용에는 힘쓰지 않고, 도리어 헛되이 욕심을 부리는 좀벌레 같은 이들을 등용하여 공로가 있는 이들의 윗자리에 앉히는 것을 괴로워하였다.

또한 그는 유학자는 문장으로 법도를 어지럽히고 협사(俠士)는 무력으로 금령(禁令)을 범하고 있다고 하였다. 그런데 군주는 여유로울 때는 명성과 존경을 받는 사람들을 총애하다가 나라가 위급할 때에는 갑옷을 입고 투구를 쓴 무사를 등용하였다. 따라서 그는 지금 나라에서 양성된 자들은 위급할 때에 쓸 수 있는 자들이 아니고, 위급할 때 등용된 자들은 여유로울 때 양성될 자들이 아니라고 생각하였다.

한비는 청렴하고 정직한 사람들이 사악하고 못된 신하들에게 배척되는 것을 비통해 하면서 과거 득실의 변천을 관찰하였다. 그리하여 그는 「고분(孤憤)」, 「오두(五蠹)」, 「내저(內儲)」, 「외저(外儲)」, 「설림(說林)」, 「세난(說難)」 편 등 10여 만 자의 글을 저술하였다.

그러나 한비는 유세(遊說)의 어려움을 알고서 「세난」 편을 상세하게 저술하였으면서도 결국 진(秦)나라에서 죽음을 당했으니, 스스로 위기에서 벗어나지 못한 것이다.

그는 「세난」 편에서 다음과 같이 말하였다.

"무릇 유세의 어려움이란 나의 지식으로 상대방을 설득시키는 어려움이 아니며, 또 나의 언변으로 나의 뜻을 밝히지 못하는 어려움도 아니며, 또한 내가 종횡으로 자세히 설명하기 어렵다는 것도 아니다. 유세의 어려움이란 유세를 듣는 사람의 마음을 알아서 나의 말을 거기에 맞게 하는 데 있는 것이다.

유세를 듣는 사람은 높은 명성을 구하려고 하는데, 유세하는 사람이 큰 이익을 가지고 설득한다면, 수준이 낮다고 천시되어 반드시 멀리 배척당할 것이다. 유세를 듣는 사람은 큰 이익을 얻고자 하는데, 유세하는 사람이 높은 명성을 가지고 설득한다면, 생각이 없고 사정에 어둡다고 취급되어 틀림없이 받아들여지지 않을 것이다. 유세를 듣는 사람은 속으로는 큰 이익을 바라면서도 겉으로는 높은 명성을 얻으려는 듯이 처신하는 경우, 유세하는 사람이 높은 명성을 가지고 말한다면, 겉으로는 그 유세하는 사람을 받아들이겠지만 속으로는 그를 멀리할 것이다. 이때 만약 큰 이익을 가지고 말한다면 속으로는 그 말을 수용하면서도 겉으로는 그 사람을 배척할 것이다. 이런 점들을 알아두지 않을 수 없다.

일은 비밀을 지켜야 성사되고, 말은 누설되고서 그르치게 된다. 이는 유세하는 사람 자신이 꼭 누설하려고 해서가 아니라 말을 하다가 상대가 숨기고 있는 은밀한 일을 언급하게 될 때가 있는데, 이렇게 되면 유세하는 사람의 신변이 위태로워진다. 또 군주에게 과실의 여지가 있을 경우, 유세하는 사람이 분명하게 말하고 잘 논의하여 그 잘못을 추궁한다면 유세하는 사람의 신변은 위태로워진다. 보장받은 혜택이 아직 확실하지 않은데 말로 아는 바를 다 쏟아낸다면, 설령 그 주장이 실행되어 효과를 보더라도 그 공로는 잊힐 것이며, 그 주장이 실행되지 않고 실패하면 의심을 받게 될 것이니, 이런 경우에도 유세하는 사람의 신변은 위태로워진다. 또 군주가 좋은 계책을 내어 자기의 공로로 삼고자 하는데 유세하는 사람이 그 계책을 알아버리면 그 신변이 위태로워진다. 군주가 겉으로는 어떤 일에 착수하지만 속으로는 딴생각을 하고 있는데 유세하는 사람이 이것을 알아버리면 역시 신변이 위태로워진다. 또 군주가 결코 하지 않으려는 것을 강요하거나, 도저히 그만둘 수 없는 일을 저지하려 하면 그 신변이 위태로 워진다.

그러므로 위대한 사람에 관해서 함께 담론하면 자기를 비난한다고 오해를 받으며, 지위가 낮은 인물에 관해서 함께 담론하면 권세를 누리려고 한다고 오해를 받는다. 군주가 총애하는 자에 관해서 이야기하면 그들을 이용하려고 한다고 오해를 받으며, 군주가 미워하는 자에 관해서 논하면 자기를 떠보려 한다고 오해를 받는다. 말을 직접적으로 간략히 하면 무지하다고 경시할 것이고, 장황하게 수식을 늘어놓으면 말이 너무 길고 많다고 할 것이다. 사실에 적합하게 이치대로 의견을 진술하면 소심하고 겁이 많아 할 말을 다 못한다고 할 것이고, 생각한 바를 거침없고 빠짐없이 두루 다 말해버리면 버릇없고 거만하다고 할 것이다. 이런 점들이 유세의 어려움이니 잘 알아두지 않을 수 없다.

유세에서 중요한 것은, 유세를 듣는 사람이 존경하는 바를 북돋워 주고 그가 싫어하는 것을 지워버릴 줄 아는 것이다. 유세를 듣는 사람이 그 자신의 계책을 탁월하게 여긴다면 그의 결점을 들어 궁지로 몰아서는 안 되며, 자신의 결단을 용감하게 여긴다면 그 반론을 들어 화나게 해서는 안 되며, 자신의 능력을 대견하게 여긴다면 그 난점을 들어 억압해서는 안 된다. 군주가 무언가 사업을 추진하는 경우, 다른 사례를 들어 유사한 계획에 참고가 되게 하고, 다른 인물을 들어 유사한 행동을 한 것을 칭찬하여 주는 것은 상처 입는 일이 없도록 두둔해 주는 것이다. 군주와 같은 실수를 범하는 자가 있으면 그에게 과실이 없다고 명확히 두둔해 주어야 한다. 군주가 유세하는 사람의 충심에 대하여 반감을 가지지 않고 언사에 대하여 배척이 없는 뒤라야 유세하는 사람이 그 언변과 지혜를 펼 수 있다.

바로 이러한 점 때문에 군주의 신임을 얻어 의심받지 않으며 아는 바를 다 말한다는 것은 어려운 일이다. 오랜 시일이 지나서 유세자에 대한 군주의 총애가 깊어지면, 심원한 계략이라도 의심받지 않게 되고 서로 논쟁하여도 죄를 받지 않을 것이니, 유세자는 이해를 명백하게 따지어 군주가 공적을 이룰 수 있게 하며 시비를 직접적으로 지적하여 군주가 언행을 단정히 하도록 한다. 이러한 관계를 서로 유지하게 된다면, 그것은 유세가 성공한 것이다.

이윤(伊尹)⁵은 요리사였고 백리해(百里奚)⁶는 포로인 적이 있었는데, 이는 모두 군주에게 등용되기 위한 수단이었다. 그러므로 이 두 사람은 모두 성인이었으면서도 자신의 몸을 수고롭게 하며 이처럼 천한 일을 겪지 않을 수 없었던 것이다. 그렇다면 재능 있는 인재라도 이런 일을 수치스러워할 것이 못 된다.

송(宋)나라에 한 부자가 있었는데, 비가 와서 그의 집 담장이 무너졌다. 그의 아들이 '다시 쌓지 않으면 도둑이 들 것입니다'라고 말하였고, 이웃집 주인도 역시 그렇게 말하였다. 날이 저물자 도둑이 들어 과연 많은 재물을 잃었는데, 그 집에서는 그 아들을 매우 똑똑하다고 여기면서도 이웃집 주인에게는 의심을 품었다.

예전에 정(鄭)나라 무공(武公)이 호(胡)나라를 정벌하려고 하면서도, 자기 딸을 호나라 군주에게 시집 보냈다. 그리고는 대신들에게 '내가 전쟁을 일으키려 하는데 어느 나라를 치면 좋겠는가?' 하고 묻자, 관기사(關其思)라는 자가 '호나라를 쳐야 합니다'라고 하였다. 그러자 '호나라는 형제의 나라인데 그대는 어찌 호를 치라고 하는가?'라고 하며 관기사를 죽였다. 호나라 군주는 이 소식을 듣고 정나라를 친밀한 우방이라고 여기고는 정나라의 공격에 대해서 방비하지 않았다. 그러자 정나라 군사들이 호나라를 습격하여 함락시켰다.

이 두 사람, 이웃집 주인과 관기사가 알고 있던 것은 모두 타당한 것이었거늘 심하게는 죽임을 당하고 가볍게는 의심을 받았으니, 아는 것이 어려운 일이 아니라 아는 것을 어떻게 처리하느냐가 어려운 일이다.

---

5 이윤(伊尹) 은나라의 재상이다. 가노 출신이었지만 은나라의 탕왕에게 발탁되어 하의 걸왕을 토벌하는 데 공헌하였다. 탕왕을 뒤이은 외병·중임 두 왕을 섬겼으며, 그 뒤 태갑이 왕위에 오를 때에는 재상이었다. 태갑이 포학하여 탕왕의 법을 어기자, 그를 추방하고 직접 정치를 했다. 3년 뒤 태갑이 과오를 뉘우치자 정권을 태갑에게 돌려주고 그를 보좌했다. 일설에는 중임이 죽은 뒤 태갑이 뒤를 이었는데, 이윤이 왕위를 찬탈하고 태갑을 내쫓았다가 7년 뒤 태갑이 비밀리에 돌아와 그를 죽였다고 한다.

6 백리해(百里奚) 춘추시대 진(秦)나라의 재상으로, 자는 정백(井伯)이며 완(宛) 지방 사람이다. 우(虞)나라에서 대부로 지내다가 우나라의 멸망으로 진나라에서 종의 신세로 전락하였으며, 초나라에서 하급관리로 전전하다가 진나라 목공(穆公)에게 발탁되어 재상에 이르렀다.

예전에 미자하(彌子瑕)라는 사람이 위(衛)나라 임금에게 총애를 받았는데, 위나라 국법으로는 군주의 수레를 훔쳐 타는 자는 월형(刖刑: 발꿈치를 자르는 형벌)에 처하게 되어 있었다. 얼마 뒤 미자하의 모친이 병이 나자 이 소식을 들은 사람이 밤에 미자하에게 가서 이 사실을 알렸다. 미자하는 어명을 사칭하여 임금의 수레를 타고 갔다. 임금이 이 일을 알고 미자하를 어질다고 하면서 '효성스럽도다. 어머니를 위해서 월형까지 범하다니!'라고 말하였다. 또 미자하가 군주와 과수원에 놀러 갔다가, 복숭아를 먹어보니 맛이 달아 다 먹지 않고 먹던 것을 그대로 군주에게 바쳤다. 그러자 군주는 "나를 끔찍이도 위해 주는구나. 자기 입도 잊어버리고 나를 생각하다니!"라고 말하였다. 그러다가 미자하의 아름다움이 퇴색되자, 그에 대한 애정이 식었고 마침 임금에게 죄를 지었다. 그러자 임금은 "이 자는 예전에 군명을 사칭하여 내 수레를 탔고, 또 먹다 남은 복숭아를 나에게 먹였다."고 하였다.

미자하의 행위는 처음과 다를 바가 없었으나 전에는 현명하다고 평가받았다가 후에 벌을 받은 것은 군주의 애증이 완전히 변하였기 때문이다. 그러므로 군주에게 총애를 받을 때는 지혜가 군주의 마음에 들어 더욱 친밀해지고, 군주에게 미움을 받을 때는 죄가 마땅한 것이라 여겨져 더욱더 소원해지는 것이다. 따라서 간언하는 유세자는 군주의 애증을 살펴보고 난 후에 유세하여야만 한다.

용이란 동물은 잘 길들이면 그 등에 탈 수도 있다. 그러나 그 목덜미 아래에 한 자 길이의 거꾸로 난 비늘이 있는데 사람이 이것을 건드리면 반드시 그 사람을 죽여버린다. 군주에게도 용처럼 거꾸로 난 비늘(역린)이 있으니, 유세하는 사람이 군주의 역린을 건드리지 않을 수 있다면, 거의 성공적인 유세라고 할 수 있을 것이다."

어떤 사람이 한비의 저서를 진(秦)나라에 가지고 갔다. 진왕(秦王:후의 시황제)이 「고분」, 「오두」 2편의 문장을 보더니 "아! 과인이 이 사람을 만나 사귈 수 있다면 죽어도 여한이 없을 것이다."라고 하였다. 이사(李斯)가 "이것은 한비가 저술한 책입니다."라고 말하자, 진나라는 급히 한(韓)나라를 공격하였다. 한왕(韓王)

은 처음에 한비를 등용하지 않았으나 상황이 급해지자 한비를 진나라에 사신으로 파견하였다. 진왕은 한비를 좋아하였으나 아직은 그를 신용하지 않았다. 이사와 요고(姚賈)는 한비를 시기하여 이렇게 비방하였다.

"한비는 한나라의 공자(公子)입니다. 지금 왕께서 천하를 통일하려 하시는데, 한비는 결국 한나라를 위하지 진나라를 위하지 않으리라는 것은 인지상정입니다. 그러나 지금 왕께서 등용하지 않고 오랫동안 억류하였다가 돌려보낸다면 이는 스스로 후환을 남기는 일이오니, 차라리 잘못을 잡아내어 법대로 처형하시는 것이 좋을 것입니다."

진왕은 그 말을 그럴듯하게 여기어 옥리에게 한비를 넘겨 처리하도록 하였다. 이사는 사람을 시켜 한비에게 사약을 보내어 자살하도록 하였다. 한비는 자신의 생각을 왕에게 전달하고자 하였으나 만날 수가 없었다. 진왕은 나중에 자신의 결정을 후회하고 사신을 보내 한비를 사면하려 하였으나, 한비는 이미 죽은 뒤였다.

신자(申子:신불해), 한자(韓子:한비)는 모두 책을 저술하여 후세에 전하니, 이를 배우는 자가 많이 있다. 나는 다만 한비가 「세난」 편을 저술하고도 자신은 화를 벗어나지 못한 것이 슬플 따름이다.

태사공은 말하였다.

"노자(老子)가 귀중하게 여긴 도(道)라는 것은 무언가에 의해 생겨난 것이 아닌 텅 빈 것으로 무위(無爲)의 상태에서 변화하는 것이다. 그러므로 그 저서의 내용은 미묘하고 이해하기가 어렵다고 평가받는다. 장자(莊子)는 노자의 도덕(道德)을 해체하여 자유분방하게 논의하였지만, 그 요체는 자연(自然)으로 귀결되었다. 신자(申子:신불해)는 스스로 부지런히 힘써 명분과 실질을 실천하였다. 한자(韓子:한비)는 법령을 끌어들여 모든 사정을 결단하고 시비를 밝혔으나 끝내 인자하지 못하고 은혜롭지 못하였다. 이들은 모두 도덕을 출발점으로 삼았는데, 그중에 노자가 가장 심원할 것이다."

사마양저열전

司馬穰苴列傳

옛날 왕들에게는 사마병법이 있었다. 사마양저는 그것을 확장하고 더욱 뚜렷이 밝혔다. 그 래서 「사마양저열전」을 지었다.

사마양저(司馬穰苴)는 전완(田完)[1]의 후손이다.

제나라 경공(齊景, B.C. 547~B.C. 490) 때에 진(晉)나라가 아(阿)와 견(甄)을 정 벌하고 연(燕)나라가 하상(河上)을 침범하였는데, 제나라 군사들이 크게 패하자 경공은 매우 근심하였다. 그러자 안영(晏嬰)이 전양저(田穰苴)를 추천하면서 다 음과 같이 말하였다. "전양저는 비록 전씨(田氏) 문중의 서자(庶子)이지만 그의 문재(文才)는 많은 사람을 따르게 할 수 있으며 무공(武功)은 적군을 위협할 수

---

1 전완(田完) 춘추시대 사람으로 전씨(田氏)가 다스린 제나라[田齊]의 시조이다. 성은 규(嬀), 씨는 진(陳), 바꾼 씨는 전(田)이며, 시호는 경중(敬仲)이다. 하여 진완(陳完) 또는 규완(嬀完)이라고도 하며 진경중(陳敬仲) 혹은 전경중(田敬仲)이라고 부른다. 기원전 672년 진(陳)나라에서 유민들을 데리고 제나라로 망명하여 유력한 대부 가문으로 정착하였다.

있을 것이오니, 임금께서는 그를 시험해보시기 바랍니다." 경공이 전양저를 불러 그와 함께 전쟁에 관해서 담론하고 크게 기뻐하였다. 그리고는 그를 장군으로 삼아 연나라와 진나라의 군사를 방어하도록 하였다.

전양저는 다음과 같이 말하였다. "신은 본래 미천한 신분이거늘 임금께서 이러한 저를 평민의 무리에서 발탁하시어 대부(大夫)의 윗자리에 있게 하시었으나, 사졸들은 아직 복종하지 않고 백성들은 신임하지 않으니, 저는 권력이 미약한 보잘것없는 존재에 불과합니다. 임금께서 총애하시고 온 백성들이 존경하는 인물로 군대를 감독하게 하시기 바랍니다." 경공은 전양저의 의견을 받아들여 장고(莊賈)를 보내기로 하였다.

전양저는 제나라 경공에게 하직인사를 드린 후, "내일 정오에 군문(軍門)에서 만납시다."라고 장고와 약속하였다. 다음날 전양저는 먼저 군영으로 달려와 해시계와 물시계를 설치해놓고 장고를 기다렸다. 장고는 평소 교만한 인물로서, 장군은 이미 군영을 떠났고 또 자신이 감독이므로 그리 급할 것이 없다고 생각하고는 친척과 측근들의 송별연에 머물며 술을 마시고 있었다.

정오가 되어도 장고가 오지 않자, 전양저는 해시계를 엎어버리고 물시계를 쏟아버리고는 군영으로 들어가 군대를 순시하고 사병들을 점검하며 군령(軍令)을 선포하였다. 군령이 다 선포되고 저녁때가 되어서야 장고가 도착하였다. 전양저가 "어찌 약속 시각에 늦었습니까?"라고 말하자, 장고는 사죄하며 "대부와 친척들이 송별연을 열어주어 늦었습니다."라고 하였다. 전양저는 "장수는 명을 받은 날부터 집을 잊어버려야 하며, 군영에 이르러 군령을 정하게 되면 그 육친을 잊어버려야 하고, 북을 치며 급히 진격할 때에는 자기 몸을 잊어버려야 합니다. 지금 적군이 나라 깊숙이 침입하여 온 나라가 소란스러우며, 사졸들은 변경에서 낮에는 땡볕을 쬐고 밤에는 노숙하고 있으며 임금께서는 잠자리에 들어도 편하지 않고 음식을 드셔도 맛있는 줄 모르시오. 백성들의 목숨이 모두 그대에게 달려 있거늘 이런 때에 무슨 송별연이란 말이오?"라고 하더니, 군법무관을 불러 "군법으로는 약속 시각에 늦은 자를 어떻게 처리하는가?"라고 물었다. 군법무관은 "참형(斬刑)에 처합니다."라고 대답하였다. 몹시 겁이 난 장고는 사람을 경공에게로 급히 보내 이런 일을 알리고 구원을 요청하였다. 떠나간 사자가 돌아오기도 전에 전양저는 장고를 참수형에 처하여 전군에 본보기로 보이니 전군의 병사들이 모두 두려움에 떨었다.

얼마 후에 경공이 보낸 사자가 임금의 부절과 장고의 사면령이 담긴 칙령을 가지고 말을 달려 군중으로 들이닥쳤다. 그러자 전양저가 "장수는 군중에 있는 한, 임금의 명령까지 거부할 수 있는 것이다."라고 하고는, 군법무관에게 "말을 타고 군중을 달린 자는 군법상으로 어떻게 해야 하는가?"라고 물었다. 군법무관이 "참형에 처합니다."라고 하자 사자는 크게 두려워하였다. 그러나 전양저는 "임금의 사자는 죽일 수 없다."라고 하고는 그의 마부를 참수하고 수레의 왼쪽 부목(駙木)을 잘라내고 왼쪽 곁말의 목을 베고는 전군에 본보기로 보였다. 전양저는 사자를 보내 임금에게 보고한 후 출전하였다.

전양저는 사졸들의 막사, 우물, 아궁이, 식수, 취사, 질병, 의약 등의 일을 친히 보살피고, 장군에게 주어지는 재물과 양식을 모두 사졸들에게 베풀었다. 자신은 사졸들과 함께 양식을 고루 나누었으며 특히 몸이 약한 사졸들을 잘 보살펴주었다. 그러고는 3일 후에 병사들을 통솔하니, 병자들도 모두 함께 가기를 희망하며 앞을 다투어 용감하게 나서 전양저를 위해서 출전하였다.

진(晉)나라 군사들이 이 소식을 듣고는 철수해버렸고, 연나라 군사들도 이 소식을 듣고 황하를 건너 해산해버렸다. 그러자 전양저가 그들을 추격하여 잃었던 영토를 수복하고는 병사들을 거느리고 돌아왔다.

군대가 도성에 도착하기 전에 전양저는 사졸들의 무장을 해제하고 군령을 취소하였으며 충성을 맹세하게 한 후에야 도성으로 진입하였다. 경공과 모든 대신들은 교외로 영접을 나와 군사들의 노고를 위로하고 개선의 예식을 마친 후에 궁실로 돌아갔다. 경공은 전양저를 접견하고는 그를 높여 대사마(大司馬)로 임명하였다. 전양저는 날이 갈수록 제나라에서 더욱 존경을 받게 되었다.

얼마 후 대부인 포씨(鮑氏), 고씨(高氏), 국씨(國氏)의 무리들이 전양저를 시기하여 경공에게 중상모략하자, 경공은 전양저를 파면시켰으며, 전양저는 병이 나서 죽었다. 전기(田乞), 전표(田豹)의 무리는 이 일로 인해서 고씨, 국씨 등에게 원한을 품었다.

그 후 전상(田常)이 간공(簡公, B.C. 484~B.C. 481)[2] 을 시해하고 나서 고씨, 국씨의 일가족을 모두 없애버렸으며, 전상의 증손인 전화(田和)에 이르러 자립하여 제나라의 위왕(威王)이 되었다. 위왕은 병력을 사용하고 권위를 행사함에 전양저의 병법을 크게 본받았으니, 이로써 제후(諸侯)들은 제나라에 입조(入朝)하게 되었다.

위왕은 대신들에게 고대의 『사마병법(司馬兵法)』을 연구하도록 하였는데 전양저의 병법도 그중에 포함시키고 그것을 『사마양저병법(司馬穰苴兵法)』이라고 제목을 달았다.

태사공은 말하였다.

"내가 『사마병법』을 읽으니 그 내용이 방대하고 심원하여 설사 하 · 은 · 주 삼대(三代) 제왕들의 전쟁에서도 그 내용을 다 발휘하지는 못하였을 것이다. 그러나 그 표현은 다소 과장된 것이다. 만약 전양저(田穰苴)가 보잘것없는 작은 나라를 위해서 군사를 움직였다면, 어찌 『사마병법』에 보이는 겸양의 예절을 지킬 겨를이 있었겠는가? 세상에는 이미 『사마병법』이 많이 퍼져 있으므로, 여기서는 논하지 않고 그의 열전만을 기록하였다."

---

2 간공(簡公) 제나라의 제29대 후작으로, 이름은 임(壬)이다. 아버지가 포씨 일족에게 시해당한 후, 제나라에서 즉위하였으나, 전씨 일족과의 내분으로 인해 시해당했다.

손자오기열전

孫子吳起列傳 : 손자, 손빈, 오기

> 믿음, 청렴, 어짊, 용맹의 덕목을 지닌 자가 아니면 병법을 전하고 검술을 논할 수 없으니,
> 병법은 도에 부합한다. 안으로는 한 몸을 다스리고, 밖으로는 세상의 변화에 대응하니, 군자
> 는 그것을 덕에 견주었다. 그래서 「손자오기열전」을 지었다.

손자

손자(孫子) 무(武)는 제(齊)나라 사람이다.

그는 병법으로 유명하여 오(吳)나라 왕 합려(闔廬, B.C. 514~B.C. 496)[1]를 만나
게 되었다. 합려가 "그대가 지은 13편의 병서를 다 읽어보았는데 한번 시험 삼
아 군대를 지휘해 보여줄 수 있겠는가?"라고 말하자, 손무(孫武)는 "가능합니

---

1 합려(闔廬) 춘추시대 오나라의 임금이며, 이름은 광(光)이다. 춘추 5패의 한 사람으로 꼽기도 한
다. 신하인 손무, 오자서 등의 도움을 받아 오나라를 강국으로 성장시키고 패자를 꿈꾸었으나, 월
(越)나라 왕 구천(句踐)에게 패배하여 부상을 당하였다. 이후 아들 부차(夫差)에 복수를 부탁하고
죽었다.

다."라고 대답하였다. 합려가 "그러면 부녀자로도 시험해볼 수 있겠는가?"라고 물으니, 손무는 "가능합니다."라고 하였다. 그러자 합려는 궁중의 미녀 180명을 불러 모았다.

손무는 그들을 두 편으로 나누어 오왕(吳王:합려)이 총애하는 희첩 두 명을 각각 두 편의 대장으로 삼았다. 그리고 모든 이에게 창을 들게 하고는 명령을 내렸다. "너희들은 가슴, 좌우의 손, 등을 알고 있는가?"라고 묻자 부녀자들이 "압니다."라고 대답하였다. 손무가 "'앞으로' 하면 가슴 쪽을 보고 '좌로' 하면 왼손 쪽을 보고, '우로' 하면 오른손 쪽을 바라보고 '뒤로' 하면 등 뒤쪽을 보아라."라고 하자 부녀자들이 "네."하고 대답하였다. 약속한 내용이 이미 전달되자, 손무는 부월(鈇鉞)을 갖추어놓고 결정된 군령에 대해서 여러 차례 되풀이하여 설명하였다. 이에 북을 치면서 "우로"라는 구령을 내렸지만 부녀자들은 크게 웃기만하였다. 그러자 손무가 "군령이 불분명하고 호령이 숙달되지 않은 것은 장수의 잘못이다"라고 하고는 다시 여러 차례 반복해서 설명한 후에 북을 치면서 "좌로"라는 구령을 내렸지만, 부녀자들은 또 크게 웃기만하였다.

손무는 "군령이 불분명하고 호령이 숙달되지 않은 것은 장수의 잘못이나, 군령이 이미 분명함에도 불구하고 구령대로 따르지 않는 것은 병사들의 직속지휘관인 대장의 잘못이다".라고 하며 좌우 양쪽의 대장을 참수하려 하였다. 대(臺) 위에서 이런 광경을 보고 있던 오왕은 자신의 총희(寵姬) 두 명이 참수당하려는 것을 보고는 크게 놀랐다. 급히 전령을 보내 "과인은 이미 장군이 용병(用兵)에 능하다는 것을 알았소. 그 두 명의 희첩이 없으면 과인은 음식을 먹어도 맛있는 줄 모를 것이니 제발 죽이지 말기를 바란다."라고 하였다. 그러자 손무가 "저는 이미 임금의 명을 받아 장수가 되었습니다. 장수가 군중에 있을 때에는 임금의 명이라도 받들지 않을 경우가 있는 것입니다."라고 하더니 결국 대장 두 사람을 참수하여 본보기를 보였다. 그리고는 그들 다음으로 총애받는 희첩을 대장으로 삼아 다시 북을 치니, 부녀자들은 모두 좌로, 우로, 앞으로, 뒤로, 꿇어앉기나 일어서기 등 호령대로 따라 하며 감히 다른 소리를 내지 못하였다.

손무는 전령을 보내 오왕에게 "부대는 이미 정비되었으니 임금께서는 내려오시어 시험해보십시오. 임금께서 그들을 부리고 싶으시다면 물 속이나 불 속으로 뛰어들라고 해도 가능할 것입니다."라고 하였다. 오왕이 "장군은 숙사로 돌아가 휴식을 취하시오. 과인은 내려가 보고 싶지 않소."라고 하자, 손무는 "임금께서는 단지 저의 병법 이론만을 좋아하실 뿐이고, 저의 진정한 능력을 실제로 사용하실 줄은 모르십니다."라고 말하였다. 그러자 오왕 합려는 손무가 용병에 뛰어난 것을 인정하고 마침내는 그를 장군으로 삼았다.

그 후 오나라는 서쪽으로 강국인 초(楚)나라를 무찌르고 영(郢) 지방에 진출하였으며, 북쪽으로 제나라와 진(晉)나라를 위협하여 제후들 사이에 명성을 날렸으니, 손무가 기여한 결과였다.

손빈

손무가 죽고 나서 100여 년 후에 손빈(孫臏)이라는 사람이 나왔다. 손빈은 아(阿), 견(甄) 지방 부근에서 태어났으며 손무의 후손이다.

손빈은 일찍이 방연(龐涓)과 함께 병법을 배웠다. 방연이 위(魏)나라를 섬기어 혜왕(惠王, B.C. 370~B.C. 334)[2]의 장군이 된 후에 자신의 재능이 손빈에 미치지 못한다고 스스로 생각하여 몰래 사람을 시켜 손빈을 불렀다. 손빈이 오자 방연은 그가 자기보다 뛰어난 것을 두려워하고 시기하여 손빈에게 죄명을 뒤집어씌워 두 다리를 자르고 묵형(墨刑)을 가하였다. 손빈이 숨어 지내며 나타나지 않게 하려고 하였던 것이다. 제나라 사자가 양(梁)에 이르자 손빈은 형벌을 받은 몸이므로 몰래 제나라 사자를 만나 유세(遊說)하였다. 제나라의 사자는 손빈이 대단한 재주를 가진 사람이라 생각하고 몰래 수레에 태워 제나라로 데리고 갔다. 제나라 장군 전기(田忌)는 그의 재능을 인정하여 빈객으로 예우해주었다.

---

2 위혜왕(魏惠王) 전국시대 위(魏)의 제3대 군주이다. 혜성왕(惠成王)으로도 칭하며, 『맹자(孟子)』에서는 양혜왕(梁惠王)으로 불렸고, 『장자(莊子)』에는 문혜군(文惠君)으로 나온다. 성은 희(姬), 씨는 위(魏), 이름은 영(罃)이다.

전기는 자주 제나라의 공자(公子)들과 경마(競馬)로 큰 도박을 하곤 하였다. 손빈은 그 말들의 주력(走力)에는 별 차이가 없으나 말에는 상, 중, 하의 등급이 있음을 알고는, 전기에게 "가능한 한 큰돈을 거십시오. 제가 당신을 이기도록 해드리겠습니다."라고 말하였다. 전기는 그 말을 믿고 제나라 왕, 여러 공자들과 함께 천금의 돈을 걸었다. 시합 때가 되자 손빈은 "지금 장군의 하등마와 상대편의 상등마를 겨루게 하고, 장군의 상등마와 상대편의 중등마를 겨루게 하며, 장군의 중등마와 상대편의 하등마를 겨루게 하십시오."라고 하였다. 세 등급 말의 시합이 끝나자 전기는 2승 1패로 마침내 제나라 왕의 천금을 얻게 되었다. 전기가 손빈을 위왕(威王)에게 천거하자 위왕은 그에게 병법을 물어보고는 드디어 손빈을 스승으로 삼았다.

그 후 위(魏)나라가 조(趙)나라를 공격하였을 때, 위급해진 조나라는 제나라에 구원을 요청하였다. 제나라 위왕(威王)이 손빈을 장군으로 삼으려고 하자 손빈은 사양하며 "형벌을 받은 적이 있는 자가 장군이 될 수는 없습니다."라고 하였다. 이에 전기를 장군으로 삼았으며, 손빈을 군사(軍師)로 삼아 치거(輜車:휘장을 친 전투용 수레) 안에 들어앉아 계략을 짜도록 하였다.

전기가 병사들을 이끌고 조나라로 가려 하니 손빈은 다음과 같이 건의하였다. "어지럽게 엉켜 있는 실을 풀려면 주먹을 꽉 쥐고 쳐서는 안 되며, 싸우는 사람을 말리려면 그사이에 끼어들어 그저 때려서는 안 됩니다. 강한 부분은 피하고 약한 부분을 공격하면 형세가 불리해지므로 자연히 풀리게 될 것입니다. 지금 위나라와 조나라가 서로 싸우고 있으니, 날렵한 정예 병사들은 모두 국외로 빠져나오고 노약자들만 국내에 남아 있을 것입니다. 그러니 장군은 병사들을 이끌고 속히 대량(大梁)으로 진격하여 그 요로를 장악하고 방비가 허술한 곳을 공격하는 것이 제일 좋습니다. 그러면 그들은 틀림없이 조나라를 포기하고 자기 나라를 구하러 돌아올 것입니다. 이것이야말로 우리들이 조나라의 포위를 풀어주고 위나라를 피폐하게 할 수 있는 방법입니다."

전기가 손빈의 계책을 따르니, 위나라는 과연 한단(邯鄲)을 떠나 제나라 군대와 계릉(桂陵)에서 교전하였고, 제나라 군대가 위나라 군대를 크게 무찔렀다.

그로부터 13년 후, 위나라와 조나라가 함께 한(韓)나라를 침공하자, 한나라는 제나라에 위급함을 알려왔다. 제나라는 전기를 장군으로 삼아 출전하여 곧장 대량으로 진격하게 하였다. 위나라 장군 방연이 이 소식을 듣고는 한나라를 떠나 본국으로 돌아갔으나, 제나라는 이미 국경을 넘어 서쪽으로 진격하였다.

손빈은 전기에게 다음과 같이 건의하였다. "저 삼진(三晉)[3]의 병사들은 원래 사납고 용맹스러운 데다 제나라를 깔보고 있으며 제나라 군을 겁쟁이라고 부르고 있습니다. 그런데 전쟁을 잘하는 자는 주어진 형세를 잘 이용하여 자기 쪽에 유리하게 만드는 법입니다. 병법에 '100리 밖까지 추격하여 승리를 얻고자 하면 상장군(上將軍)을 잃게 되고, 50리를 추격하여 승리를 얻고자 하면 군사들의 절반밖에는 도착하지 못한다'고 하였습니다. 위나라 땅에 들어서면 제나라 군사들에게 10만 개의 아궁이를 만들게 하고 다음 날에는 5만 개의 아궁이를 만들게 하며 또 그다음 날에는 3만 개를 만들게 하십시오."

전기는 그의 말대로 하였다.

위나라 방연이 제나라 군을 추격한 지 3일째에 매우 기뻐하며 "내가 진작부터 제나라 군사들이 겁쟁이인 줄 알고 있었다. 우리 땅을 침범한 지 3일 만에 도망친 병사들이 반을 넘는구나."라고 하였다. 그리고는 그의 보병들을 떼어놓고 단지 날렵한 정예 부대와 함께 이틀 거리를 하루에 달리며 제나라 군을 급히 추격하였다.

손빈이 방연의 추격 일정을 어림잡아보니, 저녁 무렵이면 마릉(馬陵)에 도착할 것이라고 생각되었다. 마릉은 길이 협소하고 양쪽으로 험한 산이 많아 병사들을 매복시키기에 좋았다. 손빈은 큰 나무의 껍질을 벗겨내고 거기에 '방연은 이 나무 아래에서 죽을 것이다'라는 글씨를 썼다. 그리고는 제나라 군사 중에서 활을 잘 쏘는 사람 만 명을 골라 길 양쪽에 매복시키며 "저녁에 불빛이 밝혀지

---

3 삼진(三晉)은 옛 진(晉)나라의 강역에 세워진 위(魏), 조(趙), 한(韓)의 3국을 가리킨다. 이 3국은 원래 진나라 대부의 성씨였는데, 진나라 열공(烈公) 때에 3국으로 분열되었다. 위, 조, 한 3국의 성립은 신하가 나라를 3분하여 하극상이 벌어진 사건으로, 춘추시대와 전국시대를 구분하는 기점이 되었다.

는 것을 보는 즉시 일제히 활을 쏘아라."라고 일러두었다.

방연이 과연 밤에 껍질을 깎아놓은 나무 밑에 이르러 흰 나무에 쓴 글을 발견하고는 불을 밝혀 글씨를 비추었다. 그러자 그 글을 다 읽기도 전에 제나라 군사들의 무수한 화살이 일제히 날아들었다. 위나라 군사들은 혼비백산하여 이리저리 흩어졌다. 방연은 자신의 지혜로는 어쩔 도리 없이 싸움에 패하였음을 알고서는 "손빈 저놈의 명성을 떨치게 하였구나."라고 하며 목을 찔러 자결하였다.

제나라 군은 이 승리의 기세를 몰아 위나라 군을 전멸시키고 위나라의 태자(太子) 신(申)을 포로로 잡아 귀국하였다. 손빈은 이 일로 해서 천하에 명성을 날리었으며 대대로 그의 병법이 전해지게 되었다.

오기

오기(吳起)는 위(衛)나라 사람으로 용병술을 좋아하였다. 일찍이 증자(曾子)에게 배우고 노(魯)나라 군주를 섬겼다.

제나라가 노나라를 공격하자, 노나라에서는 오기를 장군으로 삼으려 하였으나 오기의 아내가 제나라 여자였기 때문에 노나라에서 그를 의심쩍게 생각하였다. 그러자 오기는 출세하기 위해서 그의 아내를 죽여 제나라 편을 들지 않을 것임을 밝혔다. 노나라는 마침내 그를 장군으로 삼았다. 오기는 병사들을 이끌고 제나라를 공격하여 크게 무찔렀다.

그러나 노나라 사람 중에는 오기를 다음과 같이 비난하는 사람이 있었다.

"오기의 사람됨은 시기심이 강하고 잔인하다. 그가 어렸을 때 집에 천금의 재산이 있었지만 벼슬을 구하러 이리저리 돌아다니다 뜻을 이루지 못하고 가산만 탕진하였다. 마을 사람들이 이로 인해 오기를 비웃자 그는 자기를 비방한 30여 명의 사람을 죽이고는 동쪽 성문을 통해서 위(衛)나라를 도망쳐 나왔다. 오기는 어머니와 이별하면서 '저는 경상(卿相)이 되지 않으면 다시는 위나라에 돌아오지 않겠습니다'라고 하고는 자기 팔을 깨물며 맹세하였다.

오기는 증자(曾子:공자의 제자)를 섬기다가 얼마 후에 자기 어머니가 죽었는데도 끝내 돌아가지 않았다. 증자가 오기를 박정하다 하여 그와의 관계를 끊자, 오기는 노나라로 가서 병법을 배워 노나라 군주를 섬기게 되었다. 그런데 노나라 군주가 자기를 의심하자, 오기는 아내를 죽이면서까지 장군의 자리를 구하였다. 또 노나라와 같은 작은 나라가 제나라와 같은 큰 나라와의 싸움에서 승리하는 명성을 얻게 되었지만, 그로 인해서 제후들이 노나라를 공략의 표적으로 삼을 것이다. 게다가 노나라와 위(衛)나라는 형제의 나라인데 군주가 오기를 중용하면 이는 위나라를 저버리는 것이다."

그러자 노나라 군주는 오기를 미덥지 않게 여기어 그를 멀리하였다.

이때 오기는 위(魏)나라 문후(文侯, B.C. 425~B.C. 387)가 현명하다는 말을 듣고 그를 섬기려 하였다. 문후는 이극(李克)에게 "오기는 어떠한 사람인가?" 하고 물었다. 이극이 "오기는 탐욕스럽고 여색을 좋아하기는 하지만, 용병에서는 사마양저(司馬穰苴)도 따라갈 수 없을 정도입니다."라고 하자, 위 문후는 오기를 장군으로 삼아 진(秦)나라를 공격하여 성 다섯 개를 빼앗았다.

오기는 장군이 되자 가장 신분이 낮은 사졸들과 같은 옷을 입고 식사를 함께하였다. 그는 잠을 잘 때는 자리를 깔지 않았으며 행군할 때에는 말이나 수레를 타지 않고 자기가 먹을 식량을 친히 가지고 다니는 등 사졸들과 수고로움을 함께 나누었다.

사졸 중에 종기가 난 자가 있었는데 오기가 그것을 빨아주었다. 사졸의 어머니가 그 소식을 듣고는 통곡하였다. 어떤 사람이 "그대의 아들은 일개 사졸인데 장군이 친히 그 종기의 고름을 빨아주었거늘, 어찌하여 통곡하는 것입니까?"라고 하자, 그 어머니는 이렇게 말하였다. "그렇지 않습니다. 예전에 오공(吳公:오기)께서 그 애 아버지의 종기에 난 고름을 빨아준 적이 있었는데, 그이는 감동을 받고 전장에서 물러설 줄 모르고 용감히 싸우다가 적에게 죽음을 당하였습니다. 오공이 지금 또 내 자식의 독창을 빨아주었다니, 난 이제 그 애가 어디서 죽게 될 줄 모르게 되었습니다. 그래서 통곡하는 것입니다."

문후는 오기가 용병에 뛰어날 뿐만 아니라 청렴하고 공정하여 모든 사졸들의
존경을 받고 있다고 여겨 오기를 서하(西河) 태수로 삼아 진(秦)나라와 한(韓)나라
에 대비하도록 하였다.

위 문후가 죽은 후에 오기는 그의 아들 무후(武侯, B.C. 387~B.C. 381)를 섬겼
다. 무후는 배를 타고 서하(西河)를 내려가다가 도중에 오기를 돌아보며 "정말
훌륭하구나. 이 험준한 산하야말로 위(魏)나라의 보배로다!"라고 말하자, 오기
는 다음과 같이 대답하였다.

"나라의 보배는 임금의 덕행에 있는 것이지 지형의 험고함에 있는 것이 아닙
니다. 예전에 삼묘씨(三苗氏)의 나라는 왼쪽으로 동정호(洞庭湖)가 있고 오른쪽으
로는 팽려호(彭蠡湖)가 있었으나 덕행과 신의를 닦지 못하여 우(禹)임금에게 멸
망당하였습니다. 하(夏) 왕조 걸왕(桀王)의 거처는 황하와 제수(濟水)가 왼쪽에 있
고 태산(泰山)과 화산(華山)이 그 오른쪽에 있으며 이궐(伊闕)이 남쪽에 있고 양장
(羊腸)이 북쪽에 있었지만, 어진 정치를 베풀지 못하여 탕왕(湯王)에게 추방당하
였습니다. 또 은(殷) 왕조 주왕(紂王)의 나라는 왼쪽으로는 맹문산(孟門山)이 있고
오른쪽으로 태행산(太行山)이 있으며 북쪽으로 상산(常山)이 있고 남쪽에는 황하
가 지나고 있었지만, 정치를 하는 데 덕이 없었으므로 무왕(武王)에게 죽임을 당
하였습니다. 이런 사실로 보면 치국의 요체는 임금의 덕행에 있는 것이지 지형
의 험난함에 있는 것이 아닙니다. 만약 임금께서 덕을 닦지 않으시면 이 배 안
에 있는 사람이 모두 적이 될 것입니다."

이에 무후는 "좋은 말이오."라고 하였다.

오기가 서하의 태수를 지내면서 명성이 매우 높아졌으나, 위(魏)나라에서 재
상의 관직을 두고 전문(田文)을 재상으로 삼았다. 기분이 언짢아진 오기가 전문
에게 "당신과 공로를 비교해보고자 하는데 어떻소?"라고 하자, 전문이 "좋습니
다."라고 대답하였다.

오기가 "삼군(三軍)의 장군이 되어 사졸들이 기꺼이 목숨을 걸고 싸우게 하여

적국에서 감히 우리를 넘보지 못하게 할 적에 나와 당신 중 누가 더 낫소?"라고 물으니, 전문이 "제가 당신만 못하지요."라고 대답하였다.

또 오기가 "백관(百官)을 다스리고 모든 백성을 가까이하며 국고를 충실히 한 점에서는 누가 더 낫소?"라고 묻자, 전문은 "그것도 내가 당신만 못합니다."라고 하였다.

또 오기가 "서하를 수비하여 진(秦)나라 군사들이 감히 동쪽으로 침범하지 못하게 하고 한(韓)나라와 조(趙)나라를 복종하게 한 점에서 나와 당신 중 누가 낫소?"라고 묻자, 전문은 이번에도 "당신이 나보다 낫습니다."라고 대답하였다.

그러자 오기는 "이 세 가지 점에서 당신이 모두 나보다 못함에도 불구하고 나보다 윗자리를 차지하는 것은 어째서입니까?"라고 물었다.

전문은 다음과 같이 말하였다. "임금께서 나이가 어려 나라가 불안하고 대신들이 복종하지 않으며 백성들이 신뢰하지 않고 있소. 이런 때에 재상의 자리가 당신에게 적합하겠소, 아니면 나에게 적합하겠소?"

오기는 한참 동안 아무 말도 않다가 "당신이 적합하오."라고 하자, 전문은 "이것이 바로 내가 당신보다 윗자리를 차지한 까닭이오."라고 말하였다. 오기는 비로소 자기가 전문만 못 하다는 것을 알게 되었다.

전문이 죽은 후에 공숙(公叔)이 재상이 되었다. 공숙은 위(魏)나라 공주를 아내로 얻었으나 오기를 시기하였다. 공숙의 하인이 "오기는 쉽게 내쫓을 수 있습니다."라고 하자 공숙은 "어떻게 할 수 있겠는가?"라고 물었다.

그 하인은 다음과 같이 말하였다. "오기의 사람됨은 절조가 있고 청렴하며 명예를 중히 여깁니다. 우선 무후께 '오기는 재능 있는 사람입니다. 그런데 주군의 나라는 작고 또 강국인 진(秦)나라와 국경을 접하고 있으니, 신은 마음속으로 오기가 우리나라에 오래 머무를 생각이 없을까 염려됩니다'라고 말씀하십시오. 그러면 무후께서 '어찌하면 좋겠소?'라고 물으실 것입니다. 그때 무후께 이렇게 말씀하십시오. '시험 삼아 공주를 아내로 주겠다고 떠보십시오. 오기에게 머무를 마음이 있으면 반드시 받아들일 것이고 머무를 마음이 없으면 틀림없이 사양할 것이니 이것으로 판단하십시오.' 그리고는 오기를 초대하여 함께 댁으로 가신 뒤에 공주를 화나게 하여 어르신을 깔보게 하십시오. 오기는 공주가 어르신을 함부로 대하는 것을 보면 틀림없이 임금의 제안을 사양할 것입니다."

과연 오기는 공주가 위나라 재상을 천대하는 것을 목격하고 무후에게 사양의 뜻을 밝혔다. 그러자 무후는 그를 의심하고 믿지 않았다. 오기는 죄를 얻게 될까 두려워 위나라를 떠나 초나라로 갔다.

초나라 도왕(悼王)은 평소 오기가 현명하다는 말을 듣고 있었으므로 그가 오자마자 초나라의 재상으로 삼았다. 오기는 법령을 정비하고 불필요한 관직을 없앴으며 왕실의 먼 일족들의 봉록을 폐지하여 그 재원으로 군사들을 양성하였다. 그 정치의 요체는 병력을 강화하여 합종(合縱)이니 연횡(連橫)이니 하는 유세객들의 주장을 배격하는 데에 있었다. 그리하여 남쪽으로는 백월(百越)을 평정하고 북쪽으로는 진(陳)나라와 채(蔡)나라를 병합하고 삼진(三晉)을 격퇴하였으며 서쪽으로는 진(秦)나라를 토벌하였으므로, 제후들은 초나라의 강성함을 우려하였다.

예전 초나라의 왕족이었던 자들은 모두가 오기를 미워하였다. 도왕(悼王)이 죽자 왕족과 대신들이 난을 일으켜 오기를 공격하니, 오기는 달아나다가 왕의 시신 위에 엎드렸다. 오기를 공격하던 무리들이 오기에게 화살을 쏘아 죽였는데 그때 도왕의 시신에도 화살이 꽂혔다. 도왕의 장례식이 끝난 후, 태자가 즉위하여 영윤(令尹)에게 오기를 사살하려고 왕의 시신에 화살을 쏜 자들을 모두 처형하도록 하였다. 이로써 오기를 사살한 죄에 연루되어 처형당한 가문이 70여 개에 이르렀다.

태사공은 말하였다.

"세상에서 병법을 논하는 자들은 모두 『손자병법』, 『오기병법』을 거론한다. 이두 저서는 세상에 많이 알려져 있으므로 논술하지 않고 그들의 행적과 시책에 관해서만 논하였다. 옛말에 '실행에 능한 사람이라고 해서 꼭 말에 능한 것은 아니며, 말에 능한 사람이라고 해서 반드시 실행에 능한 것은 아니다'라고 하였다. 손빈(孫臏)이 방연(龐涓)을 해치운 계략은 뛰어난 것이었으나, 그 전에 자기 다리가 잘리는 형벌을 당하는 재난에서 자신을 구해내지는 못하였다. 오기(吳起)는 무후(武侯)에게 지형의 험고함이 임금의 덕행만 못하다고 설득하였으나, 초나라에서의 그의 행실이 각박하고 몰인정하였기 때문에 목숨을 잃었던 것이니, 슬픈 일이로다!"

오자서열전

伍子胥列傳

> 초나라의 세자 건이 모함을 받으니 그 화는 오사에게 미쳤다. 오사의 큰아들 오상은 아버지
> 를 구하려 목숨을 바쳤고, 그 아우 오원(오자서)은 오나라로 도망쳐서 훗날 아버지와 형의
> 원수를 갚았다. 그래서 「오자서열전」을 지었다.

오자서(伍子胥: 성은 伍, 자는 子胥)는 초(楚)나라 사람으로 이름은 운(員)이라고 하
였다. 오운(伍員)의 아버지는 오사(伍奢), 오운의 형은 오상(伍尚)이라고 했다. 그
의 선조 오거(伍擧)는 초나라 장왕(莊王, B.C. 614~B.C. 591)[1]을 섬기면서 직간(直
諫)하는 것으로 명성이 높았다. 이 때문에 오거의 후손들은 초나라에서 이름이
알려져 있었다.

---

1 장왕(莊王) 초나라의 제 23대 왕으로, 성(姓)은 미(芈), 씨(氏)는 웅(熊), 이름은 여(侶)이다. 즉위한
후 3년 동안 신하들에게 간언하는 것을 금하고 방탕한 생활을 하였다. 신하로 있던 오거(伍擧)가 3
년간 날지도 울지도 않는 새로 왕을 비유하자, 장왕은 3년을 날지 않아도 한 번 날아오르면 하늘을
찌르고, 3년을 울지 않아도 한 번 울면 사람들을 놀라게 한다고 대답하였다. 얼마 뒤에 신하 소종
(蘇從)이 또한 목숨을 바쳐 간언하였다. 이에 장왕은 정사를 제대로 살펴 간신배 수백 명을 숙청하
고 또 수백 명을 등용하였다. 이후 대내외의 정치에 성과를 보여 춘추오패(春秋五霸)의 한 사람으
로 꼽힌다.

초나라 평왕(平王, B.C. 528~B.C. 516)에게는 건(建)이라는 이름의 태자가 있었다. 평왕은 오사를 태부(太傅)로 삼고 비무기(費無忌)를 소부(少傅)로 삼았는데, 비무기는 태자 건에게 그리 충성스럽지 못하였다. 평왕은 비무기에게 진(秦)나라에서 태자비 자리를 맞이해오도록 하였다. 진나라 여인이 아름다웠으므로, 비무기는 말을 달려 돌아와서는 평왕에게 "진나라 여인은 절세의 미인이오니 왕께서 스스로 왕비로 맞이하시고 태자에게는 따로 비를 얻어주십시오"라고 보고하였다. 그러자 평왕은 결국 자기가 진나라 여인를 차지하고는 그녀를 끔찍이 총애하여 아들 진(軫)을 낳게 하였다. 그리고 태자에게는 따로 비를 구해주었다.

비무기는 진나라 여인의 일로 인하여 평왕에게 환심을 샀고, 이로 인해 태자를 떠나 평왕을 섬기었다. 그는 언젠가 평왕이 죽고 태자가 왕위에 오르게 되면 자기를 죽이지 않을까 두려웠으므로 태자 건을 근거 없는 말로 헐뜯었다. 건의 모친은 채(蔡)나라 여자로서 평왕의 총애를 받지 못하였고, 평왕은 더더욱 건을 멀리하여 성보(城父) 지방의 수장(守將)으로 삼아 변방을 방비하도록 하였다.

얼마 후에 비무기는 또 밤낮으로 왕에게 태자의 허물을 일러바치며 "태자는 진나라 여인의 일로 인하여 반드시 원한을 품고 있을 것이니 왕께서는 좀 경계하시기를 바랍니다. 태자는 성보에 머문 이후로 병사를 거느리고 밖으로는 제후들과 교제하면서 장차 도성으로 침입하여 반란을 일으키려고 합니다."라고 하였다. 평왕은 태자의 태부인 오사를 불러 사실을 캐물었다. 비무기가 평왕에게 태자를 참언한 것임을 안 오사는 "왕께서는 어찌 참언을 일삼는 소인배의 말 때문에 친자식을 멀리하십니까?"라고 말하였다. 그러자 비무기가 "왕께서 지금 제지하지 못하시면 그들의 음모가 성사되어 왕께서는 포로가 될 것입니다."라고 하였다. 이에 평왕이 노하여 오사를 옥에 가두고 성보 지방의 사마(司馬)였던 분양(奮揚)을 보내 태자를 죽이라고 하였다. 분양은 미리 태자에게 사람을 보내 "태자께서는 빨리 도망치십시오. 그렇지 않으면 죽게 될 것입니다."라고 알려주었다. 그러자 태자 건은 송(宋)나라로 도망쳤다.

사건의 수습을 위해서 비무기는 평왕에게 말하였다. "오사에게는 두 아들이 있는데 모두 재능이 있습니다. 만약 그들을 죽이지 않으면 장차 초나라의 걱정 거리가 될 것입니다. 그 아비를 인질로 삼아 그들을 불러들이십시오. 그렇지 않 으면 앞으로 초나라의 후환이 될 것입니다."

왕은 오사에게 사신을 보내 "너의 두 아들을 불러오면 살려주겠지만, 불러오 지 못하면 죽일 것이다."라고 하자, 오사는 "오상은 사람됨이 어질어 부르면 틀 림없이 올 것입니다. 그러나 오운은 사람됨이 고집이 세고 참을성이 강해서 큰 일을 이룰 수 있을 것입니다. 그 녀석은 이곳에 오면 부자가 함께 사로잡힐 것 이라는 것을 알고는 틀림없이 오지 않을 것입니다."라고 말하였다.

왕은 이 말을 듣지 않고 사람을 시켜 두 아들을 부르며 "너희들이 오면 내가 너희 아비를 살려줄 것이며, 오지 않으면 아비를 당장 죽이겠다."라고 하였다.

큰 아들 오상이 가려고 하자, 오운이 "초나라에서 우리 형제를 부르는 것은 우리 아버지를 살려주려는 것이 아니라 도망치는 자가 생기면 나중에 후환이 될 것을 두려워하여 아버지를 인질로 삼고 거짓으로 우리 형제를 부르는 것입 니다. 우리 형제가 도착하면 부자가 함께 죽을 것이니 그것이 아버지의 죽음에 무슨 도움이 되겠습니까? 간다면 복수조차 할 수 없게 될 것이니 차라리 다른 나라로 도망쳤다가 병력을 빌려 아버지의 원수를 갚는 것이 나을 것입니다. 다 같이 죽는 것은 아무런 의미가 없습니다."라고 말하였다.

그러자 오상은 "간다고 해도 결국은 아버지의 목숨을 구할 수 없다는 것을 나 도 알고 있다. 그러나 아버지께서 목숨을 구하시기 위해서 나를 부르셨는데도 가지 않았다가 나중에도 원수를 갚지 못하면 결국 세상 사람들의 웃음거리가 될 것이 나는 싫구나."라고 하며 오운에게 "너는 달아나거라! 너라면 아버지의 원수를 갚을 수 있을 것이다. 나는 아버지 계신 곳으로 가 함께 죽을 것이다." 라고 하였다.

오상이 붙잡히고 나서, 사자가 또 오자서를 붙잡으려 하자, 오자서가 활을 당 겨 사자를 겨냥하니, 사자는 감히 접근하지 못하였다.

마침내 도망친 오자서는 태자 건이 송나라에 있다는 것을 듣고 송나라로 가 서 그를 섬겼다. 오사는 둘째 아들 오자서가 도망쳤다는 말을 듣고 다음과 같이 말하였다. "초나라 군주와 신하들은 앞으로 전란에 시달릴 것이다."

오상이 초나라에 도착하자, 초나라에서는 오사와 오상을 모두 죽여버렸다.

오자서가 송나라에 도착한 후 송나라에 화씨(華氏)의 난[2]이 일어나자, 그는 태자 건과 함께 정(鄭)나라로 도망쳤다. 정나라 사람들이 그들을 잘 대우해주었으나 태자 건은 또 진(晉)나라로 떠나갔다. 진 경공(晉頃公)이 "태자는 정나라와 사이가 좋은 데다 정나라에서도 태자를 신임하고 있으니, 태자가 안에서 나를 호응해주고 내가 밖에서 공격하면 정나라를 틀림없이 멸망시킬 수 있을 것이오. 정나라가 멸망하면 태자를 그곳에 봉해주겠소."라고 하였으므로, 태자는 정나라로 돌아갔다.

그러나 거사가 제대로 이루어지기도 전에 태자가 개인적인 일로 그의 시종을 죽이려고 하였는데, 그의 음모를 알고 있었던 시종은 이 사실을 정나라에 밀고하였다. 그러자 정나라 정공(定公)과 자산(子産)은 태자 건을 주살하였다.

건에게는 승(勝)이라는 이름의 아들이 있었다. 위협을 느낀 오자서는 승과 함께 오(吳)나라로 달아났다. 그들이 소관(昭關)에 이르렀을 때 소관의 관지기가 그들을 체포하려 하였다. 오자서는 승과 헤어져 혼자 도망쳤으나 거의 잡힐 지경에 이르렀다. 추격해오는 자가 뒤에 따라붙었다. 오자서가 강에 이르렀을 때, 배를 타고 있던 한 어부가 오자서가 위급한 상황에 처해 있음을 알고 오자서를 건너게 해주었다. 오자서는 강을 건너고 나자 자기의 칼을 풀더니 "이 칼은 백금(百金)의 값어치가 있는데, 이것을 그대에게 주겠소."라고 하였다. 그러자 그 어부는 "초나라 국법으로는 오자서를 잡는 자에게 조[粟] 5만 석(石)과 집규(執珪: 초나라의 최고 작위)의 작위를 내린다고 하거늘, 백금의 칼이 무슨 문제가 되겠

<hr>

2 화씨(華氏)의 난 B.C. 522년 송(宋) 원공(元公)때 대부 화해(華亥) 등이 일으킨 정변. 송나라 원공(元公)은 화정(華定)과 화해(華亥), 상영(向寧) 등 유력한 대부들과 반목하던 차에, 화씨와 상씨 일족들이 연합하여 원공의 혈족을 살해하여 정국을 혼란에 빠뜨렸다. 차후 서로 인질을 맞교환하는 형식으로 수습을 하긴 하였으나, 근본적인 화해에 이르지 못하였다. 이후 내전이 본격화되자, 화씨와 상씨 일족은 오(吳)나라와 진(陳)나라 등으로 피신하면서, 내전이 다른 제후국 간의 분쟁으로 확산되었다. B.C. 520년 양측은 승패를 분명해 하지 못한 채, 변란을 일으킨 화씨 일족들이 초나라로 망명하는 것으로 일단락되었다.

소?"라고 하며 받지 않았다. 오자서는 오나라에 도착하기도 전에 병에 걸려 도중에 가던 길을 멈추고 걸식을 하기도 하였다.

오나라에 이르니, 그때 마침 오나라 왕 요(僚, B.C. 526~B.C. 515)가 정권을 장악하고 있었으며, 공자(公子) 광(光)이 장군으로 있었다. 오자서는 공자 광을 통하여 오왕(吳王:요)을 알현하기를 요청하였다.

얼마 후의 일이었다. 초나라 변방의 종리(鐘離)와 오나라 변방의 비량지(卑梁氏)에서는 모두 누에를 치고 있었는데, 이 두 곳의 여자들이 뽕잎을 다투느라 서로 싸우는 일이 일어나자, 초 평왕은 크게 노하였고, 두 나라에서는 군사를 일으켜 서로 공격하게 되었다.

오나라에서는 공자 광(光)에게 초나라를 공격하도록 하였다. 공자 광이 종리와 거소(居巢)를 함락시키고 돌아오자, 오자서는 오나라 왕 요에게 "초나라를 멸망시킬 수 있으니, 다시 공자 광을 보내시기 바랍니다."라고 권하였다. 공자 광은 오나라 왕에게 "오자서는 아버지와 형이 초나라에서 죽임을 당하였으니, 그가 왕께 초나라를 치시라고 권하는 것은 자기의 원수를 갚기 위해서일 뿐입니다. 그러나 초나라를 친다고 해도 아직은 멸망시킬 수가 없습니다."라고 말하였다.

오자서는 공자 광이 오나라 왕을 죽이고 자신이 왕위에 오르려는 속셈이 있음을 알고, 대외적인 일을 이야기할 때가 아니라 생각하여, 공자 광에게 전저(專諸)라는 인물을 추천하고, 자기는 물러나 태자 건의 아들 승과 함께 초야에서 농사를 지으며 살았다.

5년 후에 초나라 평왕이 죽었다. 일찍이 평왕이 태자 건에게서 가로챈 진나라 여인이 아들 진(軫)을 낳았는데, 평왕이 죽고 나자 진이 마침내 후계자가 되었으니 그가 바로 소왕(昭王, B.C. 515~B.C. 489)이다.

오왕 요는 초나라의 국상을 틈타 두 공자(公子)들에게 병사를 거느리고 초나라를 기습 공격하게 하였다. 그러나 초나라에서는 병사를 출동시켜 오나라 군사의 퇴로를 차단하니 오나라 군사는 되돌아갈 수가 없었다. 한편 오나라에서는 도성이 텅 비게 되자 공자 광이 전저에게 오왕 요를 기습하여 암살하게 하고 스스로 왕위에 오르니 그가 바로 오왕(吳王) 합려(闔廬, B.C. 514~B.C. 496)이다. 합려가 왕위에 올라 뜻을 이루고 나자 오자서를 불러 행인(行人)을 삼고 그와 함께 국사를 논하였다.

한편 초나라에서는 대신 극완(郤宛)과 백주리(伯州犂)가 주살되자, 백주리의 손자인 백비(伯嚭)가 오나라로 도망쳐오니, 오나라에서는 백비도 대부로 삼았다. 앞서 오왕 요가 초나라를 공격하도록 파견하였던 두 공자들은 퇴로가 차단되어 돌아갈 수가 없었다. 그들은 나중에 합려가 오왕 요를 시해하고 왕위에 올랐다는 소식을 듣고는 결국 병사들을 데리고 초나라에 투항하니, 초나라에서는 그들을 서(舒) 땅에 봉하였다.

합려는 왕위에 오른 지 3년째 되던 해에 병사를 일으켜 오자서, 백비와 함께 초나라를 공격하여 서 땅을 함락시키고 예전에 오나라를 배반하였던 두 장군을 마침내 사로잡았다. 합려는 이 여세를 몰아 영(郢)까지 진격하려고 하였다. 그러자 장군 손무(孫武)가 "백성들이 지쳐 있으니 아직은 안 됩니다. 잠시 기다리십시오."라고 하니, 그대로 회군하였다.

합려 4년에는 오나라가 초나라를 공격하여 육(六)과 잠(灊)을 점령하였다.

합려 5년에는 월(越)나라를 공격하여 승리하였다.

합려 6년에는 초나라 소왕(昭王, B.C. 515~B.C.489)이 공자(公子) 낭와(囊瓦)에게 병사를 거느리고 오나라를 공격하게 하였다. 오나라는 오자서에게 반격하도록 하여 초나라 군사를 예장(豫章)에서 크게 무찌르고 초나라의 거소(居巢)를 빼앗았다.

합려가 왕위에 오른 지 9년, 오왕 합려는 오자서와 손무에게 "당초 그대들은 영(郢)을 진격할 수 없다고 하였는데, 지금은 과연 어떠한가?"라고 물으니, 두 사람은 "초나라 장군 낭와는 탐욕스러워 당(唐)과 채(蔡) 나라가 모두 그를 원망하고 있습니다. 왕께서 꼭 초나라를 대대적으로 공격하시려면 반드시 먼저 당나라와 채나라를 우리 편으로 만드셔야 가능합니다."라고 대답하였다.

합려가 그 말을 따라 모든 군사를 동원하여 당, 채 두 나라와 함께 초나라를 공격하였다. 오나라는 초나라와 한수(漢水)를 사이에 두고 진을 쳤다. 오왕의 아우 부개(夫槪)가 병사를 이끌고 종군하기를 청하였으나 왕이 허락해주지 않자 결국 자기 휘하의 5,000명의 병사로 초나라 장군 자상(子常)을 공격하였다. 자상은 패주하여 정(鄭)나라로 달아났다. 이에 오나라 군사는 승리의 여세를 몰아 진격하며 다섯 번의 전투를 치른 끝에 드디어 영(郢)에 도착하였다. 기묘일(己卯日)에 초나라 소왕이 달아나니 경진일(庚辰日: 기묘일 다음날)에 오왕은 영에 입성하였다.

소왕은 운몽(雲夢)으로 도주하였으나 도둑에게 습격을 당하자 다시 운(鄖)나라로 달아났다. 운공(鄖公)의 아우 회(懷)가 "초나라 평왕이 우리 아버지를 죽였으니, 내가 그의 아들을 죽여도 안 될 것은 없을 것이오."라고 하였다. 운공은 아우가 소왕을 죽일까 두려워 소왕과 함께 수(隨)나라로 도망쳤다.

오나라 병사들이 수나라를 포위하고 수나라 사람들에게 "한천(漢川) 일대의 주(周) 왕실 자손들은 모두 초나라가 멸망시켰다."라고 하자, 수나라 사람들이 소왕을 죽이려고 하였다. 그러나 왕자 기(綦)가 소왕을 숨겨두고 자신이 소왕을 대신하여 당하려고 하였다. 수나라 사람들이 점을 쳐보니 오나라에 소왕을 넘겨주는 것은 불길하다고 하므로, 오나라의 청을 사절하고 소왕을 넘겨주지 않았다.

예전에 오자서와 신포서(申包胥)는 친구사이였다. 오자서가 도망칠 때, 신포서에게 "나는 반드시 초나라를 뒤엎고 말 것이다."라고 하자 신포서는 "나는 반드시 초나라를 보존시킬 것이다."라고 대답하였다. 오나라 병사들이 영에 입성하였을 때 오자서가 소왕을 잡으려고 하였으나 뜻을 이루지 못하자 초나라 평왕(平王)의 묘를 파헤쳐 그의 시신을 꺼내어 300번이나 채찍질한 후에야 그만두었다.

신포서는 산중으로 도망친 후 사람을 보내 오자서에게 다음과 같이 전하였다. "그대의 복수는 너무 심하구나. 내가 듣기로는 '사람이 많으면 한때 하늘을 이길 수 있으나, 일단 하늘의 뜻이 정해지면 사람을 무찌를 수도 있다'라고 하는데 일찍이 평왕의 신하로서 북면(北面)하여 평왕을 섬겼던 그대가 지금 그 시신을 욕되게 하였으니 이보다 더 천리에 어긋난 일이 있을 수 있겠는가?"

그러자 오자서는 이렇게 말했다. "나를 대신해서 신포서에게 사과하고 '해는 지고 갈 길이 멀어 도리에 어긋난 짓을 할 수밖에 없었다'고 전하거라."

신포서는 진(秦)나라로 달려가 위급한 상황을 알리고 진나라에 구원을 요청하였다. 그러나 진나라에서 응해주지 않자 신포서는 진나라의 궁정에 서서 밤낮으로 통곡하니 7일 밤 7일 낮 동안 그 통곡 소리가 끊이지 않았다. 그를 불쌍히 여긴 진(秦)나라 애공(哀公)이 "초나라가 비록 무도(無道)하기는 하지만 이와 같은 충신이 있으니 어찌 망하게 할 수 있겠는가?"라고 하며, 전차 500대를 파견하여 초나라를 구하고 오나라를 공격하게 하였다. 진나라 군사는 6월에 직(稷)에서 오나라 군대를 무찔렀다.

한편 오왕(吳王:합려)이 오랫동안 초나라에 머물며 소왕을 찾고 있는 동안 합려의 아우인 부개가 도망쳐 귀국하더니 스스로 왕위에 올랐다. 이 소식을 들은 합려는 초나라를 포기하고 귀국하여 아우인 부개를 공격하였다. 부개는 패주하여 결국 초나라로 도망쳤다. 초나라 소왕은 오나라에 내란이 일어난 것을 알고는 다시 영(郢)으로 들어가 부개를 당계(堂溪)에 봉하여 그를 당계씨(堂溪氏)라고 하였다. 초나라는 다시 오나라와 교전하여 오나라를 무찌르니, 오왕 합려는 귀국하였다.

2년 후, 합려는 태자 부차(夫差)에게 병사를 거느리고 초나라를 공격하게 하여 파(番) 땅을 빼앗았다. 초나라는 오나라가 대거 공격해올 것이 두려워 영을 떠나 약(鄀)으로 천도하였다. 이때 오나라는 오자서와 손무의 계책으로 서쪽으로는 초나라를 무찌르고 북쪽으로는 제(齊)나라와 진(晉)나라를 위협하였으며, 남쪽으로는 월(越)나라를 굴복시켰다.

그로부터 4년 후, 공자(孔子)가 노(魯)나라의 재상이 되었다.[3]

5년 후, 오나라가 월나라를 공격하였다. 월왕(越王) 구천(句踐, B.C. 496~B.C. 464)이 반격하여 고소(姑蘇)에서 오나라를 무찌르고 합려의 손가락에 상처를 입히자 오나라 군사는 퇴각하였다. 합려는 상처가 커져 죽게 되었을 때 태자인 부차에게 "구천이 네 아비를 죽인 일을 너는 잊겠느냐?"라고 묻자, 부차는 "잊지 않을 것입니다."라고 대답하였다. 그날 저녁 합려가 죽으니, 부차는 왕위에 올라 백비를 태재(太宰)로 삼고 군사를 훈련시켰다.

2년 후, 월나라를 공격하여 부초산(夫湫山)에서 월나라에 승리를 거두었다. 월왕 구천은 잔병 5,000명을 거느리고 회계산(會稽山) 위에 머물면서 대부 종(種)으로 하여금 후한 예물을 오나라 태재 백비에게 보내어 나라를 오나라에 바치고 모두가 노복(奴僕)이 되는 조건으로 강화를 청하게 하였다. 오왕이 이를 응낙하려고 하자 오자서가 "월왕은 고통을 잘 견디는 사람입니다. 지금 멸망시키지 않으면 나중에 반드시 후회하시게 될 것입니다."라고 간언하였다. 그러나 오왕은 이 말을 듣지 않고 태재 백비의 계책을 채택하여 월나라와 강화하였다.

그로부터 5년 후, 제나라 경공(景公, B.C. 548~B.C. 490)이 죽자, 제나라 대신들이 권력 투쟁을 하고 새 군주는 유약하였다. 오왕은 이 소식을 듣고 군사를 일으켜 북쪽으로 제나라를 공격하였다. 오자서는 "구천이 한 가지 반찬만으로 식사를 하며 죽은 자를 조문하고 병든 자를 문병하고 있는데, 이것은 장차 그들을 써먹을 곳이 있기 때문입니다. 이 사람이 죽지 않으면, 반드시 오나라의 우환이 될 것입니다. 지금 오나라에 월나라가 존재한다는 것은 마치 사람에게 뱃속의 질병이 있는 것과 같습니다. 그런데도 왕께서는 월나라를 먼저 없애려 하지 않으시고 제나라에만 힘을 쓰고 계시니, 어찌 잘못된 일이 아니겠습니까?"라고 간언하였다. 그러나 오왕은 듣지 않고 제나라를 공격하여 제나라 군대를 애릉

---

3 노나라 정공(定公) 11년(B.C. 499)에 공자는 노나라의 대사구(大司寇)의 자리에 올랐다. 사마천은 열전 속에 당시의 중요한 사건을 별도로 삽입하는 체제를 유지하였는데, 이것이 대표적인 사례이다.

(艾陵)에서 대패시키고 마침내 추(鄒)나라와 노나라 군주에게까지 위세를 떨치고 귀국하였다. 이후로 오왕은 더욱 오자서의 계책을 소홀히 대하였다.

그로부터 4년 후, 오왕이 북쪽으로 제나라를 공격하려고 하자, 월왕 구천은 자공(子貢:공자의 제자)의 계책⁴을 써서 그의 군사를 이끌고 오왕을 돕는 한편 귀중한 보물을 태재 백비에게 바쳤다. 태재 백비는 여러 번 월왕의 뇌물을 받았기 때문에 월왕을 유난히 좋아하고 신임하여 밤낮으로 오왕에게 월왕을 좋게 이야기하였다. 오왕은 백비의 계책을 신용하였다.

오자서는 다음과 같이 간언하였다. "월나라는 뱃속에 생긴 병과 같습니다. 이제 월왕의 허황된 감언이설과 속임수를 믿으시고 제나라를 탐내고 계십니다. 제나라를 무찌른다고 해도 자갈밭과 같은 제나라는 아무런 쓸 데가 없습니다. 또 「반경(盤庚)」편의 훈계에도 '예법을 거스르고 불공스러운 행동을 하는 사람은 가볍게는 코를 베고 무겁게는 죽여버려 살아남지 못하게 하고 이 땅에 번식하지 못하게 하라'⁵라고 하였는데, 이것이 상(商)나라가 흥성한 까닭입니다. 바라건대 왕께서는 제나라를 단념하시고 먼저 월나라를 처리하십시오. 만약 그렇지 않으면 나중에 후회해도 소용이 없을 것입니다."

그러나 오왕은 이 말을 듣지 않고 오자서를 제나라에 사신으로 보냈다. 오자서는 제나라로 떠나려고 할 때 아들에게 "내가 여러 번 왕께 간언을 하였지만 왕께서 내 말을 듣지 않으시는구나. 내가 지금 보기에는 오나라는 곧 멸망할 것이다. 네가 오나라와 함께 망하는 것은 무익한 일이다."라고 하면서 그 아들을 제나라의 포목(鮑牧)에게 맡기고는 오나라로 돌아와 제나라 정세를 보고하였다.

오나라의 태재 백비는 원래 오자서와 사이가 나빴으므로 오자서를 다음과 같이 헐뜯었다. "오자서의 사람됨은 고집이 세고 사나우며 인정이 없고 시기심이

---

4 자공(子貢)의 계책 자공은 제나라, 오나라, 진나라, 월나라를 오가면서 국가 간의 역학관계를 이용하여 약소국인 노나라를 전쟁의 위협에서 벗어나게 하였는데, 그 과정에서 월왕 구천이 오왕 부차에게 원한을 씻을 묘책을 일러주어 성공을 거둔다. 자세한 내용은 「중니제자열전」에 보인다.

5 오자서가 인용한 내용은 『서경』의 원문과 출입이 있다. 『서경』의 원문은 다음과 같다.
　『서경』「상서(商書)·반경(盤庚)」: 顛越不恭, 暫遇奸宄, 我乃劓殄, 滅之無遺育, 無俾易種于玆新邑.

강하니, 그가 품고 있는 원한이 큰 화근을 일으킬까 근심스럽습니다. 예전에 왕께서 제나라를 공격하시려고 할 때 오자서가 안 된다고 하였지만 왕께서는 결국 제나라를 공격하여 큰 공을 이루셨습니다. 오자서는 자신의 계책이 쓰이지 않은 것을 수치스럽게 여기며 오히려 원망을 품었습니다. 그런데 지금 왕께서 또 제나라를 공격하시려고 하는데, 오자서가 멋대로 고집을 부리며 강력히 간하여 왕께서 하시려는 일을 저지하고 비방합니다. 이 저의는 단지 오나라가 실패하여 자기의 계책이 뛰어나다는 것이 증명되기를 바라는 것일 뿐입니다. 지금 왕께서 친히 출정하시고 온 나라의 병력을 총동원하여 제나라를 공격하시려고 하는데, 오자서는 간언이 채택되지 않았다 하여 사직하고 병을 핑계 삼아 출정하지 않으려 하니, 왕께서는 이에 대해 방비를 하셔야만 합니다. 이번에 어떤 화(禍)가 일어날지 예상하는 것은 그리 어려운 일이 아닙니다.

또 제가 사람을 시켜 은밀히 오자서를 조사해보니, 그가 제나라에 사신으로 갔을 때 자기 아들을 제나라의 포씨(鮑氏)에게 맡겨두었습니다. 오자서는 신하의 몸으로 국내에서 뜻을 이루지 못하였다고 해서 밖으로 제후들에게 의탁하려고 하며, 자신이 선왕의 신하였다가 지금은 외면을 받고 있다고 하면서 항상 불평과 원망을 품고 있습니다. 원컨대 왕께서는 속히 이 일을 처리하십시오."

오왕은 "그대의 말이 없었다고 하더라도 나 역시 그를 의심하고 있었소."라고 하고는, 사신을 보내 오자서에게 촉루(屬鏤)라는 이름의 검을 내리며 "그대는 이 칼로 목숨을 끊으라."라고 명하였다.

오자서는 하늘을 우러러보고 탄식하며, "아, 간신 백비가 나라를 어지럽히고 있거늘 왕은 도리어 나를 주살하시는구나! 내가 그의 아버지를 패자로 만들었고 그가 왕위에 오르기 전부터 여러 공자(公子)들이 왕위를 다투고 있을 때 내가 죽음으로써 선왕과 그에 대해 간쟁하였으나, 그렇지 않았다면 그는 거의 태자가 될 수 없었을 것이다. 그가 왕위에 오르고 나서 나에게 오나라를 나누어주려고 하였을 때 나는 감히 그것을 바라지 않았다. 그러나 지금 그는 아첨하는 간신의 말을 듣고 나를 죽이려고 하는구나."라고 말하였다.

그리고는 그의 문객(門客)들에게 "나의 묘 위에 반드시 가래나무를 심어 관재

(棺材)로 삼도록 하라. 그리고 내 눈알을 도려내어 오나라 동문(東門) 위에 걸어두어서 월나라 군사들이 쳐들어와 오나라를 멸망시키는 것을 볼 수 있게 하라."고 하고는 스스로 목을 찔러 죽었다.

이 소식을 듣고 크게 노한 오왕은 오자서의 시체를 가져다가 말가죽 자루에 넣어 양자강에 던져버렸다. 오나라 사람들이 그를 불쌍히 여겨 강기슭에 사당을 세우고, 부근의 산을 서산(胥山)이라고 이름 지었다.

오왕은 오자서를 죽이고 난 후, 마침내 제나라를 공격하였다. 이때 제나라 포목(鮑牧)이 그의 군주인 도공(悼公, B.C. 488~B.C. 485)을 죽이고 양생(陽生)[6]을 옹립하였으므로 오왕은 그 역적들을 토벌하려고 하였으나 승리하지 못하고 귀국하였다. 그로부터 2년 후, 오왕은 노(魯), 위(衛) 나라의 군주를 불러 탁고(槖皐)에서 회맹하였다. 그다음해, 북상하여 황지(黃池)에서 제후들과 대대적으로 회맹하고 주(周) 왕실에 호령하였다. 그러나 월왕 구천이 (이 틈을 타서)오나라를 기습하여 태자를 죽이고 오나라 군사를 무찔렀다. 이 소식을 듣고 귀국한 오왕은 사신을 보내 후한 예물로 월나라와 강화하였다. 9년 후, 월왕 구천은 마침내 오나라를 멸망시키고 오왕 부차를 죽였으며, 자기 군주에게 불충하였으며 외부에서 많은 뇌물을 받고 자기와 내통하였다는 이유로 태재 백비를 주살하였다.

예전에 오자서와 함께 도망쳤던 초나라 태자 건(建)의 아들 승(勝)은 오나라에 있었다. 오왕 부차 때 초나라 혜왕(惠王, B.C. 488~B.C. 432)이 초나라로 돌아오도록 승을 부르려고 하자, 섭공(葉公)이 "승은 용맹스러운 것을 좋아하여 죽음도 불사하는 병사들을 은밀히 구하고 있으니, 아마 사사로운 의도가 있을 것입니다."라고 간언하였다. 그러나 혜왕은 듣지 않고 마침내 승을 불러 초나라 변경 지역의 읍인 언(鄢)에 살게 하고 백공(白公)이라고 불렀다.

백공이 초나라로 돌아온 지 3년째 되던 해에 오나라에서 오자서를 주살하였다. 백공 승은 초나라로 돌아온 후, 정(鄭)나라가 아버지를 죽인 것에 대해서 원한

---

6 임(壬) 임은 도공의 아들 간공(簡公)이다. 사기 원문에는 '임(壬)'을 '양생(陽生)'으로 표기하였는데, 양생은 도공의 이름이니 오류이다.

을 품고 결사대를 은밀히 양성하여 정나라에 보복하려고 하였다.

그가 초나라로 돌아온 지 5년째 되던 해에, 초나라에 정나라를 토벌하기를 요청하자, 초나라 영윤(令尹) 자서(子西)가 이를 허락하였다.

그런데 출병도 하기 전에 진(晉)나라가 정나라를 공격하니, 정나라에서는 초나라에 구원을 요청하였고, 초나라에서는 자서(子西)에게 명하여 정나라를 구원하게 하였다.

그리하여 백공 승의 의도와는 반대로 자서가 정나라와 맹약을 맺고서는 돌아왔다. 그러자 백공 승은 노하여 "원수는 정나라가 아니라 바로 자서이다."라고 하였다. 백공 승이 스스로 칼을 가니 어떤 사람이 "무엇을 하려고 그러십니까?"라고 묻자, 백공은 "자서를 죽이려고 한다."라고 대답하였다. 이 말을 들은 자서는 웃으며 "백공 승은 아직 태어나지도 않은 알에 불과하니 무슨 일을 할 수 있겠는가?"라고 말하였다.

그로부터 4년 후, 백공 승은 석기(石乞)와 함께 초나라 영윤 자서와 사마(司馬) 자기(子綦)를 기습하여, 조정에서 그들을 죽였다. 석기가 "왕을 죽이지 않으면 안 됩니다."라고 하여, 초나라 혜왕을 죽이려고 하였으나, 혜왕은 고부(高府)로 도망쳤다. 석기의 시종인 굴고(屈固)가 초나라 혜왕을 업고 소부인(昭夫人)[7]의 궁으로 달아났다.

섭공은 백공이 반란을 일으켰다는 소식을 듣자 자기 백성들을 거느리고 백공을 공격하였다. 백공의 무리들은 패하자 산중으로 도망하여 자살하였다. 그리고 섭공은 석기를 사로잡아 백공의 시체가 있는 곳을 물으며 말하지 않으면 삶아 죽이려고 하였다. 석기는 "일이 성공하였다면 경(卿)이 되었겠지만 실패하였으니, 삶겨 죽게 되는 것이 당연한 일이다."라고 하며 끝내 백공의 시체가 있는 곳을 말하지 않았다. 그러자 결국 섭공은 석기를 삶아 죽이고 혜왕을 찾아 다시 왕으로 세웠다.

---

7 소부인(昭夫人) 소왕(昭王)의 비로 혜왕의 모친이다.

태사공은 말하였다.

"사무친 원한이 사람에게 끼치는 영향은 참으로 크다! 왕이라고 하더라도 신하에게 원한을 사서는 안 되는 것이거늘, 하물며 동등한 지위에 있는 사람의 경우는 말할 것도 없다. 일찍이 오자서(伍子胥)가 아버지 오사(伍奢)를 따라 같이 죽었다면, 하찮은 땅강아지나 개미와 무엇이 달랐겠는가? 그는 작은 의리를 버리고 큰 치욕을 갚아 명성이 후세에까지 전해졌다. 슬프도다! 오자서가 강가에서 위급한 상황에 처하고 길에서 걸식을 할 때도 마음속에 잠시라도 초나라의 국도(國都)인 영(郢)을 잊은 적이 있었겠는가? 그러므로 그는 모든 고초를 참고 견디며 공명을 이룰 수 있었으니, 강인한 대장부가 아니면 어느 누가 이런 일을 이룰 수 있겠는가? 백공(白公)도 만약 스스로 왕위에 오르려고만 하지 않았다면, 그의 공적과 계략도 어마어마하였을 것이다."

중니제자열전

仲尼弟子列傳 : 77명

[공자는 학문을 조술하였고, 제자들은 그의 가르침을 세상에 일으켰다. 그들은 모두 세상의
스승이 되었으며, 인을 숭상하고 의를 장려하였다. 그래서 「중니제자열전」을 지었다.]

  공자(孔子)는 "나에게 가르침을 받고 육예(六藝)에 통달한 제자가 77명이다."라
고 하였는데, 그들은 모두 다 특별한 능력을 소유한 사람들이었다. 그중에서 덕
행에는 안연(顏淵) · 민자건(閔子騫) · 염백우(冉伯牛) · 중궁(仲弓), 정사에는 염유(冉
有) · 계로(季路:子路), 언어에는 재아(宰我:宰予) · 자공(子貢), 문학(文學)에는 자유
(子遊) · 자하(子夏)가 특별히 뛰어났다. 그러나 전손사(顓孫師:子張)는 편벽하였고,
증삼(曾參)은 노둔하였고, 고시(高柴:子羔)는 우직하였고, 중유(仲由:子路)는 거칠었
다. 안회(顏回:顏淵)는 매우 가난하였으며, 단목사(端木賜:子貢)는 천명을 받지 않
고 재물을 불리었지만, 시세 파악에 능하였다.
  공자가 존경한 사람들로는 주(周)나라의 노자(老子), 위(衛)나라의 거백옥(蘧伯

玉), 제(齊)나라의 안평중(晏平仲), 초(楚)나라의 노래자(老萊子), 정(鄭)나라의 자산(子産), 노(魯)나라의 맹공작(孟公綽) 등이 있었다. 자주 칭찬한 사람들로는 장문중(臧文仲), 유하혜(柳下惠), 동제백화(銅鞮伯華), 개산자연(介山子然) 등이 있었다. 마지막 네 사람은 모두 공자보다 앞 시대의 사람들이며 같은 시대의 사람들은 아니었다.

안회

안회(顏回)는 노나라 사람이며 자(字)는 자연(子淵)으로, 공자보다 30년 연하이다.

안연이 인(仁)하게 되는 방법을 묻자, 공자가 "자기의 사욕을 이겨 예(禮)로 돌아가는 것이 인이니, 그러면 세상의 모든 사람들이 그가 인하다고 인정할 것이다."라고 말해주었다.

공자는 안회에 대해서 또 다음과 같이 말하였다. "어질다, 안회여! 밥 한 그릇과 물 한 바가지를 먹고 마시면서 누추한 시골에 사는 근심을, 남들은 견뎌내지 못하는 데, 안회(顏回)는 그 즐거움을 고치지 않는다."

"안회는 공부할 때 질문하는 것이 하나도 없어 어리석은 것 같이 보였는데, 그가 나한테서 물러나 어떻게 생활하는가를 살펴보니, 내가 가르쳐준 바를 충분히 발휘하고 있었다. 안회는 절대로 어리석지가 않구나!"

"등용해주면 배운 도리를 행하고 그렇지 않으면 접어두는 것을 오직 나와 너만 행할 수 있느니라!"

안회는 29세의 나이에 백발이 되었으며 젊은 나이에 죽었다. 공자는 그가 죽자 매우 애통하였으며, 곡하면서 "나에게 안회가 있은 다음부터 문인들이 나와 더욱 친숙해졌는데……."라고 탄식하였다.

노나라 애공(哀公)이 "제자 중에서 누기 배움을 좋아합니까?" 하고 물었다. 공자는 다음과 같이 대답하였다. "안회라는 자가 배움을 좋아하여 노여움을 옮기지 않고 잘못을 되풀이하지 않았습니다. 그런데 불행히 명(命)이 짧아 죽었습니다. 지금은 없으니, 아직 배우기를 좋아하는 자가 있다는 말을 듣지 못하였습니다."

민손

민손(閔損)은 자가 자건(子騫)이며 공자보다 15년 연하이다.

공자는 그에 대해서 "효성스럽다, 민자건이여! 그 부모와 형제들의 칭찬하는 말에 사람들이 트집 잡지 못하는구나!"라고 하였다.

그는 당시 대부들의 신하가 되지 않았는데, 군주를 욕되게 하는 녹봉을 먹으려 하지 않았기 때문이다. 노나라의 대부인 계씨(季氏)가 그를 등용하려 하였을 때, 그의 사자에게 "다시 나를 찾아오는 일이 있다면, 나는 틀림없이 문수(汶水)가에 있을 것이다.

염경

염경(冉耕)은 자가 백우(伯牛)이다.

공자는 그에게 덕행이 있다고 생각하였다. 백우에게 악질(惡疾)이 있어서 공자가 위문을 갔다가 창문을 통해서 그의 손을 잡으며, "천명이로다! 이 사람에게 이런 질병이 있다니, 천명이로다!"라고 탄식하였다.

염옹

염옹(冉雍)은 자가 중궁(仲弓)이다.

중궁이 정치를 행하는 방법에 대해서 묻자, 공자가 "문을 나서서는 큰 손님을 뵙듯이 하고 백성을 부릴 때는 큰 제사를 받들듯이 하는 것이니, 그리하면 나라에서도 원망하는 사람이 없을 것이요, 가문에서도 원망하는 사람이 없을 것이다."라고 대답하였다.

공자는 중궁에게 덕행이 있다고 여겼으며, "염옹은 임금의 자리에 앉게 할 만하다."라고 평하였다. 중궁의 부친은 지위가 미천한 사람이었다. 그러나 공자는 중궁을 높이 평가하여 "얼룩소의 새끼라도 털이 붉고 뿔이 곧다면, 사람들이 비록 쓰지 않고자 하여도 산천의 신들이 그것을 놓아두겠는가?"라고 말하였다.

염구

염구(冉求)는 자가 자유(子有)이며, 공자보다 29년 연하이다.

노나라 대부인 계씨의 재(宰)가 되었다. 계강자(季康子)가 공자에게 "염구는 인(仁)합니까?"라고 물으니, 공자가 "천실지읍(千室之邑)과 백승지가(百乘之家)에서 군사(軍事)를 다스리게 할 만하지만, 인한지에 대해서는 모르겠습니다."라고 답하였다. 재차 "자로(子路)는 인합니까?"라고 물으니, "염구와 다를 바가 없습니다."라고 답하였다.

염구가 공자에게 "의(義)를 들었으면 바로 행해야 합니까?"라고 물으니, 공자가 "바로 행해야 한다."라고 답하였다. 자로가 "의를 들었으면 바로 행해야 합니까?"라고 물으니, "부형(父兄)이 계시니 어찌 듣고서 바로 행하겠느냐?"라고 답하였다. 자화(子華:公西華)가 괴이하게 여겨, "감히 여쭙니다. 물음은 같은데, 대답이 어찌하여 다릅니까?"라고 물으니, "염구는 머뭇거리는 성격이라 더 나가도록 한 것이고, 자로는 남에게 이기려 들기 때문에 신중하게 처신하도록 한 것이다."라고 답하였다.

중유

중유(仲由)는 자가 자로(子路)이며, 노나라의 변(卞) 지방 사람으로, 공자보다 9년 연하이다.

자로는 성질이 거칠고 용맹을 좋아하며 심지(心志)가 강직하였다. 수탉의 꼬리로 관을 만들어 쓰고 수퇘지의 가죽으로 주머니를 만들어 허리에 찼다. 공자의 제자가 되기 전, 한때는 공자를 업신여기며 폭행하려 하였다. 그러나 공자가 예로써 대하며 조금씩 바른 길로 인도해주자, 뒤에 유복(儒服)을 입고 폐백을 드리고서 문인들을 통해서 제자가 되기를 청하였다.

자로가 정치를 행하는 방법에 대해서 묻자, 공자가 "백성들이 마땅히 행해야 할 도리를 솔선수범하고 백성들의 일, 즉 농사와 같은 것에는 몸소 애쓰는 것이다."라고 답하였다. 더 보탤 것을 묻자, "시종여일하게 하는 것이다."라고 말하였다.

자로가 "군자는 용맹을 숭상합니까?"라고 물으니, 공자가 답하여 "군자는 의(義)를 최상의 것으로 삼는다. 군자가 용맹을 좋아하고 의를 숭상하지 않는다면 난을 일으키고, 소인이 용맹을 좋아하고 의를 숭상하지 않는다면 도둑질을 한다."라고 말하였다.

자로는 좋은 말을 듣고 아직 행하지 않았다면, 이것도 아직 행하지 않았는데 또 다른 좋은 말을 듣게 될까 봐 염려하였다.

공자는 또 다음과 같이 자로에 대해서 말하였다.

"한마디의 말로써 옥사(獄事)의 판결을 내릴 수 있는 자는 유(由)일 것이다."

"유는 용맹을 좋아함이 나를 능가하나, 사리를 재량하여 의(義)에 나아가지를 못한다."

"유는 자기의 명대로 살다가 죽기가 어려울 것이다."

"해진 솜 두루마기를 입은 채, 여우나 담비의 가죽으로 만든 갖옷을 입은 자와 함께 서서 부끄러워하지 않을 자는 유일 것이다."

"유는 학문이 지고한 경지에 올랐지만 아직 오묘한 경지에는 이르지 못하였다."

계강자가 "중유는 인(仁)합니까?"라고 물으니, 공자가 "천승지국(千乘之國)에서 그 나라의 군사(軍事)를 다스리게 할 수는 있겠으나, 그가 인한지는 모르겠습니다."라고 답하였다.

자로는 공자를 배종(陪從)하여 원유(遠遊)하기를 좋아하였는데, 원유하는 도중에 장저(長沮), 걸닉(桀溺), 삼태기를 맨 노인 등을 만났다.

자로가 계씨(季氏)의 재(宰)가 되었을 때, 계손(季孫)이 "자로는 대신이라고 말할 수 있습니까?"라고 물으니, 공자가 "인원 수만 채을 뿐인 신하라고 말할 수 있겠습니다."라고 답하였다.

자로가 포(蒲) 지방의 대부(大夫)가 되어 공자에게 작별 인사를 하러 왔을 때, 공자가 다음과 같이 말하였다. "포 지방은 장사(壯士)가 많고, 또 다스리기가 어려운 곳이다. 다음의 말을 일러주니 명심할지어다. 몸가짐을 공경하게 하면 그 지방의 장사들을 제어할 수 있을 것이요, 관대하고 올바르면 그곳의 중인(衆人)들을 따르게 할 수 있을 것이며, 공정(恭正)함으로써 그곳을 안정되게 하면 윗사람에게 보답할 수 있을 것이다."

일찍이 위 영공(衛靈公)에게는 총애하는 부인이 있었는데 남자(南子)라고 불렸다. 영공의 태자 괴외(蒯聵)는 남자에게 죄를 범하고 죽음이 두려워서 나라 밖으로 도망쳤다. 영공이 죽자, 영공의 부인인 남자는 공자(公子) 영(郢)을 세우려고 하였다. 그러나 영은 사양하며 "태자는 비록 망명하였지만 그의 아들 첩(輒)이 있습니다."라고 하였다. 이에 위나라는 첩을 임금으로 세웠는데 그가 바로 출공(出公)이다. 출공이 즉위한 지 12년이 되도록 그의 아버지인 괴외는 나라 밖에 살면서 국내로 들어오지를 못하였다. 자로는 이무렵 위나라 대부 공회(孔悝)의 읍재(邑宰)로 있었다. 괴외는 공회와 난을 일으키기로 하고, 꾀를 내어 공회의 집으로 은밀히 숨어들어 갔다가 드디어 공회의 무리와 함께 출공을 습격하였다. 출공은 결국 노나라로 도망을 가고 괴외가 즉위하게 되었는데 그가 바로 장공(莊公)이다. 공회가 난을 일으켰을 때 자로는 거기에 있지를 않았는데, 소식을 듣고서 달려갔다. 마침 위나라 성문을 나오는 자고(子羔)와 조우하였는데, 자고가 자공에게 "출공은 도망을 갔고 성문은 이미 닫혔으니 다시 돌아가야지, 들어갔다가는 공연히 화를 당하게 됩니다."라고 말하니, 자로가 "출공의 녹을 먹었다면 그가 어려움에 처하였을 때 회피해서는 안되는 것이오."라고 말하였다. 이에 자고는 떠나갔고, 마침 성으로 들어가는 사자가 있어서 성문이 열렸을 때, 자로도 따라서 들어갔다. 괴외에게 이르자 괴외가 공회와 함께 대(臺)로 올라왔다. 자로가 말하기를 "임금은 어디에다 공회를 쓰시겠습니까? 그는 필요없는 인간이니 제가 잡아다 죽이겠습니다."라고 하였는데, 괴외가 들어주지를 않아서 자로는 그들이 있던 대(臺)를 불태우려 하였다. 괴외가 두려워 석기(石乞)와 호염(壺黶)에게 자로를 공격하게 하였는데 이 공격에 자로의 갓끈이 끊어졌다. 이에 자로가 외치기를 "군자는 설사 죽더라도 관은 벗지 않느니라." 하고 드디어 갓끈을 다시 매고서 죽었다.

공자가 위나라에서 난리가 일어났다는 이야기를 듣고, "아아, 유(由)가 죽겠구나!"라고 탄식하였는데, 이윽고 과연 그가 죽었다. 공자는 그가 죽은 뒤 "내가 유를 얻은 뒤로부터는 다른 사람들의 험담이 나의 귀에 들리지 않았는데……."라고 탄식하였다. 이때 자공(子貢)은 노나라를 위하여 제나라로 출사(出使)하였다.

재여

재여(宰予)는 자가 자아(子我)이다.

재여는 변설(辯舌)에 능하였다. 그는 공자에게 가르침을 받고 나서 다음과 같이 공자에게 말하였다. "삼년상은 너무 긴 것이 아닙니까? 군자가 삼 년간 예를 닦지 않는다면 예는 반드시 무너질 것이며 삼 년간 음악을 버려둔다면 음악도 반드시 무너질 것입니다. 묵은 곡식은 이미 다하였고 새 곡식이 이미 익었으며, 나무를 마주 비벼 불씨를 바꾸는 것도 철 따라 바뀌었으니, 일 년으로 그쳐도 될 듯합니다."

이에 공자가 "그렇게 하면 너는 마음이 편하겠느냐?"라고 물으니, "편하겠습니다."라고 하였는데, "너는 편안하면 그렇게 하도록 해라! 군자는 상(喪)에 처해서는 맛있는 음식을 먹어도 달지가 않고 듣기 좋은 음악을 들어도 즐겁지가 않기 때문에, 그렇게 하지 않는 것이다."라고 하였다.

재아(宰我)가 나가자, 공자는 "재여는 참으로 불인(不仁)하구나! 자식은 태어나 3년 뒤라야 부모의 품에서 벗어난다. 따라서 저 삼년상은 천하의 공통된 예의인 것이다."라고 말하였다.

어느 날 재여가 낮잠을 자니, 공자가 "썩은 나무로는 조각을 할 수 없고 더러운 흙으로 쌓은 담에는 흙손질을 할 수가 없느니라."라고 말하였다.

재아가 오제(五帝)의 덕에 대해서 묻자, 공자가 "너는 그것에 대해서 물을 적격자가 아니다."라고 말하였다.

재아가 임치(臨菑)의 대부로 있다가 전상(田常)과 난을 일으켜 이로써 멸족의 화를 당하게 되었는데, 공자는 그것을 부끄럽게 여겼다.

단목사

단목사(端木賜)는 위(衛)나라 사람으로, 자가 자공(子貢)이며, 공자보다 31년 연하이다.

자공은 변설에 능하여 공자가 늘 그것을 억누르곤 하였다. 한번은 공자가 "너와 안회 중 누가 더 나으냐?"라고 물으니, "제가 어찌 감히 안회를 바라볼 수 있겠습니까? 안회는 하나를 들으면 열을 알고 저는 하나를 알면 겨우 둘을 알 뿐입니다."라고 답하였다.

자공이 가르침을 받고 난 뒤 "저는 어떤 사람입니까?"라고 물으니, 공자가

"너는 그릇이니라."라고 하였는데, "어떤 그릇입니까?"라고 하니, "호련(瑚璉)이다."라고 하였다.

진자금(陳子禽)이 자공에게 "중니(仲尼)께서는 누구에게서 배우셨습니까?"라고 물으니, 자공이 다음과 같이 답하였다. "문왕(文王)과 무왕(武王)의 도가 아직 땅에 떨어지지 않고 사람에게 보존되어 있어, 현자들은 그중에서 큰 것에 대해서 기억하고 있고 그렇지 못한 자라도 작은 것을 기억하고 있습니다. 이처럼 문왕과 무왕의 도가 사람마다에게 있으니, 선생님께서 누구에게인들 배우지 않으셨겠습니까? 그러므로 또한 어찌 고정된 스승을 두셨겠습니까?"

진자금이 또 묻기를 "공자께서는 가는 나라마다 그곳의 정치에 대해서 반드시 들으시는데, 그것은 요청한 것입니까, 아니면 상대방에서 요청한 것입니까?"라고 하니, 자공이 다음과 같이 답하였다. "선생님께서는 온화, 선량, 공경, 절제, 겸양하시어 상대방에서 의논을 구하여 듣게 되는 것이니, 굳이 요청이라는 말로 하자면, 선생님의 요청은 다른 사람들의 그것과는 전혀 다를 수밖에 없습니다."

자공이 "부유하지만 교만함이 없고 가난하지만 아첨함이 없다면, 어떻습니까?"라고 물으니, 공자가 "그런대로 괜찮다. 그러나 가난하지만 도를 즐기고 부유하면서도 예를 좋아함만 같지 못하니라."고 답하였다.

전상이 제나라에서 난을 일으키고자 하였으나 고씨(高氏), 국씨(國氏), 포씨(鮑氏), 안씨(顏氏)의 세력이 두려웠다. 그래서 그들의 군대를 합쳐 노나라를 정벌하고자 하였다. 공자가 이 소식을 듣고 제자들에게 "노나라는 조상의 무덤이 있는 부모의 나라인데, 이 나라가 위태로움에 처해 있소. 그대들은 어찌하여 나서지 않는가?"라고 말하니, 이에 자로가 나서기를 청하였는데 공자가 말렸고, 자장(子張)과 자석(子石)이 나서기를 청하였는데 역시 허락하지 않았다. 이번에는 자공이 나서기를 청하자 비로소 공자가 허락하였다.

이에 자공이 제나라로 가서 전상을 설득하였다. "당신이 노나라를 정벌하는 것은 잘못된 일입니다. 저 노나라는 정벌하기가 어려운 나라이니, 그 성벽은 얇고 낮고, 성을 둘러싼 해자(垓字) 연못은 좁고 얕으며, 대신들은 위선적이고 쓸 데가 없는 사람들이고, 임금은 어리석고 어질지 못하며, 병사들과 백성들은 또 전쟁을 싫어하니, 이런 나라는 더불어 싸울 바가 못 됩니다. 그러니 오(吳)나라를 정벌함만 못합니다. 저 오나라는 성벽이 높고 두텁고, 해자 연못은 넓고 깊으며, 무기는 견고하고 새로운 것들이고, 군사들은 정예이며, 게다가 현명한 대부(大夫)들로 하여금 지키게 하고 있으니, 이는 정벌하기가 쉬운 상대입니다."

그러자 전상이 화를 내면서 "그대가 어렵다고 하는 것은 다른 사람에게는 쉬운 일이고, 그대가 쉽다고 하는 것은 다른 사람들에게는 어려운 일인데도, 이러한 것으로써 나에게 유세하는 것은 무슨 까닭이오?"라고 하였다.

이에 자공이 다음과 같이 답하였다. "제가 듣건대, 근심이 내부에 있으면 강한 적을 공격하고, 근심이 외부에 있으면 약한 적을 공격한다고 합니다. 그런데 지금 당신의 근심은 내부에 있습니다. 제가 들으니, 제나라 임금이 당신을 세 번 봉했는데 세 번 모두 성사되지 않은 것은, 대신들 중에 반대하는 이가 있었기 때문입니다. 지금 만약에 당신이 그들의 군대로써 노나라를 격파하여 제나라의 땅을 넓힌다고 해도, 싸움에 이긴 것으로써 임금의 마음을 교만하게 하고 대신들의 위세를 드날리게 할 뿐, 당신의 공은 거기에 있지 않게 되니, 날로 임금과의 관계만 소원해질 뿐일 것입니다. 이렇게 당신이 위로는 임금의 마음을 교만하게 하고, 아래로는 여러 신하들을 방자하게 하고서 당신이 목적하는 바를 이루고자 한다면, 이는 안 될 일인 것입니다. 임금이 교만해지면 방자해져 못 할 일이 없을 것이고, 신하들이 교만해지면 권력을 다투게 되는데, 이렇다면 당신은 위로는 임금과 틈이 있게 되고 아래로는 대신과 서로 권력을 다투게 되니, 제나라에서의 당신의 입지는 더욱 좁아지게 될 것입니다. 때문에 오나라를 공격함만 못 하다고 말하는 것입니다. 오나라를 공격하여 싸움에서 이기지 못하면, 백성들은 바깥에서 죽게 되고 대신들의 세력은 안으로 공허해지게 되니, 이렇다면 당신에게는 위로는 대적할 강력한 신하가 없게 되고 아래로는 백성들의 비난이 없어지게 되어, 임금을 고립시켜 제나라를 좌우할 수 있는 자는 당신밖에 없게 됩니다."

전상이 이 말을 듣고서 "좋소. 비록 그렇지만, 우리의 군대가 이미 노나라로 출동하였으니, 오나라로 방향을 돌리게 한다면 대신들이 의심할 것이니 어찌해야 되겠소?"라고 물으니, 자공이 답하여 "당신은 이 핑계 저 핑계를 대면서 끝까지 군대를 전진하게 하지 마십시오. 그동안에 제가 오나라 왕을 달래어 노나라를 구원하여 제나라를 공격하게 할 것이니, 그때 당신은 오나라를 맞아 싸우십시오."라고 하였다. 전상이 이를 허락하고 자공으로 하여금 남쪽으로 가서 오나라 왕을 만나보게 하였다.

자공이 오나라 왕을 설득하였다. "신이 듣건대, 왕자(王者)는 다른 나라의 후사가 끊어지지 않게 하고, 패자(霸者)는 적을 강하게 함이 없으며, 천균(千鈞)이나 되는 무거운 것일지라도 일수(一銖)나 일량(一兩)밖에 되지 않는 가벼운 것이 더해짐으로써 저울추가 움직여진다라고 합니다. 지금 만승(萬乘)의 제나라가 천승(千乘)의 노나라를 공격하여 차지하려고 하는 것은 오나라와 강함을 다투기 위함인데, 저는 진실로 왕을 위해서 염려가 됩니다. 게다가 노나라를 구원하는 것은 명분을 현양(顯揚)하는 것이 되고, 제나라를 징벌하는 것은 크게 이로움이 됩니다. 사수(泗水)가의 제후들을 안무(安撫)한다는 것으로써 난폭한 제나라를 징벌하고 여세를 몰아 진(晉)나라를 굴복시킨다면 이로움이 이보다 큼이 없을 것입니다. 명분은 망해가는 노나라를 존속시키는 데에 있고 실상은 강한 제나라를 곤경에 빠뜨리는 것이니, 지자(智者)라면 의심하지 않고 결행할 것입니다."

그러자 오나라 왕이 다음과 같이 말하였다. "좋소. 비록 그렇지만, 내가 일찍이 월(越)나라와 싸움을 벌여 월나라 왕을 회계산(會稽山)으로 몰아넣어 곤욕을 치르게 한 적이 있는데, 그 일로 해서 월나라 왕은 절치부심(切齒腐心)하여 군사를 양성하면서 나에게 보복할 기회만을 기다리고 있으니, 내가 월나라를 정벌하는 것을 그대가 기다려준다면, 내가 그대의 말을 듣겠소."

이에 자공이 다음과 같이 말하였다. "월나라의 강함은 노나라에 불과하고 오나라의 강함은 제나라와 맞먹을 정도인데, 왕께서 제나라를 놓아두고 월나라를 공격한다면 제나라는 이미 노나라를 평정한 이후일 것입니다. 또한 왕께서는 바야흐로 망해가는 나라를 존속시켜 끊어지는 후사를 이어주는 것으로써 명분을 삼게 되는 것인데도, 작은 월나라를 염려하여 정벌에 나서는 것은 용자(勇

者)의 일이 아닙니다. 용자는 어려움을 회피하지 않고, 인자(仁者)는 곤란에 처한 사람을 궁지로 몰아넣지 아니하며, 지자(智者)는 때를 잃지 아니하고, 왕자(王者)는 남의 나라의 후사를 끊지 않음으로써 의(義)를 세우게 됩니다. 지금 월나라를 존속시켜 제후들에게 인(仁)함을 보이고, 제나라에 핍박당하고 있는 노나라를 구원하여 제나라를 징벌하며, 이후 오나라의 위력을 진(晉)나라에 가하여 굴복시킨다면, 제후들은 반드시 서로 이끌면서 오나라에 조회(朝會)하러 올 것이니, 그렇게 됨으로써 패업(霸業)이 이루어질 것입니다. 또 왕께서 월나라를 정 그렇게 염려하신다면, 제가 월나라 왕을 만나 설득시켜 응원군을 보내도록 하겠습니다. 이렇다면 실상은 월나라를 텅 비게 하는 것이고 명분은 제후를 이끌고서 정벌하는 것이 됩니다."

그러자 오나라 왕이 크게 기뻐하며 자공을 월나라로 보냈다. 월나라 왕 구천(句踐)은 길을 청소하고, 교외로 친히 마중을 나와, 몸소 수레를 몰아 숙사에 이른 다음, 자공에게 "여기는 오랑캐 나라인데 대부(大夫)께서 어인 일로 외람되게 오셨소?"라고 말하였다.

이에 자공이 다음과 같이 말하였다. "지금 저는 오나라 왕에게 노나라를 구원하여 제나라를 공격할 것을 유세하였는데 그의 뜻은 그것을 원하지만 월나라가 염려되어 말하기를 '내가 월나라를 정복하고 나서야 가능하다'고 하였습니다. 이러하니 반드시 월나라를 공격할 것입니다. 그리고 남에게 보복할 뜻이 없으면서도 남에게 의심케 한다면 이는 일을 서투르게 하는 것이고, 남에게 보복할 뜻이 있는데 남에게 알게 하였다면 이는 일을 위태로운 지경으로 몰고 가는 것이며, 일을 미처 실행하기도 전에 발설되었다면 이는 일을 매우 위험스러운 지경으로 치달리게 하는 것인바, 이 세 가지는 거사(擧事)에서 큰 잘못이라고 말하지 않을 수가 없는 것입니다."

월나라 왕 구천이 머리를 조아려 절하면서 다음과 같이 말하였다. "과인은 일찍이 과인의 힘을 헤아리지 않고 오나라와 싸움을 벌였다가 회계에서 큰 곤욕을 치러 그때의 분통함이 골수에 사무쳐, 밤낮으로 복수할 생각에 입술과 혀가 바싹바싹 타들어 가니, 오나라 왕과 함께 죽는 것만이 과인의 소원이오." 그리고 나서 자공에게 오나라에게 복수할 수 있는 방법에 대해서 물었다.

이에 자공이 다음과 같이 답하였다. "오나라 왕은 사람됨이 난폭하여 신하들이 견뎌내지를 못하고 있고, 국가는 잦은 전쟁으로써 피폐해져 군사들이 참아내지를 못하고 있으며, 백성들은 왕을 원망하고 대신들은 안으로 동요를 일으키고 있습니다. 그리고 자서(子胥)는 간(諫)하다가 죽었고, 태재(太宰) 비(嚭)가 나라 일을 주관하고 있으나, 임금의 잘못에 순응하여 자기의 사욕만을 채우기에 급급하니 이는 나라를 잔해(殘害)하는 다스림입니다. 지금 왕께서 응원군을 보내어 그의 뜻에 투합(投合)하고, 귀중한 보물들을 보내어 그의 환심을 사며, 왕께서 낮추시어 그를 높이면, 그는 반드시 제나라를 공격할 것입니다. 그리하여 오나라가 이기지 못하면 왕의 복이시고, 설령 이기더라도 반드시 여세를 몰아 진(晉)나라를 공격하게 될 터인데, 그러면 제가 그때 진나라 임금을 뵙고서 함께 공격하도록 하겠습니다. 그렇게 되면 오나라의 세력은 반드시 약화될 것입니다. 오나라의 정예 병사들이 제, 진 나라와의 싸움에서 거의 기진맥진하게 되었을 때, 왕께서 그 틈을 타서 공격하신다면 반드시 오나라를 멸망시킬 수 있을 것입니다."

월나라 왕은 크게 기뻐하며 그렇게 할 것을 허락하였다. 자공이 떠날 즈음에 월나라 왕은 황금 100일(鎰)과 검 한 자루, 좋은 창 두 자루를 선사하였다. 그러나 자공은 그것을 받지 않고 오나라로 갔다.

자공이 오나라 왕에게 다음과 같이 보고하였다. "신이 삼가 대왕의 말씀을 월나라 왕에게 고하니, 그는 두려워하며 말하기를 '고(孤)는 불행히도 어려서 부친을 잃어, 안으로 스스로를 헤아리지 못해서 오나라에 죄를 범하여, 군대는 싸움에서 패하고 몸은 욕됨을 받아 회계산에서 숨어 살게 되어, 나라는 폐허가 되었소. 그런데 대왕의 은혜를 입어 다시 조상에 대한 제사를 받들게 되었으니 죽어도 그 은혜를 잊을 수가 없는데, 어찌 감히 오나라에 대한 도모를 생각하겠소?'라고 하였습니다."

닷새 뒤에 월나라에서 대부(大夫) 문종(文種)을 사신으로 보내었는데, 그는 머리를 조아리며 다음과 같이 오나라 왕에게 아뢰었다. "동해(東海) 구천의 사자(使

者) 신 문종이 삼가 대왕의 신하들을 통해서 문안을 올립니다. 지금 듣건대, 대왕께서 장차 대의(大義)를 일으켜 강자를 징벌하고 약자를 구원하여 난폭한 제나라를 곤경에 처하게 함으로써 주(周)나라 왕실을 안무하신다고 하니, 나라 안의 사졸 3,000명을 모조리 동원하고, 구천 스스로 무장하여 선두에서 적의 화살과 돌을 받고자 합니다. 그리고 문종 저도 선대에서 물려주신 갑옷 20벌과 도끼, 굴로(屈盧)가 만든 창, 보광검(步光劍)을 받들어 군수(軍帥)에게 하례하겠습니다."

오나라 왕이 크게 기뻐하여 이 말을 자공에게 일러주면서 "월나라 왕이 몸소 과인을 쫓아서 제나라 정벌에 나서겠다고 하니, 허락해도 괜찮겠소?"라고 물으니, 자공이 "안 됩니다. 남의 나라를 텅 비게 하고 남의 군대를 모조리 동원하면서 또 그 임금으로 하여금 쫓게 하는 것은 불의(不義)입니다. 임금께서는 그가 보내는 예물과 응원군만을 허락하실 뿐, 그 임금은 사양해야합니다."라고 답하였다. 이에 오나라 왕은 자공의 말을 쫓아서 월나라 왕이 이 전쟁에 참가하는 것은 사양하였다. 오나라 왕은 드디어 9개 군(郡)의 병사들을 동원하여 제나라의 정벌에 나섰다.

자공이 이 일로 인해서 진(晉)나라로 가서 그 임금을 다음과 같이 달래었다. "신이 듣건대, 생각이 먼저 확정되지 않으면 갑작스러운 일에 잘 대처할 수가 없고 군대가 잘 정비되어 있지 않으면 적을 이길 수가 없다고 합니다. 지금 제나라와 오나라가 장차 싸울 것인데, 오나라가 이기지 못한다면 월나라가 반드시 오나라를 공격할 것이고, 제나라와 싸워서 이긴다면 반드시 여세를 몰아서 진나라로 쳐들어올 것입니다."

진나라 임금은 크게 두려워 "어떻게 해야 하오?"라고 물으니, 자공이 "군대를 잘 정비하여 기다리십시오."라고 답하였다. 진나라 임금이 그렇게 하겠다고 약속하였다.

자공이 진나라를 떠나서 노나라로 돌아왔을 때, 오나라 왕은 과연 제나라와 애릉(艾陵)에서 전투를 벌였는데, 대승을 거두어 적의 7명의 장군이 이끄는 군사들을 포로로 잡았다. 그리고서는 돌아가지를 않고 여세를 몰아 진나라로 나아갔다. 진나라 군대와는 황지(黃池)에서 마주쳤다. 서로 강함을 다투다가 진나라에서 공격하여 대승을 거두었다. 월나라 왕이 이 소식을 듣고서 강을 건너 오나라를 습격하여 도성(都城) 밖 7리쯤에 주둔하였다. 오나라 왕이 이 소식을 듣고서 급히 진나라와의 싸움을 그만두고 회귀하여 오호(五湖)에서 월나라와 싸웠다. 세 번을 싸웠는데 결국은 이기지 못하여 월나라 군대에게 도성이 무너졌고, 월나라는 드디어 왕궁을 포위하여 오나라 왕 부차를 죽이고 그 재상인 백비(伯嚭)를 주륙(誅戮)하였다. 오나라를 격파한 지 3년 뒤에 월나라는 동방의 제후들 사이에서 패자가 되었다.

자공이 한번 나섬에 노나라를 존속시키고 제나라를 혼란에 빠뜨렸으며, 오나라가 망하고 진(晉)나라가 강국이 되었으며 월나라가 패자가 되었으니, 즉 자공이 한번 뛰어다님으로써 국제간의 형세에 균열이 생겨 10년 사이에 다섯 나라에 각각 큰 변동이 생겼던 것이다.

자공은 시세를 보아 물건을 매매하여 이익을 챙기는 것을 좋아하여 때를 보아서 그때그때에 재물을 굴리었다. 그는 남의 장점을 드러내 주는 것도 좋아하였으나 남의 잘못을 숨겨주지도 못하였다. 일찍이 노나라와 위(衛)나라에서 재상을 지냈으며 집안에 천금(千金)을 쌓아두기도 하였다. 결국 그는 제나라에서 세상을 마쳤다.

언언

언언(言偃)은 오(吳)나라 사람으로 자가 자유(子遊)이며 공자보다 45년 연하이다.

자유가 공자에게 가르침을 받고 나서 무성(武城)의 재(宰)가 되었다. 공자가 이곳을 지나가다가 읍(邑) 사람들이 거문고를 타며 노래하는 소리를 듣고서 빙그레 웃으면서 "닭을 잡는 데에 어찌 소 잡는 데 쓰는 칼을 사용하는가?"라고 말하자, 자유가 "이전에 저는 선생님께서 군자가 도를 배우면 남을 사랑하게 되고 소인이 도를 배우면 부리기가 쉽다고 하시는 말씀을 들었습니다."라고 말하였다. 이에 공자가 옆에 있던 다른 제자들을 향하여 "언언의 말이 옳다. 내가 방금 한 말은 농담이었다."라고 말하였다. 공자는 자유가 문학에 뛰어나다고 생각하였다.

복상

복상(卜商)은 자가 자하(子夏)이며 공자보다 44년 연하이다.

자하가 "'어여쁜 웃음에 입 언저리의 아름다움이여, 아름다운 눈의 흑백의 반반함이여, 흰 것으로써 아름다움을 이루었네'라고 하였는데, 이것은 무엇을 말한 것입니까?"라고 물으니, 공자가 답하여 "그림 그리는 일은 흰 바탕을 만든 뒤에 한다는 것이다."라고 하였다. 이 대답에 자하가 "예(禮)가 뒤입니까?"라고 물으니, 공자가 "비로소 상(商)과 더불어 『시경(詩經)』에 대해서 이야기할 만하구나."라고 말하였다.

자공이 "전손사(顓孫師)와 복상 중 누가 더 낫습니까?"라고 물으니, 공자가 "전손사는 지나친 데가 있고, 복상은 미치지 못하는 데가 있다."라고 답하였다. 자공이 또 "그렇다면 전손사가 더 낫습니까?"라고 물으니, 공자가 "지나친 것은 미치지 못하는 것과 다를 바 없다."라고 하였다.

공자가 자하에게 "너는 군자 선비가 되어야지 소인 선비가 되어서는 안 되느니라."라고 하였다.

공자가 세상을 떠난 뒤에, 자하는 서하(西河)에서 학생들을 가르치는 한편 위문후(魏文侯)의 스승이 되었다. 그는 자식의 죽음에 너무 슬피 곡하다가 실명(失明)하였다.

전손사

　전손사(顓孫師)는 진(陳)나라 사람으로 자는 자장(子張)이며 공자보다 48년 연하
이다.

　자장이 녹(祿)을 구하는 것을 묻자, 공자가 답하여 "많이 듣고 그중에서 의심
나는 것을 빼버린 다음, 그 나머지를 신중히 말한다면 허물이 작을 것이다. 많
이 보고서 그중에서 의심나는 것을 빼버린 다음, 그 나머지를 신중히 행한다면
후회가 적을 것이다. 말에 허물이 적고 행동에 후회가 적다면, 녹이 바로 그 안
에 있다."라고 하였다.

　다른 날에 자장이 공자를 수행하다가 진(陳)나라와 채(蔡)나라 사이에서 어려
움에 처하였을 때, 자기 생각대로 세상에서 행하는 것에 대해서 물으니, 공자가
다음과 같이 답하였다.

　"말이 충신(忠信)스럽고 행동이 착실하고 조심스럽다면, 비록 오랑캐의 땅에
있을지라도 행할 수 있을 것이다. 말이 충신스럽지 못하고 행동이 착실하지 못
하고 조심스럽지 않다면, 비록 고향일지라도 행할 수 없을 것이다. 서 있을 때
에는 그것이 앞에 나타남을 보고 수레에 있을 때는 그것이 수레의 가로대에 기
대어 있음을 보아야 한다. 그런 뒤에라야 행할 수 있을 것이다." 자장은 잊어버
리지 않기 위하여 그 말을 자기의 허리띠에 적어두었다.

　자장이 공자에게 "선비는 어떠해야 통달(通達)이라고 말할 수가 있습니까?"라
고 물으니, 공자가 "무엇이냐, 네가 통달이라고 말하는 것이?"라고 되물었다.
자장이 "나라에서도 반드시 이름이 알려지고 가문에서도 반드시 이름이 알려지
는 것입니다."라고 하였다. 이에 공자가 "이것은 명망이지 통달이 아니다. 통달
한 사람은 질직(質直)하여 의(義)를 좋아하고, 남의 말을 잘 살피고 안색을 잘 관
찰하며, 겸손하게 자기를 낮추나니, 이런 사람은 나라와 가문에서 반드시 통달
하게 된다. 명망이 있는 사람은 겉으로는 인(仁)을 취하면서도 행동은 이것에서
어긋나고, 그러면서도 그것을 옳다고 여겨서 조금도 의심하지 않나니, 이런 사
람은 나라와 가문에서 거짓으로 명망을 얻게 된다."라고 하였다.

증삼

증삼(曾參)은 남무성(南武城) 사람으로 자가 자여(子輿)이며, 공자보다 46년 연하이다.

공자는 그가 효도에 능통하다고 여겨 가르침을 베풀었다. 그는 『효경(孝經)』을 지었으며 노나라에서 세상을 떠났다.

담대멸명

담대멸명(澹臺滅明)은 무성(武城) 사람으로 자가 자우(子羽)이며, 공자보다 39년 연하이다.

용모가 심히 추악하여 그가 가르침을 청하러 왔을 때, 공자는 그의 재주가 박(薄)할 것이라고 생각하였다. 그러나 가르침을 받고 난 뒤로는, 돌아가서 자기의 덕행을 배양하는 데 힘쓰고, 길을 갈 때는 절대로 지름길로 가지 않았으며, 공적인 일이 아니면 집정자(執政者)들을 만나지 않았다.

그가 남쪽으로 유력(遊歷)하여 장강(長江)가에 이르렀을 때, 그를 따르는 제자들이 300명이나 되었다. 물건을 남에게서 취함과 남에게 줌, 벼슬에 나아감과 물러남에 완전무결하여 제후들에게 이름이 널리 알려졌다. 공자가 이 이야기를 듣고 "내가 말로써 사람을 취하였다가 재여(宰予)에게서 실수하였고, 용모로써 사람을 취하였다가 자우에게서 실수하였다."라고 탄식하였다.

복부제

복부제(宓不齊)는 자가 자천(子賤)이며 공자보다 30년 연하이다.

공자는 자천을 평하여 "군자로다! 그러나 노나라에 군자가 없었더라면, 이 사람이 어떻게 군자가 될 수 있었겠는가?"라고 하였다.

자천이 선보(單父)의 재(宰)로 있다가 어느날 공자에게 들러서 "이 나라에는 저보다 나은 자가 다섯 사람이 있는데, 그들은 저에게 어떻게 다스려야 하는가에 대해서 가르쳐줍니다."라고 하였다. 이 말을 듣고 공자는 "애석하구나, 부제(不齊)가 다스리는 곳이 작은 것이! 만약에 다스리는 곳이 크다면 거의 이상에 가까운 정치를 실현할 수 있을텐데."라고 탄식하였다.

원헌

원헌(原憲)은 자가 자사(子思)이다.

자사가 수치[恥]에 대해서 묻자, 공자는 "나라에 도가 있는데도 하는 일 없이 녹이나 먹고 있고, 나라에 도가 없는데도 벼슬자리에 연연하여 녹이나 먹고 있는 것이 수치이니라."라고 하였다.

자사가 공자에게 "남에게 이기려고 하는 것, 자기가 이룬 공에 대해서 자랑하는 것, 남을 원망하는 것, 욕심내는 것을 행하지 않는다면 인(仁)하다고 할 수 있겠습니까?"라고 물으니, 공자가 "실행하기가 어려운 것을 행한다고는 할 수 있겠으나, 인(仁)한지 안 한지는 모르겠다."라고 하였다.

공자가 세상을 떠나자 원헌은 궁벽한 곳으로 가서 은거하였다. 어느 날 위(衛)나라의 재상으로 있던 자공이 원헌을 방문하였다. 원헌은 비록 해진 의관이지만 단정하게 차려입고서 그를 맞이하였다. 자공이 그에게 "어찌 이렇게도 힘들게 지내십니까?"라고 하니, 원헌이 "저는 재물이 없는 것을 가난하다고 말하고, 도를 배웠으되 능히 실행하지 못하는 것을 힘들다고 말한다고 들었습니다. 저는 비록 가난하지만 힘든 것은 아닙니다."라고 하였다. 자공은 크게 부끄러움을 느꼈고, 이후로 그때 한 말의 잘못에 대해서 종신토록 부끄러움을 느꼈다.

공야장

공야장(公冶長)은 제(齊)나라 사람이며 자는 자장(子張)이다.

공자는 일찍이 "공야장은 비록 지금 감옥 속에 있지만, 그러나 그가 죄를 지어서 거기에 있는 것은 아니다."라고 말하고, 자기의 딸을 아내로 삼게 하였다.

남궁괄

남궁괄(南宮括)은 자가 자용(子容)이다.

어느 날 공자에게 "예(羿)는 활쏘기에 능하였고 오(奡)는 땅 위에서 배를 움직일 수 있을 만큼 장사였는데도, 모두 제 마땅한 죽음을 얻지 못하였고, 우(禹)와 직(稷)은 몸소 농사를 지으며 고생하였어도 천하를 소유하였습니다."라고 하니, 공자는 묵묵부답이었다. 자용이 나가자 비로소 "군자로다, 저 사람은! 덕을 높일 줄 아는구나, 저 사람은!"라고 하였다. 그리고 공자는 그를 평하여 "나라에 도가 있으면 등용될 것이요 나라에 도가 없더라도 형륙(刑戮)은 면할 것이다."라고 하였다. 그가 『시경』을 읽다가 "백규지점(白珪之玷)."[1]에 이르러 몇 차례나 반복해서 읽자, 자기 형님의 딸로 아내를 삼게 하였다.

공석애

공석애(公晳哀)는 자가 계차(季次)이다.

공자는 그를 두고서 "천하의 선비들은 도리를 행함도 없이 대부분 가신(家臣)

---

1 백규지점(白珪之玷) 흰 옥의 흠은 갈아 없앨 수 있지만[白珪之玷, 尚可磨也], 말의 흠은 어찌할 도리가 없다[斯言之玷, 不可爲也]. (『시경』「大雅·抑」)

이 되어서 도읍(都邑)에서 벼슬살이를 하고 있는데, 오직 계차에게만이 이런 일이 없었다."라고 하였다.

증점

증점(曾蔵)은 자가 석(晳)이다. 공자를 곁에서 모시고 있을 때, 공자가 "너의 뜻에 대해서 말해보라."라고 하자, "뒤늦게 봄옷이 만들어졌으면 어른 5~6명, 어린이 6~7명을 데리고서 기수(沂水)에서 목욕하고 무우(舞雩)의 대(臺) 밑에서 바람을 쐰 다음, 시를 읊조리며 돌아오고 싶습니다."라고 하였다. 공자가 이 말을 듣고서 "나는 점(蔵)과 같이 하겠다."라고 감탄하였다.

안무요

안무요(顔無繇)는 자가 노(路)이며 안회(顔回)의 부친이다. 부자가 일찍이 각각 다른 때에 공자를 섬겼다.

안회가 죽자 안로(顔路)는 집이 가난하여 공자에게 그가 타는 수레를 팔아서 장례 비용에 대어줄 것을 청하였다. 그러자 공자는 "재주가 있든 없든, 아버지로서 본다면 모두 자식들이다. 공리(孔鯉)가 죽었을 때, 내관(內棺)만 있고 외곽(外槨)은 없었다. 내가 그의 외곽을 마련해주지 못하였던 것은, 내가 일찍이 대부(大夫)였기 때문에 수레 없이 걸어다닐 수가 없어서였다."라고 말하였다.

상구

상구(商瞿)는 노나라 사람으로 자는 자목(子木)이며, 공자보다 29년 연하이다.

공자는 『역경(易經)』을 상구에게 전수하였고, 상구는 초나라 사람 한비자홍(馯
臂子弘)에게 전수하였으며, 홍(弘)은 강동(江東) 사람 교자용자(矯子庸疵)에게 전수
하였고, 자(疵)는 연나라 사람 주자가수(周子家竪)에게 전수하였으며, 수(竪)는 순
우(淳于) 사람 광자승우(光子乘羽)에게 전수하였고, 우(羽)는 제나라 사람 전자장
하(田子莊何)에게 전수하였으며, 하(何)는 동무(東武) 사람 왕자중동(王子中同)에게
전수하였고, 동(同)은 치천(菑川) 사람 양하(楊何)에게 전수하였다. 하(何)는 원삭
(元朔) 연간에 『역경』을 연구한 것으로 인해서 중대부(中大夫)에 임명되었다.

고시

고시(高柴)는 자가 자고(子羔)이고 공자보다 30년 연하이다.

자고는 신장이 오척(五尺)에도 못 미치었다. 공자에게서 가르침을 받을 때, 공
자는 그를 우직하다고 생각하였다.

자로가 자고를 비읍(費邑)의 재(宰)로 삼자, 공자가 "남의 자식을 해치는구나."
라고 탄식하였다. 이 말에 자로가 "백성이 있고 사직(社稷)이 있으니, 어찌 꼭 책
읽는 것만을 학문한다고 할 수 있겠습니까?"라고 반문하였다. 그러자 공자가
"이렇기 때문에 나는 말 잘하는 자들을 미워하는 것이다."라고 꾸짖었다.

칠조개

칠조개(漆雕開)는 자가 자개(子開)이다.

공자가 칠조개로 하여금 벼슬에 나아가게 하니, 칠조개가 "저는 공부가 부족
해서 벼슬할 만한 자신이 아직 없습니다."라고 대답하였다. 이 말에 공자는 그
의 뜻이 도(道)에 있다는 것을 알고서 기뻐하였다.

공백료

공백료(公伯繚)는 자가 자주(子周)이다.

자주가 계손(季孫)에게 자로를 참소하였다. 자복경백(子服景伯)이 이 사실을 공자에게 알리면서 "그의 참소로 해서 계손이 자로에게 의혹의 마음을 가지게 되었는데, 공백료(繚) 정도는 저의 힘으로도 사형에 처하여 그 시체를 저잣거리에다 내걸 수 있습니다."라고 말하였다. 이 말에 공자는 "도(道)가 장차 행해지는 것도 천명이고 도가 장차 폐해지는 것도 천명이다. 공백료가 그 천명을 어찌할 수 있겠는가? 내버려두게."라고 말하였다.

사마경

사마경(司馬耕)은 자가 자우(子牛)이다.

자우는 말이 많고 성질이 조급하였다. 한번은 인(仁)에 대하여 공자에게 물었는데, 공자가 "인자(仁者)는 말을 조심한다."라고 대답해주었다. 그러자 자우가 "말을 조심한다면 이것을 바로 인(仁)이라고 말할 수 있습니까?"라고 재차 물었다. 이 말에 공자가 "말을 실천하기가 어려우니 말을 함부로 할 수 있겠느냐?"라고 대답해주었다.

자우가 한번은 군자에 대해서 물었는데, 공자가 "군자는 근심하지 않고 두려워하지 않는다."라고 대답해주었다. "근심하지 않고 두려워하지 않는다면 곧 군자라고 할 수 있습니까?"라고 하니, "안으로 살펴보아 부끄러울 것이 없다면 무엇을 근심하고 무엇을 두려워하겠는가?"라고 공자가 대답해주었다.

번수

번수(樊須)는 자가 자지(子遲)이며 공자보다 36년 연하이다.

번지(樊遲:樊須)[2]가 곡물 심는 것에 대해서 배우기를 청하자, 공자가 "나는 숙련된 농사꾼만 못하다."라고 대답해주었고, 채소 심는 것에 대해서 배우기를 청하자, 공자가 "나는 숙련되게 채소를 심는 사람만 못하다."고 대답해주었다. 번지가 나가자, 공자는 "번수는 소인이로구나! 윗사람이 예(禮)를 좋아하면 백성들 중에는 감히 공경하지 않을 이가 없을 것이고, 윗사람이 의(義)를 좋아하면 백성들 중에는 감히 복종하지 않을 이가 없을 것이며, 윗사람이 신(信)을 좋아하면 백성들 중에는 감히 성실하지 않을 이가 없을 것이다. 이와 같다면 사방의 백성들이 포대기에 그 자식들을 업고 찾아들 것이니, 농사짓는 법을 배운다고 해도 그것을 어디에다 쓰겠는가?"라고 말하였다.

번지가 인(仁)에 대해서 묻자, 공자가 "사람을 사랑하는 것이다."라고 하였고, 지(智)에 대해서 묻자 "사람을 아는 것이다."라고 대답해주었다.

유약

유약(有若)은 공자보다 43년 연하이다.

유약은 "예를 운용할 때에는 조화를 귀중하게 여긴다. 선왕(先王)의 도에서도 이것을 좋은 것으로 여겨서 큰일이든 작은 일이든 이것을 따랐다. 그러나 행해지지 않는 경우도 있으니, 조화만을 알아서 조화에만 힘쓰고 예로써 조절하지 않는다면, 또한 행해지지 않을 것이다."라고 말하였다.

그는 또 "약속이 의(義)에 가깝다면 그때 하였던 약속의 말을 실행할 수 있다.

---

2 본인의 자(字)가 '자(子)'로 시작하는 경우, 성과 병칭할 때에는 통상 '자(子)'를 생략하여 불렀다. 안회(顏回)의 경우 자가 자연(子淵)인데, 안연(顏淵)이라 통칭하였으며, 염구(冉求)의 경우 자가 자유(子有)인데, 염유(冉有)라고 통칭하였다.

공손함이 예에 가깝다면 치욕을 멀리할 수 있다. 의지할 때는 친히 해야 할 사람을 잃어버리지 않는다면 또한 그를 종주(宗主)로 삼을 수 있다."라고 말하였다.

공자가 세상을 떠났어도 제자들은 사모함을 그치지 않았다. 그래서 유약의 모습이 공자와 비슷하여 제자들은 그를 선생으로 세우고서 공자를 섬길 때처럼 하였다.

어느 날 한 제자가 그에게 나아가서 다음과 같이 물었다. "옛날에 공자께서는 제가 나갈 때에 제게 우산을 가지고 나가라고 하셨는데, 얼마를 지나지 않아서 과연 비가 내렸습니다. 제가 '선생님께서는 비가 올 줄을 어떻게 아셨습니까?'라고 여쭈니 선생님께서는 『시경』에서 말하기를 「달이 필(畢)이라는 별에 걸려 있으면 큰 비가 내린다」라고 하지 않았더냐?'라고 말씀하셨습니다. 그래서 제가 유심히 살펴보니, 다른 날에 달이 필(畢)에 걸렸는데도 비는 내리지 않았습니다. 상구(商瞿)가 나이가 많은데도 자식이 없어서 그 모친이 다시 혼인시키려 하였습니다. 그런데 그때 공자께서 그를 제나라로 심부름을 보내려고 하셨습니다. 그래서 그의 어머니가 연기해줄 것을 청하였습니다. 이에 공자께서는 '상구는 나이가 사십이 된 이후에 분명히 다섯 아들을 두게 될 것입니다.'라고 말씀하셨습니다. 그런데 과연 그렇게 되었습니다. 감히 묻습니다. 선생님께서는 어떻게 이것을 아셨을까요?"

유약은 묵묵히 가만히 앉아 있기만 하였다. 그때 질문하였던 제자가 분연히 일어나서 "유자(有子:有若)는 그 자리에서 물러나 주시오. 그 자리는 그대가 앉아 있을 자리가 아니오."라고 말하였다.

공서적

공서적(公西赤)은 자가 자화(子華)이며 공자보다 42년 연하이다.

자화가 제나라로 심부름을 가게 되었을 때, 염유(冉有)가 그가 없을 동안에 그의 모친이 먹을 양식을 청하였다. 이에 공자가 "1부(釜)를 주어라"라고 하였다.

더 줄 것을 청하자 "1유(庾)를 주어라"라고 하였다. 그런데 염유가 제멋대로 5병 (秉)을 주었다. 이에 공자가 "공서적이 제나라로 갈 때, 살찐 말을 탔고 가벼운 갖옷을 입고 있었다. 내가 들으니, 군자는 곤궁에 처한 사람은 도와주지만 부자에게는 그렇게 하지 않는다고 하였다."라고 하였다.

무마시

무마시(巫馬施)는 자가 자기(子旗)이며 공자보다 30년 연하이다.

진사패(陳司敗)가 공자에게 "노나라 소공(昭公)은 예를 압니까?"라고 물었다. 이에 공자가 "예를 압니다."라고 대답하였다. 진사패가 물러나와 무마기(巫馬旗: 巫馬施)에 인사하고서 다음과 같이 말하였다. "제가 들으니, 군자는 서로 도와 옳지 못한 행동을 숨겨주는 그런 일을 하지 않는다고 하던데, 군자도 서로 도와 옳지 못한 행동을 숨겨주는 그런 일을 합니까? 노나라 임금은 오나라 여자를 부인으로 맞아들여 맹자(孟子)라고 이름 지었습니다. 그 까닭은 맹자의 성이 희 (姬)였으므로 같은 성을 쓰는 것을 피했기 때문입니다. 그러니 노나라 임금이 예를 안다고 한다면 천하에 누가 예를 알지 못한다고 말할 수가 있겠습니까?"

무마기가 이 말을 공자에 고하니, 공자가 말하였다. "나는 행복한 사람이다. 허물이 있으면 다른 사람들이 알아서 반드시 일러주기 때문이다. 그러나 신하로서는 임금의 잘못에 대해서 다른 사람에게 말하지 않고 숨기는 것이 예이다."

양전(梁鱣)은 자가 숙어(叔魚)이며 공자보다 29년 연하이다.
안행(顏幸)은 자가 자류(子柳)이며 공자보다 46년 연하이다.
염유(冉孺)는 자가 자로(子魯)이며 공자보다 50년 연하이다.
조휼(曹卹)은 자가 자순(子循)이며 공자보다 50년 연하이다.
백건(伯虔)은 자가 자석(子析)이며 공자보다 50년 연하이다.
공손룡(公孫龍)은 자가 자석(子石)이며 공자보다 53년 연하이다.

이상의 자석까지 35명은 나이와 성명이 분명하고 공자에게 가르침을 받고 문답한 것이 서적에 보인다. 그 나머지 42명은 그렇지 않다.

염계(冉季)는 자가 자산(子産)이다.

공조구자(公祖句玆)는 자가 자지(子之)이다.

진조(秦祖)는 자가 자남(子南)이다.

칠조차(漆雕哆)는 자가 자렴(子斂)이다.

안고(顏高)는 자가 자교(子驕)이다.

칠조도보(漆雕徒父).

양사적(壤駟赤은 자가 자도(子徒)이다.

상택³(商澤).

석작촉(石作蜀)은 자가 자명(子明)이다.

임부제(任不齊)는 자가 선(選)이다.

공량유(公良孺)는 자가 자정(子正)이다.

후처(后處)는 자가 자리(子里)이다.

진염(秦冉)은 자가 개(開)이다.

공하수(公夏首)는 자가 승(乘)이다.

해용점(奚容蒧)은 자가 자석(子晳)이다.

공견정(公堅定)은 자가 자중(子中)이다.

안조(顏祖)는 자가 양(襄)이다.

교선(鄡單)은 자가 자가(子家)이다.

구정강(句井彊).

한보흑(罕父黑)은 자가 자색(子素)이다.

진상(秦商)은 자가 자비(子丕)이다.

신당(申黨)은 자가 주(周)이다.

---

3 상택은 자가 자계(子季) 혹은 계(季)이다.

안지복(顔之僕)은 자가 숙(叔)이다.

영기(榮旂)는 자가 자기(子祈)이다.

좌인영(左人郢)은 자가 행(行)이다.

연급(燕伋)은 자가 사(思)이다.

정국(鄭國)은 자가 자도(子徒)이다.

진비(秦非)는 자가 자지(子之)이다.

시지상(施之常)은 자가 자항(子恒)이다.

안쾌(顔噲)는 자가 자성(子聲)이다.

보숙승(步叔乘)은 자가 자거(子車)이다.

원항(原亢)은 자가 적(籍)이다.

악해(樂欬)는 자가 자성(子聲)이다.

염결(廉絜)은 자가 용(庸)이다.

숙중회(叔仲會)는 자가 자기(子期)이다.

안하(顔何)는 자가 염(冉)이다.

적흑(狄黑)은 자가 석(晳)이다.

규손(邽巽)은 자가 자렴(子斂)이다.

공충4 (孔忠).

공서여여(公西輿如)는 자가 자상(子上)이다.

공서점(公西蒧)은 자가 자상(子上)이다.

태사공은 말하였다.

"세상의 학자들 중에는 공자의 70여 제자들에 대해서 말하는 사람이 많다. 그러나 칭찬하는 사람들은 혹 실제보다 지나치고, 비방하는 사람들은 혹 진실에 미치지 못하는 경우가 있다. 두 경우 모두 그 면모를 보지 못하고서 얘기한

---

4 공충은 자가 자멸(子蔑)이며, 공자 형의 아들이다.

것들이다. 한편 제자들의 기록은 공씨(孔氏)의 고문(古文)⁵에서 나온 것이니 진실에 가까울 것이다. 나는 제자들의 성명과 기록을 모두 『논어』에 나오는 공자와 제자들의 문답에서 취해 함께 이 편을 엮었으며, 의심스러운 것은 억지로 기술하지 않고 그대로 남겨 두었다."

---

5 고문(古文)은 『고논어』를 가리킨다. 이는 공자의 옛집 벽 속에서 나온 고문(古文)으로 쓰인 『논어』
   인데, 현재는 전하지 않는다. 삼국 시대 위(魏)나라의 하안(何晏)은 「논어집해」의 서문에서, "노나라
   공왕(共王) 때 공자의 옛집을 궁전으로 만들려고 헐다가 고문으로 쓰인 『논어』를 얻었다."고 하였다.

상군열전

商君列傳

【 상앙은 위나라를 버리고 진(秦)으로 가서 그의 통치술을 밝혀 효공을 패자로 만들었다. 진나
라는 후세에도 그가 만든 법을 존중하였다. 그래서 「상군열전」을 지었다. 】

상군(商君)은 위(衛)나라 후첩(後妾)이 낳은 공자였다. 그 이름은 앙(鞅)이고, 성
은 공손씨(公孫氏)이며, 그 조상의 성은 본래 희(姬)씨였다.

공손앙은 젊어서 형명(刑名)의 학을 좋아하였고, 위(魏)나라 재상 공숙좌(公叔
座)를 섬겨 중서자(中庶子: 대부를 모시는 관직)가 되었다. 공숙좌는 그의 현명함을
알았으나 아직 왕에게 천거할 기회가 없었다.

마침 공숙좌가 병이 났을 때 위(魏)나라 혜왕(惠王)은 친히 왕림하여 문병하며
말하였다. "그대의 병이 위중하여 피할 수 없는 것이라면 국가의 사직을 어떻게
해야겠소?" 공숙은 말했다. "저의 중서자 공손앙(公孫鞅)은 나이는 비록 어리지
만 남다른 재주가 있으니, 왕께서는 국정 전반에 대해 그 사람에게 들어보십시

오." 왕이 말없이 있다가 왕이 떠나려고 하니, 공숙좌는 주변 사람들을 물리치고 말하였다. "왕께서 공손앙을 쓰기 싫으시다면 반드시 그를 죽이십시오. 그를 나라 밖으로 내보내서는 안 됩니다."

왕이 수긍하고 돌아가자 공숙좌는 공손앙을 불러 사과하면서 다음과 같이 말하였다. "조금 전에 왕께서 누가 가히 재상이 될 만한 사람이냐 묻기에 나는 그대를 천거하였는데, 왕의 얼굴빛은 나의 말을 받아들이는 것 같지 않았네. 나는 왕을 첫째로 신하는 다음으로 생각하기에 이어 왕께 아뢰기를 '만약에 공손앙을 쓰지 않으시면 죽이는 것이 옳겠다'고 하였더니 왕께서도 나를 수긍하셨네. 그대는 빨리 달아나게. 장차 구속될 것이네."

공손앙은 말하기를, "왕께서 나를 쓰라고 한 상공의 말씀을 받아들이지 않는다면, 어찌하여 나를 죽이라고 하는 상공의 말씀을 받아들이겠습니까?"하고 끝내 그는 도망하지 않았다.

혜왕은 공숙좌의 집을 나와 좌우 신하들에게 말하기를, "공숙좌의 병이 심하니, 슬프도다! 국가의 정사를 공손앙에게 들어보라고 권하니, 어찌 잘못된 것이 아니겠는가?"라고 하였다.

공숙좌가 죽은 후에, 공손앙은 진(秦)나라 효공(孝公, B.C. 361~B.C. 338)이 나라 안에 영(令)을 내려 현자를 구하고 장차 목공(繆公)이 이뤘던 대업을 수립하여 동쪽의 잃은 땅을 회복하려 하다는 말을 들었다. 그는 마침내 서쪽으로 진나라로 가서 효공의 신임을 받는 신하인 경감(景監)의 소개로 효공을 만나 뵈었다.

효공은 위앙(衛鞅)[1]을 만나서 한참을 말하였으나, 효공은 가끔씩 졸면서 제대로 듣지 않았다. 알현이 끝나자 효공은 경감에게 화를 내며 말하기를, "그대의 손님은 망령된 사람일 뿐이니, 어찌 채용할 수 있겠소?"라고 하였다. 경감이 그대로 상앙에게 전달하니, 상앙이 이르기를, "나는 공에게 제왕의 도리를 설명하는데

---

1 공손앙은 위(衛)나라 출신이라서 상앙(衛鞅)이라고 불리기도 하였다. 상군 또는 상앙이란 호칭은 상(商) 지방을 봉토로 받은 뒤에 붙여진 이름이다.

그 뜻을 깨닫지 못합니다. 5일 뒤에 다시 알현을 청해 주시오."라고 하였다.

상앙이 다시 효공을 뵙자, 조금 나아지긴 하였으나 역시 효공의 마음에는 딱 들어맞지 못하였다. 알현이 끝나자 효공은 다시 경감을 꾸짖었고 경감 역시 상앙을 책망하였다. 상앙은 말했다. "나는 공에게 군왕의 도리를 설명하였는데 아직도 공의 마음에 들지 않았소. 한 번 더 공을 뵙게 해 주시오."

상앙이 또다시 효공을 뵈니, 공은 상앙의 의견을 좋다고는 하였으나 아직 등용하지는 않았다. 상앙이 알현을 마치고 물러나니, 효공은 경감에게 말하기를, "그대의 손님이 좋아서 함께 대화를 나눌 수 있었소."라고 하였다. 상앙은 경감에게 다음과 같이 말하였다. "나는 공에게 패자의 방도를 설명하였더니, 공의 뜻이 움직여 나의 의견을 쓸 만한 것으로 생각하는 모양이오. 부디 한 번만 더 공을 만나게 해주시오. 나는 공의 뜻이 어디에 있다는 것을 알았소."

상앙은 다시 효공을 만나 뵈었는데, 효공은 이야기에 열중하여 자기도 모르게 상앙에게 가까와지면서 무릎이 의자 밖으로 나오는 것도 모를 지경이었으며 며칠 동안 대화를 해도 싫증을 내지 않았다. 경감이 이르기를, "그대는 어떻게 하여 우리 군주의 뜻을 맞추었는가? 공의 기쁨은 대단했소."라고 하였다.

상앙은 대답하였다. "나는 공에게 제왕의 도리로써 하은주 삼대(三代)의 치세에 비유하여 말하였더니, 공이 다음과 같이 말씀하셨소. '너무 요원하여, 나는 기다릴 수 없다. 게다가 현명한 군주는 제각기 살아생전에 이름을 천하에 드러내었다. 어찌하여 유유히 수천 년을 기다려 제왕의 도리를 성취할 수 있겠는가?' 이 때문에 제가 공에게 나라를 부강하게 하는 방법을 설명하였더니, 공이 크게 기뻐하였을 따름이오. 하지만 은주시대(殷周時代)로 그 패자의 덕을 비유하기는 어려울 것이오."

효공이 상앙을 이미 등용하자, 상앙은 나라의 법을 고치자 하였으나 세상 사람들의 비방이 염려되어 다음과 같이 말하였다. "확신이 없는 짓은 해도 이름이 없고 의심스러운 일은 해도 공이 없습니다. 게다가 또 높은 견식이 있는 사람의 행동은 세상에서 비난을 받기 일쑤이고 독특한 의견이 있는 자는 반드시 백성들에게 비방을 듣기 일쑤입니다. 어리석은 자는 성사된 일도 파악하지 못하나, 지혜로운 자는 시작하기도 전에 이미 압니다. 그러므로 백성은 일의 시초에 의견을 물을 것이 못되며 성공한 연후에 즐거움을 함께 하는 것이 옳습니다. 지극한 덕을 말하는 자는 속된 말에 대답하지 않고 큰 공을 이루는 자는 보통 사람들과 꾀를 같이 하지 않습니다. 그런 까닭에 성스러운 임금은 굳이 나라를 튼튼히 할 수 있을 경우에는 구태여 전례를 본뜨지 않으며 애써 백성을 이롭게 하려는 데는 구태여 예제를 좇지 않습니다."

효공은 "옳다"고 하였으나, 신하인 감룡(甘龍)은 다음과 같이 말하였다. "그렇지 않습니다. 성인은 백성을 바꾸지 않은 채 교화시켰으며 지혜로운 사람은 법을 변경하지 않고 다스렸습니다. 백성의 분위기에 따라서 교화하면 힘들지 않게 공을 이루며, 법에 따라 다스리면 관리는 익숙해지고 백성도 편안해집니다."

상앙은 말하였다. "감룡이 말하는 바는 통속적인 논리입니다. 평범한 사람은 오래된 풍속에 안주하고 학자는 자기가 들었던 것만 탐닉합니다. 이 양자로써 국가의 법을 지키게 하는 것은 옳은 일입니다. 그러나 그들과 함께 법 밖의 일을 의논할 수 있는 것은 아닙니다. 하은주 삼대의 정치는 예(禮)를 달리하고서도 왕 노릇을 하였고, 춘추오패는 법을 달리하고도 패자가 되었습니다. 지혜로운 사람은 법을 만들고 우둔한 사람은 그 법에 제재를 받으며, 현자는 예를 고치고, 불초한 자는 그 예에 구속됩니다."

신하 두지(杜摯)가 말하였다. "이익이 많지 않으면 법을 변경하지 않고, 효과가 크지 않으면 도구를 바꾸지 않습니다. 과거의 것을 본받으면 허물이 없어지고, 예를 따르면 사악한 마음이 없어집니다."

상앙은 말하였다. "세상을 다스리는 방법은 한 가지 길만 있는 것이 아니니, 나라를 편안히 하려면 과거를 본받지 말아야 합니다. 그러므로 탕왕과 무왕은 옛 것을 따르지 않고서 왕 노릇을 하였으며, 하나라 은나라는 예를 바꾸지 않아서 망하였습니다. 옛것에 반대하는 자라고 그르다고 할 것이 아니며, 예를 따르는 자라고 반드시 칭찬할 것이 못됩니다."

효공은 "상앙의 말이 옳다."고 하고, 그를 좌서장(左庶長)으로 삼아 마침내 변법(變法)의 명령을 확정하였다.

민가는 다섯 집이나 열 집씩 묶어서 서로 감시하여 연좌의 책임을 지도록 하고, 잘못을 신고하지 않은 자는 허리를 베고, 잘못을 신고한 자에게는 적의 머리를 벤 것과 같은 상을 내리고, 잘못을 숨기는 자는 적에게 투항한 것과 같은 벌을 내린다.

백성의 집에 남자가 두 명 이상인데 분가하지 않는 경우에는 부역과 세납을 배로 하고, 전장에서 공적이 있는 자에게는 각각 정도에 따라 상등의 작위를 주고, 사사로이 다투는 자는 각각 경중에 따라 처벌토록 하였다.

어른이나 아이나 힘을 합하여 밭 갈고 베 짜는 일을 본업으로 하고 곡식과 베를 많이 바치는 자는 신역을 면제하고, 상업에 종사하는 자와 게을러서 가난한 자는 색출하여 노비로 만든다.

종실의 일족이라도 군사적 공로가 없으면 제적시키고, 높고 낮은 작위의 등급을 밝혀서 각각 등급에 따라 토지와 건물, 신첩과 노비의 수 및 의복의 제도도 작위의 등급에 따라 차별이 있도록 하였다. 공로가 있는 자는 영화로운 생활을 하고 공로가 없는 자는 부유하더라도 화려한 생활이 허락되지 않게 하였다.

새 법령은 이미 제정되었으나 아직 공포하지 않았다. 백성이 신임을 하지 않을까 염려한 까닭이었다. 그리하여 높이가 어른 키 세 배 되는 나무를 도시의 남문에다 세우고 글을 써 알리기를, "이 나무를 북문에다 옮겨 놓는 자에게는 10금을 준다."고 사람을 모집하였다. 그러나 백성들은 이상하게 여기고 감히 옮기려는 자가 없었으므로 다시 알리기를 "이 나무를 북문에다 옮기는 자에게는 50금을 준다."고 하였다. 어떤 자가 이것을 옮기자 바로 50금을 주어서 백성을 속이지 않는다는 것을 밝혔다. 그리고 마침내 법령을 공포하였다.

그러나 이 법령이 시행되자 1년 동안에 도성에 몰려와서 새 법령이 불편한 것을 고하는 자가 수천 명이나 되었다. 그런 중에 태자가 법을 어겼다. 상앙은 이르기를, "법이 잘 시행되지 않는 것은 위에 있는 자부터 법을 어겼기 때문이다."하고 태자를 처벌하려 하였다. 그러나 태자는 왕의 후사라 형벌에 처할 수는 없다 하여 그의 사부인 공자 건(虔)을 처벌하고 스승인 공손고(公孫賈)를 경형(黥刑:얼굴에 문신을 새기는 형벌)에 처하였다. 다음날부터 진나라 백성들은 모두 법을 따랐다.

법을 시행한 지 10년에 진나라 백성들은 크게 기뻐하고 길바닥에 떨어진 물건도 줍는 사람이 없었다. 산중에는 도둑이 없어졌고 집집이 다 넉넉하고 사람마다 다 만족하였다. 백성은 전쟁에 용감하였고 개인의 싸움에는 힘을 쓰지 않았으며 국내의 행정은 잘 다스려졌다.

예전에는 법령의 불편을 호소하다가 이번에는 법령의 편리함을 말하러 온 자가 있었다. 상앙은 이르기를, "이런 자 역시 교화를 어지럽히는 백성이다."하여 모두 변방의 성으로 쫓아 버렸다. 그 뒤로는 감히 법령에 대해 말하는 자가 없었다. 이러한 공으로 상앙은 대량조에 올랐다.

그 후 상앙은 군대를 이끌고 위(魏)나라 안읍(安邑)을 포위하여 항복을 받았다.

3년 뒤에는 함양(咸陽)에 궁문, 궁전, 정원 등을 축조하였고, 진나라는 옹(雍)에서 함양으로 천도하였다. 백성들에게 법령을 내려 부자 형제가 세대를 공동으로 하는 것을 금하고, 소읍과 취락을 모아 현을 만들고 현을 다스리는 관리로 영 · 승을 두니, 모두 31현이었다. 농지의 경계를 개방하여 경작을 자유로이 하고 부역과 세금을 공평히 하고 각종 도량형을 동일하게 하였다.

4년 뒤에 공자 건이 또 법령을 위반하여 코를 베는 형벌을 내렸다.

5년 뒤에 진나라가 부강해지자, 주나라 천자는 효공에게 제사에 쓸 고기를 하사하였고, 제후는 모두 이를 축하하였다.

다음 해에 제나라는 위(魏)나라 군사를 마릉(馬陵)에서 무찌르고 태자 신(申)을 사로잡았으며 장군 방연(龐涓)을 죽였다. 이듬해에 상앙은 효공에게 이렇게 아뢰었다. "진나라와 위나라의 관계는 마치 사람의 배 속에 질병이 있는 것과 같아서 위나라가 진나라를 합병하지 않으면 진나라가 위나라를 합병해야 합니다.

왜냐하면, 위나라는 험준한 산고개의 서쪽에 자리하여 안읍에 도읍하고 진나라와 하수(河水)를 사이에 두고 산동의 이익을 독점하여, 유리하다고 생각되는 때는 서쪽의 진나라를 침략하고 피폐하면 동쪽의 땅을 침략하기 때문입니다. 지금 군주의 어짐과 성스러움으로 나라는 번영하고 있으나 위나라는 과거 제나라에 대패하였고 제후들은 위나라를 등졌습니다. 지금이야말로 위나라를 치기에 좋은 기회입니다. 위나라는 진나라에 버티지 못하고 동쪽으로 이동할 것입니다. 이렇게 진나라가 동쪽으로 옮기면 진나라는 산천의 요새에 자리하여 동쪽을 향해 제후를 제압할 수 있을 것입니다. 이것이 제왕의 사업입니다."

효공은 옳다고 생각하고 상앙을 장수로 하여 위나라를 치게 했다. 위나라도 공자 앙(卬)을 장수로 하여 진나라를 공격하였다.

양쪽 군사가 이미 서로 대치 중이었는데, 상앙은 위나라 공자 앙에게 편지를 보내 다음과 같이 말하였다. "나는 본래 공자와 절친한 사이로 이제 함께 두 나라의 장수가 되었으니, 차마 서로 공격하지 못할 것입니다. 따라서 공자와 함께 직접 만나서 맹약을 맺고 연회를 열어 전쟁을 종식함으로써 진나라와 위나라를 안정시킵시다." 위나라 공자 앙은 옳다고 여기고, 회맹을 마치고 술자리를 가졌다. 상앙은 무장한 군사를 숨겼다가 공자 앙을 습격하여 사로잡았고, 승세를 타서 위나라 군대를 격파하고 진나라로 돌아왔다.

위나라 혜왕은 자기 나라 군사가 자주 제나라와 진나라에 패하여 국고가 비고 날마다 국토가 침식되어 가는 것을 염려하여, 사자를 보내서 하수(河水) 서쪽의 땅을 진나라에 바치고 화친을 꾀하였다. 그리하여 위나라는 마침내 수도 안읍을 버리고 대량(大梁)으로 천도하였다. 양나라 혜왕[2]은 이르기를, "과인은 공숙좌의 말을 듣지 않았던 것을 후회한다."고 하였다.

상앙이 위나라를 물리치고 돌아오자, 진나라는 상앙을 오(於)와 상(商)의 15읍

---

2 양나라 혜왕(惠王)은 위(魏)나라 혜왕(惠王)이 대량(大梁)으로 천도한 이후, 그 지역 이름을 따서 칭한 것이다. 『맹자』에 등장하는 양(梁)나라 혜왕(惠王)은 바로 대량으로 천도한 위나라 혜왕을 가리키며, 「상군열전」의 원문에도 위나라의 대량 천도 후부터 '梁惠王'으로 표기하였다.

에 봉하고 상군(商君)이라 호칭하였다.

상군이 진나라 재상의 자리에 있기를 10년, 진나라의 종실 외척으로 그를 원망하는 자가 많았다.

조량(趙良)이 상군과 회견하였을 때 상군은 말하기를, "내가 당신을 만난 것은 맹란고(孟蘭皐)의 소개에 따른 것입니다. 나는 앞으로도 교제하기를 원하는데, 가능하겠소?" 하니, 조량은 대답하였다. "나는 군이 바라지 않습니다. 공자(孔子)는 말하기를, '현자를 추대한 자는 성공하고, 모자라는 사람을 모아 왕노릇하는 자는 실패한다'고 하였습니다. 저는 모자라는 자이니, 감히 명을 받을 수 없습니다. 저는 있을 만한 지위가 아닌데 그 지위에 있는 것을 자리를 탐한다 하고, 이름에 어울리지 않는데도 그 이름을 지니는 것을 이름을 탐한다고 들었습니다. 제가 상군의 뜻을 따른다면, 지위와 이름을 탐한다는 비난을 받을까 염려됩니다. 따라서 명령을 따를 수 없습니다."

상군이 이르기를, "그대는 나의 진나라 통치를 좋게 생각하지 않소?"라고 했다. 조량은 다음과 같이 말했다. "남의 말에 반성하고 경청하는 것을 총(聰)이라 하고, 마음의 눈으로 보는 것을 명(明)이라 하며, 스스로를 이기는 것을 강(彊)이라고 합니다. 순임금의 말씀에 이르기를, '스스로 겸손하면 존경을 받는다.'고 하였는데 상군께서 순임금의 도리에 대해 말씀하시는 경우가 아니라면, 저에게 물으셔도 도움이 되지 못할 것입니다."

상군이 말하였다. "진나라에는 과거 야만인의 가르침이 있고 부자간에 구별이 없어 아내를 공유하여 살았는데, 지금 우리는 그 가르침을 고쳐서 남녀의 구별을 두고 대궐을 축조하여 노나라와 위나라처럼 경영하였소. 당신은 우리 진나라의 통치를 볼 때, 오고대부(五羖大夫)[3] 와 견주어서 어느 편이 현명하다고 보시오?"

---

3 오고대부(五羖大夫) 겨우 염소가죽 다섯 장으로 얻은 뛰어난 인재라는 뜻으로 백리해(百里奚)의 별칭이다. 백리해는 천하를 경영할 만한 능력을 가지고 있으면서도 불우하여 초나라에 숨어서 소와 말을 길렀다. 뒤에 진(秦)나라 목공(穆公)이 백리해를 알아보고 데려오려고 하였으나, 초나라 왕의 의심을 피하고자 염소가죽 5장을 바치고 백리해를 진나라로 데리고 왔다. 백리해는 그 후 변방의 진나라를 부강하게 성장하는 데 일조하였고, 진나라 사람들이 그를 염소가죽 다섯 장으로 얻었다고 하여 오고대부(五羖大夫)라고 불렀다.

조량이 말하였다. "천 마리 양의 가죽이 여우 한 마리의 겨드랑이 가죽을 따르지 못하며, 천 명의 온순한 복종이 한 선비의 바른 말에는 미치지 못합니다. 주나라 무왕은 신하의 기탄없는 말로 번영하였고, 은나라 주왕은 신하의 조용한 복종으로 망했습니다. 상군께서 만약 무왕을 비난하지 않는다면 내가 종일 바른말을 하여도 죽음에 이르는 죄를 묻지 않을 터인데, 가능하겠습니까?"

상군이 말하였다. "옛말에도 있으니 '겉치레의 말은 화려하고 지극한 말은 진실하며, 듣기 괴로운 말은 약이요 달콤한 말은 병이라.'고 하였소. 선생이 과연 종일 바른말을 한다면 그것은 나에게는 약이오. 나는 그대를 섬기려고 하는데, 그대는 또 어찌하여 사양하는 것이오?"

조량이 다음과 같이 말하였다.

"저 오고대부는 초나라의 미천한 집안 출신입니다. 그는 진(秦)나라 목공(穆公)이 현명하다는 말을 듣고 만나 뵙고자 하였으나, 가려고 해도 노자가 없어 자기 몸을 진나라 여행자에게 팔아 볼품없는 옷을 입고 소를 치고 살았습니다. 1년 뒤에 목공은 그를 알아보고 하찮은 목동에서 백성들의 윗자리로 올려세웠는데 진나라에서는 아무도 감히 나무라는 사람이 없었습니다. 진나라 재상을 재낸 지 육칠 년에 동쪽 정나라를 치고 진(晉)나라의 왕을 세 번 세웠고 초나라를 위기에서 구하였습니다. 교령을 국내에 반포하자 먼 사천 지방 사람들도 공물을 바쳤고, 다른 나라에 덕을 베풀어 팔방의 오랑캐까지도 귀순하게 하였습니다. 서융 사람 유여(由余)도 명성을 듣고 관문을 두드려 회견을 청했습니다.

오고대부는 재상을 지낼 적에 피곤해도 수레에 걸터앉지 않았고 더워도 수레에 포장을 덮지 않았고 국내를 여행하는데 수레로 뒤따르게 하지 않았고 무장한 호위를 거느리지 않았으며, 그 공적은 기록되어 조정의 서고에 보존되고 덕행은 길이 후세에 전해졌습니다.

오고대부가 세상을 떠나자, 진나라 사람들이 눈물을 흘렸고 어린이들도 노랫소리를 내지 않았고 방아를 찧는 사람들까지도 방아 노래를 부르지 않았습니다. 이는 오고대부의 은덕 때문입니다.

그런데 지금 상군께서 진왕을 뵈올 적에는 총애를 입은 신하인 경감의 도움을 위주로 하였으니, 명예로운 것이 아닙니다. 진나라의 재상이 되어서는 백성을 돌보지 않고 대궐을 축조하였으니, 공로라고 여길 것이 아닙니다.

태자의 스승에게 문신을 하는 형벌을 내리고 큰 형벌로써 백성을 해친 것은 원한과 화를 축적하는 것입니다. 당신의 교령(教令)이 임금의 명령보다 영향력이 있고, 그 효과가 임금의 명령보다 빠릅니다. 그런데 지금 상군께서 세운 제도는 도리를 등졌으며 변경한 국법은 도리어 어긋났으니 이것으로서 백성을 이끄는 가르침을 삼으면 안 됩니다.

또 상군께서는 봉읍 (상오)에 군림하여 왕과 똑같이 과인이라 일컫고 진나라 귀공자의 죄를 규탄합니다. 『시경』에 이르기를, '쥐를 보아도 몸뚱이가 있으니, 사람으로서 예가 없을까? 사람으로서 예가 없다면, 어찌 빨리 죽지 않을까?[4]' 라고 하였으니, 이 시로 살펴보건대, 상군은 천수를 누릴 수 있는 처지가 아닙니다.

공자 건은 코를 베이고 두문불출한 것이 이미 8년이나 됩니다. 상군은 또 축환(祝懽)을 죽였고 공손고(公孫賈)에게 문신을 새기는 형벌을 내렸습니다. 『시경』에 이르기를, '인심을 얻는 자은 흥하고 인심을 잃는 자는 망한다[得人者興, 失人者崩]'고 했는데, 이 몇 가지 사례는 인심을 얻을 수 있는 것이 아닙니다.

상군은 외출함에는 무장한 병사들이 탄 수십 대의 수레가 뒤따릅니다. 수레에는 힘세고 신체 건장한 장사가 옆에 타서 수행하며 창을 가진 병사가 양쪽 옆에서 수레와 함께 달립니다. 이 중 하나라도 부족하면 당신은 절대로 외출을 하지 않았습니다. 『서경』에 이르기를, '덕을 믿는 자는 번영하고, 힘을 믿는 자는 망한다.'고 하였는데, 당신의 위태로움은 마치 아침의 이슬 같습니다.

그런데도 오히려 수명을 늘리고 천수를 다하고자 한다면 15읍을 반환하고 시골에 은퇴하여 전원에 몸을 대는 생활을 하지 않으시렵니까? 진왕에게 권하여 동굴에 숨은 현자를 나타나게 하고 늙은이를 부양하고 고아를 돌보고 부형을 공경하고 공 있는 자를 서열 짓고 덕 있는 자를 존경하도록 하면 다소 편안할

---

4 『시경』 「國風·鄘風·相鼠」: 相鼠有體, 人而無禮? 人而無禮, 何不遄死?

것입니다.

　상군께서 앞으로도 여전히 상어(商於) 지역의 풍요로움을 탐하고 진나라의 교령을 마음대로 하여 백성의 원망을 쌓으려고 한다면, 진나라 왕이 하루아침에 세상을 떠나 조정에 서지 못하게 되면, 어찌 진나라에서 상군을 제거하려는 명분이 적다고 할 수 있겠습니까? 당신의 파멸은 한 발을 들고 넘어지기를 기다리는 것만큼이나 잠깐일 것입니다."

　그러나 상군은 이 말을 따르지 않았다.

　그 뒤 다섯 달이 되어 진나라 효공이 죽고 태자가 즉위했다. 공자 건 일당은 상군이 모반을 꾀한다고 밀고하였으므로, 관리를 보내어 상군을 잡으려고 하였다. 상군은 달아나 관소 근방에까지 와서 객사에 들려고 하였다. 객사의 주인은 이 손이 상군임을 알지 못하고 말하였다. "상군의 법에는 여행허가증이 없는 손님을 재우면 그 손님과 연좌되는 벌을 받습니다." 상군이 탄식하면서 "아, 신법의 폐단은 마침내 내 몸에까지 미쳤구나!"라고 말하고, 진나라에서 도망하여 위(魏)나라로 갔다. 위나라 사람은 상군이 공자 앙을 속이고 위나라 군대를 무찌른 것을 원망하여 그를 받아들이지 않았다. 상군이 다른 나라로 가려고 하였는데, 위나라 사람이 이르기를, "상군은 진나라의 적이다. 진나라는 강국이니 위나라에 들어온 진나라의 도적을 돌려보내지 않으면 옳지 못하다."고 하여 마침내 진나라와 내통하였다.

　상군은 다시 진나라로 들어가 상읍(商邑)으로 달려가 그의 무리들과 함께 봉지로 받은 고을의 군사를 동원하여 북쪽으로 정나라를 공격하였다. 진나라는 출병하여 상군을 치고, 정(鄭)나라의 면지(黽池)에서 그를 죽였다. 진나라 혜왕(惠王, B.C. 337~B.C 311)은 그 시체를 거열형에 처해 백성들에게 돌려 보이며, "상앙과 같은 모반자가 되지 말라."고 하고, 마침내 상군의 가문을 없애버렸다.

　태사공은 말한다.

　"상군(商君)은 천성이 각박한 사람이었다. 그가 효공에게 제왕의 통치술로 벼슬을 구한 내력을 살펴보면, 마음에도 없는 요순의 정치를 언급하였지만, 그것은 그 본성에서 우러나온 것이 아니었다. 더욱이 그를 소개한 자는 군왕의 총애를 받던 신하였는데, 등용되자 곧 공자 건을 처벌하고 위나라 장군 공자 앙을 속였으며 조량의 간언을 받아들이지 않았다. 이 사례들 또한 상군이 은혜를 갚는 데 인색했다는 증명일 것이다. 나는 일찍이 상군의 저서 「개색(開塞)」과 「경전(耕戰)」 등의 글을 읽었는데, 그 내용은 상군의 처신과 서로 유사하였다. 결국 진나라에서 악명(惡名)을 얻었던 것도 까닭이 있도다!"

소진열전

蘇秦列傳 : 소진, 소대, 소려

> 천하는 진나라의 독주를 염려하였고, 진나라는 침략을 멈추지 않았다. 소진은 제후국을 보
> 존하고 합종을 약속하여 탐욕스런 진나라를 억제시켰다. 그래서 「소진열전」을 지었다.

소진은 동주(東周)의 낙양(雒陽) 사람이다. 그는 스승을 찾아 동쪽의 제나라로 들어가 귀곡선생(鬼谷先生)[1] 선생에게서 배웠다. 제후들에게 유세를 위해 몇 해를 돌아다녔지만 곤궁한 처지에 몰려 낭패한 끝에 집으로 돌아왔다. 형제, 형수와 제수, 처첩 등이 모두 속으로 소진을 비웃으며 말했다. "주나라 사람들의 풍속에 따르면 모두가 농업에 종사하거나 공업과 상업에 힘써 2할의 이익을 추구하는 일을 본업으로 하고 있습니다. 그러나 지금 당신은 본업을 팽개치고 입과

---

1 귀곡선생(鬼谷先生)은 전국시대 제나라 출신(일설에는 초나라 출신)으로 종횡가의 원류격에 해당하는 인물이다. 귀곡(鬼谷)은 지명으로 하남성 방성(方城)에 속하다는 설과 섬서성 경양(涇陽) 부근이라는 설이 있다. 장의(張儀)와 소진(蘇秦)은 그의 제자이며, 저서로 『귀곡자(鬼谷子)』 3편이 『수서(隋書)』 「경적지(經籍志)」에 전하지만, 일설에는 소진이 저술하고 그의 이름을 빌린 것이라고도 한다.

혀를 놀리는 일만을 추구하고 있으니 곤궁한 처지를 당함은 당연하지 않습니까?"

소진이 듣고 참담한 생각에 부끄럽고 스스로 상심하여 방안에 들어박혀 밖으로 나오지 않았다. 그는 책을 꺼내어 여러 번에 걸쳐 살펴보고는 말했다.

"선비란 머리를 숙여가며 글을 배움으로써 높은 벼슬을 얻어 높은 관직과 영화를 얻을 수 없다면 비록 많은 책을 읽었다 한들 무슨 소용이 있겠는가?"

그래서 그는 주서(周書)의 '음부경(陰符經)'2 을 구하여 집안에 틀어박혀 독파했다. 그리고 일 년이 되자 소진은 드디어 자기의 마음으로 상대편의 마음을 미루어 짐작할 수 있는 췌마(揣摩)의 경지에 도달했다고 생각하여 말했다.

"이것으로써 나는 당대의 군주들을 설득할 수 있을 것이다."

그래서 그는 우선 가장 가까운 곳에 있던 주나라에 들어가 주나라 현왕(顯王, B.C. 369~B.C. 321)에게 유세하려고 했다. 현왕의 측근들은 평소에 소진이라는 사람을 잘 알고 있었기 때문에 모두들 그를 경시하고 그의 말을 믿지 않았다.

주나라에서 박대를 받은 소진은 서쪽의 진나라로 갔다. 당시 진나라는 효공(孝公, B.C. 361~B.C. 338)이 죽고 혜왕(惠王, B.C. 338~B.C. 311)이 뒤를 잇고 있었다. 소진은 혜왕을 만나 유세했다.

"진나라는 사방이 산으로 막히고 위수(渭水)를 허리띠처럼 두르고 있는 요새와 같은 나라입니다. 동쪽으로는 동관과 하수로 막혀있고, 서쪽으로 한중(漢中), 남쪽으로는 파(巴)와 촉(蜀), 북쪽으로는 대(代)와 마(馬)가 있으니 천부지고(天賦之庫) 즉 하늘이 내려준 창고와 같은 곳이라고 할 수 있습니다. 이러한 천혜의 지리적인 이점을 이용하여 진나라의 백성과 선비들에게 병법을 가르친다면 가히

---

2 『음부경(陰符經)』 중국 고대 전설상의 황제(黃帝)가 지었다고 전해지는 도가류(道家類)의 병법서이다. 본래 이 책은 병가에 속하는 『주서음부(周書陰符)』와 도가에 속하는 『황제음부(黃帝陰符)』의 2종이 있었으나 현존본은 『도장(道藏)』의 『통진부(洞眞部) · 본문류(本文類)』에 전하는 『황제음부』이다. 총 447자의 짧은 문장으로 구성되었는데, 그 풀이는 태공망(太公望) · 귀곡자(鬼谷子) · 장량(張良) · 제갈량(諸葛亮) 등의 저명한 병법가의 손을 거쳐 완성되었다. 주해 및 참고서로는 『음부경해(陰符經解)』, 『음부경고이(陰符經考異)』, 『음부경강의 (陰符經講義)』, 『음부경주(陰符經註)』, 『음부경주해(陰符經註解)』 등이 있다.

천하를 병탄하여 황제를 칭할 수 있습니다."

혜왕이 듣고 말했다. "날개가 미처 자라지 못해 높이 나를 수 없소. 또한 문물과 도덕이 아직 밝혀지지 않았으니 천하를 손에 넣을 수 없소."

혜왕은 상앙을 주살한 지가 얼마 되지 않아 유세가들에 대한 혐오감을 갖고 있었기 때문에 소진을 등용하지 않았다. 소진은 진나라를 떠나 동쪽의 조나라로 갔다. 당시 조나라는 숙후(肅侯, B.C. 349~B.C. 326)의 동생 조성(趙成)이 상국이 되어 봉양군(奉陽君)이라고 불리고 있었다. 봉양군도 역시 유세객들을 좋아하지 않았다. 할 수 없이 조나라를 떠나 연나라에 들어간 소진은 일 년이 넘게 기다리다가 연나라 문후(文侯, B.C. 361~B.C. 333)를 만날 수 있었다.

소진이 문후를 향해 말했다. "연나라의 동쪽에는 조선(朝鮮), 요동(遼東)이 있고, 북쪽에는 임호(林胡), 누번(樓煩)이 있습니다. 또한 서쪽에는 운중(雲中)과 구원(九原)이 있으며 남쪽에는 호타(嘑沱)와 역수(易水)가 있습니다. 사방 2천리에 달하는 땅에 무장한 군사들은 수십 만에 달하고 6백 승의 병거에 6천기의 기병과 수년을 먹을 식량을 보유하고 있습니다. 남쪽에는 갈석(碣石)과 응문(應門)의 비옥한 평야가 있고 북쪽에는 대추와 밤의 특산물로 나오는 이익으로 백성들은 농사를 짓지 않아도 풍족하게 살 수 있습니다. 그래서 사람들은 천혜의 부고(府庫)라고 부릅니다.

연나라가 별 탈 없어 군대는 무너지지 않고 장군들은 살해되지 않는 이유를 왕은 알고 계십니까? 연나라가 적대국의 침략으로 전화를 입지 않음은 조나라가 연나라의 남쪽 경계를 가리고 있기 때문입니다. 진(秦)과 조(趙) 두 나라는 모두 다섯 번 싸워 진(秦)이 두 번 이기고 조(趙)가 세 번 이겼습니다. 이로써 진조(秦趙) 두 나라는 서로 살상한 나머지 모두 쇠약해졌습니다. 그래서 왕께서는 온전한 연나라의 국력에 의지하여 조나라의 후방을 제압할 수 있습니다. 그것이 바로 연나라가 다른 나라로부터 침략을 당하지 않는 이유입니다. 항차 진나라가 연나라를 공격하려면 운중(雲中)과 구원(九原)을 넘고 대군(代郡)과 상곡(上谷)을 거쳐 수천 리를 행군하지 않으면 안 됩니다. 그리고 설사 진나라 군사가 연나라 땅을 점령했을 경우라도 어떠한 방법으로도 지킬 수 없다는 점을 고려해야만 합니다.

그러나 조나라가 연나라를 공격할 경우에는 일단 명령이 떨어지기만 하면, 10일도 안 되어 수십만의 군사를 동원(東垣)지방에 집결시켜 호타하(滹沱河)와 역수(易水)를 도하하여 출발한 지 4-5일 만에 연나라의 국도에 당도할 수 있습니다. 그런 연유로 진나라가 연나라를 공격하는 행위는 천 리 밖의 전장에서 싸움을 하는 것이고, 조나라가 연나라를 공격하는 행위는 백 리 밖의 전장에서 하는 싸움이라고 말할 수 있습니다. 조나라의 백리 밖의 우환을 진나라의 천리의 것보다 더 무겁게 생각한다면 이보다 더 큰 과오는 없다고 생각합니다. 그런 이유로 해서 대왕께서는 조나라와 우호 관계를 수립하여 합종을 행하시기 바랍니다. 합종의 결과 천하가 하나가 되면 연나라는 필시 외적으로부터 전쟁의 피해를 받는 일은 없게 될 것입니다."

"그대의 말이 옳다고 하나 우리 연나라는 소국이오. 서쪽에는 조나라가 우리를 압박하고 있고, 남쪽으로는 제나라와 국경을 접하고 있소. 조나 제 두 나라는 모두 강대국이오. 그대가 기어코 합종을 행하여 연나라를 안정시킬 수 있다고 한다면 과인은 나라를 그대에게 맡겨 합종이 이루어지도록 하겠소."

그리하여 문후는 거마와 황금 및 비단을 내주어 조나라로 가게 했다. 그때 조나라에는 봉양군(奉陽君)이 이미 죽은 뒤여서 소진은 곧바로 숙후(肅侯)를 만나 유세할 수 있었다.

소진이 숙후를 알현하면서 말했다. "천하의 경상(卿相)이나 남의 신하된 자, 혹은 벼슬하지 않은 선비들에 이르기까지 모두들 현명하신 군주님의 의로운 행동을 앙모하여, 모두가 앞에 나가 가르침을 받들어 충성스러운 마음을 바치려고 원한지가 이미 오래 되었습니다. 그러나 어진 선비들을 시기한 봉양군으로 인하여 군주께서는 정사를 제대로 돌볼 수 없었고 따라서 빈객들과 유세객들은 감히 대왕 앞으로 나와 하고자 하는 뜻을 충분히 개진할 수 없었습니다. 다행히 지금 봉양군이 이미 세상을 떠남으로 해서 임금께서 드디어 선비나 백성들을 친히 접견을 행할 수 있게 되었고, 그런 이유로 비로소 군주님 앞에 나와 어리석은 의견이나마 말할 수 있게 되었습니다.

군주님을 위해 가만히 생각해 보니, 나라를 태평하게 하는 방법 중에 백성들의 생활을 안정시키는 일보다 좋은 것이 없으니 일부러 일을 만들어 백성들을 번거롭게 하지 마십시오. 백성들을 안정시키는 일이야말로 외교의 근본입니다. 올바른 나라를 택하여 외교관계를 수립한다면 나라와 백성들은 안정되나, 엉뚱한 나라를 택하여 엉뚱한 외교를 펼친다면 나라와 백성들은 시종일관 불안하게 됩니다. 외환(外患)에 대해 말씀드리자면, 제(齊)와 진(秦) 두 나라를 적대국으로 삼는 것, 진나라에 의지하여 제나라를 공격하는 것, 제나라에 의지하여 진나라를 공격하는 것 등은 모두 백성들을 불안하게 만드는 일입니다. 그래서 다른 나라 군주를 도모하거나 다른 나라의 영토를 정벌할 때는 항상 다른 국가와의 외교가 단절되고 그 비밀이 공개되는 고통을 맛보게 됩니다. 원컨대 군주님께서는 조심하고 신중하시어 그와 같은 마음을 겉으로 드러내지 마십시오. 제가 군주님을 위해 이해득실을 흑백이나 음양을 구분하듯이 분명하게 분석해 드리겠습니다.

　만일 군주께서 능히 저의 충언을 받아들일 수 있다면 연나라는 반드시 담요, 갖옷, 말 및 개와 같은 특산물을 생산하는 토지를, 제나라는 물고기와 소금을 산출하는 그들의 해안 지방을, 초나라는 귤과 유자나무의 원림(園林)을 한(韓), 위(魏), 중산(中山) 등의 나라는 군주와 비빈들을 위한 탕목금(湯沐金)[3]으로 그 땅을 떼어 바칠 것입니다. 땅을 떼어 빼앗아 이를 취했음은 춘추오패(春秋五霸)가 다른 나라의 군대를 무찌르고 그 장수를 사로잡음으로써 구할 수 있었고, 자기의 친척이나 일가를 제후로 봉하거나 존귀한 신분이 되게 하는 일은 탕왕(湯王)과 무왕(武王)처럼 그 임금을 추방하거나 시해함으로써 얻은 땅으로 인해서입니다. 지금 군주님께서는 이 두 가지 모두를 높은 곳에 팔짱을 끼고 가만히 앉아서 취할 수 있습니다. 이것이야말로 신이 군주님께서 합종하기를 권하는 이유입니다.

　만약 조나라가 진나라와 친하게 지내게 되면 진나라는 필시 한(韓)과 위(魏) 두

---

　3 탕목금(湯沐金)은 재계(齋戒)하는 목욕 비용에 쓰라는 명목으로 내리는 특정의 채지(采地)에서 거든 세금을 말한다.

나라를 쇠약게 하고, 만약 제나라와 친하게 지내면 초(楚)와 위(魏)가 약화 됩니다. 약화한 위나라와 한나라는 하외(河外)와 의양(宜陽)의 땅을 각각 떼어 바칠 것입니다. 의양이 진나라에 넘어가면 한나라는 상당군(上黨郡)으로 통하는 길이 막히게 되고, 하외의 땅이 진나라에 넘어가면 위나라는 상군(上郡)에 이르는 길이 막히게 됩니다. 또한 초나라가 약화되면 고립된 조나라를 구원할 수 없습니다. 이 세 방면의 대책에 대해서 심사숙고하지 않으면 안 됩니다.

진나라가 전략적 요충지인 지도(軹道)를 공격하여 함락시키면 한나라 땅인 남양(南陽) 지역의 운명은 조석지간에 처하게 되고, 계속해서 진나라가 남양을 빼앗고 주나라를 포위한다면 그때는 조나라는 스스로를 방어하기 위해 무기를 들고 일어서야만 합니다. 또한 진나라가 위(衛)나라를 점거하고 권성(券城)을 취하게 되면 제나라는 필시 진나라에 입조할 것입니다. 진나라는 산동에서 그 목적하는 바를 달성하기 위해서는 반드시 조나라를 향해 군사를 진격시킬 것입니다. 계속해서 진나라의 무장한 군사들은 하수(河水)를 건너고 다시 장하(漳河)를 넘어 파오(番吾)에 주둔하게 되면 진과 조 두 나라의 군대는 필시 한단성(邯鄲城) 밑에서 전투를 벌이게 됩니다. 이것이 신이 군주님을 위해 걱정하는 바입니다.

지금 산동 지역에는 조나라보다 강대한 나라는 없습니다. 조나라의 강역은 사방 2천 리에 무장한 군사들은 수십만에 달하고 전차는 천 승, 기마는 만 필, 군량은 수년을 버틸 수 있을 만큼 넉넉합니다. 서쪽에는 상산(常山), 남쪽에는 장하(漳河), 동쪽에는 청하(清河), 북으로는 연나라와 접하고 있습니다.

연나라는 원래 국력이 약한 나라로 두려워하지 않으나, 천지간에 진나라가 자기들에게 해를 끼칠 나라로서 조나라만 한 나라가 없다고 여기고 있습니다. 그러나 진나라는 군사를 일으켜 감히 조나라를 공격하지 못하고 있습니다. 그 이유가 무엇인지 알고 계십니까? 그것은 바로 한(韓)과 위(魏) 두 나라가 진군의 배후를 위협할까 봐 두려워하기 때문입니다. 따라서 한·위(韓魏) 두 나라는 조나라의 남쪽 방벽에 해당하는 것입니다. 진나라가 한(韓)과 위(魏) 두 나라를 공격한다면 그들의 땅에는 큰 강이나 높은 산이 없으므로 누에게 뽕잎을 갉아먹듯이 서서히 그들의 국토를 잠식하여 두 나라의 도성에 이르게 될 것입니다.

한·위(韓魏)는 진나라의 공격에 버틸 수 없으므로 필시 신하라고 칭하며 진나라를 받들 것입니다. 진나라에 대한 한·위(韓魏) 두 나라의 위협이 사라지게 되면 그 전란의 화는 필시 조나라로 모아질 것입니다. 이것이 신이 군주님을 위해 걱정하는 바입니다.

신이 듣기에 요임금은 그 소유하고 있던 땅이 3백 무(畝)[4]를 넘지 못했고, 순임금은 그나마 손바닥만 한 작은 땅도 없었지만, 천하의 주인이 되었습니다. 우(禹)임금은 백 사람이 사는 고을도 없었으나 제후들을 거느린 왕이 될 수 있었고, 상(商)을 세운 탕(湯)임금이나 주(周)를 세운 무왕(武王)은 삼천도 넘지 않은 무사들과 3백 승도 못 되는 병거 및 3만도 안 되는 병졸들로 천자가 되었습니다. 이것은 그들이 모두 참된 도리를 얻었기 때문입니다. 따라서 현명한 군주는 밖으로는 적국의 강함과 약함을 헤아리고, 안으로는 자국의 사졸의 어질고 불초함을 분간하여 양군이 서로 대치하기도 전에 승패와 존망의 관건이 원래부터 자기의 흉중에 품고 있었기 때문입니다. 어찌 일반 대중의 분분한 의론에 가려 혼미하고 분명하지 못한 태도로 국가의 대사를 결정할 수 있겠습니까?

신이 천하의 지도를 놓고 살펴보건대, 제후들의 땅은 진나라의 5배가 넘고, 제후들이 보유하고 있는 군사들의 수는 진나라의 10배가 넘습니다. 육국이 하나가 되어 힘을 합하여 서쪽의 진나라를 공격한다면 어찌 격파할 수 없겠습니까? 그런데 오늘날 제후들은 얼굴을 서쪽으로 향하고 진나라에 신하를 칭하며 받들어 모시고 있습니다. 적국을 무찌른 것과 적국에 의해 무찌름을 당하는 것, 그리고 다른 사람을 신하로 거느리고 있는 것과 다른 사람의 신하가 되는 것, 모두를 어찌 동시에 논할 수 있겠습니까?

연횡책(連横策)을 주장하는 자들은 모두가 제후들로 하여금 땅을 떼어 진나라에 바치라고 합니다. 진나라가 성공하게 되면 그들은 누대(樓臺)와 정자를 높이 짓고 화려하게 꾸민 궁실에서 생황(笙簧)과 거문고로 연주되는 음악을 감상하면서 고대와 화려하게 치장한 거마를 앞에 하고 그 뒤에는 교태가 넘치는 미인들

---

4 무(畝)는 넓이의 단위로 시대에 따라 그 크기가 달랐다. 당시는 진나라가 도량형을 통일하기 이전으로 1무(畝)는 약 184㎡로 추정된다.

을 거느리고 호사스러운 생활을 영위하게 됩니다. 제후의 나라들은 진나라에 의해 화를 입지만 연횡론자들은 결코 근심하지 않습니다. 그래서 그들은 연횡론을 주장하면서 진나라의 권세에 기대어 밤낮으로 제후들을 협박하여 그들로 하여금 땅을 떼어 바치도록 하고 있습니다. 이에 저는 대왕께서 이 문제를 자세히 생각해보시라고 말씀드립니다.

신은 현명한 군주는 일단 결심하면 의심하지 않고 참언을 물리치며 유언비어의 유포를 금지하며 사람들이 붕당으로 뭉치는 일을 막는다고 들었습니다. 따라서 사람들은 그 군주를 높이고 영토를 확장하며 강한 군사를 기르는 계책을 앞에서 충심으로 간할 수 있습니다. 이에 신이 대왕을 위해 계책을 올린다면 한(韓), 위(魏), 조(趙), 초(楚), 연(燕), 제(齊) 등의 6국이 합종하여 진나라에 대항해야 한다는 것입니다. 열국의 재상과 장군들에게 명을 내려 원수(洹水)의 강가로 모이게 하여 서로 인질을 교환하고 백마를 잡아 그 피로 다음과 같이 맹세하도록 하십시오. '진나라가 초나라를 공격한다면 제(齊)와 위(魏) 두 나라가 정예부대를 출동시켜 초나라를 돕고, 한나라는 진군의 양도를 끊으며 조나라는 군사를 일으켜 장수(漳水)와 하수(河水)를 건너 진격시키고 연나라는 상산(常山)의 북쪽을 굳게 지키도록 합니다. 만일 진나라가 한·위 두 나라를 공격한다면 초나라는 진군의 퇴로를 끊고, 제나라는 정예한 군사를 보내 한·위 두 나라를 돕고, 조나라는 장수와 하수를 건너 구원군을 보내고 연나라는 운중(雲中)을 지키게 합니다. 다시 진나라가 제나라를 공격한다면 초나라는 역시 진군의 퇴로를 끊고, 한나라는 성고(城皐)를 철통같이 지키며, 위나라는 양도를 막고 조나라는 그 군사를 일으켜 장수와 하수를 건너 박관(博關)으로 출동시키며 연나라는 정예군을 출동시켜 돕도록 합니다. 또한 만일 진나라가 연나라를 공격한다면 조나라는 상산(常山)을, 초나라는 무관(武關)을 지키고, 제나라는 발해를 건너고, 한·위(韓魏) 두 나라는 정예군을 보내 연나라를 돕습니다. 다시 진나라가 조나라를 공격하면, 한나라는 의양(宜陽)에, 초나라는 무관(武關)에, 위나라는 하외(河外)에 군대를 주둔시키고 제나라는 군대를 일으켜 청하(淸河)를 건너게 하고 연나라는 정예부대를 보내 돕습니다. 제후 중 맹약을 지키지 않는다면 나머지 5

국이 힘을 합하여 군사를 일으켜 토벌합니다. 여섯 나라가 합종을 행하여 공동으로 진나라에 대항한다면 진나라의 군대는 틀림없이 감히 함곡관을 나와 산동의 나라들에게 해를 끼칠 수 없습니다. 이와 같이 된다면 패왕의 사업이 저절로 이루어지게 됩니다."

조나라 숙후가 듣고 말했다. "과인은 어린 나이에 군주의 자리에 오른 지 일천하여 아직까지 사직을 지킬 수 있는 계책을 들어 본 적이 없었습니다. 지금 고명하신 선생께서 천하를 보존하고 제후국들을 안정시키려고 하시니 과인은 나라를 들어 경의 뜻에 따르려고 합니다."

말을 마친 조숙후는 소진에게 황금 1,000일(鎰:20냥), 흰 옥 100쌍, 수를 놓은 비단 1,000필을 주어 제후들과 합종을 행하는 데 비용으로 사용하도록 했다.

그때 주천자가 종묘의 문왕과 무왕에게 제사 지낸 고기를 진혜왕(秦惠王, B.C. 337~B.C. 311)에게 보냈다. 진혜왕이 서수(犀首)를 대장으로 삼아 위나라를 공격하도록 했다. 서수는 위장 용고(龍賈)를 사로잡고 조음(雕陰)을 점령한 후에 계속해서 동쪽으로 진출하려고 했다. 진나라의 군사가 조나라를 공격할 경우 합종이 와해 될 것을 우려한 소진은 장의를 격노케 하여 진나라에 들어가도록 했다.

소진이 한(韓)나라에 들어가 선왕(宣王, B.C. 332~B.C. 312)을 보고 합종을 유세했다. "한나라의 북쪽에는 공(鞏)과 성고(城皐)라는 견고한 성(城)이, 서쪽에는 의양(宜陽), 상판(商阪)와 같은 요새가, 동쪽에는 완(宛)과 양(穰), 유수(洧水)가, 남쪽에는 형산(陘山)의 험애가 있는 사방이 900리에 달하는 나라입니다. 보유하고 있는 군대는 수십만에 달하고 세상에서 제일 강한 활과 쇠뇌는 모두 한나라에서 만들어집니다. 계자(谿子), 그리고 소부(少府)에서 생산되는 시력(時力)이나 거래(距來) 등의 쇠뇌는 모두가 600보 밖에서 목표물을 명중시킬 수 있을 정도로 성능이 좋습니다. 또한 한나라 군사들은 다리 받침대를 이용하여 연속해서 100발의 화살을 쇠뇌에서 발사할 수 있습니다. 멀리 있는 적을 향해 발사하면 화살은 갑옷을 뚫고 가슴에 박히고, 가까이 있는 적을 향해 발사하면 화살은 적군의 심장을 관통하여 화살 끝이 보이지 않게 됩니다. 한나라 군사들이 소지하고 있는 검(劍)과 극(戟)은 모두 명산(冥山), 당계(棠溪), 묵양(墨陽), 합부(合賻), 등사(鄧師), 완풍(宛馮), 용연(龍淵), 태아(太阿) 등은 모두 육지에서는 소나 말을 가르고 물속에서는 고니나 기러기를 베며, 싸움에 임해서는 적군의 목을 베고, 견고한 갑옷이나 철갑을 뚫습니다. 그리고 그 밖의 장구로써 혁결(革抉), 발예(噯芮) 등 갖추지 않은 것이 없습니다. 견고한 갑옷에 다리 받침대를 밟고 발사하는 강력한 쇠뇌와 예리한 검을 차고 있는 용맹한 한나라 병사 한 사람은 100명의 적을 당할 수 있다고 하는데 이 말은 그다지 과장된 말은 아닙니다. 용맹한 군사들을 거느리고 있는 현명한 대왕께서 서쪽을 향해 두 손을 들고 진나라를 받들며 복종한다면 그것은 한나라 사직의 수치이며 천하의 웃음거리이니 이보다 더 큰 치욕은 없을 것입니다. 원컨대 대왕께서는 이 문제를 심사숙고하시기 바랍니다.

대왕께서 진나라를 받든다면 진나라는 필시 의양(宜陽)과 성고(城皐)의 할양을 요구할 것입니다. 오늘 그들의 요구를 따른다면 다음 해는 다시 다른 땅의 할양을 강요받게 됩니다. 계속 땅을 할양하다 보면 결국은 줄 땅이 없게 되며, 그래서 주지 않는다면 전에 행했던 공은 모두 없어지고 결국 전화를 입게 될 것입니다. 즉 대왕의 땅은 유한하고 진나라의 요구는 끝이 없으니 유한한 국토로 그칠 줄 모르는 진나라의 요구를 받아들일 수 없게 된다면 그것은 바로 원한을 사고 재앙을 불러들이게 되는 일입니다. 결국 한나라는 싸워보지도 못하고 땅만 줄어들 것입니다. 저는 속담에 '닭의 부리가 될지언정 소의 꼬리는 되지 말라!'라는 말을 들었습니다. 대왕께서 서쪽을 향해 두 손을 비비며 진나라를 받든다면 그것은 바로 소의 꼬리가 되는 것과 무엇이 다르겠습니까? 대왕의 어짊과, 강한 한나라의 군대로 소꼬리라는 오명을 얻고 있으니 신은 대왕을 위해 수치로 생각하는 것입니다."

선왕은 정색을 하고 두 팔로 가슴을 두드리며, 두 눈을 부릅뜨고 검을 어루만지며 하늘을 향해 긴 한숨을 토하더니 말했다. "과인이 비록 불초하지만 나는 결코 진나라를 받들지 않겠소! 오늘 경이 조왕의 가르침을 나에게 전하니 한나라 사직을 그대에 맡겨 합종을 따르겠소."

소진이 위나라로 들어가 양왕(襄王)에게 합종을 유세하며 말했다. "대왕의 국토는 남쪽으로는 홍구(鴻溝), 진(陳), 여남(汝南), 허(許), 언(鄢), 곤양(昆陽), 소릉(召陵), 무양(舞陽), 신도(新都), 신처(新郪) 등의 고을과 땅이 있고, 동쪽으로는 회수(淮水), 영수(潁水), 자조(煮棗) 무서(無胥) 등이, 서쪽으로는 장성(長城)을 경계로 하고 북쪽으로는 하외(河外)와 권(券), 연(衍), 산조(酸棗)에 이르러 그 넓이는 사방으로 천 리에 뻗쳐 있습니다. 땅은 겉으로 보기에도 협소하여 전답 사이에는 가옥들로 가득 차 있어 가축을 방목할 만한 땅도 없습니다. 그러나 인구는 조밀하고 거마의 수효는 많아 밤이 되어도 그 행렬이 끊이지 않아 그 지나가는 소리는 마치 삼군(三軍)이 행군할 때 내는 굉음과 같습니다. 신이 가만히 생각해보니 위나라의 국세는 초나라와 비교해 봐도 우열을 가리기 힘들 정도입니다.

그러나 진나라와의 연횡을 주장하는 사람들은 대왕을 유혹하여 호랑이나 이리처럼 흉악한 진나라가 천하를 침탈하려는 진나라를 받들라고 하며, 결국은 화근 덩어리인 진나라로 인한 재앙을 돌아보지 않고 있습니다. 강포한 진나라의 세력을 업고 안으로는 그 군주를 위협하니 이보다 더 큰 죄는 없습니다. 위나라는 천하의 강국이고 대왕은 천하의 어진 임금입니다. 그런데 오늘날 서쪽으로 얼굴을 돌리고 진나라를 받들면서 동쪽을 지키는 속국이 되어 진나라를 위해 제왕(帝王)의 궁궐을 건설하여 이궁(離宮)으로 바치고, 진나라로부터 분봉을 받은 후에 진나라의 사직을 위해 제사를 지낼 때 경비로 쓰라고 공물을 보내시려 합니다. 신은 대왕을 위해 가만히 생각해보니 그것은 부끄러운 일이라는 사료됩니다.

월왕 구천(句踐)은 3천의 피로한 군사로 오왕 부차(夫差)를 간수(干遂)에서 사로잡았으며, 주무왕(周武王)은 군사 3천 명과, 병거 3백 승으로 은나라의 주왕(紂王)을 목야(牧野)에서 제압했습니다. 어찌 그들이 군사의 수효에만 의지했겠습니까? 그것은 그들은 바로 자신들의 위세를 발휘했기 때문이었습니다. 신이 가만히 대왕의 군사들을 헤아려보건대 무장한 군사들은 20만, 창두군(蒼頭軍)[5] 20만, 돌격부대 20만, 잡병 10만, 전차 600량, 전마 5천 필을 보유하시고 계십니다. 대왕의 군사적인 역량은 월왕 구천이나 주무왕을 훨씬 능가하고 있습니다. 그럼에도 불구하고 군신들의 말을 듣고 신하의 신분으로 진나라를 받들려고 하십니다. 대왕께서 만일 진나라를 받들게 된다면, 진나라는 반드시 대왕께 영토의 할양을 요구하여 충성심을 표하라고 할 것입니다. 그렇게 되면 군대를 써보지도 못하고 나라는 훼손될 것입니다. 대왕으로 하여금 진나라를 받들라고 하는 신하들은 모두 간신들이지 충신이 아닙니다. 신하된 자가 그 군주로 하여금 땅을 떼어 주어 남의 나라를 받들라고 권하는 이유는 자신들의 일시적인 공만을 몰래 취하여 그 뒷일은 염두에 두지 않는 행위이기 때문입니다. 그들은 공실을 무너뜨려 사사로운 가문의 이를 취하고, 외부의 강력한 진나라의 위세에 의지하여 안으로 자신의 군주를 범하여 그 땅을 나누어 받기를 원하고 있기 때문입니다. 원컨대 대왕께서는 잘 생각해보시기 바랍니다.

『주서(周書)』에 다음과 같은 구절이 있습니다.

'가느다랄 때 끊지 않아 무성하게 되면 어찌하리! 터럭같이 어릴 때 베지 않으면 장차 도끼를 사용해야 함이라.(綿綿不絕, 蔓蔓奈何! 豪釐不伐 將用斧柯)'

사전에 생각하여 마음을 정하지 않는다면 후에 큰 근심이 생길 것이니 그때는 어떻게 하시렵니까? 대왕께서 6국의 합종을 권하는 신의 말을 듣고 전력을 다하여 한뜻으로 힘을 모은다면 그때는 틀림없이 강포한 진나라에 대한 걱정은 사라질 것입니다. 그래서 조왕(趙王)께서는 신을 보내어 어리석은 계책을 바치고 대왕의 상세하고도 분명한 약속을 받들어 오도록 하셨습니다. 대왕의 조칙이 계시면 사람들을 불러 글로써 기록하도록 하겠습니다."

위왕이 말했다. "나는 불초하여 이와 같은 훌륭한 가르침을 받아 본 적이 없소. 지금 경이 조왕의 명을 받들어 나를 깨우쳤소. 이에 나는 엄숙히 선언하노니 나의 나라 전 백성을 이끌고 그대의 권고를 따르겠소!"

---

5 창두군(蒼頭軍)은 전국시대 위(魏)나라에서 용맹한 무사들로만 뽑아 머리에 푸른 두건을 두르도록 한 데서 유래하였는데, 강력한 군대의 별칭으로 쓰인다.

위나라를 떠난 소진은 이어서 동쪽의 제나라로 들어가서 제나라 선왕(宣王, B.C.319~B.C.311)을 만나 유세했다. "제나라의 남쪽에는 태산(泰山)이 있고 동쪽에는 낭야산(瑯邪山)이, 서쪽에는 청하(淸河), 북쪽에는 발해(渤海)가 있어 제나라는 4면이 모두 천연의 험지로 둘러싸인 천혜의 나라라고 말씀드릴 수 있습니다. 제나라는 종횡으로 2천 리에 달하고 무장한 군사들은 몇십 만에 달하고 군량미는 마치 큰 산처럼 높고 많이 비축되어 있습니다. 3군의 정예군과 오가(五家)의 민병(民兵)들은 예리한 칼날처럼 정예하고 화살처럼 재빠르게 전진하고, 우레처럼 위력이 있는 기세로 싸움에 임했다가 비바람처럼 신속하게 후퇴합니다. 설사 싸움이 벌어졌었더라도 태산(泰山)을 넘고 청하(淸河)와 발해를 건넌 적은 없었습니다. 제나라의 도성 임치에는 모두 7만 호가 사는데 제가 가만히 헤아려보니 매 호마다 남자 세 명이 있다고 가정한다면 21만이 됩니다. 즉 멀리 떨어져 있는 현이나 읍에서 군사를 징발하지 않고 임치의 백성들만으로도 21만 명의 군사를 동원할 수 있다는 것입니다. 임치는 매우 부유하고 튼튼합니다. 그래서 백성들은 모두가 생황(笙簧)을 불고 비파를 타며 거문고를 연주하고 축(筑)을 두들기며 즐깁니다. 또한 투계와 개경주[구주(狗走)]를 즐기며 도박과 공치기 놀이도 합니다. 임치성의 거리는 수레는 서로 지나가다 바퀴 통이 서로 부딪치고, 사람들은 어깨를 스칠 정도로 번잡합니다. 사람들의 옷깃은 서로 이어져 휘장을 이루고, 옷소매를 들면 장막이 되고 사람들이 흘리는 땀은 비가 될 정도로 집과 사람들은 많고 많아 모두들 높은 곳에 뜻을 두고 의기양양합니다. 대왕의 어진 마음과 제나라의 강성함은 천하의 어느 나라도 당하지 못합니다. 그러나 지금 대왕께서 서쪽을 바라보며 진나라를 받들려고 하니 신은 가만히 대왕을 위해 부끄러움을 느낍니다.

한과 위 두 나라가 진나라를 두렵게 생각하는 이유는 진나라와 국경을 접하고 있기 때문입니다. 양국의 군대가 일단 출동하면 서로 교전에 들어가 불과 10일도 되지 않아 승패가 결정되어 국가 존망의 위기에 처하게 됩니다. 비록 한(韓)과 위(魏) 두 나라가 진(秦)나라와의 싸움에서 승리를 취한다 할지라도 그 군사들은 태반이 꺾이게 되어 사방의 국경을 지킬 수 없게 됩니다. 더욱이 두 나라가 진나라와 싸움에서 지기라도 한다면 곧 나라는 위태롭게 되고 종내에는 멸망에 이르게 됩니다. 그래서 한과 위 두 나라가 진나라와 전쟁을 벌이기에는 그 처지가 매우 곤란하기 때문에 어쩔 수 없이 진나라의 신하가 되는 일을 쉽게 생각하는 것입니다. 그러나 오늘 진나라가 제나라를 공격하는 행위는 한나라의 경우와는 같지 않습니다. 진나라는 연(燕)과 위(衛) 두 나라의 땅을 뒤로하고 양진(陽晉)의 길과 항보(亢父)의 험지를 지나야 하는데 좁은 길로 인해 병거는 서로 교차할 수 없으며 기병은 나란히 서서 행군할 수 없어 100명의 군졸이 요해처를 지키면 1,000명의 군졸이라도 감히 통과하지 못합니다. 진나라가 비록 제나라 깊숙이 침입하려고 하나 퇴각할 때의 걱정이 앞서 이리처럼 뒤를 돌아보며 한과 위 두 나라가 후방을 교란할까 두려워합니다. 그런 까닭에 두려워하고 의심하는 마음에 허장성세로 공갈을 치며 교만하게 굴고 뽐내곤 하지만 감히 제나라를 공격하지 못하고 있음은 바로 이런 이유에서입니다. 이를 보아도 진나라가 제나라를 해칠 수 없음은 명백합니다.

진나라가 제나라를 어찌할 수 없다는 명백한 사실을 깊이 생각해 보지 않고 서쪽으로 얼굴을 향하고 진나라를 섬기자고 간하는 신하들의 계책은 참으로 잘못되었다고 할 수 있습니다. 오늘 강국의 면모를 갖고 있는 제나라가 오히려 진나라에 신하로써 받드는 행위는 오명을 역사에 남기는 일이기 때문에 신은 원컨대 대왕께서 그 점을 잠시 생각하시기 바랍니다."

제왕이 듣고 대답했다. "불민한 과인이 멀리 떨어진 변방에서 바다를 지키고 있어 길이 끊겨 왕래를 할 수 없는 동방의 나라라 아직까지 그대와 같은 고매한 사람의 가르침을 얻어들을 수 없었소. 지금 조왕의 명을 받들고 와서 나를 깨우치니, 나는 장차 제나라 모든 백성들을 들어 그대의 계책을 따르기로 엄숙히 선언하는 바이오."

다시 발길을 남쪽의 초나라로 돌린 소진은 초위왕(楚威王, B.C. 339~B.C. 329)을 향해 합종을 유세했다. "초나라는 천하의 강대국입니다. 또한 대왕께서는 천하에 보기 드물게 어지신 왕이십니다. 서쪽에는 검중(黔中)과 무군(巫郡)이, 동쪽에는 하주(夏州)와 해양(海陽)이, 남쪽에는 동정(洞庭)과 창오(蒼梧)가, 북쪽에는 형색(隑塞)과 순양(郇陽)의 요해처가 있으며, 영토는 사방 5천 리에 달하고, 무장한 군사는 백만이며, 병거는 천 대이며 기병은 만 기에 비축한 식량은 10년을 견딜 수 있습니다. 이것은 바로 패왕의 업을 이룰 수 있을 정도의 국력입니다. 대저 대왕의 현명함으로 다스려지는 강성한 국력의 초나라와 다툴 나라는 천하에 없다고 말할 수 있습니다. 그러나 오늘 대왕께서 얼굴을 서쪽으로 돌리시고는 진나라를 섬긴다면 천하의 제후들 중 어느 누구도 감히 입조하여 진나라 궁전 안에 높이 솟아있는 장대(章臺) 밑에서 진왕을 받들지 않을 수 없을 것입니다.

진나라로부터의 해침을 당할 나라로는 초나라보다 더한 나라는 없습니다. 초나라가 강하게 되면 진나라는 약하게 되고, 진나라가 강하게 되면 초나라는 약화되어 두 나라는 세상에 결코 같이 양립할 수 없습니다. 그래서 신은 대왕을 위해 합종을 행하여 진나라를 고립시키라는 계책을 드리는 것입니다. 만일 대왕께서 합종을 행하지 않으신다면 진나라는 필시 두 군데의 길로 군사를 일으켜 일군은 무관을 나오고 다른 일군은 검중(黔中)으로 나와 언영(鄢郢)을 진동시킬 것입니다.

신은 듣기에 일이란 어지러워지기 전에 다스려야 하고 화환(禍患)이란 발생하기 전에 미리 대비해야 한다고 했습니다. 우환이 닥친 후에야 그것을 염려하는 행위는 아무 소용이 없습니다. 그래서 신은 원컨대 대왕께서는 미리 이 점을 깊이 생각하시길 바랍니다.

대왕께서 만일 신의 계책을 진실로 들으신다면, 신은 산동의 열국들을 설득하여 사계절에 따라 예물을 바치게 하고 대왕의 밝은 명령을 받들도록 하여 그들의 종묘와 사직을 대왕께 맡기게 하고 병사들을 훈련시켜 대왕의 소용되는 바대로 움직이게 하겠습니다. 대왕께서 능히 진실된 마음으로 어리석으나마 신의 계책을 채용하신다면 한(韓), 위(魏), 제(齊), 연(燕), 조(趙), 위(衛) 등의 절묘한 음악과 미녀들로 대왕의 궁전은 가득 찰 것이고 연(燕)과 대(代)에서 나는 낙타와 훌륭한 말은 대왕의 마구간을 채울 것입니다. 그래서 합종을 행한다는 것은 즉 초나라가 천하의 왕이 됨을 의미하고, 연횡이 성공하는 것은 진나라가 제왕이 됨을 의미합니다. 오늘 패왕의 공업을 이룰 수 있는 기회를 버리고 다른 사람을 섬기는 것은 신이 가만히 생각해 보건대 대왕을 위해서 취할 계책이 아닙니다.

진나라는 호랑이나 이리와 같은 흉악한 나라로 항상 천하를 병탄할 마음을 품고 있습니다. 진나라는 천하의 원수 나라임에도 연횡을 행하자고 하는 자들은 모두 제후들로 하여금 땅을 떼어 주고 진나라를 받들자고 합니다. 이것은 소위 원수를 길러서 받드는 것이나 다름없습니다. 남의 신하된 자가 그 주인으로 하여금 땅을 떼어 강대하며 호랑이나 이리와 같은 진나라와 외교를 맺도록 하여 침략을 당하게 하는 행위는 대역 불충한 자들로 이보다 더 큰 죄는 없습니다. 따라서 합종을 행함은 제후들로 하여금 땅을 떼어 초나라를 섬기게 하는 것이며 연횡을 행함은 초나라의 땅을 떼어주고 진나라를 받들자고 하는 행위입니다. 이 두 가지 계책은 그 차이가 매우 큽니다. 대왕께서는 어느 계책을 따르시겠습니까? 이런 이유로 패국의 조왕께서는 신을 보내 어리석은 계책이나마 올려 대왕의 밝고 확실한 공약을 받들어 오라고 하셨습니다. 모든 것은 초나라 대신들을 깨우치게 하는 대왕의 효유(曉喩)에 달려있습니다."

초왕이 대답했다. "우리 초나라는 서쪽으로 진나라와 국경을 접하고 있습니다. 파(巴)와 촉(蜀)을 병탄한 진나라는 우리의 한중(漢中)까지 넘보고 있습니다. 진나라는 호랑이나 이리와 같은 아주 흉악한 나라라 결코 가까이 지낼 수 없습니다. 한(韓)과 위(魏) 두 나라는 항상 진나라의 침략으로 위협을 받고 있음으로 해서 그들과는 계책을 깊이 의논할 수 없었습니다. 만일 그들과 계책을 깊이 의논한다면 그들은 우리를 배반하고 진나라에 우리의 계책을 폭로할 것이기 때문입니다. 그래서 계책을 시행도 해보기 전에 우리 초나라는 위험에 빠질 것입니다. 우리 스스로 헤아려 보건대 초나라만으로는 진나라에 대항한다면 반드시 이길 수 있다는 보장이 없었습니다. 그렇다고 조정에는 계책을 같이 의논할 만한 신하들도 없었고, 또한 그들을 믿을 수도 없었습니다. 때문에 나는 침상에 누워 편안히 잠도 청하지 못하고 무엇을 먹어도 단맛을 못 느끼고 심신은 황량해져 공중에 매달린 깃발처럼 흔들려 마음을 의지할 만한 곳도 없었습니다. 그런데 지금 경은 천하 통일을 위해서 제후들을 단결시키고 위기에 처한 열국들을 보존하려고 합니다. 그래서 과인은 황공한 마음으로 원컨대 나라를 경에게 부탁하여 처분에 따르기로 했소."

그래서 합종은 성사되었고 육국은 한마음으로 협력하게 되었다. 소진은 합종을 주관하는 맹약장(盟約長)이 되고 동시에 육국의 재상을 겸하게 되었다.

소진이 합종이 성사되었음을 조왕에게 고하기 위해 북쪽으로 올라가다가 중도에 낙양을 들르게 되었다. 소진의 뒤를 따르는 수레와 말들은 재물을 가득 채웠고, 제후들이 소진을 호송하기 위해 파견한 사자들로 인해 그 행렬은 마치 제왕(帝王)과 같았다. 주나라 현왕(顯王)이 그 소식을 듣고 해를 입지나 않을까 두려워하여 사람들 시켜 도로를 청소케 하고 다시 사신을 보내 소진의 일행을 교외에서 영접하고 노고를 위로케 했다.

소진의 형제, 처, 형수 등은 모두 곁눈으로 볼뿐 감히 고개를 들고 그 얼굴을 정면으로 쳐다보지 못했다. 그들은 모두 땅을 쳐다보며 지극히 공손한 태도로 소진이 식사하는 것을 시중들었다. 소진이 웃으면서 그의 형수에게 말했다. "예전에 제가 집에 있을 때는 저에게 그렇게 거만하게 구시더니, 지금은 어찌 이렇게 공손하신 것입니까?" 소진의 형수가 몸을 굽혀 얼굴을 땅에 대고 사죄의 말을 했다. "나는 지금 시숙의 지위가 높고 부귀한 모습을 보았기 때문입니다."

소진이 듣고 길게 탄식하며 말했다. "나는 옛날이나 지금이나 똑같은 사람인데, 가난할 때는 친척도 경시하더니 부귀해지자 나를 높이 받들며 두려워하니 하물며 일반 백성들이야 오죽하겠는가? 만일 내가 낙양성 외곽에 전답이 2경(頃)이라도 있었더라면 내 어찌 허리에 육국의 재상의 인장을 찰 수 있었으랴!"

소진은 천금의 재물을 풀어 종족들과 친구들에게 나누어 주었다. 그리고 처음 소진이 연나라로 들어갈 때 노자로 쓰라고 100전의 돈을 빌려준 사람에게는 백금(百金)의 돈으로 갚았다. 또한 이전에 그에게 은혜를 베푼 사람들에게는 모두 상응하는 보답을 했다. 그의 수행원 중 유독 한 사람만이 소진으로부터 보답을 받지 못하자 그가 직접 소진을 찾아가 하소연했다. 소진이 말했다. "나는 그대를 잊은 것이 아니다. 처음 그대가 나를 따라 연나라에 들어갔을 때, 역수(易水) 강변에 이르자, 그대는 세 번이나 나를 떠나려고 했었다. 그때 나는 참으로 곤궁한 처지에 놓여 있었기 때문에 나를 떠나려고 했던 그대를 매우 원망했었다. 그래서 그대에게 보상하는 것을 제일 뒤로 미루었다. 이제 그대에게도 보상을 해 주겠다."

소진이 육국의 합종을 위해 맹약을 맺고 조나라로 돌아오자 조나라 숙후가 그 공으로 그를 무안군(武安君)으로 봉했다. 이어서 소진은 합종을 행한 맹약서를 진나라에 보냈다. 이후로 15년 동안 진나라는 감히 함곡관 서쪽의 나라를 넘보지 못했다.

후에 진나라는 서수(犀首)를 사신으로 파견하여 제와 위 두 나라를 속여 그들로 하여금 조나라를 공격하도록 함으로 해서 함종을 깨트리려고 했다. 제와 위 두 나라가 조나라를 공격하자 조왕은 소진을 책망했다. 소진은 두려워하여 연나라로 사신으로 가기를 자청하여 반드시 제나라에게 보복하겠다고 했다. 소진이 조나라를 떠나자 합종은 결국 와해되고 말았다.

주나라 현왕 36년 기원전 333년 진나라 혜왕(惠王, B.C. 337~B.C. 311)이 그의 딸을 연나라의 태자비로 시집보냈다. 그 해에 연나라 문후(文侯, B.C. 361~B.C. 333)가 죽고 태자가 즉위했다. 이가 역왕(易王, B.C. 332~B.C. 321)이다. 제나라 선왕은, 역왕이 막 즉위하여 정사에 어두워 나라가 혼란한 틈을 기회로, 연나라를 공격하여 10여 개의 성을 연달아 함락시켰다.

이에 연나라 왕이 소진에게 말했다. "예전에 선생께서 연나라에 들어왔을 때 선왕께서는 경비를 내어 선생이 조왕을 알현하도록 도왔소. 그때야 비로소 육국의 합종이 이루어졌소. 그런데 지금 제나라가 앞장서서 조나라를 공격하더니 계속해서 진격하여 우리 연나라를 공격하고 있소. 그것은 모두 선생으로 인해 일어난 일이라고 할 수 있소. 이로써 우리 연나라는 천하의 웃음거리고 되고 말았소. 선생께서는 능히 연나라가 빼앗긴 영토를 수복해줘야 하지 않겠소?" 소진은 매우 부끄러워하며 말했다. "청컨대 대왕을 위해 제나라에 빼앗긴 땅을 찾아오도록 하겠습니다."

소진은 제나라로 들어가 제선왕을 만나 두 번을 절하고, 재배를 하고 일어나더니 허리를 굽혀 경하의 말을 올리고 다시 얼굴을 들어 하늘을 보며 애도를 표시했다. 제나라 왕이 의아해하며 물었다. "경하와 애도의 표시를 연속해서 행하는 이유가 무엇이오?"

"사람이 아무리 굶주려도 오훼(烏喙)라고 하는 독초만은 먹지 않은 이유는 그것이 배에 가득 차면 찰수록 굶어 죽는 것과 똑같은 해를 입기 때문입니다. 지금 연나라는 비록 약소국이지만 그 왕은 강대한 진나라의 작은 사위입니다. 대왕께서 연나라의 10개 성을 취하여 오랫동안 점령하여 그 이익을 취한 반면에 강대한 진나라와는 원수를 맺게 되었습니다. 오늘 약한 연나라가 기러기 떼의 선두처럼 선봉이 되고 강대한 진나라가 그 뒤를 엄호하며 달려온다면 제나라는 천하의 정예병들을 불러들여 공격을 받게 되는 경우가 되지 않겠습니까? 이것은 마치 배가 고프다고 오훼를 먹는 행위입니다."

제왕의 안색이 변하더니 걱정하는 기색이 되어 정색하며 물었다. "그렇다면 내가 어찌해야 하오?"

"옛날부터 일을 처리하는데 능숙한 사람은 화를 복으로 바꾸고 실패를 성공으로 이끌 수 있다고 했습니다. 대왕께서 진실로 저의 계책을 채용하실 수 있다면 지금 즉시 연나라의 10개에 달하는 성을 돌려주어야만 합니다. 아무런 이유 없이 10개의 성을 돌려받은 연나라는 틀림없이 기뻐할 것입니다. 자기 때문에 연나라가 10개의 성을 돌려받게 된 사실을 진왕이 알면 그 역시 기뻐할 것입니다. 이것은 원수의 마음을 바꿔 반석과 같은 굳은 우의의 친구로 만드는 일입니다. 이렇게 되면 연과 진 두 나라가 같이 달려와 제나라를 받들게 됩니다. 그때 천하에 호령을 내리시는 대왕께 그 누가 감히 복종하지 않겠습니까? 이것은 대왕께서 빈말로 진나라를 귀의케 하고 10개의 성으로 천하를 얻게 되어 패업의 공을 이루게 되는 일입니다."

제왕이 찬성하고 소진의 말을 쫓아 10개의 성을 연나라에 돌려주었다.

어떤 사람이 소진을 비방했다. "소진은 오른쪽과 왼쪽을 왕래하는 위인으로 나라를 팔아먹고, 반복무상한 신하라 장차 란을 일으킬 것입니다." 소진이 죄를 얻을까 두려워하여 연나라로 돌아갔으나 연왕은 그에게 벼슬을 내리지 않았다.

소진이 연왕을 접견하고 말했다. "저는 동주의 한 작은 마을에서 태어난 비루하고 천한 사람입니다. 한 점의 공도 세우지 못했음에도 대왕께서는 종묘사직

앞에서 저에게 관직을 수여하시고 조정에서는 저를 예로써 대했습니다. 오늘 저는 대왕을 위해 제나라의 군대를 물러가게 했으며 또한 제나라에 빼앗긴 10개의 성을 회수해 왔으니 마땅히 대왕께서는 저를 더욱 친근하게 대하시기 바랍니다. 지금 연나라로 돌아온 저에게 관직을 내리시지 않음은 틀림없이 어떤 사람이 저를 불충한 죄명으로 대왕께 중상했을 것입니다. 사실은 저의 불충은 대왕께 복입니다. 신은 듣건대 충성된 자는 스스로 자신을 위하고 진취한 자가 분발하는 이유는 남을 위하기 때문이라고 했기 때문입니다. 하물며 저는 제왕(齊王)을 향해 유세를 행했지 결코 속이지는 않았습니다. 또한 제가 노모를 동주에 머무르게 한 일은 원래 본인의 개인적인 명성을 세우려고 생각해서가 아니라 다른 사람들을 돕기 위해 진취하는 자가 되기로 결심했기 때문입니다. 지금 만일 증삼(曾參)과 같은 효자, 백이와 같은 고결한 인격의 처사, 미생(尾生)[6]과 같은 약속을 잘 지키는 사람이 있어, 이 세 사람으로 하여금 대왕을 섬기도록 하면 대왕께서는 어떻게 생각하시겠습니까?"

"대단히 만족스럽게 생각하겠소."

"증삼과 같은 효자는 그의 부모에게 효도를 행하기 위해 결코 하룻밤도 그 곁을 떠나 밖에서 잠을 자지 않습니다. 그와 같은 사람을 대왕께서는 어떤 방법으로 능히 그를 천 리 밖의 연나라로 오게 하여 위기에 빠진 약소한 연나라 군주를 위해 봉사하게 하겠습니까? 고결한 정신의 소유자 백이는 의를 굳게 지켜 고죽국(孤竹國)의 국왕 자리도 마다했으며, 주무왕의 신하가 되는 일도 달갑게 생각하지 않은 나머지 제후의 봉작도 받아들이지 않고 결국은 수양산에 들어가 굶어죽고 말았습니다. 그와 같이 고결한 사람을 대왕은 무슨 방법으로 능히 천리 밖의 제나라에 가게 해서 한 번의 사업으로 10개에 달하는 성읍을 찾아오게 할 수 있겠습니까? 신의(信義)의 대명사 미생은 한 여자와 다리 밑에서 밀회하기로 약속했으나 강물이 불자 약속 때문에 자리를 뜨지 못하고 교각을 붙들고 기

---

6 미생(尾生)은 춘추 때 노(魯)나라 사람으로 고집스럽게 약속을 지키려다 죽음에 이르렀다. 〈장자(莊子), 도척(盜拓)〉편에 '미생이 한 여인과 다리 밑에서 기한을 정해 만나기로 약속했다. 여자는 오지 않고 강물이 불어났으나, 미생은 여자와의 약속을 지키기 위해 다리밑을 떠나지 않아 물에 익사하고 말았다.'라는 기사가 있다.

다리다가 결국은 물에 빠져 목숨을 잃고 말았습니다. 이와 같은 신의의 인물을 대왕께서는 또한 무슨 방법으로 능히 그를 천릿길을 가게 해서 강대한 제나라의 군대를 물러가게 하겠습니까? 저는 대왕께 충성스럽고 성실했기 때문에 죄를 얻었을 뿐입니다."

"그대가 불충하고 성실하지 못했기 때문이지 어찌 충성스럽고 성실했기 때문에 죄를 얻었다고 하겠소?"

"그렇지 않습니다. 저는 이런 이야기를 알고 있습니다. 어떤 사람이 먼 지방의 관리가 되어 집을 떠나 있게 되자 그의 처가 다른 남자와 간통을 했습니다. 그녀의 남편이 빨리 집에 오고 싶어 한다는 소식을 듣고 정부가 걱정했습니다. 그 처가 말했습니다. '너무 걱정할 필요가 없습니다. 내가 이미 술에 독을 타서 준비해 놓고 그를 기다리고 있습니다.' 그러고 나서 3일 후에 그 여자의 남편이 돌아왔습니다. 그 처가 시첩에게 독이 든 술을 주어 남편에게 권하게 했습니다. 시첩은 술에 독이 있음을 그 주인에게 알리려고 했으나, 그녀가 고하면 그 부인이 내쫓기게 될까 두려웠고, 말을 하지 않으면 그 주인이 죽게 될까 걱정했습니다. 그래서 시첩은 일부러 넘어져 독주를 엎질렀습니다. 그 주인이 대노하여 시첩에게 50대의 태형을 가했습니다. 그러나 그 시첩이 독약이 든 술을 엎지름으로 해서 위로는 그 주인의 목숨을 보전케 했고, 밑으로는 그 부인이 쫓겨나지 않게 할 수 있었습니다. 그런 공을 세우고도 태형을 면하지 못했으니 충성스럽고 성실했음에도 어찌 죄를 얻지 않았다고 할 수 있겠습니까? 신의 잘못은 불행하게도 이와 같다고 할 수 있습니다."

"선생에게 다시 벼슬을 내리도록 하겠소."

연나라 왕은 소진을 옛날보다 더욱 후하게 대했다.

연나라 역왕의 모친은 문후(文侯)의 부인이다. 소진이 태후와 사통하자 역왕이 알게 되었다. 그러나 역왕은 오히려 소진을 더욱 극진하게 대했다. 이에 소진은 주살될 것을 두려워하여 역왕에게 말했다. "신이 연나라에 머물러 있으면 연나라의 지위를 중요하게 만들 수 없으나 제가 제나라에 가 있게 된다면 연나라의 지위를 중요하게 만들 수 있습니다."

"오로지 선생의 뜻대로 하시기 바랍니다."

그래서 소진은 거짓으로 연왕에게서 죄를 얻은 것으로 꾸민 후 제나라로 도망쳤다. 제나라 선왕은 그를 객경(客卿)으로 삼았다.

제나라 선왕(宣王, B.C. 319~B.C. 301)이 죽고 민왕(湣王, B.C. 300~B.C. 284)이 뒤를 이었다. 소진은 민왕에게 권하여 지나칠 정도로 허세를 부려 장엄하고 화려하게 장례를 치르게 하여 효도를 밝히게 하고 높은 궁궐을 짓고 대대적으로 식물원과 동물원을 조성케 하여 자기의 만족하는 뜻을 명백하게 드러나게 하니 그것은 모두 제나라를 피폐하게 하여 연나라를 도우려는 소진의 계산에서였다. 연나라에서도 역왕(易王)이 죽고 쾌(噲)가 뒤를 이어 국왕의 자리에 올랐다. 후에 제나라의 많은 대부들이 소진과 민왕의 총애를 다투다가 그중 한 사람이 자객을 보내 소진을 찔러 죽이려고 했다. 소진이 현장에서 즉사하지 않고 칼에 찔린 채 치명적인 상처를 입고 도망쳐 제왕에게 고했다. 제왕이 사람을 시켜 소진을 찌른 자객을 체포하도록 했으나 찾지 못했다.

이윽고 소진의 숨이 넘어가려고 할 때 제왕에게 말했다. "제가 죽게 되면 대왕께서는 사람들이 많이 다니는 시정에서 저의 시신을 거열형에 처하시고 방을 붙여 '소진은 연나라를 위해 제나라에서 반역을 도모했음으로 이와 같은 형에 처했다.'라고 공표하시기 바랍니다. 그렇게 하면 저를 찌른 자객을 틀림없이 잡을 수 있습니다."

제민왕이 소진의 말대로 행했더니 과연 자객이 자수하였다. 제왕은 그 자객을 잡아서 죽였다. 연왕이 그 소식을 듣고 말했다. "제나라가 소진을 위해 원수를 갚아 주었으나, 그 방법이 참으로 심하구나!"

소진이 죽고 얼마 후에 연나라를 위해 제나라를 피폐시키려고 했던 그의 활동이 대대적으로 누설되었다. 제나라는 그 사실을 알고 연나라에 대해 분노했다. 연왕은 제나라의 보복을 두려워했다.

소진에게는 소대(蘇代)와 소려(蘇厲)라는 동생이 있었다. 두 형제는 형 소진의 뒤를 따라 유세학을 공부했다. 소진이 죽자 소대가 연왕에게 접견을 청하고 그의 형이 뒤를 잇고 싶다고 하면서 말했다. "신은 동주의 촌구석에 살던 사람입니다. 가만히 들으니 대왕께서 품은 뜻이 높고 천한 춘신에 불민한 사람도 불초하지만 호미와 괭이를 버리고 대왕을 모시기 위해 달려왔습니다. 도중에 한단에 들렸으나 제가 동주에 있을 때 들은 소문과는 달라 신은 마음속으로 매우 실망을 금치 못했습니다. 이윽고 연나라에 당도하여 왕과 신하들을 보니 대왕께서는 천하의 현명한 군주라는 사실을 알게 되었습니다."

"그대가 말하는 현명한 왕이란 어떤 사람을 말하는가?"

"신은 듣기에 현명한 왕이란 그의 과오에 대해 듣기를 열심히 하고 그의 훌륭한 점에 대해서는 듣기를 원치 않는다고 했습니다. 신은 원하옵건대 왕의 과오를 여쭙게 하옵소서. 조나라는 연나라의 원수 나라인 반면에 초와 위 두 나라는 연나라의 우방국입니다. 오늘 원수의 나라를 받들어 우방국을 정벌하려고 하시니 이는 연나라에 이익이 되는 일이 아닙니다. 왕께서 이 점을 숙고하시면 이는 곧 잘못된 계책이라는 아실 것입니다. 그런데도 이런 말을 듣지 못하니 신하들은 충신이 아닙니다."

"과인의 원수 나라라 과인이 정벌하고자 하나 단지 우리 연나라가 피폐해져 약해진 국력을 근심할 뿐이요. 그대가 연나라를 위해서 연나라 국력으로 제나라를 정벌할 수 있다면, 과인은 나라를 들어 그대에게 맡기겠소."

"지금 천하에는 서로 간에 전쟁을 벌일만한 나라가 일곱이 있는데 그 중 연나라가 국력이 가장 약하기 때문에 단독으로 싸울 수 없습니다. 그러나 연나라가 어느 한 나라에 붙는다면 그 나라가 어느 나라이건 중하게 됩니다. 즉 연나라가 초나라에 붙는다면 초나라가 강해질 것이고, 서쪽의 지난라에 붙는다면 진나라가 강해집니다. 또한 중원의 한나라와 위나라에 붙는다면 한과 위가 강해집니다. 뿐만 아니라 의지하는 나라가 강해지면 이는 자연히 대왕의 명성과 위세가 높아지게 됩니다. 오늘날 제나라의 늙은 군주는 고집불통으로 남의 말을 듣지 않습니다. 남쪽으로는 5년째 초나라를 공격하여 축적했던 군량과 재물을 모두 떨어지고 서쪽으로는 진나라를 몰아부쳐 사졸들은 피로에 지쳐있습니다. 또 북쪽으로는 연나라와 싸워 그 삼군을 복멸시키고 장군 2명을 사로잡았으며 그런 후에 그 남은 병력을 남쪽으로 돌려 5천 승의 대국 송나라를 점령하여 12제후들을 아우려고 합니다. 이것은 군주의 욕심을 채우기 위해 백성들의 힘을 소진시키는 일이라 취할 바가 못 됩니다. 이에 신은 듣기에 전쟁을 빈번히 일으키면 백성들이 피곤하고 용병을 우래하면 군사들은 지친다고 했습니다."

"내가 들으니 제나라는 청하(淸河)와 제수(濟水) 및 탁하(濁河)에 의지하여 견고하게 지킬 수 있고 장성(長城)과 거방(鉅防)을 요새로 삼을 만하다고 하는데 정말로 그렇소?"

"하늘이 그 나라를 돕지 않으면 비록 청하나 제수 및 탁하가 있다하나 어찌 그런 것들을 견고하다고 할 수 있겠으며, 비록 장성이나 거방이 있다하나 어찌 그런 것들을 요새로 삼을 수 있겠습니까? 또한 옛날 제서(濟西)에서 군사를 징집하지 않은 이유는 조나라의 공격에 대비하기 위해서였고, 하북에서 징집하지 않은 이유는 연나라의 공격에 대비하기 위해서였습니다. 그런데 지금은 제서나 하북의 군사를 남김없이 모두 징발하여 경내가 모두 피폐해지고 말았습니다. 교만한 군주는 이를 다투게 되어있고 망국의 신하는 재물을 탐하게 되어있습니다. 왕께서는 성의를 다하여 사랑하는 아들, 모친, 동생들을 인질로 보내는 일과 다시 보물과 주옥 및 비단으로 제왕의 측근들을 모시는 일을 부끄럽게 여기지 않으신다면 장차 연나라에 덕을 베풀고 경솔하게 송나라를 멸망시키려고 할 것입니다. 그렇게 하면 장차 제나라를 멸망시킬 수 있습니다."

"나는 마침내 그대로 인하여 하늘의 명을 받았음이오!"

연나라는 즉시 왕의 아들을 인질로 제나라에 보냈다. 이에 소려는 연나라의 인질을 이용하여 제왕의 접견을 청해 만났다. 소진의 반간활동을 원망하고 있던 제왕이 소려를 감옥에 가두려고 했다. 연나라의 인질로 온 공자가 소려를 위해 용서를 빌자 소려는 몸을 굽혀 제나라의 신하가 되었다.

연나라의 재상 자지(子之)가 소대와 사돈을 맺고 연나라의 정권을 차지하려고 했다. 그래서 즉시 소대를 제나라에 볼모로 보내는 왕자의 시종으로 보냈다. 이에 제나라는 소대를 다시 연나라에 보내 복명케했다. 연왕 쾌가 소대에게 물었다. "제왕이 패자를 칭할 수 있겠소?"

"할 수 없습니다."

"그 이유는 무엇이오?"

"신하들을 불신하고 있어서입니다."

그래서 연왕 쾌는 연나라 정사에 대한 전권을 자지에게 일임하고 종내에는 왕위를 물려주었다. 이에 연나라는 대란이 일어났다. 그 틈을 나서 제나라가 연나라를 쳐들어와 연왕 쾌와 자지를 살해했다. 연나라는 공자 직(職)을 추대하여 연왕으로 세웠다. 이가 연나라 소왕(昭王, B.C. 311~B.C. 279)이다. 이 일로 인해 소대와 소려는 감히 연나라에 발을 들여놓지 못하고 결국에는 제나라에 귀의했다. 제나라는 두 사람을 잘 대우했다.

위나라가 연나라를 위해 경내를 지나가던 소대를 붙잡아 두었다. 제나라가 사자를 보내 위왕에게 말했다. "제나라가 새로 점령한 송나라 땅을 경양군(涇陽君)의 봉지로 바치려고 해도 진나라는 필시 받지 않을 것입니다. 진나라가 제나라로부터 송나라 땅을 얻는 일이 이익이 되서가 아니라 제나라 왕과 소자(蘇子)를 믿지 못해서입니다. 지금 제와 위 두 나라가 이처럼 심히 불화하니 제나라는 감히 진나라를 속이지 못하게 되었습니다. 진나라가 제나라를 믿으면 두 나라는 서로 마음을 합치면 경양군은 송나라 땅을 얻을 것입니다. 그것은 위나라에 이롭지 않은 일입니다. 그러니 왕께서는 소자를 동쪽의 연나라로 보내지 마십시오. 진나라는 필시 제나라에 대해 의심하는 마음을 품게 되고 또한 소자도 믿지 않을 것입니다. 제와 진 두 나라가 서로 합치지 않으면 천하의 형세는 큰 변화가 없어 제나라를 정벌하려는 환경이 조성될 것입니다."

그래서 위나라는 소대를 나라 밖으로 보내주었다. 소대가 송나라로 들어가자 송나라는 그를 잘 대우했다.

제나라가 송나라를 공격하자 위급하게 된 송나라가 소대를 연나라에 보내 편지를 연소왕에게 바치게 했다. "만승의 나라로 있으면서 제나라에 인질을 보냄은 명성이 실추되고 권위가 가볍게 되는 일입니다. 또한 만승의 나라 왕이 만승의 나라 왕의 명을 받들어 송나라를 침은 백성은 지치고 국고는 탕진됩니다. 송나라를 점령한 제나라는 초나라의 회북지역을 차지하여 더욱 큰 나라가 될 것입니다. 이는 또한 원수의 나라를 강대하게 하고 연나라를 해치는 일입니다. 이세 가지 계책은 모두 연나라에게는 큰 재앙입니다. 그러함에도 왕께서 이 일을 행하려고 함은 장차 제나라로부터 신임을 얻기 위해서일 것입니다. 그러나 제나라 왕은 더욱 더 왕을 믿지 않을 것이고 연나라를 더욱 싫어할 것입니다. 따라서 왕의 이런 계책은 잘못되었다고 할 수 있습니다. 송나라땅에 회북(淮北)의 땅을 보탠다면 만승의 나라에 해당하는 영토가 되어 제나라와 맞먹는 또 다른 제나라가 생기게 되는 일입니다. 사방 7백리에 당하는 북이(北夷)의 땅을 노(魯)와 위(衛) 땅에 합친다면, 또한 만승의 나라에 해당하는 영토가 되어 원래의 제나라와 맞먹는 또 다른 제나라가 생겨 이는 두 번째 제나라입니다. 하나라의 제나라 강한 군사력도 못 당해 지탱할 수 없는데 지금은 세 개의 제나라에 임하려고 하니 그 화는 필시 클 것입니다. 그러나 지혜있는 사람은 일을 처리함에 화를 복으로 돌리고 실패를 성공으로 이끕니다. 제나라 산의 자색 비단은 못 쓰는 흰색 비단을 물들인 것이나 그 가격은 다른 비단보다 10배나 비쌉니다. 회계산에 들어가 농성했던 월왕 구천이 강력한 오나라를 멸하고 천하를 지배하는 패자가 되었습니다. 이것이야말로 화를 복으로 만들고 실패를 성공으로 만든 일이었습니다.

지금 왕께서 화를 복으로 돌리고 실패를 성공으로 만들려고 하신다면 제나라를 패자로 부추겨 높이고 사자를 주왕실에 보내 제나라를 맹주로 받들라고 맹세하고 진나라와 맺은 맹약의 부절을 불태우면서 다음과 같이 말하게 하십시오. '가장 좋은 계책은 진나라를 무찌르는 일이고 그다음의 계책은 진나라를 멀리하는 일입니다.' 진나라가 배책을 당해 파멸을 기다리게 되는 처지에 놓이게 된다면, 진왕은 필시 걱정할 것입니다. 진나라의 군주들은 오대에 이르는 동안 계속해서 제후들을 정벌해왔으나 지금은 제나라 밑에 있어 진왕의 마음은 진실로 제나라를 궁지로 몰아 놓을 수만 있다면 온 나라의 힘을 기울여 공업을 이루려는 일을 꺼리지 않을 것입니다. 그러한즉 왕께서는 어찌하여 변사를 진왕에게 보내 다음과 같이 유세하도록 시키지 않습니까?

'연과 조 두 나라가 송나라를 파한다면 제나라를 살찌우게 하고, 제나라를 높여 그 밑에 들어가는 일을 감수하게 되니, 이는 연·조 두 나라에 이로운 일이 아닙니다. 연·조 두 나라에 유리하지도 않은데 이러한 형세가 된 것은 바로 진왕 전하 당신을 믿지 않고 있기 때문입니다. 그런데도 왕께서는 어찌하여 사자를 보내어 믿을 만한 사람을 사자로 보내 연·조 두 나라를 진나라 편으로 끌어들이지 않습니까? 먼저 경양군과 고릉군(高陵君)을 연과 조 두 나라에 보내 진나라가 마음을 변하는 경우를 대비해 인질로 삼게 하십시오. 그렇게 하면 연·조 두 나라는 진나라를 믿을 것입니다. 그러면 진나라는 서제(西帝), 연나라는 북제(北帝), 조나라는 중제(中帝)가 되어 세 나라가 마음을 합하여 천하를 호령할 수 있습니다. 한나라와 위나라가 말을 듣지 않으면 진나라가 정벌하고 제나라가 말을 듣지 않으면 연나라와 조나라가 정벌할 것이니, 천하의 어떤 나라가 말을 듣지 않겠습니까? 천하가 진나라에 복종하면 한과 위 두 나라를 이끌고 제나라를 정벌하면서 송나라 땅을 돌려주고 회북의 땅을 초나라에 반환하라고 하십시오. 제나라가 송나라 땅을 돌려주고 회북의 땅을 초나라에 반환하는 것은 연과 조 두 나라에 이익이 되는 일입니다. 즉 세 나라가 나란히 서는 것은 연과 조도 바라는 일입니다. 실제석인 이득을 얻고 원하는 바의 존귀한 지위를 얻는다면 연과 조는 제나라를 마치 헌신짝 버리듯이 할 것입니다. 오늘날 연과 조를 진나라에 편에 끌어들이지 않는다면 제나라는 필시 패업을 이루게 됩니다. 제후들이 제나라를 따르고 있는데 왕만이 따르지 않는다면 제후들의 정벌을 받게 될 것입니다. 그러나 제후들이 제나라를 따르는데 진왕께서 따른다면 그것은 또한 이름이 실추될 것입니다. 그래서 오늘날 연과 조를 끌어들이면 나라는 안정을 취하고 이름을 높일 수 있으나, 연과 조를 한편으로 끌어들이지 않는다면 나라는 위태롭게 되고 이름은 실추됩니다. 높은 이름과 안정을 버리고 실추된 이름과 불안을 취하는 일은 지혜로운 자의 행위가 아닙니다.'

진왕이 이 말을 들으면 그 마음은 마치 가시에 찔린 것처럼 아플 것입니다. 그런데 왕께서는 어찌하여 변사를 사자로 보내 이와 같은 내용으로 진나라에 유세를 행하게 하시지 않으십니까? 이렇게 한다면 진나라는 틀림없이 끌어들일 수 있고 제나라를 틀림없이 공격할 것입니다. 진나라를 한편으로 끌어들이는 일은 훌륭한 외교이고, 제나라를 정벌하는 일은 정당한 나라의 이익입니다. 훌륭한 외교를 행하고 정당한 이익에 힘쓰는 것은 성왕(聖王)의 일입니다."

그 편지를 훌륭하다고 생각한 연나라 소왕이 말했다. "선군이 소씨들에게 덕을 베풀었는데 자지의 란을 일어나 소씨들은 연나라를 떠났다. 제나라에 원수를 갚기 위해서는 소씨들의 도움이 없이는 안 될 것이다."

그 즉시 연나라 소왕은 소대를 불러 예전처럼 후하게 대접하고 제나라를 정벌하는 계책을 세웠다. 마침내 제나라를 파하자 민왕은 나라 밖으로 도망쳤다. 그리고 오랜 시간이 흐른 후에 진나라 왕이 연나라 왕을 소환했다. 연나라 왕이 부름에 응하려고 하자 소대가 만류하며 말했다. "초나라가 지(軹) 땅을 얻은 후에 나라가 망했고, 제나라는 송나라 땅을 얻은 후에 나라가 망했습니다. 제와 초 두 나라가 지 땅과 송나라 땅을 얻고 망했음은 무엇 때문이라고 생각하십니까? 제초 두 나라가 지 땅과 송나라 영토를 얻지 않았다면 진나라를 받들었는데 그것은 어째서입니까? 바로 공적이 있는 자라면 누구를 막론하고 진나라의 불구대천의 원수가 되기 때문입니다. 진나라가 천하를 취하는 방법은 의로운 행위에 의해서가 아니라 폭력에 의해서입니다. 진나라는 폭력을 행사하면서 천하에 공포했습니다.

예를 들면 초나라에 다음과 같이 위협했습니다. '촉 땅의 갑병을 문강(汶江)에서 배에 실어 여름의 물이 불었을 때 하류로 띄워보내면 5일이면 수도인 영도(郢都)에 당도하고, 한중의 갑병을 배워 실어 파(巴)에서 여름의 물이 불었을 때 띄어 보내면 4일이면 오저(五渚)에 이를 수 있소. 또한 과인의 친히 왕군을 이끌고 완현(宛縣)의 동쪽에서 나와 수읍(隨邑)으로 진공한다면 지모있는 자라도 미처 계책을 세울 수 없고 용기 있는 자라도 감히 노하여 대항할 수 없는 사이에 과인은 마치 매를 쏘는 것처럼 재빨리 공격할 것이오. 그러함에도 초왕께서는 여전히 천하의 험처인 함곡관을 공격하기 위해 기다리고 있으니 그것은 너무 아득한 일이 아니겠소?'

초왕은 결국 이로 인해 17년 동안을 진나라에 복종했습니다. 또 진왕은 한나라에 대해 다음과 같이 위협했습니다. '우리는 소곡(少曲)에서 출발하면 하루면 상당으로 통하는 태항산의 길을 끊을 수 있고, 의양(宜陽)에서 일어나 평양(平陽)과 마주보게 되면, 2일 만에 한나라에서 동요하지 않는 곳은 없게 되오. 내가 동서 양주(兩周)를 떠나 정성(鄭城)에 당도하여 한나라를 멸하는 데는 5일이면 충분하오.'

이에 한나라는 그렇다고 생각하여 진나라를 받들었습니다. 다시 위나라를 향해 다음과 같이 경고했습니다. '우리가 안읍의 군사를 일으켜 여극(女戟)을 막아버리면 한나라의 태원을 석권할 수 있소. 우리가 지읍(軹邑)을 함락시키고 남양(南陽)을 통하여 나아가 기읍(冀邑)을 봉쇄하고 동주와 서주를 포위할 수 있소. 여름에 불어난 하수의 물을 이용하여 빠른 배를 띄우고 강력한 쇠뇌부대를 앞세우고 예리한 창을 든 부대를 뒤따르게 한 후에 형택 어귀의 제방을 터뜨리면 위나라의 수도 대량성은 사라질 것이오. 이어서 백마진(白馬津) 어귀의 제방을 끊으면 위나라의 외황(外黃)과 제양(濟陽)은 사라질 것이오. 다시 숙서(宿胥) 어귀의 제방을 끊으면 허(虛), 돈구(頓丘)는 사라지고 말 것이오. 육로를 통하면 하내(河內)를 공격할 것이고 수로를 통하면 대량(大梁)을 칠 것이오.'

위나라가 이를 수긍하고 진나라를 받들었습니다. 위나라의 안읍을 공격하면 제나라가 구원병을 보낼 것을 걱정했던 진나라가 송나라를 제나라에 맡기면서 말했습니다. '송왕은 무도하여 나무로 과인의 인형을 만들어 그 얼굴을 쏜다고 합니다. 과인의 땅은 너무 멀어 군사를 보낼 수 없어 칠 수 없으니 제왕께서는 이참에 능히 송나라를 무찔러 제나라 땅으로 하십시오. 과인이 얻는 것과 같다고 생각하겠습니다.' 그래서 진나라는 안읍을 얻고 상당으로 통하는 길목인 여극(女戟)을 막았으며 이로 인하여 송나라를 멸망시킨 죄명을 제나라에 전가시켰습니다.

한나라를 공격하려고 했으나 천하의 제후들이 구원병을 보내지 않을까 걱정했던 진나라가 제나라에 대한 처리를 제후들에게 맡기면서 다음과 같이 말했습니다. '제왕은 과인과 4번 약속하여 4번 속였습니다. 제왕은 필시 천하의 제후들을 이끌고 우리 진나라를 공격하려고 했던 일이 3번 있었습니다. 제나라가 존재하면 진나라는 망하고 진나라가 존재하면 제나라는 망합니다. 따라서 반드

시 제나라를 정벌하여 멸망시켜야 합니다.'

그러나 진나라는 한나라의 의양(宜陽), 소곡(少曲), 조나라의 인(藺)과 석(石)을 빼앗아 가고는 도리어 제나라를 정벌한 죄를 천하의 제후들에게 물었습니다. 후에 다시 초나라와 동맹을 맺은 후에 위나라를 공격하려던 진왕이 초나라와 동맹을 맺고 남양을 주면서 다음과 같이 말했습니다. '과인은 본래부터 한나라와 절교하려고 했습니다. 만일 초나라가 한나라의 균릉(均陵)을 깨뜨리고 맹액(郿阨)을 막는 일이 초나라에 이익이 된다면 과인이 그곳을 점령한 것처럼 여길 것입니다.'

그래서 위나라가 함종을 버리고 진나라와 연횡하자 진나라는 맹액의 요새를 막은 행위에 대해 초나라에 죄를 물었습니다. 진나라 군사들이 위나라를 공격하다가 임중(林中)에서 위험에 처했을 때 연과 조 두 나라가 힘을 합칠 것을 두려워하여 연나라에는 교동(膠東)을 조나라에는 제서(濟西)를 주었습니다. 이윽고 위나라와 강화를 맺은 진나라는 위나라의 공자 연(延)을 인질로 잡고 서수를 장수로 삼아 조나라를 공격하게 했습니다. 다시 진나라 군사들이 초석(譙石)에서 조나라 군사들에게 패하고 다시 양마(陽馬)에서 패퇴하자 위나라와 강화를 맺고 엽(葉)과 채(蔡) 땅을 주었습니다. 후에 조나라와 강화하자 다시 위나라를 겁박하여 주기로 한 땅을 할양하지 않았습니다. 싸우다가 곤란한 지경에 이르면 태후의 동행 양후(穰侯) 위염(魏冉)을 시켜 강화를 맺게 하고 유리하면 모후와 외삼촌을 속였습니다. 연나라의 잘못을 책망할 때는 교동(膠東)을 빼앗아간 일을 구실로 삼고, 조나라의 잘못을 지적할 때는 제서(濟西)를 빼앗아 간 일을, 위나라를 비난할 때는 엽과 채를 빼앗아 간 일을 구실로 했으며 제나라를 책할 때는 송나라의 일을 구실로 삼았습니다. 진왕이 남을 책망할 때의 말은 둥근 고리처럼 돌고 돌아 말의 끝과 시작이 없게 만들었으며 용병을 할 때는 마치 나는 새처럼 재빠르게 행동하여 모친도 그 행동을 막지 못했으나 외삼촌은 약속을 지킬 수 없었습니다. 용가(龍賈)의 군대가 패한 전투, 안문(岸門)의 전투, 봉릉(封陵)의 전투, 고상(高商)의 전투, 조장(趙莊)의 군대가 패한 전투에서 진나라가 살해한 삼진(三晉)의 백성들은 수백만 명에 달하여, 지금의 살아있는 자들은 모두 진나라가 죽인 군사들의 고아와 과부들입니다. 진나라로부터 전쟁의 피해 입은 삼진의 땅은 서하(西河) 이외도 상락(上雒), 삼천(三川) 등 삼진의 영토 절반에 이릅니다. 진나라가 끼친 전쟁의 피해는 이처럼 큽니다. 그런데도 진나라에 들어간 연조의 유세가들은 모두 그 군주들에게 경쟁이나 하듯이 진나라를 섬기라고 강권하고 있습니다. 이것이야말로 신이 크게 걱정하는 일입니다."

그리하여 연나라 소왕은 진나라에 들어가지 않았고 소대는 다시 연나라에서 중용되었다.

연나라는 소진 살아있었을 때처럼 제후들과 합종을 시도했으나 어떤 나라는 따르고 어떤 나라는 따르지 않았다. 그러나 천하는 소씨들로 인하여 합종을 원칙으로 생각하게 되었다. 소대와 소려는 천수를 누리고 그 이름을 제후들 사이에 떨쳤다.

태사공은 말하였다.

"소진 삼형제는 모두 제후들에게 유세를 행하여 이름을 떨쳤다. 그들의 유세술은 권모(權謀)와 변사(變詐)에 뛰어났다. 그러나 소진은 연나라에서 반간활동을 하다가 죽음으로써 천하의 웃음거리가 되어, 사람들은 그의 유세술을 배우기를 기피했다. 그러나 세상의 소진에 대한 평가는 이견이 많다. 다른 시대에 발생한 유사한 일이라도 모두 소진이 행한 일이라고 치부하였다. 소진은 평민의 신분에서 몸을 일으켜 육국의 합종을 이뤄냈으니, 그 지혜가 일반 사람과 비해 매우 뛰어났다고 하지 않을 수 없다. 그래서 나는 그의 행한 일을 때의 순서대로 기록하여 유독 그에게 비판적인 내용만을 들추어내지 않았다."

장의열전

張儀列傳 : 장의, 진진

[조, 한, 위, 연, 제, 초 6국은 이미 합종을 맹약하고 화친하였다. 장의는 그의 주장을 밝혀서]
제후들을 해산시켰다. 그래서 「장의열전」을 지었다.

장의(張儀, ?~B.C. 309)는 위(魏)나라 사람이다. 일찍이 소진(蘇秦, ?~B.C. 284)
과 함께 귀곡선생(鬼谷先生)에게서 유세하는 방법을 배웠다. 소진은 스스로 자기
의 재주가 장의에 미치지 못한다고 여겼다.

장의가 학업을 마치고 제후들을 찾아 유세를 행하다가, 한 번은 초나라의 재
상과 술을 마셨는데, 재상이 갖고 있던 벽옥(璧玉)을 도둑맞은 일이 발생했다.
재상의 문객 한 사람이 장의에게 혐의를 두고 말했다. "장의는 가난하고 품행이
바르지 못합니다. 장의가 상국의 벽옥을 훔쳤음이 틀림없습니다." 그래서 문하
들이 같이 장의를 붙잡아 대나무 몽둥이로 수백 대를 때렸다. 그러나 장의가 한
사코 부인했기 때문에 결국 석방할 수밖에 없었다.

장의의 아내가 보고 말했다. "아! 당신이 책을 읽고 유세를 하지 않았더라면 어찌 이런 곤욕을 당했겠습니까?" 장의가 그의 처를 보고 말했다. "내 혀가 아직 붙어 있는지 한 번 보시구려!" 장의의 처가 웃으면서 대답했다. "아직 혀는 붙어 있습니다." 그러자 장의가 말했다. "그렇다면 됐소."

당시 소진은 이미 조왕에게 유세를 성공해서 합종을 성공시키기는 했으나 만일 진나라가 제후국들을 공격하기라도 한다면 합종이 깨지고 제후들이 배신하게 되는 상황을 걱정했다. 그러나 아무리 생각해도 진나라에 보내 힘을 쓸 만한 사람을 찾을 수 없었다. 소진은 몰래 사람을 장의에게 보내 다음과 같이 말하도록 하였다. "당신은 옛날 소진과 사이가 좋았다고 들었습니다. 오늘 소진이 이미 조나라에 들어가 왕에게 중용되어 재상의 자리에 있습니다. 그런데 당신은 어찌하여 조나라에 가서 그를 통하여 원하는 바를 얻지 않으십니까?"

그의 말대로 장의는 조나라로 가서 소진에게 명함을 올리고 접견을 청했다. 소진은 곧 문을 지키는 하인들에게 장의를 통과하지 못하도록 지시하고 동시에 며칠 동안 떠나지 못하도록 붙잡아 두도록 했다. 이윽고 얼마간의 날짜를 보낸 뒤 소진은 장의를 불러 접견했으나 그를 당하에 앉혀 천비와 노복이 먹는 음식을 주었다. 그리고는 장의를 향해 그 잘못을 하나하나 들어가며 책망했다. "자네같이 훌륭한 재능을 지니고도 어쩌다가 스스로를 이처럼 곤궁에 처하여 수모를 겪게 되었는가? 내가 어찌 자네를 천거하여 부귀하게 만들 수 없겠는가마는, 내가 생각하기에 자네를 거두어 쓸 수 없을 것 같네!"

그런 다음에 소진은 장의에게 작별을 고하여 떠나게 했다. 장의가 소진을 찾은 목적은 옛친구를 찾아 도움을 받기 위해서였는데, 오히려 수모만 받게 되어 마음속으로 치밀어오는 분노를 참을 수가 없었다. 그러나 아무리 생각해도 섬길만 한 제후들은 없었고 오직 진나라만이 조나라를 괴롭힐 수 있다고 여겨 그 즉시 진나라로 들어가게 되었다.

그러나 그전에 소진은 이미 그의 사인(舍人)에게 당부의 말을 해두고 있었다. "장의는 천하의 보기 드문 현사(賢士)다. 나는 결코 그를 능가할 수 없다. 오늘 내가 요행히 먼저 등용되었지만, 진나라에 중용되어 정권을 잡을 수 있는 사람은 오로지 장의일 뿐이다. 그러나 그는 가진 것이 없는 가난한 사람이라 아직까지 등용될 기회를 얻지 못했다. 나는 그가 작은 이익을 탐하여 큰일을 이룰 수 없게 되지나 않을까 걱정하여, 그를 불러 욕을 보임으로써 그를 격앙케 했다. 그대는 나를 위해 장의가 눈치채지 못하도록 보살펴주기 바란다."

소진이 즉시 조왕에게 고하여 그에게 황금과 비단을 실은 거마를 내주며 장의의 뒤를 뒤따라가서 함께 숙사에 들어 서서히 접근하도록 시켰다. 사인은 거마와 황금을 내어 장의가 원하는 대로 사용하게 하여 그 비용으로 쓰게 했으나 그 사실은 고하지 않았다. 장의는 이윽고 사인의 도움으로 진나라 혜왕(惠王, B.C. 337~B.C. 311)을 접견할 수 있었다. 진혜왕은 장의를 객경(客卿)으로 삼아 제후들을 정벌하는 방법을 의론했다.

소진이 보낸 사인이 조나라로 돌아가겠다고 작별인사를 하자 장의가 말했다. "그대의 덕분으로 내가 등용되어 이제 바야흐로 그 은혜에 보답하려고 하는데 무슨 까닭으로 돌아간다고 하십니까?"

사인이 대답했다. "선생의 재능을 알아본 사람은 원래 제가 아니라 소진 상국이십니다. 진나라가 조나라를 공격하면 그 결과 합종이 파기되는 상황을 걱정하신 소상국께서는 그런 사태를 막을 수 있는 유일한 방법은 누군가가 진나라의 정권을 잡아 그것을 방지해 주어야 하는데 그 역할을 할 사람은 선생 외는 없다고 생각하셨습니다. 그래서 소상국께서는 선생을 격노케 하고 다른 한편 저를 몰래 보내 선생이 필요한 경비를 대주게 하셨습니다. 이 모든 일은 소진 상국의 계책에 따랐을 뿐입니다. 오늘 선생께서 이미 진나라에 등용되었으니 저는 돌아가 소상국께 보고드려야 합니다."

장의가 듣고 한탄했다. "오호라! 내가 소진의 술수에 놀아나고 있으면서도 그것을 깨닫지 못하고 있었으니 결코 소진의 먼 앞날을 내다보는 밝은 지혜에는 미치지 못하겠구나! 오늘 내가 그의 도움으로 진나라에 등용되었으니 내가 어찌 감히 조나라를 공격하겠는가? 그대는 나를 위해 소상국께 감사하다는 말과 함께 '소상국이 합종을 주관하고 있는데 어찌 내가 감히 무슨 말인들 할 수 있겠으며, 또한 소상국이 살아 있는데 내가 무슨 일을 능히 할 수 있겠소?'라고 전해 주시오."

곧이어 진나라의 재상이 된 장의는 초나라 재상에게 격문을 보내 자기의 뜻을 전했다. "옛날 내가 그대와 함께 술을 마시다가 벽을 훔치지도 않았음에도 그대는 나에게 태형을 가했소. 그대는 나라를 잘 간수하기 바라오. 나는 그대의 성을 훔치겠소."

그때 저(苴)와 촉(蜀) 두 나라 사이에 전쟁이 발발하여 서로 싸우다가 각기 사신을 진나라에 보내 도움을 청했다. 진나라 혜왕은 군사를 일으켜 촉을 정벌하고 싶어 했으나 촉으로 가는 길이 너무 좁고 험하여 주저하고 있었다. 이에 한나라가 진나라를 공격하자 혜왕은 한나라를 공격한 후에 촉을 정벌하려고 했으나 이번에는 다시 한나라와의 싸움에서 패하지나 않을까 걱정했다. 그래서 마음을 바꿔 촉을 정벌하려고 했으나 그 틈을 타서 한나라의 침공을 받지나 않을까 두려워해서 주저하며 결정을 내리지 못했다. 어느 방면을 먼저 공격해야 하는지를 놓고 사마착(司馬錯)과 장의가 혜왕 앞에서 논쟁했다. 사마착이 촉을 먼저 정벌해야한다고 주장하자, 장의가 한나라를 먼저 정벌하는 것이 좋다고 말했다. 혜왕이 이유를 말해보라고 하자 장의가 말했다.

"먼저 위와 초 두 나라와 친선관계를 수립한 후에 삼천(三川)으로 군사를 보내 십곡(什谷)을 막고 이어서 전략적 요충지인 둔류(屯留)에서 태항산맥 능선 위로 난 길목인 양장판(羊腸坂)을 끊습니다. 이어서 위나라로 하여금 남양을 막게 하고 초나라에게는 남정(南鄭)으로 진격하게 합니다. 그 사이에 진나라는 신성(新城)과 의양(宜陽)으로 진격하여 주나라의 교외에 이르러 주왕(周王)의 잘못을 벌하고 계속해서 초와 위 두 나라의 땅을 점령합니다. 스스로 방어할 능력이 없음을 알고 있는 주나라는 틀림없이 전국의 보기인 구정(九鼎)을 우리 진나라에 바쳐야 할 것입니다. 구정의 권위와 주나라 강역의 지적도 및 호적을 차지하여 천자의 명을 발하여 천하에 호령을 내린다면 누가 감히 그 명을 따르지 않겠습니까? 그것이 바로 제왕의 사업입니다. 그러나 지금 촉이라는 나라는 멀리 떨어진 서쪽의 변방의 나라에 융적의 풍속에 젖은 야만의 나라입니다. 따라서 군사들을 피로하게 하고 백성들을 힘들게 하여 명분을 얻기 어렵고 그 땅을 얻더라도 아무런 이익도 생기지 않습니다. 신은 듣기에 명분은 조정에서 다투고 이익은 저잣거리에서 다툰다고 했습니다. 오늘 삼천(三川) 지방과 주나라 왕실의 땅은 모두 천하의 조정이기도 하며 저잣거리이기도 합니다. 그런데 대왕께서는 그런 곳에서 다투지 않고 융적의 땅을 다투신다면 왕업을 이루기 힘들지 않겠습니까?"

이에 사마착이 반대 의견을 말했다. "그렇지 않습니다. 신이 듣기에 나라를 부강하게 하는 사람은 그 땅을 넓히는데 힘써야 하고, 군대를 강하게 하고 싶은 사람은 그 백성들을 부유하게 만들어야 한다고 했습니다. 그리고 천하를 지배할 수 있는 조정은 모두 저잣거리에 있습니다. 그런데 대왕께서는 그곳에서 다투지 않으시고 융적의 땅을 다투려고 하십니다. 그렇게 하신다면 왕업을 이룰 수 없을 것입니다."

"그렇지 않습니다. 신이 듣기에 나라를 부강하게 하려고 하는 사람은 그 영토를 넓혀야 하고, 그 군대를 강병으로 만들려고 하는 사람은 그 백성들을 부유하게 해야 하고 천하를 통일하려고 하는 사람은 덕으로써 나라를 다스려야 한다고 했습니다. 이 세 가지가 갖추어지면 왕업은 자연히 그 뒤를 따르게 된다고 했습니다. 지금 대왕의 땅은 좁고 백성들은 가난합니다. 그래서 신은 먼저 쉬운 일부터 하시라고 말씀드립니다. 촉이라는 나라는 서쪽의 먼 변방의 융적의 우두머리 나라입니다. 그리고 그 군주는 걸주(桀紂)와 같은 폭군으로 나라를 혼란에 빠뜨리고 있습니다. 이에 우리 진나라가 공격한다면 그것은 마치 시랑(豺狼)이 순한 양을 쫓는 경우와 같이 아주 용이한 일입니다. 그 결과 촉 땅을 얻게 된다면 나라를 넓히고 그 부를 취하여 능히 백성들을 부유케 하고 군사들을 잘 훈련시킬 수 있어 우리 백성들을 상하게 하지 않고도 그들을 굴복시킬 수 있습니다. 한 나라를 점령한다고 해서 우리가 포악하다고 비난을 받지 않고 촉 땅의 이익을 모두 차지한다고 해서 우리보고 탐욕스럽다는 비난을 받지 않습니다.

그것은 곧 명분과 실익을 다 함께 얻는 일과 같으며 또한 촉나라의 폭정과 혼란을 멈추게 하는 명분도 있습니다. 그런데 우리가 한나라를 공격하고 천자를 위협하는 일은 악명을 얻게 되고 또한 실익도 없을 뿐만 아니라 의롭지 못하다는 이름을 남기게 됩니다. 즉 천하가 원하고 있지 않은 주나라를 공격하는 행위는 위태로운 일입니다. 신이 그 연고를 말씀드리겠습니다. 주나라는 천하의 종주국이며 한나라는 제나라의 동맹국입니다. 주나라가 구정을 빼앗기고 한나라가 삼천의 땅을 잃게 되는 일을 각자가 스스로 알게 되면 두 나라는 서로 같이 모의하여 제나라와 조나라를 경유하여 위(魏)와 초(楚) 두 나라에 구원을 청할 것입니다. 이에 주나라는 구정을 초나라에 주고 그 땅은 위나라에 바치게 되는바, 대왕께서는 결코 그러한 일들을 막을 방법이 없을 것입니다. 그래서 신은 한나라를 공격하는 행위는 위험하다고 말씀드리는 바입니다. 만전을 기하여 촉나라를 정벌하심이 마땅하다고 말씀드립니다."

진혜왕이 대답했다. "좋소! 나는 그대의 말을 따르겠소."

이어서 진나라는 촉나라 정벌군을 일으켜 그해 10월에 촉나라를 취하여 평정하고 촉왕의 지위를 후(侯)로 낮추고 진장(陳莊)을 보내 촉나라의 상국으로 삼았다. 이에 촉나라는 진나라의 속국이 되었고 이로써 진나라는 더욱 강대하게 되었고 국부가 증대되어 제후들을 얕보게 되었다.

진혜왕 10년 공자 화(華)와 장의(張儀)로 하여금 포양(蒲陽)8)을 포위하도록 하여 항복을 받았다. 장의는 진왕에게 건의하여 위나라에게 포양의 땅을 돌려주고 공자 요(繇)를 인질로 보내자고 했다. 장의가 위나라에 들어가 위왕에게 유세했다. "진왕이 위나라를 매우 후하게 대하고 있습니다. 위나라는 예를 갖추시어 답례를 하시기 바랍니다."

그래서 위왕은 상군(上郡)과 소량(少梁)을 진나라에 바쳐 진혜왕에게 감사의 뜻을 표했다. 위혜왕은 장의를 재상으로 삼고 소량을 하양(夏陽)으로 개명했다.

장의는 진나라 재상이 된 지 4년 만에 혜왕(惠王)을 왕으로 세웠다. 다시 1년 후에, 진나라 장수가 되어 위나라를 공격하여 섬(陝)을 빼앗고 상군(上郡)에 요새를 쌓았다. 그리고 2년 후에 사자가 되어 제(齊)와 초(楚) 두 나라와 함께 교상(嚙桑)에서 회맹을 주재했다. 다시 돌아와서는 재상의 직을 사직하고 진나라를 위해 위나라의 재상이 되었다. 그는 위나라로 하여금 먼저 진나라를 섬기게 함으로써 나머지 제후국들이 본받게 하려고 했다. 그러나 위왕은 장의의 말을 따르려고 하지 않았다. 진왕이 노하여 위나라를 공격하여 곡옥(曲沃)과 평주(平周)를 점령하고는 계속해서 은밀하게 장의를 더욱 후대했다. 이에 장의는 진나라로 돌아가 복명할 명분이 없어 더욱 부끄러운 마음을 갖게 되었다. 장의는 어쩌는 수 없이 위나라에 더 머물러야만 했다. 이윽고 4년 만에 위양왕(魏襄王)이 죽고 애왕(哀王)이 새로 섰다. 장의가 다시 애왕에게 진나라를 섬기도록 설득했으나 애왕도 역시 듣지 않았다. 그래서 장의는 몰래 진나라에 연락하여 위나라를 공격하도록 했다. 위나라는 진나라와 싸워 패했다. 다음 해에 또 제나라가 침범하여 관진(觀津)에서 위나라 군사를 크게 무찔렀다. 이에 진나라가 다시 위나라를 공격하기 위해 먼저 한나라의 신차(申差)가 이끌던 군사를 대파하고 그 군사 8만의 목을 벰으로써 산동 제후국들을 진동시켰다. 이에 장의는 다시 위(魏)나라 왕에게 유세했다.

"위나라의 땅은 천 리에 불과하고, 그 군사는 30만이 채 못 됩니다. 지세는 평탄하고 명산대천으로 막혀 있는 곳이 없는 관계로 제후들이 사방에서 군사를 이끌고 몰려들게 되어있습니다. 한나라의 도성 신정(新鄭)에서 이곳 대량(大梁)까지의 200리 길은 수레로 달리면 힘들이지 않고도 단지 하루 만에 쉽게 이를 수 있습니다. 위나라는 남쪽으로는 초나라, 서쪽으로는 한나라, 북쪽으로는 조나라, 동쪽으로는 제나라와 국경을 접하고 있어 위나라 군사들은 사방을 지켜야만 하지만 변방의 보루를 지키는 군사들은 10만이 채 안 됩니다. 위나라의 땅은 원래부터 전쟁터였습니다. 우리 위나라가 초나라와 수호를 하고 제나라를 제외시킨다면 제나라는 우리의 동쪽 변경을 공격할 것이고, 그렇다고 우리가 제나라와 친하게 지내고 조나라와 거리를 둔다면 그때는 조나라가 북쪽에서 우리를 공격할 것입니다. 또한 한나라와 불화하게 되면 한나라는 우리의 서쪽을 칠 것이며, 초나라와 친하게 지내지 않는다면 초나라는 남쪽에서 우리를 공격할 것입니다. 이것이야말로 소위 사분오열(四分五裂)의 형세라고 합니다. 그리고 합종을 추진하는 제후들은 장차 사직을 안정시키고 강병을 길러 그 이름을 높이려는데 그 뜻을 두고 있습니다. 이제 합종을 주장하는 자가 천하를 통일하고자 형제가 되자는 약속을 하고 백마를 희생(犧牲)으로 잡아 원수(洹水)에서 회맹을 행하고 서로 약속을 굳게 지키자고 다짐했습니다. 그러나 같은 부모에게서 난 형제임에도 금전과 재물을 서로 다툴 때가 있습니다. 그럼에도 불구하고 거짓과 속임수를 반복한 소진의 말에 의지하려고 하시니 그것이 성공할 수 없음은 명백합니다. 대왕께서 진나라를 섬기지 않는다면 진나라는 군사를 내어 하외(河外)를 공격한 후에 권(卷), 연(衍), 산조(酸棗)에 의지하여 위(衛)나라를 위협하여 양진(陽晉)을 취하고, 남쪽으로의 진공로가 막히게 되면 조나라는 군사를 보내 위(衛)나라를 구원하지 않을 것입니다. 그렇게 된다면 위(衛)나라도 군대를 북으로 보내지 않을 것이며 그 결과 합종은 깨질 것입니다. 합종이 깨지게 되면 대왕의 위(魏)나라는 비록 원하지 않더라도 필시 위험에 빠지게 됩니다. 진나라가 한나라를 꺾고 위나라를 공격한다면 진나라를 두려워하고 있는 한나라는 진나라와 한 편이 되고 그 결과 위나라는 그저 우두커니 서서 망하는 일만을 기다려야만 합니다. 이것이 신이 대왕을 위해 걱정하는 바입니다. 대왕을 위해 말씀드린다면 진나라를 섬기는 일보다 좋은 계책은 없습니다. 위나라가 진나라를 섬긴다면 초(楚)와 한(韓) 두 나라는 감히 움직이지 못하게 되고, 초와 한 두 나라로 인한 근심이 없어진다면 대왕은 베개를 높이고 편안히 잠을 이룰 수 있으며 나라에는 모든 근심이 사라지게 됩니다.

또한 진나라가 약화시키고자 하는 나라는 초나라 외는 없습니다. 그러나 초나라를 약화시킬 수 있는 나라는 위나라밖에 없습니다. 초나라가 비록 부유하고 대국이이라는 이름을 갖고는 있으나 실은 허명에 불과합니다. 또한 그 군사들의 수효는 많다하나 싸움이 벌어지면 쉽게 패하여 도주하기에만 바빠 굳게 지키지 못합니다. 위나라의 모든 군사들을 거두어 남쪽으로 진공하여 초나라를 공격한다면 틀림없이 승리를 취할 수 있습니다. 그렇게 되면 자기의 땅을 떼어 위나라에 보태주는 초나라는 타격을 받아 국력이 쇠퇴하게 되어 진나라에 복속됩니다. 그 결과 위나라는 화를 다른 나라로 돌리고 자신은 안정을 취할 수 있습니다. 이것이야말로 위나라로써는 최선이라고 말할 수 있습니다. 대왕께서 신을 말을 듣지 않으신다면 진나라는 무장을 갖춘 군사들을 동쪽으로 보내 위나라를 정벌할 것이니 그때 가서야 비로소 진나라를 섬기려 한다고 해도 그때는 이미 늦습니다.

합종을 주장하는 자들은 큰소리만 쳤지 믿을만한 말은 적습니다. 제후 한 사람에게만 유세에 성공해도 봉후가 되기 때문에 천하의 유세가들은 밤낮을 가리지 않고 팔뚝을 걷어붙이고 부릅뜬 눈에 이를 갈면서 합종의 이익을 설파하며 남의 임금을 혈안이 되어 설득하려고 합니다. 남의 임금된 자는 그 언사가 현명하다고 여겨 끌려다니게 되니 어찌 그들에게서 현혹되지 않을 수 있겠습니까?

신은 듣기에 깃털도 많이 쌓이면 배를 가라앉힐 수 있고, 비록 가벼운 물건이라도 많이 싣게 되면 수레의 차축은 부러지게 되고, 여러 사람의 입은 쇠도 녹이며, 여러 사람의 모함은 사람의 뼈도 깎는다고 했습니다. 그런 연유로 대왕께서는 계책과 의논을 깊이 하시어 결정하시기 바랍니다. 신은 잠시 동안 위나라를 떠나 쉬려고 하니 허락해 주시기 바랍니다."

위애왕은 마침내 장의의 말을 따라 합종을 배반하고 그를 통하여 진나라와 통호를 했다. 장의가 진나라도 돌아가 다시 재상의 자리에 앉았다. 3년 후에 위나라는 다시 진나라를 배반하고 합종에 참가했다. 그러자 진나라가 위나라를 공격하여 곡옥(曲沃)을 점령했다. 다음 해에 위나라는 다시 진나라로 돌아섰다.

진나라가 제나라를 정벌하려고 했으나, 제와 초 두 나라가 합종을 행해 공동으로 진나라에 대항하려고 했기 때문에 장의가 초나라에 들어가 재상이 되어 연횡(連橫)을 추진하려고 했다. 장의가 초나라에 왔다는 소식을 들은 회왕(懷王, B.C. 328~B.C.299)이 상객들이 묵는 관사를 모두 비우도록 하고 친히 안내하며 말했다. "이곳은 멀리 떨어진 누추한 나라입니다. 선생께서는 어떤 가르침을 주려고 이와 같이 먼 길을 오셨습니까?"

장의가 초회왕을 향해 말했다. "대왕께서 성의를 다하여 제 말에 귀를 기울이

시겠다면 우선 제나라로 향하는 관문을 닫고 합종의 약속을 깨뜨리라는 말씀을 올리고 싶습니다. 신은 그 댓가로 상오의 6백 리에 달하는 땅을 대왕께 바침과 동시에 진나라 공주를 보내 대왕의 첩으로 삼아 빗자루를 들고 대왕의 궁전을 청소하면서 모시도록 하겠습니다. 초(楚)나라는 며느리를 맞아오고 진나라는 딸을 시집보내면 두 나라는 장기적으로 형제의 나라가 될 수 있습니다. 이것은 북쪽으로는 제나라를 약화시키고 서쪽으로는 우리 진나라와 같은 좋은 나라를 이웃으로 갖게 되는 이익을 취할 수 있습니다. 이와 같이 좋은 계책은 없을 것입니다."

초나라 왕이 크게 기뻐하며 장의의 제안을 허락했다. 이에 초나라의 군신들이 모두 경하의 말을 올렸으나 유독 진진(陳軫)만이 애도의 말을 올렸다. 초나라 왕이 화가나서 말했다. "과인은 군사를 움직이지 않고도 6백 리의 땅을 얻었소. 그래서 군신들이 모두 그 일을 축하하고 있는데 그대만은 유독 애도의 뜻을 표하니 그것은 무엇 때문이오?"

"대왕의 생각은 옳지 않습니다. 신이 보건대 상오(商於)의 땅은 얻지 못할 뿐 아니라 오히려 진와 제 두 나라가 힘을 합하게 될 것입니다. 제(齊)와 진(秦)이 힘을 합치게 되면 초나라는 틀림없이 해를 입게 되기 때문입니다."

"어째서 그렇소?"

"진나라가 초나라를 중히 여기는 이유는 제나라가 있기 때문입니다. 그런데 제나라로 통하는 관문을 닫고 합종의 약속을 깨뜨린다면 그때는 초나라는 고립되고 맙니다. 진나라가 무엇 때문에 고립무원인 초나라와의 연횡을 탐하여 상오(商於)의 땅 6백 리를 주겠습니까? 장의는 진나라에 돌아가게 되면 분명 대왕과의 약속을 저버릴 것입니다. 이것은 북쪽의 제나라와 외교관계를 끊음으로써 서쪽의 진나라로부터 재앙을 불러오는 격이니 제(齊)와 진(秦) 두 나라의 군대는 필연코 초나라를 공격할 것입니다. 대왕을 위해 최선의 계책을 말씀드린다면 아무도 몰래 사람을 보내 제나라와는 친선관계를 유지하면서 겉으로는 외교관계를 단절한다고 하면서 사람을 장의에게 딸려 진나라에 보내 만일 진나라가 상오의 땅 6백 리를 약속대로 할양한다면 그때 가서 실제적으로 제나라와의 외교관계를 단절해도 늦지는 않을 것입니다."

"원컨대 선생은 입을 닫고 더 이상 아무 말 하지 마시오. 선생은 과인이 진나라로부터 땅을 얻게 되는 것이나 구경하기 바라오."

초왕은 장의에게 초나라 재상의 인장과 많은 재물을 예물로 주어 환대했다. 마침내 초나라는 제나라로 통하는 관문을 닫고 합종을 파기했다. 그리고 장군 한 사람을 시켜 장의를 따라가 상오의 땅을 받아오라고 명했다.

진나라에 당도한 장의는 수레를 탈 때 잡아당겨 올라타는 줄을 일부러 놓쳐 굴러떨어져 부상을 입은 것처럼 꾸며 조정에 3개월 동안이나 나가지 않았다. 초왕이 듣고 말했다. "과인이 제와 절교를 하는 방법이 미흡하다고 해서 그러는가?"

이어서 용사를 시켜 송나라게 가서 사신의 부절을 빌려 북쪽으로 올라가 제왕에게 욕설을 퍼부었다. 제왕이 대노하여 부절을 부러뜨리고 나서 진나라에 대해 자세를 낮추었다. 마침내 진과 제 두 나라가 외교관계를 수립하자 장의가 조정에 나와 그때까지 장의의 출현을 기다리고 있던 초나라 사자에게 말했다. "제게 가지고 있는 봉읍의 땅 6리가 있으니 원컨대 바치겠습니다."

이에 초나라 사신이 말했다. "제가 우리 왕으로부터 받은 명은 6백 리의 땅이지 6리의 땅에 대해서는 들은 적이 없습니다."

초나라 사자가 귀국하여 고하자 초왕이 크게 노하여 군사를 일으켜 진나라를 공격하려고 했다. 진진(陳軫)이 말했다. "신이 입을 열어 한마디 해도 되겠습니까? 진나라를 공격하는 것보다는 차라리 초나라의 땅을 떼어 진나라에 뇌물로 바치는 편이 좋습니다. 그렇게 해서 진나라와 군사를 합쳐 제나라를 공격한다면 그것은 우리가 땅을 진나라에 내주었지만 제나라에서 보상을 받게 되니 왕의 땅을 보존할 수가 있기 때문입니다."

그러나 초왕은 진진의 말을 듣지 않고 결국은 군사를 일으켜 굴개(屈勾)를 장군으로 삼아 진나라를 공격했다. 제나라와 공수동맹을 맺은 진나라가 초군에게 반격을 가하여 그 군사 8만의 목을 베고 장수 굴개를 살해한 후 단양(丹陽)과 한중(漢中)의 땅을 점령했다. 이에 초나라가 다시 더 많은 군사를 동원하여 진나라를 기습하여 남전(藍田)에서 진나라와 크게 싸웠으나 초군이 대패하고 말았다. 그래서 초나라는 진나라에게 두 개의 성을 할양하고 강화조약을 맺었다.

진나라가 초나라의 검중(黔中) 땅을 욕심내어 무관(武關) 이남 지역의 땅과 바꾸자고 했다. 초왕이 듣고 말했다. "땅 대신에 장의를 보내주면 검중의 땅을 주겠다."

초왕의 말에 솔깃한 진왕이 장의를 초나라에 보내고는 싶었으나 차마 입 밖으로 말하지 못했다. 장의가 초나라에 가겠다고 자청하자 진왕이 말했다. "초왕이 화가 난 이유는 선생이 상오의 땅을 주지 않아 속였기 때문이오. 초왕은 선생에게 보복하려고 하는 것이오."

"진은 강하고 초는 약합니다. 그리고 신은 초왕의 총신 근상(靳尙)과 친분이 있고 근상은 다시 초왕의 부인 정수(鄭袖)와 가깝습니다. 초왕은 정수의 말이라면 무엇이든지 들어줍니다. 더욱이 대왕의 부절을 지닌 사자로 초나라에 가는데 초나라가 어찌 감히 저를 죽일 수 있겠습니까? 설사 신이 죽는다 할지라도 진나라가 검중의 땅을 얻는다면 그것은 신이 바라는 바입니다."

이윽고 장의가 진나라의 사자가 되어 초나라로 들어가자 초회왕은 장의를 붙잡아 감옥에 가두고 살해하려고 했다. 근상이 정수를 찾아가 말했다. "왕비께서는 앞으로 왕에게 천대를 받게 될 것을 알고 있습니까?"

"무엇 때문이오?"

"진나라 왕은 장의를 몹시 사랑하기 때문에 필시 그를 감옥에서 꺼내려고 할 것입니다. 오늘 상용(上庸)의 6개 현(縣)을 초나라에 뇌물로 바치면서 다시 궁중에서 노래 잘 부르는 여인들을 선발하여 진나라의 미인을 초왕에게 시집보내는데 같이 보내려고 합니다. 초왕은 땅을 중하게 여기고 진나라를 받들려고 하니 진나라에서 시집온 여인들은 필시 귀하게 되고 부인께서는 멀리 내쳐져 천하게 될 것입니다. 그러니 대왕께 말씀드려 장의를 석방시키도록 하십시오."

그래서 정수는 매일 밤낮을 가리지 않고 초왕에게 말했다. "남의 신하된 자들은 각기 그 주인을 위해 쓰임을 당하는 것인데 오늘 진나라가 땅도 미처 받지 않고 장의를 사자로 보내온 뜻은 진나라가 우리 초나라를 중하게 여기는 까닭입니다. 왕께서 예를 잃어버리고 장의를 죽인다면 진나라는 필시 크게 노하여 초나라를 공격할 것입니다. 이 첩은 대왕께 청하건대 우리 모자는 강남으로 옮겨가 살아 진나라에 의해 어육(魚肉)이 되는 일을 피해야 되겠습니다."

회왕이 후회하며 장의를 사면하여 석방하고 예전처럼 예를 갖춰 후하게 대했다.

장의가 석방되어 아직 초나라를 떠나기 전에 소진이 죽었다는 소식을 듣고 초왕에게 유세했다.[1] "진나라는 천하의 반을 차지하고 군사력은 사방의 나라들에 대항하고 있습니다. 그리고 그 영토는 험지로 둘러싸여 있고 황화를 허리띠처럼 두르고 있으며 사방은 견고한 요새에 의지하여 외적을 방어하고 있습니다. 용기있는 무사들은 100만이 넘고 전차는 1,000량, 기병은 만 기(騎)에 곡식은 산처럼 쌓여있습니다. 또한 나라의 법령은 엄명하고, 군사들은 모두가 어려움도 편안하게 여기고 죽음도 피하지 않습니다. 군주는 사리에 밝고 위엄이 있으며 장수는 지혜와 무용을 갖추고 있어 비록 지금은 무장한 군사들을 출동시키지는 않고 있지만 장차 상산(常山)의 요해지를 점령하면 천하의 척추를 끊어 뒤늦게 진나라에 복종을 해온 나라들은 기필코 먼저 망하게 될 것입니다. 합종을 행하는 나라는 양 떼를 몰아 맹호를 공격하는 것과 다를 바가 없으니 양과 맹호는 그 격이 다르다는 사실을 명백히 알아야 합니다. 오늘 대왕께서는 맹호의 편에 서지 않고 양 떼의 편에 섰으니 신이 가만히 생각해 보니 그것이야말로 대왕의 잘못입니다.

천하의 강국이라 함은 진나라가 아니라면 초나라이며, 또한 초나라가 아니면 진나라입니다. 두 나라가 서로 다투게 되면 서로 양립할 수 없습니다. 대왕이 진나라와 함께하지 않는다면 진나라는 무장 군사들 보내 의양(宜陽)을 점령하여 한나라의 북쪽 땅과 통하지 못하게 하고 다시 군사를 황하를 따라 동쪽으로 내려 하동(河東)으로 보내어 성고(成皐)를 점령하면 한나라는 어쩔 수 없이 진나라

---

1 소진이 죽은 해는 B.C. 284년이고, 장의가 초나라에 들어가 초나라와 제나라 간의 합종을 깬 결과, 진나라와 초나라 사이에 전쟁이 일어난 해는 B.C. 312년의 일이다. 소진은 B.C. 309년에 죽은 장의보다 오래 살았다. 이 부분은 사마천의 오류이다.

에 입조하여 신하의 예를 취해야만 합니다. 그렇게 되면 위나라도 어쩔 수 없이 한나라의 뒤를 따라야만 합니다. 한·위 두 나라를 복종시킨 진나라가 초(楚)나라의 서쪽을 공격하면 한·위 두 나라는 초나라의 북쪽을 침범하게 되어 초나라의 사직의 안위는 보장할 수 없게 됩니다.

합종론자들은 약한 제후국들을 모아 가장 강력한 나라를 공격하자고 하니 그것은 바로 상대국의 강약도 헤아리지 않고 경솔하게 전쟁을 일으키는 무모한 행위이며, 가난한 나라가 빈번하게 군사를 일으키는 경우이니 그것은 바로 나라를 위험에 빠뜨려 망하게 하는 술책입니다. 신은 듣건대 군사들의 수가 적은 군대는 정면으로 대적하면 안 되고 군량미가 충분치 않은 군대는 지구전을 벌리면 안 된다고 했습니다. 합종론자들은 언사를 그럴듯하게 꾸미고 헛된 의견만을 주장하니 자기 군주들의 절조가 높다고 치켜세우면서 단지 좋은 점만을 지적하고 위험하고 해로운 점은 지나칩니다. 그러니 안심하고 있다가 어느 날 갑자기 진나라로부터 환난을 입게 되어도 그때는 어찌해 볼 도리가 없게 되고 맙니다. 그래서 희망컨대 대왕께서는 심사숙고하시어 이 문제를 생각해보십시오.

진나라는 서쪽에 파군(巴郡)과 촉군(蜀郡)을 차지하고 있어 큰 배에 식량을 가득 싣고 문산(汶山)에서 출발하여 강수로 들어가 순류를 타고 3천 리를 남하하면 초나라에 이르게 됩니다. 두 척의 배를 한 조로 삼아 매 한 척의 배에는 50명의 군사를, 다른 배에는 3개월 치의 양식을 실어 강에 띄우면, 하루 동안 갈 수 있는 거리는 300리가 넘습니다. 비록 거리가 멀다고 하지만 우마(牛馬)의 힘을 빌리지 않더라도 10일이면 한관(扞關)에 당도할 수 있습니다. 한관이 긴박하게 되면 초나라의 동쪽 국경은 모두 성안에 갇혀 지키기에 급급하게 되어 검중(黔中)과 무군(巫郡)은 이미 대왕의 땅이 아니게 됩니다. 동시에 진나라가 함양에서 군사를 일으켜 무관을 통해 나아가 남쪽을 향해 진공시킨다면 초나라의 북쪽지방은 절단되어 고립되고 맙니다. 또한 무관을 통과한 진나라의 군사는 3개월이면 초나라를 위난에 빠뜨릴 수 있지만 제후국들의 구원군은 6개월 안에는 당도할 수 없어 그 형세는 초나라가 필요할 때 이를 수 없습니다. 약한 제후국들의 구원을 믿으면서 막강한 진나라의 재난을 잊고 있는 대왕을 위해 신이 걱정하는 바입니다.

대왕께서는 지금까지 오나라와 싸워 다섯 번 싸워 3번을 이겼습니다. 그러나 싸움에서 군사들을 모두 잃고 멀리 떨어진 새로 얻은 성을 지키느라 백성들은 질고에 고통받고 있습니다. 신은 듣건대 공이 큰 자는 위태롭고 피폐해진 백성들은 그 군주를 원망하게 된다고 했습니다. 위태로워지기 쉬운 공을 지키느라 강대한 진나라의 뜻을 거스르고 있음은 신은 가만히 생각건대 대왕께서는 위태로운 처지에 있다고 여기는 것입니다.

진나라가 15년 동안 함곡관 밖으로 군사를 진격시켜 제(齊)와 조(趙) 등의 나라를 공격하지 않은 이유는 천하를 합하려는 계책을 몰래 꾸미고 있었기 때문입니다. 초나라가 옛날 진나라에 재난을 일으켜 한중(漢中)에서 싸웠으나 싸움에서 이기지 못하고 오히려 집규(執珪)의 높은 작위를 갖고 있던 70여 명의 장수들이 전사하고 결국은 한중마저 빼앗기고 말았습니다. 한중을 잃자 대왕께서는 더욱 노하여 군사를 다시 일으켜 진나라를 습격하여 남전(藍田)에서 싸웠습니다. 이것을 소위 말하는 용호상박(龍虎相搏)이라 합니다. 이로써 진(秦)과 초(楚) 두 나라는 서로 피폐해지고 그 결과 한(韓)과 위(魏) 두 나라가 전력을 기우려 초나라의 배후를 공격했습니다. 어찌 그보다 더 위험한 계책이 있었겠습니까? 원컨대 대왕께서는 심사숙고하시기 바랍니다.

진나라가 갑병을 출동시켜 위(衛)나라의 양진(陽晉)을 공격하여 점령한다면 그것은 필시 천하의 가슴에 해당하는 요충지를 봉쇄하는 행위와 같습니다. 그 틈을 이용하여 대왕께서 전군을 동원하여 송나라로 진군시킨다면 몇 개월 내에 신속하게 점령할 수 있으며 이어서 송나라를 이끌고 동쪽으로 진공하면 사상(泗上) 12제후국들의 영토 또한 모두 대왕의 소유로 만들 수 있습니다.

천하는 서로 믿음으로써 합종을 견고히 해야 한다고 주장한 소진(蘇秦)은 조나라로부터 무안군(武安君)에 봉해지고 이어서 연(燕)나라로 가서는 그곳의 상국(相國)이 되었습니다. 그러나 그는 아무도 몰래 연왕과 함께 모의하여 제나라를 무찔러 그 땅을 나누기로 했습니다. 후에 다시 연나라에 죄를 지은 체 하고 도망쳐 제나라로 들어갔습니다. 소진을 총애한 제왕은 그를 상국으로 삼았습니다. 그리고 2년 만에 소진의 음모가 발각되어 제왕이 대노하여 소진을 시정에서 거열형에 처하고 말았습니다. 일개 사기꾼에 불과한 소진이 천하를 경영하기 위해 제후들을 혼란에 빠뜨렸으니 결국은 그 뜻을 이룰 수 없었음은 당연한 결과일 뿐입니다.

지금 진과 초 두 나라는 서로 국경을 맞대고 있어 원래부터 친하게 지내온 우호국이었습니다. 대왕께서 실로 신의 말에 귀를 기울이신다면, 신은 진나라의 태자를 초나라에 인질로 보내겠습니다. 초나라도 태자를 진나라로 보내시기 바랍니다. 그리고 대왕을 위해 진나라 공주를 보내 시첩(侍妾)으로 삼게 해드리겠으며 만호(萬戶)에 달하는 성읍을 바쳐 대왕의 탕목읍(湯沐邑)[2]으로 삼아 오랫동안 형제의 나라에 종신토록 서로 공격하는 일이 없도록 하겠습니다. 신은 이보다 더 좋은 계책은 없다고 생각합니다."

그래서 초왕은 장의를 이미 얻었음으로 약속대로 검중(黔中)의 땅을 다시 내어 진나라에 할양하여 장의의 요청을 허락하려고 했다. 굴원이 초회왕을 보고 말했다. "예전에 대왕께서 장의에게 속임을 당해, 그가 초나라에 들어오면 대왕께서는 팽살형에 처할 것이라고 신은 생각하고 있었습니다. 오늘 다시 그를 죽이지 않고 방면해 주고 다시 그의 거짓된 말을 들으시려고 하니 그것은 결코 불가한 일입니다."

"장의의 청을 허락하고 검중군(黔中郡)을 얻음은 큰 이득이나 후에 다시 약속하고 지키지 않는다면 그것도 불가한 일이오."

초나라 회왕(懷王)은 결국 장의의 제안을 허락하고 진나라와 수교했다.

초나라를 떠난 장의는 곧바로 한(韓)나라로 가서 한왕(韓王)에게 유세했다. "한나라의 땅은 험한 산악지대로 둘러싸여 있습니다. 생산되는 오곡은 대부분이 콩 아니면 보리뿐이라 백성들은 콩밥에 명아주국입니다. 일 년만 수확을 못해도 백성들은 술지게미와 쌀겨조차도 제대로 먹지 못합니다. 영토는 900리에 불

---

2 탕목읍은 천자가 제후(諸侯)에게 그 수입을 재계(齋戒)하는 목욕 비용에 쓰라는 명목으로 내리는 특정의 채지(采地)이다.

과한 나라가 2년 먹을 양식도 생산하지 못합니다. 대왕의 보유한 군사들은 모두 모아도 30만에도 못 미치고 그 숫자도 시도(廝徒)와 부양(負養)을 포함한 숫자입니다. 그리고 변방의 요정(徼亭)과 요새를 지키는 군사들을 제외하면 20만 명에 불과합니다. 반면에 진나라는 갑옷을 두른 군사들은 백만이 넘고, 병거는 천 승(乘), 기병(騎兵)은 만 기(騎), 그리고 날쌘 동작으로 투구도 쓰지 않은 채 두 손으로 뺨을 가리며 적진을 향해 달려갈 수 있는 호랑이처럼 날쌘 용사는 이루 셀 수 없을 만큼 많습니다. 진나라의 말은 모두 뛰어나고 또한 기병들은 모두 융족(戎族) 출신들입니다. 앞발을 쳐들고 뒷발로 땅을 차면 한 번에 세 길을 내닫는 기병의 수는 셀 수 없을 만큼 많습니다. 산동의 군사들은 갑옷과 투구로 무장하고 싸우지만 진나라의 군사들은 오히려 갑옷을 벗고 맨발에 웃통을 들어내며 적진을 향해 돌진하여 왼손에는 적의 수급을 들고 오른손으로는 포로를 낚아챕니다. 진나라 군사들과 산동의 군사들을 비교하면 마치 맹분(孟賁)[3]이 두려움에 떠는 겁쟁이와 대결하는 것 같고, 눌러 내리는 중압감은 마치 오획(烏獲)[4]이 어린아이를 다루는 일과 같습니다. 맹분이나 오획과 같은 용사들을 시켜 복종하지 않는 약소국들을 공격하게 하는 일은 마치 천균(千鈞)의 무게로 새알 위를 누르는 경우와 같으니 어찌 요행수가 있을 수 있겠습니까?

육국의 군주들과 대신들은 자기들 나라의 국력이 약하다는 처지도 헤아리지 않고 합종을 주장하는 유세객들의 감언이설에 현혹되고, 유세객들은 그들과 작당하여 사리를 취하면서 모두 '우리들의 계책을 따른다면 천하의 패자가 될 수 있습니다.'라고 말합니다. 국가의 먼 앞날을 내다보는 장기적인 이익을 헤아리지 않고 단편적인 면만을 강조한 유세에 귀를 기울이게 합니다. 이것은 그 나라의 군주를 망치게 하는 행위이니 이보다 더 나쁜 계책은 없습니다.

대왕께서 진나라를 받들지 않으신다면, 진나라는 갑옷으로 무장한 군사들을 의양(宜陽)에 주둔시켜 한나라의 상당군(上黨郡)과 통하는 길을 끊고, 다시 동쪽으로 나아가 성고(成皐)와 형양(滎陽)을 취하면 한나라의 홍대(鴻臺)와 상림원(桑林

---

3 맹분(孟賁)은 전국시대 진나라 무왕의 호위 무사였던 맹열(孟說)이다.
4 오획(烏獲)은 전국시대 진나라 무왕의 휘하에 있던 무사이다.

苑)은 더 이상 대왕의 소유가 아닐 것입니다. 성고가 봉쇄를 당하면 한나라의 하수 이북지역과는 두절되어 대왕의 나라는 양분되고 맙니다. 그래서 진나라를 섬기는 일은 한나라를 안정시키는 일이 되고 진나라를 섬기지 않음은 한나라를 위험에 빠뜨리게 되는 일입니다. 재앙을 만들어 내면서 복으로 보답 받기를 추구하는 행위는 계책이 얕고 비루하여 깊은 원한을 사게 되는 일입니다. 진나라를 거역하고 초나라에 순종하는 행위는 비록 아무리 망하지 않으려고 몸부림친다고 해도 어쩌지 못하는 일입니다.

따라서 대왕을 위해 계책을 올린다면 나라의 안전을 위해서는 진나라를 섬기는 일이야말로 가장 좋은 방책이라고 할 수 있습니다. 초나라가 약화되기를 원하는 나라로 진나라보다 더한 나라는 없고, 실제적으로 초나라를 능히 약화시킬 수 있는 나라는 한나라가 가장 적격이기 때문입니다. 한나라 없이는 초나라를 약화시킬 수 없음은 한나라가 초나라보다 강해서가 아니라 그 지형 때문에 그렇습니다. 오늘 대왕께서 서쪽으로 얼굴을 돌려 진나라를 받들고 초나라를 공격한다면 진나라는 필시 기뻐할 것입니다. 초나라를 공격하여 그 땅을 얻는 이득을 얻음은 화를 돌려 진나라를 기쁘게 하는 일이니 이보다 더 좋은 계책은 있을 수 없습니다."

한왕이 장의의 계책을 따르겠다고 했다. 장의가 돌아가 그 사실을 고하자 진혜왕(秦惠王)은 그를 다섯 개의 고을에 봉하고 무신군(武信君)이라는 칭호를 내렸다. 다시 장의(張儀)가 제나라로 가서 민왕(湣王)에게 유세했다.

"천하에는 제나라보다 강한 나라는 없습니다. 대신들과 부형들은 수 없이 많고 그 대부분이 부유한 생활을 즐기고 있습니다. 그러나 대왕을 위해 계책을 올린다면 그런 모든 것들은 일시적인 즐거움일 뿐이며, 백세에 누릴 이익은 헤아리지 않는 일입니다. 대왕께 유세했던 합종론자들은 필시 이렇게 말했을 것입니다. '제나라의 서쪽에는 조(趙)라는 강국이 있고, 남쪽에는 한(韓)과 양(梁)이 있습니다. 제나라는 바다를 끼고 그 땅은 넓고 백성들은 많으며 군사들은 강하고 무사들은 용감합니다. 비록 진나라가 백 개가 있다 한들 제나라를 어찌할 수 있겠습니까?' 대왕께서는 그 말이 매우 고명하다는 점만을 아시고 실세적인 정황을 헤아리지 않고 계십니다. 합종론자들은 붕당을 만들어 사리를 꾀하고 다른 의견들은 모두 배척하기 때문에 합종을 따름으로써는 아무것도 얻을 수 없습니다. 제가 듣기에 제(齊)와 노(魯) 두 나라가 세 번 싸워 모두 노나라가 이겼으나 노나라는 이로 인해 나라가 망했습니다. 전쟁에 싸워 이긴 명성에 불구하고도 현실적으로는 나라가 망한 것입니다. 그것은 무엇 때문이겠습니까? 제나라는 강대하고 노나라는 약소하기 때문이었습니다. 현재 진과 제 두 나라를 비교해 본다면 그것은 마치 제와 노 두 나라의 경우와 같습니다. 또한 진과 조 두 나라가 장하(漳河)의 강안에는 두 번 싸워 조군이 모두 승리를 거두었습니다. 후에 다시 파오(番吾)의 성 밑에서 두 번 교전하여 모두 조나라가 이겼습니다. 그러나 조나라는 4번의 싸움에서 수십 만의 군사를 잃고 근근이 그 도성 한단(邯鄲)만을 지킬 수 있었을 뿐이었습니다. 4번에 걸쳐 승리를 거둔 조나라는 그 이름을 천하에 알렸으나 결국은 나라의 경제는 파국을 맞게 되었습니다. 이것은 어째서 이겠습니까? 그것은 바로 진나라는 강하고 조나라는 약했기 때문이었습니다.

오늘날 진과 초 두 나라가 그 공녀를 시집보내고 부인으로 맞아들여 바로 형제의 나라가 되었습니다. 한나라는 의양(宜陽)을, 위(魏)나라는 하외(河外)의 땅을 바치고, 조나라는 그 왕이 민지(澠池)에 들어가 진왕에게 조현을 올리고 하간(河間)의 땅을 떼어 바치면서 진나라를 받들기로 맹세했습니다. 대왕께서 진나라를 받들지 않는다면 진나라는 한·위 두 나라를 압박하여 제나라의 남쪽 땅을 공략하게 하고 다시 조나라의 전 군사들을 일으켜 청하(淸河)를 건너 박관(博關)과 임치(臨淄)를 향하게 하면 제나라의 즉묵(卽墨) 땅은 더 이상 왕의 소유가 아닐 것입니다. 나라가 어느 날 외적으로부터 공격을 받게 된다면 그때는 제나라가 비록 진나라를 섬기려고 할지라도 불가한 일이 됩니다. 그러므로 대왕께서는 이 점을 숙고하시기 바랍니다."

제왕(齊王)이 말했다. "우리 제나라는 중원에서 멀리 떨어진 변방의 동해 상에 숨어 있는 나라라 과인은 아직까지 사직을 위해 이렇듯 장구한 이득에 관해 들어보지 못했소. "

제왕은 장의의 말을 쫓기로 했다.

장의가 제나라를 떠나 서쪽으로 방향을 돌려 조나라로 들어가 조왕(趙王)에게 유세했다. "저희 진왕께서는 신으로 하여금 사자로 삼아 대왕께 어리석으나마 계책을 올리라고 명하셨습니다. 대왕께서는 천하의 제후들을 이끌고 저희 진나라를 배척하시고 계십니다. 진나라 군사들은 감히 함곡관(函谷關) 밖으로 나오지 못한지가 벌써 15년이나 되었습니다. 대왕의 위엄이 산동에 떨치니 우리 진나라는 두려움에 떨어 땅에 엎드려 무기를 수선하고 군사를 단련시켰으며 또한 병거와 기마를 준비하여 말타기와 활쏘기를 연습시켰습니다. 힘써 농사를 지어 양식을 저장하고 사방의 국경을 지키며 근심과 두려움으로 감히 동요하지 못하고 오로지 대왕께서 우리 진나라의 허물을 깊이 꾸짖을까 봐 전전긍긍해왔습니다. 은인자중하게 하여 국력을 신장시켜주신 대왕의 덕분에 우리 진나라는 이제 파(巴), 촉(蜀)을 얻고 한중(漢中)을 병합하였으며 동서 양주(兩周)를 세력권 하에 두어 전국(傳國)의 보기(寶器)인 구정(九鼎)을 함양(咸陽)으로 옮기기 위해 백마진(白馬津)을 지키고 있습니다. 진나라가 비록 한쪽의 외지고 머나먼 곳에 자리 잡고 있으면서 내심으로는 실로 오랫동안 분노와 원한을 품고 지내왔습니다. 오늘 진나라는 비록 허름하고 정예하지 못하기는 하지만 그 무기로 무장한 군사들을 민지(澠池)에 주둔시킨 후에 하수를 건너고 장하(漳河)를 뛰어 넘어 파오(番吾)를 점거하여 한단성 하에서 조군과 회전에 들어가 원컨대 갑자(甲子)일에 결판을 내려고 합니다. 이것은 마치 주(周)나라의 무왕(武王)이 은(殷)나라의 탕왕(湯王)을 정벌하려고 하는 상황과 같으니 저의 왕께서는 신을 사신으로 보내 미리 알려드리는 것입니다.

대왕께서 합종을 믿으신 이유는 소진을 따랐기 때문입니다. 그러나 소진은 제후들을 현혹시켜 옳은 것을 그르다 하고 그른 것을 옳다고 했습니다. 그리고 제나라에 들어가 반역을 꾀해 결국은 자청하여 저잣거리에서 거열형에 처해지는 신세가 되었습니다. 그러니 소진의 합종론으로는 천하를 하나로 만들 수 없음이 분명해졌습니다. 오늘 초(楚)와 진(秦) 두 나라는 형제지국이 되었고, 한(韓)과 양(梁) 두 나라는 진나라의 동쪽을 지키는 번국(藩國)을 칭했으며, 제나라는 그들의 땅 중 어염(魚鹽)이 나오는 곳을 우리 진나라에 헌상함으로 해서 조나라의 오른팔이 되기를 거절했습니다. 오른팔이 잘리고도 다른 사람과 싸우기를 계속하고, 자기편을 잃고 고립에 처해 있으면서도 위태롭지 않을 것을 바란다면 어찌 그것이 가능하다고 하겠습니까?

오늘날 진나라는 세 장군에게 명령을 내려, 그 일군은 오도(午道)의 통행을 막고 제나라에 통고하여 그들로 하여금 군사를 일으켜 청하(淸河)를 건너 한단의 동쪽으로 진격시키고, 다른 일군은 성고(成皐)에 주둔하면서 한과 양(梁) 두 나라를 압박하여 하외(河外)로 진군하게 하고, 남은 일군은 민지(澠池)에 주둔하게 할 것입니다. 이어서 진(秦), 제(齊), 한(韓), 양(梁) 등 네 나라는 서로 연합하여 조나라를 공격하여 점령한 후에 그 땅을 넷으로 나누어 가지려고 합니다. 그런 연유로 우리는 감히 그 계획을 숨기지 않고 먼저 알려드리는 것입니다. 우리 진나라가 가만히 대왕을 위해 계책을 올린다면 진왕과 민지에서 회맹을 행하여 서로 대면하여 대화로써 해결하고 군사를 거두어 병화가 없게 하는 방법이 가장 좋다고 생각합니다. 원컨대 대왕께서는 계책을 정하시기를 바랍니다."

조왕이 말했다. "선왕 때 봉양군(奉陽君)이 제멋대로 권력을 휘둘러 선왕을 속이고 정사를 오로지 했었소. 과인은 당시 깊은 궁궐에 기거하면서 스승으로부터 공부를 하고 있었기 때문에 국정에 참여를 할 수 없었소. 이윽고 선왕께서 돌아가시자 나이가 어렸던 과인은 사직을 받드는 군주의 자리에 오른 지가 얼마 되지 않아 원래는 마음속으로 의심하는 바가 없지 않았었소. 합종책만을 쫓아 진나라를 받들지 않는 것은 국가의 먼 장래에 이익이 되지 않을 것이라고 생각했었소. 그래서 마음을 바꿔 의심을 털어 버리고 조나라의 영토를 할양하여 옛날의 과오를 사과하고 진나라를 섬기기로 하겠소. 바야흐로 수레를 마련하여 진나라로 들어가 죄를 청하려고 하는 차제에 사자로 온 경의 밝은 가르침을 받게 된 것이오."

장의의 연횡책을 조왕이 받아들이기로 하자 장의는 곧바로 조나라를 떠났다. 조나라를 떠난 장의는 방향을 북쪽으로 향해 연나라에 가서 소왕(昭王)에게 연횡책을 유세했다.

"대왕에게 조나라보다 친한 나라는 없습니다. 옛날 조양자(趙襄子)가 그의 누이를 대왕(代王)의 부인으로 보내 놓고 대(代) 땅을 병합할 욕심으로 대왕(代王)과 구주(句注)의 관색(關塞)에서 만나 회맹하기로 했었습니다. 그리고 공인(工人)에게 명을 내려 사람을 가격할 수 있는 자루가 긴 국자를 구리로 만들도록 했습니다. 양자가 대왕과 술을 마시면서 아무도 몰래 요리사에게 술자리가 거나하게 흥이 오르거든 뜨거운 국을 올린다고 하면서 국자의 자루를 잡고 그를 가격하라고 했습니다. 이윽고 술자리가 거나하게 흥이 올랐을 때 요리사가 뜨거운 국을 올리고 다시 술을 따르다가 구리 국자의 자루를 돌려 잡아 내리쳐 죽였습니다. 대왕의 뇌는 깨져 땅에 쏟아졌습니다. 그 누이가 소식을 듣고 그 비녀를 갈아 목을 찔러 죽었습니다. 그런 사연으로 지금도 그 산을 마계산(摩笄山)이라 부르고 있습니다. 대왕(代王)이 그렇게 죽은 것은 천하 사람들이 들어 알고 있습니다.

조나라 임금은 포악하여 그 육신조차도 용납하지 않았다는 사실은 대왕께서 분명히 아시고 계시는 일입니다. 그런데 하물며 그런 조왕과 어떻게 가까이 지낼 수 있겠습니까? 조나라가 군사를 일으켜 연나라를 공격하여 두 번이나 연도(燕都)를 포위함으로 해서 대왕을 범하자 대왕께서는 10개의 성을 떼어 주고 사죄를 했습니다. 지금 조왕은 이미 진나라에 들어가 민지(澠池)에서 진왕에게 조현을 올리고 하간(河間)의 땅을 바치고 진나라를 받들기로 맹세했습니다. 이에 진나라가 군사를 일으켜 운중(雲中)과 구원(九原)의 길로 진격시키고 조나라를 압박하여 연나라를 공격하게 한다면 이수(易水)와 연장성(燕長城)은 이미 대왕의 소유가 아니게 될 것입니다.

그리고 또한 지금 조나라의 입장은 진나라의 군현(郡縣)과 같아 진나라의 허락 없이는 감히 군사를 일으켜 함부로 연나라를 침략할 수 없습니다. 왜냐하면 서쪽에서는 강력한 진나라가 구원군을 보내고 남쪽으로부터는 조와 제 두 나라의 위협을 받지 않기 때문입니다. 대왕께서는 이 점을 잘 숙고하시기 바랍니다."

연왕이 말했다. "과인은 구석진 만이(蠻夷)의 땅에 살고 있어, 비록 덩치는 큰 성인이나 그 행동은 마치 어린아이와 같아 올바른 계책을 얻을 수가 없었소. 오늘 다행히 상객(上客)께서 가르침을 주셨으니 청컨대 얼굴을 서쪽으로 돌려 진나라를 받들기로 하고 항산(恒山)의 끝자락에 있는 5개의 성을 바치기로 하겠습니다."

연왕이 장의의 연횡책을 받아들이기로 하자 장의는 진나라로 돌아갔다.

장의가 미처 함양에 이르기 전에 진나라 혜왕(惠王, B.C. 337~B.C. 311)이 죽고 무왕(武王, B.C. 311~B.C. 307)이 자리에 올랐다. 무왕은 태자시절부터 장의에 대해 탐탁하게 생각하지 않았다. 그래서 무왕이 즉위하자 여러 군신들이 장의를 헐뜯으며 말했다. "장의는 신의가 없고 반복무사한 방법으로 나라를 팔아 군주의 총애를 받아왔습니다. 진나라가 장의를 다시 쓴다면 천하의 웃음거리가 되지 않을까 걱정됩니다."

장의와 진왕 사이에 틈이 생겼음을 알게 된 제후들은 연횡을 깨고 다시 합종으로 돌아갔다.

진무왕(秦武王) 원년 기원전 310년 진나라의 대신들이 밤낮으로 장의를 비난하며 멈추지 않는 상태에서 제나라가 사자를 보내 장의를 책망했다. 장의는 혹시라도 무왕에게서 죄를 얻어 살해되지나 않을까 걱정하여 기회를 살피다가 무왕에게 말했다. "신에게 어리석으나마 한 가지 계책이 있습니다. 원컨대 대왕께 말씀드리고자 합니다."

"무엇이오?"

"진나라의 사직을 위한 계책입니다. 동쪽에서 대란을 일으킨다면 대왕께서는 그 땅의 일부를 차지할 수 있습니다. 제가 들으니 제왕이 매우 저를 미워한다고 합니다. 그래서 장의가 있는 곳이라면 제왕은 틀림없이 군사를 보내 공격할 것입니다. 원컨대 불초한 신을 위나라에 있게 하시면 제나라는 필시 제가 머물고 있는 위나라를 공격할 것입니다. 위(魏)와 제 두 나라가 성 밑에서 엉켜 서로 어쩌지 못하고 있을 때 대왕께서 그 틈을 이용하여 한나라를 정벌하고 삼천(三川)으로 들어가 함곡관을 통해 군사를 내어 주나라에 임한다면, 천자의 제기(祭器)들을 얻어 진나라에 가져다 놓을 수 있습니다. 천자를 끼고 천하의 도적(圖籍)을 정리한다면 그것이야말로 제왕의 공업이라고 할 수 있습니다."

장의의 말을 옳다고 여긴 진무왕은 그에게 가죽으로 장식한 수레 30승을 내어주며 위나라로 가게 했다. 그러자 제나라가 과연 군사를 일으켜 위나라를 공격했다. 위나라 애왕(哀王, B.C. 337~B.C. 311)이 두려워하자 장의가 말했다. "대왕께서는 너무 근심하지 말기 바랍니다. 청컨대 제나라의 군대가 물러나도록 하겠습니다."

장의는 곧바로 자기의 사인(舍人)으로 있던 풍희(馮喜)를 초나라에 보내 초왕의 사자 명의를 빌려 제나라로 들어가 제나라 왕에게 다음과 같이 말하게 했다. "대왕께서는 장의를 대단히 미워하고 계십니다. 그러면서도 대왕께서는 진왕보다도 더 많이 장의에게 의탁하고 계십니다."

그러자 제나라 왕이 대답했다. "과인이 장의를 미워하기 때문에 장의가 있는 곳이 어디든지 구애하지 않고 반드시 군사를 일으켜 공격하고 있는데 어째서 과인이 장의에게 의탁하고 있다는 말이오."

풍희가 말했다.

"그것이 바로 대왕께서 장의에게 의탁하고 있음입니다. 장의가 진나라를 떠날 때 진왕과 다음과 같이 약속했다 합니다.

'대왕을 위한 계책을 올리겠습니다. 동방에 대란이 일어나게 되면 대왕께서는 많은 땅을 얻으실 수 있습니다. 지금 제왕이 신을 매우 미워하여 장의가 있는 곳이면 어디든지 군사를 일으켜 공격할 것입니다. 고로 신은 바라옵건대 불초한 이 몸을 양나라에 머물게 하시기 바랍니다. 그렇게 되면 제나라는 반드시 군사를 일으켜 양나라를 공격할 것입니다. 제와 양 두 나라 군사가 양나라의 성 밑에서 엉켜 뒹굴며 서로 헤어나지 못하게 되면 대왕께서는 그 틈을 이용하여 한나라를 공격하여 삼천으로 들어가 주나라에 임하시기 바랍니다. 주나라에 들어가게 되면 전국의 보기들을 모두 함양으로 옮겨 천자의 이름으로 천하의 호적과 지적도를 정비한다면 그것이 바로 제업을 이루게 되는 일입니다.'

진왕이 장의의 말이 옳다고 여겨 가죽으로 장식한 수레 30승을 주어 양나라로 보냈습니다. 지금 장의가 양나라에 머물자 대왕께서는 과연 군사를 일으켜 양나라를 공격하고 계시니 이것은 대왕께서는 안으로는 나라를 피폐하게 만들고 밖으로는 이웃의 우호국을 쳐서 적국의 영토를 넓혀주는데 스스로 가담함으로 해서 진왕이 장의를 신임하게 만들고 있습니다. 그래서 저는 대왕께서 '장의의 말에 의탁하고 있다'고 말씀드리는 것입니다."

제왕이 풍희의 말을 옳다고 여겨 즉시 군사를 물리쳤다. 장의는 위나라의 재상으로 있다가 1년 후에 그곳에서 죽었다.

진진(陳軫)은 제후들을 찾아다니며 유세(遊說)했던 변사(辯士)다. 장의를 따라 몸을 일으켜 진혜왕을 섬겼다. 두 사람은 중용되어 서로 총애를 다투었다. 장의가 진혜왕 앞에서 진진을 헐뜯으며 말했다.

"진진이 많은 예물을 가지고 진과 초 두 나라 사이를 사자의 임무를 띠고 빈번히 왕래하고 있음은 두 나라의 수교를 위해서입니다. 그런데 초나라는 진나라에게는 잘 대해주지 않으면서도 진진 자신에게는 잘 대해 주고 있습니다. 그것은 즉 진진이 자신을 위해서는 후하게 하고 대왕을 위해서는 박하게 하고 있기 때문입니다. 더욱이 지금 진진은 진나라를 떠나 초나라에 가려고 합니다. 왕께서는 어찌하여 그 이유를 진진에게 묻지 않으십니까?"

진왕이 진진을 불러 물었다. "내가 들으니 그대는 진나라를 떠나 초나라로 가려고 한다는데 사실이요?"

"사실입니다."

"장의의 말이 과연 사실이었구나!"

"이 일은 유독 장의 혼자만 알고 있는 일이 아니고 길 가는 사람은 모두 알고 있는 사실입니다. 옛날 오자서는 그 군주에게 충성을 바쳤기 때문에 천하의 제후들은 그를 신하로 삼기 위해 다투었습니다. 증삼(曾參)은 그 부모에게 효성스러웠기 때문에 천하 사람들은 모두 그를 자신의 아들로 삼기 위해 다투었습니다. 노복이나 시첩을 팔려고 할 때 마을 어귀를 벗어나기도 전에 팔리는 자들이 좋은 노복이거나 시첩입니다. 시댁에 쫓겨난 부녀자가 같은 향리에서 다른 남자에게 시집가는 여인이 좋은 여인입니다. 오늘 이 진진이 그 군주에게 불충했다면 초나라가 어찌 이 사람을 충성스럽다고 해서 불러서 쓰려고 하겠습니까? 충성스러움에도 버림을 받으니 제가 초나라에 가지 않으면 어디로 가겠습니까?"

진왕이 진진의 말이 옳다고 여겨 그를 잘 대우했다. 후에 진나라에 일 년이 지나자 진혜왕은 결국 장의를 상국으로 삼았으므로 진진은 초나라로 달아났다. 초나라는 진진을 미처 중용하기도 전에 진진을 진나라에 사자로 보냈다. 진진이 위나라를 지나가다 서수(犀首)의 접견을 청했다. 그러나 서수가 만나지 않겠다고 사절했다. 진진이 말했다. "내가 일을 위해 왔는데 공께서 이 진을 만나려고 하지 않으니 저는 이만 가봐야 합니다. 부득이 후일을 기다릴 수밖에 없겠습니다." 서수가 듣고 접견을 허락하자 진진이 말했다. "공은 어찌하여 술만 마십니까?"

"할 일이 없기 때문이오."

"청컨대 제가 공으로 하여금 일에 싫증이 나도록 만들어드려도 되겠습니까?"

"무슨 일이오?"

"위상(魏相) 전수(田需)가 제후들과 합종을 맺으려고 하나 초왕이 믿지 못하고 의심하고 있습니다. 공께서 위왕에게 '신은 연·조 두 나라 왕과 오래 동안 친분이 있어 왔습니다. 두 왕이 여러 번 사자를 저에게 보내 일도 없으면서 어찌하여 상견할 수 없냐고 물어가곤 했습니다. 원컨대 제가 가서 연조 두 나라 왕들을 배알할 수 있도록 허락해 주십시오!'라고 하십시오. 위왕이 비록 공에게 허락을 내려도 공은 결코 많은 거마를 청하지 마시고 30승만을 뜰에 도열시켜 놓고 연·조 두 나라에 갈 예정이라고 크게 소문을 내십시오."

이윽고 위나라에 머물고 있던 연·조의 두 나라의 문객들이 소문을 듣고 수레를 휘몰아 각기 자기나라로 달려가 그들의 왕에게 고하고는 사람을 보내 서수를 영접하도록 했다. 초왕이 듣고 대노하며 말했다. "전수와 나는 맹약을 맺었음에도 서수를 연·조 두 나라에 보냈으니 이는 나를 속였음이라!"

초왕은 전수에게 속임을 당했다고 생각하여 그의 합종설을 따르지 않았다. 서수가 북쪽의 연·조로 들어간다는 소식을 제나라가 사람을 보내 제나라의 일을 그에게 맡겼다. 서수는 마침내 제·연·조 세 나라의 상국이 되어 모든 일은 그에 의해 결정되었다. 진진은 마침내 진나라로 들어갔다.

한·위(韓魏)가 서로 공격하여 일 년이 되어도 결판이 나지 않았다. 진혜왕이 이를 구원하기 위해 좌우의 측근들에게 물었다. 측근들 중 어떤 자는 구하자 하고 어떤 자는 구하지 말자고 했기 때문에 결단을 내릴 수 없었다. 그때 마침 진진이 진나라에 들어오게 되었다. 혜왕이 진진을 보고 물었다. "그대가 과인을 떠나서 초나라에 갔는데 과인을 생각한 적이 있었소?"

"왕께서는 월나라 사람 장석(莊舃)에 대해 들어보셨습니까?"

"못 들었소"

"월나라 사람 장석은 초나라에 출사하여 집규(執珪)가 되었으나 얼마 후에 병이 들었습니다. 초왕이 말했습니다. '장석은 옛날 월나라의 벽지에 살던 비천한 출신으로 부귀한 신분이 되었는데 아직도 월나라를 그리워하는가?' 초왕의 시종관 중사(中謝)가 대답했습니다. '사람이 고향을 생각할 때는 몸에 병이 들었을 때입니다. 그가 월나라를 그리워한다면 월나라 말을 할 것이고 월나라를 그리워하지 않는다면 초나라 말을 할 것입니다.' 초왕이 사람을 보내 그가 사용하는 말을 들어보게 하니 그는 여전히 월나라 말을 사용하고 있었습니다. 오늘 신이 버림받고 쫓겨서 초나라로 갔으니 어찌 진나라 말을 잊었겠습니까!"

"좋습니다. 지금 한(韓)·위(魏) 두 나라가 서로 공격하여 1년이 넘도록 해결이 되지 않고 있소. 어떤 사람은 과인에게 구하라 하고 어떤 사람은 구하지 말라고 하오. 그래서 과인은 어찌할지를 결정하지 못하고 있으니 원컨대 선생의 주인인 초왕을 위한 계책 중에 남은 것이 있으면 나를 위해서도 계책을 알려주시기 바라오."

"변장자자호(卞莊子刺虎) 즉 변장자가 호랑이를 잡은 옛날 이야기를 아십니까? 변장자가 호랑이를 찌르기 위해 달려들려고 할 때 역관의 동자가 앞을 막으며 말했습니다. '두 호랑이가 바야흐로 소를 먼저 먹으려고 하는데 일단 맛이 있다는 사실을 알게 되면 서로 다투게 되고 다투면 싸우게 되고 싸우게 되면 서로 간에 큰 부상을 입게 되어 작은놈은 죽고 큰놈은 부상을 입게 됩니다. 그때를 기다렸다가 부상을 입은 놈을 찔러서 잡으면 한 칼에 두 마리의 호랑이를 잡았다는 이름을 얻게 됩니다.' 변장자가 옳은 말이라고 여겨 서서 잠시 기다렸습니다. 그리고 얼마 후에 두 호랑이가 서로 싸우더니 큰 호랑이는 상처를 입고 작은 호랑이는 물려 죽었습니다. 변장자가 부상 입은 호랑이에게 달려들어 칼로 찔러 죽여 한 칼에 두 마리의 호랑이를 잡은 공을 세울 수 있었습니다. 지금 한·위 두 나라가 서로 싸워 일 년이 지나도 멈추지 않고 있으니 큰 나라는 상처를 입고 작은 나라는 망할 것입니다. 작은 나라가 망하면 상처를 입은 나라를 정벌하시면 일거에 두 나라를 얻는 실리를 취하실 수 있음입니다. 이것은 변장자가 호랑이를 잡는 방법과 같은 계책입니다. 신이 초왕을 위해 바치는 계책과 왕을 위해 바치는 계책이 어찌 틀리다고 할 수 있겠습니까?"

대단히 훌륭한 계책이라고 말한 진혜왕은 두 나라를 구하지 않았다. 마침내 작은 나라는 망하고 큰 나라는 크게 상했다. 이에 진나라가 군사를 일으켜 대국을 정벌하여 크게 이겼다. 이 일은 바로 진진의 계책에 의해서였다.

서수(犀首)는 위(魏)나라 음진(陰晉) 출신으로 성은 공손(公孫)에 이름은 연(衍)이다. 장의와 사이가 매우 나빴다.

장의가 진나라를 위해 위나라로 들어가자 위왕은 장의를 상국에 임명했다. 서수는 그 일이 자기에게 이롭지 않다고 생각해서 사람을 시켜 한나라 공숙(公叔)에게 말하게 했다. "장의는 이미 진나라와 위나라가 서로 연횡하도록 만들었습니다. 그가 말하기를 '위나라가 남양(南陽)을 공격하면 진나라는 삼천(三川)으로 진군한다.'라고 했습니다. 위왕은 장의를 귀하게 여기는 이유는 한나라 땅을 얻고 싶어서입니다. 이에 한나라는 남양 땅을 빼앗길 위험에 처해 있습니다. 그런데 그대는 어찌하여 소인에게 일을 맡겨 이 공손연에게 공을 세울 기회를 주지 않습니까? 제 말대로 한다면 진나라와 한나라가 서로 연횡을 맺는 일을 방해할 수 있습니다. 그렇게 되면 위나라는 필시 장의를 버리고 한나라와 친해 질 것이며 이 연은 위나라의 상국이 될 수 있습니다."

공숙이 서수의 말이 옳다고 생각해서 남양의 땅을 그에게 맡겨 공을 세우도록 했다. 서수는 결국 위나라의 상국이 되고 장의는 위나라를 떠나 진나라로 돌아갔다.

의거(義渠)5의 군주가 조현을 올리기 위해 위나라에 들어왔다. 마침 장의가 진나라의 상국의 자리에 복위했다는 소식을 들은 서수가 자기에게 해가 되는 일이라고 생각해서 의거의 군주를 만나 말했다. "군주의 나라는 이곳에서 멀리 떨어져 있어 다시 오기 힘들 것 같으니 청컨대 중원의 정세를 말씀드리고자 합니다. 지금은 중원은 별다른 사고가 없이 무사하면 진나라는 분명 군주님의 나라를 파괴하고 불사를 것입니다. 반면에 중원나라들이 진나라를 치면 진나라는 신속하게 막대한 예물과 함께 사자를 보내 군주님을 달랠 것입니다."

그 후 다섯 나라가 합종을 맺고 진나라를 공격했다. 그때 마침 진진이 진왕에게 말했다. "의거의 군주는 오랑캐의 나라이지만 제법 현명합니다. 뇌물을 주어 그들의 마음을 달래십시오."

진왕이 허락하고 의거의 군주에게 채색비단 천 필과 미녀 100명을 보냈다. 의거의 군주는 신하들을 불러 의논했다. "이것은 바로 공손연이 말한 대로 되지 않았나?"

의거의 군주는 즉시 군사를 일으켜 진나라를 기습하여 진군을 이백(李伯) 지방에서 크게 무찔렀다. 장의가 죽자 서수는 진나라에 들어가 상국이 되었다. 그는 일찍이 다섯 나라의 재상이 되어 맹약의 주도권을 쥐었다.

태사공은 말했다.

"삼진(三晉)에는 권무술수와 임기응변에 능한 유세가가 많았다. 합종이나 연횡을 주장하여 진나라를 강하게 만든 인사들은 모두 삼진 지방 출신이었다. 장의가 행한 일들은 소진이 행한 것보다 더 심한 점이 있었다. 그러나 세상 사람들이 소진을 더 싫어한 이유는 소진이 죽고나서 장의가 소진의 단점을 부풀리고 연횡을 이루었기 때문이었다. 요컨대 이 두 사람은 진실로 나라를 위난에 빠뜨리는 위험한 인물이다."

---

5 의거(義渠)는 고대 중국의 이민족 이름으로 서융(西戎)의 일족이다. 춘추시대부터 스스로 왕호를 칭하고 진나라와 자주 싸움을 벌였다. 진나라 소왕 때에 진나라에 의해 병합되었다.

백기왕전열전

白起王翦列傳 : 백기, 왕전

[남쪽으로는 초나라의 도성을 함락시키고 북쪽으로는 장평에서 조나라 군사 40만을 몰살시
켰으며 조나라의 수도 한단을 포위할 수 있었던 것은 무안군 백기의 지휘로 가능했다. 초나
라와 조나라를 멸한 것은 왕전의 계책으로 가능했다. 그래서 「백기왕전열전」을 지었다.]

백기

백기(白起, ?~B.C. 257)는 미읍(郿邑) 사람이다. 그는 용병(用兵)에 뛰어났으며
진(秦) 소왕(昭王, B.C. 306~B.C. 251)을 섬겼다.

소왕 13년에 백기는 좌서장(左庶長)이 되었으며, 군대를 이끌고서 한(韓)나라
의 신성(新城)을 공격하였다. 이해에 양후(穰侯)가 진(秦)나라에서 승상이 되었으
며, 대역사(大力士)인 임비(任鄙)를 발탁하여 한중(漢中)의 군수(郡守)로 삼았다.

그 이듬해 백기는 좌경(左更)이 되었으며, 이궐(伊闕)에서 한, 위(魏) 두 나라 연
합군을 공격하여 24만 명을 참수하고, 위나라 장수인 공손희(公孫喜)를 포로로

잡았으며, 5개의 성을 함락시켰다. 이 공로로 백기는 국위(國尉)가 되었다.

뒤이어 황하를 건너 한나라의 안읍(安邑)에서부터 동쪽을 취하여 간하(乾河)에 이르렀다.

이듬해에 백기는 대량조(大良造)가 되어서 위나라를 함락시켜 크고 작은 61개 성을 취하였다.

이듬해에 객경(客卿)인 사마조(司馬錯)와 원성(垣城)을 공격해서 함락시켰다.

5년 뒤에 백기는 조(趙)나라를 공격해서 광랑성(光狼城)을 함락시켰다.

7년 뒤에 백기는 초(楚)나라를 공격하여 언(鄢), 등(鄧) 등 5개 성을 함락시켰다.

그 이듬해에 재차 초나라를 공격해서 영(郢)을 함락시키고, 이릉(夷陵)을 불태웠으며, 동쪽으로 경릉(竟陵)에 이르렀다. 초 경양왕(楚頃襄王)은 두려워서 수도인 영(郢)을 떠나 동쪽의 진(陳)으로 옮겨갔다. 진나라는 영에다 남군(南郡)을 두었다. 이 공로로 백기는 무안군(武安君)이 되었다. 무안군은 승세를 타고서 또 무군(巫郡), 검중군(黔中郡)을 취하였다.

진 소왕 34년에 백기는 위나라를 공격하여 화양(華陽)을 함락시켰고, 망묘(芒卯)를 패주시켰으며, 삼진(三晉)의 장수를 포로로 사로잡고, 13만 명을 참수하였다. 조나라의 장수 가언(賈偃)과 싸울 때는 황하에 가언의 병졸 2만 명을 수장시켰다.

소왕 43년에 백기는 한나라의 형성(陘城)을 공격하여 5개 성을 함락시키고 5만 명을 참수하였다.

소왕 44년에 백기는 남양(南陽) 태행산(太行山)의 구불구불한 비탈길을 공격하여 끊어버렸다.

45년에 한나라의 야왕(野王) 지방을 공격하였다. 야왕이 항복하자 한나라에서 상당(上黨)으로 가는 길이 끊어졌다. 상당의 군수(郡守)인 풍정(馮亭)이 그곳의 백성들과 상의하여 다음과 같이 말하였다. "우리 한나라의 도성인 남정(南鄭)과 길이 끊어졌으니 한나라에서는 필히 우리를 보호할 수 없을 것이다. 그러나 진(秦)나라의 군대는 나날이 다가오고 있고 한나라에서는 맞이하여 싸울 수가 없으니, 상당 전체가 조나라에 귀순하는 것이 좋을 듯하다. 만약에 조나라에서 우리들을 받아들인다면, 진나라는 분노하여 분명히 조나라를 공격할 것이다. 그리고 조나라가 공격을 받게 되면 반드시 한나라와 친교를 맺게 될 것인데, 한나라와 조나라가 하나가 된다면 진나라를 당해낼 수 있을 것이다."

풍정이 사람을 보내어 조나라에 통지하니, 조나라 효성왕(孝成王, B.C. 265~B.C. 245)은 평양군(平陽君), 평원군(平原君)과 논의를 하였다. 평양군은 "받지 않는 것이 좋습니다. 받아들인다면 화가 득보다 클 것입니다."라고 말하였다. 평원군은 "받을 어떤 이유가 없는데도 한 군(郡)을 얻게 되는 것이니 받아들이는 것이 좋겠습니다."라고 하였다. 결국 조나라에서는 이를 받아들였으며, 풍정(馮亭)을 화양군(華陽君)으로 삼았다.

46년에 진나라는 한나라의 구지(緱氏), 인(藺)을 공격하여 함락시켰다.

47년에 진나라는 좌서장(左庶長) 왕흘(王齕)에게 한나라를 공격하게 하여 상당을 취하였다. 이에 상당의 백성들은 조나라로 달아났고, 조나라는 군대를 장평(長平)에 진주시켜 상당의 백성들을 안무(安撫)하였다. 4월에 왕흘이 이 일로 해서 조나라를 공격하였다. 조나라에서는 염파(廉頗)를 장수로 삼아서 맞아 싸우게 하였다. 조나라의 군사들이 진나라의 척후병들을 공격하였으나, 오히려 조나라의 비장(裨將) 가(茄)가 죽임을 당하였다. 6월에 진나라 군대가 조나라 군대를 격파하여 2개의 요새를 취하고 4명의 위(尉)를 포로로 잡았다. 7월에 조나라 군대는 보루를 쌓고 수비하였다. 진나라에서는 또 그 보루를 공격하여 2명의 위(尉)를 포로로 잡아 적의 진영을 허물고서 서쪽에 위치해 있던 보루를 취하였다. 염파는 보루를 더욱 견고히 하여 진나라 군대를 기다렸고, 진나라에서는 여러 차례 싸움을 걸었으나 조나라 군대는 보루를 나가지 않았다. 조나라 왕은 이 때문에 여러 차례 염파를 책망하였다. 이때에 진나라 쪽에서는 승상인 응후(應侯)가 첩자들에게 천금(千金)을 가지고 조나라로 가서 이간질하게 하였다. 첩자들은 조나라로 가서 "진나라에서 두려워하는 바는 마복군(馬服君)의 아들인 조괄(趙括)이 장수가 되는 것일 뿐이다. 염파는 상대하기가 쉽고, 또 머지않아서 항복할 것이다."라는 말을 퍼뜨렸다. 조나라 왕은 이미 염파의 군대가 손실이 많을 뿐 아니라 싸움에 여러 차례 패배하였는데도 만회하려 하지는 않고, 오히려 보루를 굳건히 하며 감히 싸우지 않으려는 것에 분통하고 있던 차에, 또 진나라에서 이간질하는 말까지 듣자, 곧 조괄로 하여금 염파를 대신하게 하여 진나라를 공격하게 하였다.

진나라 쪽에서는 조괄이 장군이 되었다는 소문을 듣게 되자, 은밀히 무안군(武安君) 백기(白起)를 상장군(上將軍)으로, 왕흘을 그의 부장(副將)으로 삼았다. 그리고 군중에는 이러한 사실을 누설하는 자가 있다면 바로 사형에 처하겠다는 엄명을 내렸다. 조괄은 도착하자 바로 출병시켜 진나라 군대를 공격하였다. 진나라 군대는 거짓으로 패주하면서 두 곳에 복병을 배치하여 습격준비를 하게 하였다. 조나라 군대는 이런 속사정도 모르고 추격하여 진나라의 보루까지 이르렀다. 진나라의 보루는 함락되지 않았고, 이런 와중에 진나라의 복병 2만 5,000명이 조나라 군대의 후방을 차단하였다. 또 진나라의 기병 5,000명이 진영 사이로 뚫고 들어와 조나라의 군대는 양분되었으며 식량 보급로가 끊어졌다. 아울러 진나라 쪽에서는 경무장 병사들을 출동시켜 공격하였다. 조나라 쪽에서는 전세가 불리해지자 보루를 쌓아 견고하게 수비하면서 구원병을 기다렸다. 진나라 왕은 조나라 쪽의 식량 보급로가 끊어졌다는 전황보고를 받고서, 친히 하내(河內)로 행차하여 그곳의 백성들에게 작위 1등급씩을 내리면서 15세 이상 되는 남자들을 전원 징발하여 장평(長平)으로 보내어 조나라 쪽의 구원병과 식량이 오는 것을 막게 하였다.

9월에 이르자 조나라의 군사들은 밥을 먹어본 지가 46일째에 접어들어, 안으로 은밀히 서로를 죽여 잡아먹기에 이르렀다. 그래서 진나라 군대를 공격해서 탈출하고자 4개의 부대를 만들어 4~5차례에 걸쳐 시도하였지만 성공하지 못하였다. 마침내 조괄이 정예 병사들을 출병시켜 친히 싸웠지만 그 자신이 전사하고 말았다. 조괄이 죽자 그의 군대 40만 명이 무안군에게 투항하였다. 무안군은 이 상황에 이르러서 심사숙고하였다.

"전에 상당을 함락시켰을 때 그곳의 사람들은 진나라의 백성이 되는 것을 원하지 않고 조나라로 귀순하였다. 지금의 조나라 사졸들도 장차 마음을 바꿀 것이니 다 죽이지 않으면 뒤에 난을 일으킬 것이다."

이에 속임수를 써서 그들을 모두 구덩이에 매장해버렸으며, 단지 어린아이 240명만을 돌려보냈다. 이로써 모두 합쳐 참수되고 포로가 된 사람이 무려 45만 명에 달하니, 조나라 사람들은 크게 공포에 떨었다.

48년 10월에 진나라는 다시 상당군(上黨郡)을 평정하였다. 이어 진나라는 군대를 둘로 편성해서, 왕흘은 피뢰(皮牢)를 공격하여 함락시켰고, 사마경(司馬梗)은 태원(太原)을 평정하였다. 한과 조 두 나라는 두려워서 소대(蘇代)에게 후한 예물로써 진나라의 승상 응후(應侯)를 달래게 하였다.

"무안군(武安君)이 조괄(趙括)을 죽였습니까?"

"그렇소."

"곧 한단(邯鄲)을 포위하실 작정입니까?"

"그렇소."

"조나라가 망하면 진나라 왕은 천하의 제왕이 될 것이고 무안군은 삼공(三公)이 될 것입니다. 무안군은 진나라를 위하여 전승(戰勝)하여 70여 개의 성을 취하였습니다. 남쪽으로는 언(鄢), 영(郢), 한중(漢中)을 평정하였고, 북쪽으로는 조괄의 군대를 격파하였으니, 비록 주공(周公), 소공(召公), 여망(呂望)의 공훈일지라도 이것보다 더하지는 못할 것입니다. 지금 조나라가 망하고 진나라 왕이 천하의 제왕이 되면 무안군은 반드시 삼공(三公)이 될 것인데, 그대는 그보다 아랫자리에 서 계실 수 있습니까? 비록 그보다 아랫자리가 되지 않으려고 해도 좀처럼 그것은 뜻대로 되지 않을 것입니다. 진나라가 일찍이 한나라를 공격하여 형구(邢丘)를 포위하고 상당(上黨) 지방을 곤경에 처하게 하였는데, 상당의 백성들은 오히려 조나라로 귀순하였습니다. 천하의 사람들이 진나라의 백성이 되기를 원하지 않은 지가 이미 오래되었습니다. 지금 조나라가 망하면 조나라의 북쪽 지역의 사람들은 연(燕)나라로, 동쪽 지역의 사람들은 제(齊)나라로, 남쪽 지역의 사람들은 한과 위 나라로 귀순할 것인즉, 그대가 얻는 백성들은 얼마 되지를 않을 것입니다. 그것보다는 차라리 한과 조 두 나라에게서 땅을 일부분 할양받는 것으로 일을 매듭하여 무안군의 공이 되지 못하게 하는 것이 낫습니다."

이에 응후가 진나라 왕에게 "진나라의 사졸들은 지금 피로한데, 만약에 한과 조 나라가 땅을 일부분 할양하여 화평을 구하는 것을 허락해주신다면, 사졸들은 쉴 수가 있을 것입니다."라고 말하였다.

왕이 이를 응낙하여 한나라에서는 원옹(垣雍), 조나라에서는 여섯 개의 성을 할양받는 것으로써 강화하였다. 이리하여 정월에 모두 군대를 철수시켰다. 뒤에 무안군이 이 내막을 듣게 되어, 응후와 사이가 벌어졌다.

9월에 진나라에서는 다시 출병시켜 오대부(五大夫) 왕릉(王陵)에게 조나라의 한단을 공격하게 하였다. 이때에 무안군은 병이 들어 출정하지 못하였다. 49년 정월에 왕릉이 한단을 공격하였으나 별로 얻은 것이 없어 진나라에서는 지원군을 급파하였다. 그러나 왕릉은 다섯 부대를 잃었을 뿐이었다. 무안군의 병에 조금 차도가 있자, 진나라 왕은 무안군에게 왕릉을 대신하게 하려고 하였다. 그러나 무안군은 사자(使者)에게 다음과 같이 말하며 사양하였다. "한단은 실로 공격하기 쉬운 곳이 아니다. 또한 제후들의 구원군이 날로 다가오고 있는데 저 제후들은 우리 진나라를 원망한 지 오래되었다. 지금 우리 진나라는 비록 장평(長平)에서 적군을 격파하였다고는 하지만, 사졸들 중에서 전사한 자가 과반수이므로 국내는 텅 비어 있는 실정이다. 그런데도 원정하여 한단을 공격한다면 조나라와 제후의 군대들에게 협공을 당하여 필히 패하고 말 것이다."

이에 왕이 출정할 것을 친히 명하였으나 무안군은 응하지 않았다. 이번에는 응후(應侯)로 하여금 청하게 하였으나, 그는 끝내 사양하였다. 무안군은 병을 핑계대고 자리에 누워버렸다.

진나라 왕은 왕릉을 왕흘(王齕)로 대체하여 무려 8~9개월여에 걸쳐 한단을 포위하였으나 함락시키지 못하였다. 초나라는 춘신군(春申君)에게 위나라의 신릉군(信陵君)과 함께 수십만의 병력으로 진나라 군대를 공격하게 하여 막대한 피해를 입혔다. 무안군이 "진나라 왕은 나의 계모(計謀)를 듣지 않더니만 지금 어떠한가!"라고 탄식하였다.

진나라 왕이 이 말을 듣고 노하여 무안군에게 출정할 것을 강요하였으나, 무안군은 병이 중하다고 하며 응하지 않았고, 응후가 청해도 마찬가지였다. 이에 진나라 왕은 무안군을 면직시켜 사졸로 격하해서 음밀(陰密) 지방으로 옮기도록 하였다. 그러나 무안군은 병 때문에 바로 떠나지 못하고 석 달을 더 체류하였다.

이때 제후들의 공격이 치열해졌고 진나라 군대는 거듭 퇴각하였다. 급보를 알리는 사자들이 연일 함양에 이르렀다. 진나라 왕이 화가 나서 사람을 시켜 무안군 백기(白起)를 몰아내자, 그는 더 이상 함양에 있을 수가 없었다. 무안군이 함양 서문(西門)에서 10리쯤 떨어진 두우(杜郵)에 이르렀을 때, 진 소왕(秦昭王)은 응후를 비롯한 군신들과 백기에 관해서 상의하면서 "백기가 떠날 때 불만에 가득 찬 원망하는 기색으로 말을 하였다."라고 말하고, 사자에게 검을 내리어 무안군에게 자결하게 하였다. 무안군이 검으로 자결할 즈음 "내가 하늘에 무슨 죄가 있어서 이런 지경에 이르렀는가?"라고 탄식하고, 이윽고 "나는 진실로 죽어 마땅하다. 장평의 전투에서 조나라 사졸 수십만이 항복하였거늘 내가 속여서 구덩이에 묻어버렸으니, 내가 죽지 않는다면 누가 죽어야 한다는 말인가?"라고 하고서 드디어 스스로 목숨을 끊었다. 무안군이 죽었을 때는 진 소왕 50년 11월이었다. 비록 그가 죽었으나 그의 죄가 아니어서 진나라 사람들은 그를 불쌍히 여겼고, 고을에서 모두 그를 제사 지냈다.

왕전

　왕전(王翦)은 빈양(頻陽) 동향(東鄕) 사람이다. 어려서부터 군사(軍事)를 좋아하였으며 진나라 시황(始皇)을 섬겼다.

　시황 11년에 왕전은 장군이 되어 조나라의 연여(閼與)를 공격하여 9개의 성을 함락시켰다.

　18년에 또 조나라를 공격하였다.

　1년여 뒤에 마침내 조나라는 함락되고 왕이 항복하였다. 진나라는 조나라 영토를 완전히 평정한 다음 군(郡)으로 삼았다.

　이듬해 연나라에서 형가(荊軻)를 보내어 진나라 왕을 살해하려는 사건이 발생하였다. 이에 진나라 왕은 왕전을 보내어 연나라를 공격하게 하였다. 연나라 왕 희(喜)는 요동(遼東)으로 달아났고, 왕전은 연나라 도성인 계(薊)를 평정하고 나서 귀환하였다.

　그리고 또 진나라에서는 왕전의 아들인 왕분(王賁)을 보내어 형(荊)나라를 공격하게 하였다. 형나라의 군대를 패배시키고 귀환하는 도중에 위(魏)나라를 공격하였는데, 위나라 왕이 항복하여 드디어 위나라를 평정하였다.

　진 시황은 삼진(三晉)을 이미 멸하였고, 연나라 왕을 요동으로 패주하게 하였으며, 수차례 형나라의 군대를 격파하였다.

　진나라의 장군 중에 이신(李信)이라는 자가 있었다. 그는 나이가 젊고 용감하였다. 그는 일찍이 수천 명의 군대로써 연나라 태자 단(丹)을 추격하여 연수(衍水)가에서 연나라 군대를 격파하고 끝내 단을 포로로 잡았다. 시황은 그를 현능하고 용감하다고 여겼다. 시황이 그에게 "짐이 형나라를 공격해서 취하고자 하는데, 그대 생각에는 얼마의 병력이면 충분하다고 생각하는가?"라고 물었더니, 그는 "20만이면 충분합니다."라고 대답하였다.

　시황이 왕전에게 똑같은 질문을 하니, 왕전은 "60만이 아니면 안 됩니다."라고 대답하였다.

시황은 "왕장군은 늙었소이다. 어찌 이렇게도 겁이 많소. 이장군은 과감하면서도 용감하니 그의 말이 옳소이다."라고 말하고서, 이신으로 하여금 몽염(蒙恬)과 함께 60만의 병력을 이끌고서 형나라를 공격하게 하였다.

왕전은 자기의 말이 수용되지 않자, 병을 핑계대고 직위에서 물러나 자기의 고향인 빈양으로 돌아가버렸다. 이신은 평여(平輿)를 공격하고 몽염은 침(寢)을 공격하여 형나라의 군대를 대파시켰다. 이신은 또 언영(鄢郢)을 공격하여 함락시켰으며, 이후 군대를 이끌고 서쪽으로 나아가서 몽염과 성보(城父)에서 조우하였다. 형나라의 군대는 이 틈을 타서 3일 밤낮을 강행군으로 뒤쫓아가서 이신의 군대를 대파하였고, 두 성채로 진입하여 7명의 도위(都尉)를 사살하여, 결국 진나라 군대는 패주하게 되었다.

시황은 이 소식에 접해서 대노하고, 몸소 말을 빈양으로 몰아 왕전을 보고서 "짐이 장군의 계모(計謀)를 쓰지 않았더니 이신이 과연 우리의 군대를 욕되게 하였소이다. 지금 들으니 형나라의 군대가 날로 서쪽으로 전진하고 있다고 하니, 장군이 비록 몸은 편치 않지만, 그래도 어찌 차마 과인을 버릴 수가 있겠소!"라고 사과하면서 통사정하였다. 그러나 왕전은 사양하면서 "노신의 몸은 병들고 정신은 맑지 못하니 대왕께서는 다른 현능한 장군을 쓰십시오."라고 하였다. 시황이 다시 사과하고서 "됐소! 장군은 더 이상 나의 청을 거절하지 마시오."라고 하였다. 왕전이 "폐하께서 부득이 신을 쓰시겠다고 한다면 60만이 아니면 안 됩니다."라고 하니, 시황은 "장군의 말대로 하겠소이다."라고 하였다.

왕전이 60만을 거느리고 출정할 때, 시황은 파상(灞上)까지 전송하였다. 거기에서 떠나려고 할 즈음 왕전은 시황에게 아주 많은 좋은 전답과 저택, 동산, 연못을 청하였다. 시황이 "장군은 떠나려고 하는 마당에 어찌 가난을 염려하오?"라고 하니, 왕전이 "폐하의 장군들 중에는 공을 세워도 지금껏 후(侯)에 봉해진 자가 없습니다. 그래서 폐하께서 신을 친근히 대하실 때, 신 또한 때맞추어 동산과 연못 등을 청하여 자손들의 생업으로 삼고자 하는 것입니다."라고 대답하였다. 시황은 이 말에 대소(大笑)하였다. 왕전은 함곡관에 이르러서 사자를 조정으로 다섯 번이나 보내어 좋은 밭 등을 계속해서 청하였다. 그러자 혹자가 "장군의 청은 너무 심한 것 같습니다."라고 말하였다. 이 말에 왕전은 "그렇지가 않다. 황제는 성품이 거칠고 남을 신임하지 않는 사람이다. 지금 진나라의 전군을 나에게 맡겼는데, 내가 전답과 저택을 많이 청구하여 자손의 생업으로 삼음으로써 나 스스로 황제를 위하여 명을 바치겠다는 결의를 보여주지 않는다면, 황제는 도리어 나를 의심할 것이 아니겠느냐?"라고 답하였다.

형나라에서는 왕전이 이신을 대신하여 더 많은 군대로써 공격해온다는 소식에 나라 안의 전 병력을 동원하여 준비를 하였다. 그러나 뜻밖에도 왕전은 형나라에 이르러 성채를 견고히 하며 수비만 할 뿐, 싸우려고 하지 않았다. 형나라의 군대가 수차례 싸움을 걸어왔으나 그는 끝내 나오지 않았다. 왕전은 날마다 병사들에게 휴식을 주면서 목욕하게 하고, 좋은 음식으로써 위로하며, 몸소 병사들과 음식을 함께 들었다. 얼마 동안을 이러다가 왕전이 사람을 시켜서 "군중에서는 무슨 놀이를 하고 있는가?"라고 물으니, "한참 투석(投石)과 장애물 넘기를 하고 있습니다."라고 하였다. 이에 왕전이 "사졸들을 싸움에 쓸 수 있겠다."라고 하였다.

형나라는 여러 차례 싸움을 걸었으나 진나라에서 불응하자, 이에 병사들을 이끌고서 동쪽으로 나아갔다. 왕전은 이 틈을 타서 전 병력으로 추격하여 형나라의 군대를 대파하였다. 기(蘄)의 남쪽에 이르러 형나라의 장군 항연(項燕)을 죽이니, 형나라의 군대는 드디어 패주하였다. 진나라에서는 승세를 타고서 형나라의 성읍들을 평정하였다.

1년여가 지난 뒤, 형나라의 왕인 부추(負芻)를 사로잡았고, 결국 형나라의 영토를 평정하여 군현(郡縣)으로 삼았다. 이 기회를 이용해서 백월(百越)도 정복하였다. 그리고 왕전의 아들 왕분과 이신은 연과 제 나라를 격파하여 평정하였다.

진 시황 26년에 천하를 완전히 병합하였는데, 왕씨(王氏)와 몽씨(蒙氏)의 공이 많았기 때문에 그들의 이름이 후대로 전해졌다.

진나라 2세(二世) 때에 왕전 및 그의 자식 왕분은 모두 이미 죽었고, 진나라는 또 몽씨를 멸하였다. 진승(陳勝)[1]이 진나라에 반기를 들었을 때, 진나라에서는 왕전의 손자인 왕리(王離)를 보내어 조(趙)나라를 공격하게 하였는데, 조나라 왕 및 장이(張耳)를 거록(巨鹿)에서 포위하였다. 이를 두고서 혹자가 "왕리는 진나라의 명장이다. 지금 강한 진나라의 군대를 거느리고서 새로 만들어진 조나라를 공격하고 있는데 반드시 이길 것이다."라고 말하니, 그의 빈객(賓客)이 "그렇지 않습니다. 3대째 장군을 하는 자는 반드시 패합니다. 왜냐하면 조부와 부친 대에 잔혹한 일을 많이 해서 그 후손은 재앙을 받기 때문입니다. 왕리를 보자면 그가 바로 3대째의 장군입니다."라고 말하였다. 과연 왕리가 거록성을 포위한 지 얼마 되지 않아서, 항우(項羽)가 조나라를 구제하여 진나라 군대를 격파해서 왕리를 사로잡았고, 왕리의 군은 제후들에게 투항하였다.

  태사공은 말하였다.

  "속담에 이르기를 자(尺)가 비록 긴 것이기는 하지만, 상대적으로 더 긴 것과 비교하였을 때에는 짧고, 치(寸)가 비록 짧은 것이기는 하지만 상대적으로 더 짧은 것과 비교하였을 때에는 길다'라고 하였다. 백기(白起)는 적의 상황을 헤아려 능란한 임기응변과 전략을 무궁무진하게 내어 이름이 천하를 진동시켰다. 그러나 응후(應侯)와의 틈에서 생긴 자기의 환란은 구제하지를 못하였다. 왕전(王翦)은 진나라의 장군이 되어 여섯 나라를 멸망시켰고, 그 당시 진 시황(秦始皇)은 나이 많은 그를 스승으로 모시었다. 그러나 진나라를 도와서 덕을 세워 그 근본을 굳건히 하지는 못하였고, 구차히 영합해서 일신의 안일만을 취하여 살다가 죽었다. 그러니 그의 손자 왕리(王離)가 항우(項羽)에게 포로가 된 것이 또한 마땅하지 아니한가? 백기와 왕전에게는 각각 이런 단점이 있었던 것이다."

---

1 진승(陳勝)은 (지금의 河南성 方城縣)사람으로, 자는 섭(涉)이다. 어양(漁陽)으로 수자리 살러 가다가 때마침 큰 비가 와서 길이 막힌 탓으로 도착 시기를 놓쳤다. 진나라 법은 시기를 놓치면 목을 베게 되어 있었으므로 이들은 "지금은 도망가도 죽고 거사를 도모해도 죽을 것이니, 이러나저러나 죽을 바에야 거사하는 것이 옳다."라고 하고는 도위(都尉)를 죽이고 군사를 일으켜 진나라에 대항하였으나 결국 패하고 말았다.

맹자순경열전

孟子荀卿列傳 : 맹자, 추기, 추연, 순우곤, 신도, 추석, 순경, 공손룡

맹자는 유가와 묵가의 이론을 섭렵하고 예와 의의 맥락을 밝혀 양혜왕의 욕심을 끊었다. 순경은 유가, 묵가, 도가의 장단점을 함께 논하였다. 그래서 「맹자순경열전」을 지었다.

맹자

태사공(太史公)은 말하였다.

"내가 『맹자(孟子)』를 읽다가 양 혜왕(梁惠王)이 '어떻게 하면 우리나라를 이롭게 할 수 있겠습니까?'라고 질문한 대목에 이르러 일찍이 책을 덮고 탄식하지 않은 적이 없었다. 아! 이롭다고 하는 것은 진실로 어지러운 것의 시작이구나! 공자(孔子)가 이로운 것을 말하는 것이 드물었던 것은 항상 그 어지러운 것의 근원을 막기 위함이었다. 그런 까닭에 '이로운 것에 따라 행동하면 원망이 많다'고 하였다. 천자(天子)로부터 서민에 이르기까지 이로움을 좋아해서 생긴 병폐가 어찌 다르겠는가!"

맹가(孟軻)는 추(騶)나라 사람으로, 자사(子思)의 제자에게서 학문을 배웠다. 도(道)가 이미 통달하게 되어 제 선왕(齊宣王)에게 유세하여 섬기고자 하였으나 선왕이 그를 등용하지 않았다. 맹가가 양(梁)나라에 갔으나 혜왕은 그가 말하는 것을 믿지 않았고, 맹가를 보고 그의 말은 현실과 거리가 멀어 당시의 사정에 맞지 않는다고 생각하였다.

당시 진(秦)나라는 상군(商君)을 등용하여 나라를 부유하게 하고 군대를 강하게 하였고, 초(楚)나라와 위(魏)나라는 오기(吳起)를 등용하여 싸움에서 이기고 적을 약하게 하였다. 제(齊)나라의 위왕(威王)과 선왕(宣王)은 손자(孫子), 전기(田忌)의 무리를 등용하여 제후들이 동쪽을 향하여 제나라에 조회(朝會)하게 하였다. 천하는 바야흐로 합종(合縱)과 연횡(連衡)에 힘썼으며, 남을 공격하고 정벌하는 것을 현명하다고 여겼다. 그래서 맹가는 당(唐), 우(虞)와 삼대(三代: 하·은·주)의 덕정(德政)을 논술하였지만, 그가 가는 곳마다 그 내용과 부합되지 않았다.

물러나와 만장(萬章)의 무리들과 함께 『시경(詩經)』, 『서경(書經)』을 순서에 따라 편집하고, 중니(仲尼)의 뜻을 논술하여 『맹자』 7편을 썼다.

추기

그 뒤로 추자(騶子)의 무리가 있었다.

제나라에는 세 사람의 추자가 있었다. 제일 먼저의 추기(騶忌)는 거문고를 타는 것으로써 제 위왕(齊威王)에게 벼슬을 구하여, 국정에 참여할 수 있게 되자 봉읍을 받고 성후(成侯)가 되었으며 재상의 인장을 받았다. 그는 맹자보다 앞서 살았다.

추연

그 다음은 추연(騶衍)으로 맹자보다 후대 사람이다. 추연은 나라를 가진 자가 더 음란하고 사치하여 도덕을 숭상할 수 없으므로, 「대아(大雅)」에서 말한 것처럼 도덕을 먼저 자신의 몸에 정제한다면 비로소 그 덕을 백성들에게까지 미칠 수 있음을 보았다. 그래서 깊이 음양(陰陽)의 소멸과 성장 변화를 관찰하고, 기이하고 현실과 거리가 먼 변화를 기술하여 「종시(終始)」, 「대성(大聖)」 편 등 10만여 자를 지었다. 그 말들이 멀고 크고 종잡을 수 없어서 변함없는 도리에 맞지 않으나, 먼저 작은 사물을 검증하고 난 후에 그것을 추론하여 확대해나가 무한한 곳까지 이르렀다.

우선 먼저 현재로부터 시작하여 황제(黃帝)까지를 서술하였는데, 이는 모두 학자들이 공동으로 서술한 것으로 대체로 시대의 흥함과 쇠함에 따랐다. 그리고는 그 길흉의 징조와 국가의 제도를 기재한 뒤에 그것으로 미루어 먼 곳까지 이르게 하였는데, 이때에는 천지가 생기기 전의 깊고 멀고 신비하여 가히 생각하여 찾아낼 수 없는 곳에까지 이르렀다. 중국의 이름난 산, 큰 강, 깊은 계곡, 들짐승과 날짐승, 물과 뭍에서 생장하는 동물 중 가장 진귀한 것들을 묘사하고, 그것으로 미루어 사람들이 볼 수 없는 요원한 이역(異域)에까지 이르렀다. 천지가 나누어진 이래 오행(五行)이 차례로 옮겨가 각 시대의 다스림이 각기 그 마땅함을 얻고, 하늘의 명령과 사람의 일이 이에 상응하는 것을 인용하여 설명하였다.

그는 유가에서 말하는 중국은 천하를 81개로 나누었을 때, 단지 그 한 부분만을 차지하는 것이라고 여겼다. 중국을 적현신주(赤縣神州)라고 이름하였다. 적현신주 안에는 9개의 주(州)가 있는데 하우(夏禹)가 정리한 9주(九州)라고 말하는 것이 바로 이것이다. 그러나 이러한 주는 주로서 셀 만한 것이 못 된다. 중국 이외에도 적현신주와 같은 것이 9개나 되는데 그것이 바로 9주이다. 거기에는 작은 바다가 있어 9주를 두르고 있는데, 백성들과 짐승들이 서로 통하지 않으며 그 한 구역 안에 있는 것을 1주(一州)라고 하였다. 이와 같은 것이 9개이며, 거기에 큰 바다가 있어 그 밖을 두르고 있는데, 그것이 하늘과 땅의 끝이다. 추연이 기술한 것은 모두 이와 같은 종류이다.

그러나 그 요점은 반드시 인의와 절약, 근검 그리고 군신, 상하, 육친(六親) 사이의 일에 귀착되는데, 그 처음은 크고 넘친다. 왕공(王公) 대인이 처음 그의 학설을 들으면 깜짝 놀라 그의 설에 감화되지만, 그 뒤에는 그것을 실행할 수 없었다.

이 때문에 추자는 제나라에서 소중하게 여겨졌다. 그가 양나라에 갔는데 혜왕이 교외에까지 나와 영접하여 손님과 주인의 예로써 대우하였다. 그가 조(趙)나라에 갔을 때 평원군(平原君)은 옆으로 걸어가면서 옷자락이 자리를 쓸 정도로 경의를 표시하였다. 연(燕)나라에 가니 소왕(昭王)이 빗자루를 가지고 길을 쓸면서 앞에서 길을 인도하였고, 제자의 자리에 앉아서 가르침을 받기를 청하였으며, 갈석궁(碣石宮)을 건축하여 그를 머무르게 하면서 몸소 찾아가 그를 스승으로 섬겼다. 이때 「주운(主運)」편을 지었다.

그가 제후들을 유세하며 존경받고 예우받은 것이 이와 같았으니, 어찌 중니가 진(陳)과 채(蔡)에서 굶주려 얼굴에 주린 기색이 있었던 일이나, 맹가가 제와 양 나라에서 곤란을 겪은 일과 같은 일이 있었겠는가? 그런 까닭에 무왕(武王)이 인의(仁義)로써 주왕(紂王)을 정벌하고 왕이 되었지만, 백이(伯夷)는 굶주리면서도 주(周)나라의 곡식을 먹지 않았던 것이며, 위 영공(衛靈公)이 군사에 관한 일을 물었을 때 공자는 대답하지 않았던 것이고, 양 혜왕이 조나라를 치고자 도모하니 맹가는 옛날 주나라의 대왕(大王)이 빈(邠)을 버리고 떠난 것을 칭찬하였던 것이다. 이러한 일들이 어찌 세속에 아첨하며 구차하게 영합하려는 뜻이 있어서였겠는가! 네모난 장부를 둥근 구멍에 넣으려고 하니 안으로 들어갈 수 있겠는가!

어떤 사람이 말하기를 이윤(伊尹)이 솥을 짊어지고 탕(湯)을 격려하여 왕이 되도록 하였으며, 백리해(百里奚)는 수레 아래서 소를 먹여 진 목공(秦穆公)에게 등용되어 그를 패자로 만들었으니, 이는 모두 먼저 상대방의 뜻에 영합한 이후에 그를 대도(大道)로 인도하라는 것이다. 추연의 말이 비록 일반적인 법칙을 초월하였지만, 그 역시 혹시 백리해가 소를 먹인 것이나 이윤이 솥을 짊어진 것과 같은 뜻이 있지 않았겠는가!

추연을 비롯하여 제나라의 직하선생(稷下先生), 즉 순우곤(淳于髡), 신도(愼到), 환연(環淵), 접자(接子), 전병(田騈), 추석(騶奭)과 같은 무리가 각자 글을 지어 국가의 치란(治亂)의 일들을 논술하여 이로써 당시의 군주들에게 읽히기를 간구하였으니, 이 어찌 이루 다 말할 수 있겠는가?

순우곤

순우곤(淳于髡)은 제나라 사람이다. 그는 견문이 넓고 기억력이 뛰어났으나 학문에 주된 견해가 없었다. 그의 풍간(風諫)과 유세는 안영(晏嬰)의 사람됨을 사모하였다. 그러나 상대방의 뜻을 이어받고 안색을 살피는 데에만 힘썼다. 어느 식객이 순우곤에게 양 혜왕을 뵙게 해주었는데, 혜왕이 좌우의 신하들을 물리치고 혼자 앉아 두 번이나 그를 보았지만 순우곤은 끝내 아무 말이 없었다. 혜왕이 이를 이상하게 여기고, 소개한 식객을 꾸짖으며 말하기를 "그대가 순우곤 선생은 관중(管仲), 안영이 미치지 못한다고 칭찬하여 과인이 그를 만나보았지만 그에게서 얻은 것이 없었다. 그를 상대하여 말하기에 과인이 부족하기 때문인가? 이것이 무슨 까닭인가?"라고 하였다.

식객이 순우곤에게 말하니, 그는 "확실히 그렇습니다. 제가 전에 왕을 뵈었을 때 왕의 뜻은 말 달리는 데 있었습니다. 뒤에 다시 왕을 뵈오니 왕의 뜻은 음악 소리에 있었습니다. 때문에 제가 침묵하였던 것입니다"라고 말하였다. 식객이 왕에게 상세하게 이야기하니 왕이 매우 놀라며 "아! 진실로 순우곤 선생이야말로 성인이로다! 전에 순우곤 선생이 왔을 때는 어떤 사람이 좋은 말을 바쳤는데, 마침 과인이 그 말을 보기도 전에 선생이 도착하였던 것이오. 뒤에 다시 선생이 왔을 때는 어떤 사람이 노래 잘하는 사람을 소개하였는데 마침 그를 시험해보기도 전에 역시 선생이 도착하였던 것이오. 과인이 비록 사람들을 물리치게 하였으나 나의 마음은 그들에게 있었으니, 바로 그런 일이 있었던 것이오"라고 말하였다.

　뒤에 순우곤이 왕을 뵙고 한 번 이야기하니 3일 밤낮을 계속하며 게을리함이 없었다. 혜왕이 공경과 재상의 지위로 그를 대우하려고 하였으나 순우곤은 사양하고 물러갔다. 그래서 혜왕이 전송하는 데 4마리의 말이 끄는, 앉아서 타는 수레에 그를 태우고 비단 묶음에 구슬을 더하였으며, 황금 100일(鎰)을 주었다. 순우곤은 죽을 때까지 벼슬을 하지 않았다.

신도의 무리

　신도(愼到)는 조나라 사람이다. 전병(田駢)과 접자(接子)는 제나라 사람이다. 환연(環淵)은 초나라 사람이다. 이들은 모두 황제(黃帝)와 노자(老子)의 도덕에 관한 학술을 배워 그 뜻을 발휘하고 상세히 설명하였다. 그래서 신도가 12편의 이론을 저술하고, 환연이 상·하 편을 저술하였으며, 전병과 접자도 모두 논술한 바가 있었다.

추석

　추석(騶奭)은 제나라의 추선생들 가운데 한 명으로, 역시 비교적 많은 부분에서 추연의 학설을 채택하여 글을 지었다. 제나라 왕이 그러한 것을 좋아하여 순우곤으로부터 그 이하 여러 사람들을 다 열대부(列大夫)라고 이름하고, 그들을 위하여 번화한 거리에 저택을 짓고 높은 문과 커다란 집에 살게 하면서 그들을 존경하고 총애하였다. 그리고는 이것을 천하의 제후들과 빈객들에게 보여서, 제나라는 천하의 어진 선비들을 초빙하였다고 말하게 하였다.

순경

순경(荀卿)은 조나라 사람이다. 그의 나이 50세에 비로소 제나라에 와서 학설을 유세하였다. 추연의 학술은 멀고 크며 넓고 웅변적이었다. 추석 역시 문장은 좋으나 시행되기가 어려웠다. 순우곤과 오랫동안 함께 있으면 때때로 유익한 말을 얻을 수 있었다. 그래서 제나라 사람들이 칭송하여 말하기를 "하늘의 이치에 밝은 자는 추연이며, 용을 새기듯이 문장에 뛰어난 자는 추석이며, 기름을 짜듯이 지혜가 뛰어난 자는 순우곤이다"라고 하였다.

전병의 무리는 이미 다 죽었다. 제 양왕(齊襄王) 때에는 순경이 가장 지위가 높은 스승이었다. 제나라에서는 평소에 대부가 모자라면 보충하였는데, 순경이 3차례나 좨주(祭酒)가 되었다. 제나라 사람 가운데 어떤 사람이 순경을 모함하자 순경은 초나라로 갔고, 춘신군(春申君)이 그를 난릉령(蘭陵令)으로 삼았다. 춘신군이 죽자 순경도 면직되었고, 이로 인하여 그는 난릉에 거처를 정하고 살았다.

이사(李斯)는 일찍이 그의 제자였으며, 그 후 이사는 진(秦)나라의 재상이 되었다. 순경은 멸망된 국가와 혼미한 군주가 서로 이어지고, 대도(大道)를 따르려고 하지 않고 무속에 미혹되고, 길흉의 징조를 믿고, 비속한 유생들은 작은 일에 구애되며, 장주(莊周)와 같은 무리들이 변론에 능하여 풍속을 어지럽히는 당시 혼탁한 시대의 정치를 혐오하였다. 그래서 유가(儒家), 묵가(墨家), 도가(道家)가 행한 성취와 실패를 고찰하고 차례로 정리하여 수만 글자의 저작들을 남기고 죽었다. 그를 난릉에 장사 지냈다.

공손룡

조나라에는 공손룡(公孫龍)이 있었는데 그는 견백동이(堅白同異)의 궤변을 하였고, 또 극자(劇子)의 언설이 있었다. 위(魏)나라에는 이회(李悝)가 있었는데 그는 땅의 힘을 다하여 나라를 부유하게 하라고 가르쳤다. 초나라에는 시자(尸子), 장로(長盧)가 있었고, 아(阿)에는 우자(吁子)가 있었다.

　맹자로부터 우자에 이르기까지 세상에는 그들의 많은 저술이 알려졌다. 그런 까닭에 그 내용을 논하지는 않겠다.

묵적

　묵적(墨翟)은 송(宋)나라의 대부로서 수성(守成)과 방어의 전술에 능하였으며 비용을 절약할 것을 주장하였다. 어떤 사람은 그를 공자(孔子)와 같은 때의 사람이라고 말하기도 하고, 어떤 사람은 공자보다 뒤에 살았던 사람이라고도 하였다.

맹상군열전

孟嘗君列傳

제나라의 맹상군은 빈객을 좋아하여 한 가지 재주가 있는 자라도 좋아하였으니, 선비들이 그에게로 모여들었다. 그래서 「맹상군열전」을 지었다.

맹상군(孟嘗君)은 이름은 문(文)이며, 성은 전씨(田氏)이다. 문의 아버지는 정곽군(靖郭君) 전영(田嬰)이다. 전영은 제나라 위왕(威王, B.C. 356~B.C. 320)의 막내아들로서 제나라 선왕(宣王, B.C. 319~B.C. 301)의 이복동생이었다. 전영은 위왕 때부터 관직에 등용되어 정사에 관여하였으며, 성후(成侯)인 추기(鄒忌), 전기(田忌)와 함께 장군이 되어 한(韓)나라를 구원하고 위(魏)나라를 공격하였다. 성후는 전기와 왕의 총애를 다투었는데, 성후가 전기를 모함하였다. 전기가 두려워하여 제나라 변방의 고을을 공격하였으나 이기지 못하고 도망갔다. 마침 위왕이 죽고 선왕이 즉위하였는데, 성후가 전기를 모함한 사실을 알고 이에 다시 전기를 불러 장군으로 삼았다.

선왕 2년에 전기와 손빈(孫臏) 그리고 전영이 함께 위(魏)나라를 공격하여 마릉(馬陵)에서 승리하였는데, 위나라 태자인 신(申)을 사로잡고 장군 방연(龐涓)을 죽였다.

선왕 7년에 전영이 한나라와 위나라에 사자로 가니 한나라와 위나라가 제나라에 복종하였다. 전영은 한(韓)나라 소후(昭侯)와 위(魏)나라 혜왕(惠王)과 함께 동아(東阿)의 남쪽에 가서 그들로 하여금 제 선왕을 만나 맹약하고 돌아가게 하였다.

이듬해 전영은 다시 양 혜왕과 견(甄) 땅에서 만났다. 그해에 양나라 혜왕(惠王)이 죽었다.

선왕 9년에 전영은 제나라의 재상이 되었다. 제 선왕과 위(魏) 양왕(襄王)이 서주(徐州)에서 만나 서로 왕이라고 칭하기로 하였다. 초나라 위왕(威王)이 그 소식을 듣고 전영을 꾸짖었다.

이듬해 초나라가 서주에서 제나라 군사를 공격하여 패배시키고, 사람을 시켜 전영을 추방하려고 하였다. 전영이 장축(張丑)을 시켜 초 위왕에게 유세하니, 위왕이 마침내 중지하였다. 전영이 제나라에서 재상으로 있은 지 11년 만에 제나라 선왕이 죽고, 민왕(湣王, B.C. 300~B.C. 284)이 즉위하였다.

민왕이 즉위한 지 3년 만에 전영을 설(薛)에 봉하였다.

처음 전영에게는 아들이 40여 명이나 있었는데, 그중 천한 첩에게서 난 전문(田文)이라는 아들이 있었다. 전문은 5월 5일에 태어났다. 전영이 아이의 어미에게 "키우지 말라."라고 말하였다. 그러나 그 어미가 몰래 거두어 길렀다. 전문이 장성하자, 그의 어미가 형제들을 통해서 전영에게 자식인 전문을 만나게 하였다. 전영이 노하여 그 어미에게 "내가 너에게 이 아이를 버리라고 하였는데, 감히 아이를 키운 것은 무슨 까닭이냐."라고 물었다. 전문이 머리를 조아리며, "당신께서 5월에 태어난 아이를 키우지 않는 것은 무슨 까닭이십니까?"라고 말하였다. 전영이 "5월에 태어난 아이는 키가 문설주 높이와 같아지면 장차 그 부모에게 이롭지 않기 때문이다."라고 대답하였다. 문이 "사람이 태어날 때 그 운명은 하늘에서 받는 것입니까, 아니면 문설주에서 받는 것입니까?"라고 물었다. 전영은 대답이 없었다. 문이 말하기를 "반드시 하늘에서 명을 받는다면, 군께서는 무엇을 근심하십니까? 또 반드시 문설주에서 명을 받는 것이라면, 계속 문설주를 높이면 누가 그 높이를 따라 클 수가 있겠습니까?"라고 하였다. 전영이 "너는 그만하여라."라고 말하였다.

얼마 지나서 문이 한가한 틈을 타서 아버지 전영에게 "아들의 아들은 무엇이라고 합니까?"라고 묻자, 전영은 "손자라고 한다."라고 대답하였다. "손자의 손자는 무엇이라고 합니까?"라고 묻자, "현손이라고 한다."라고 대답하였다. "현손의 손자를 무엇이라고 합니까?"라고 묻자, "알 수 없다."라고 대답하였다. 전문이 말하였다. "군(君)께서 권력을 잡고 제나라에서 세 명의 왕에 걸쳐 재상직에 있었으나, 제나라는 그 영토를 넓히지 못하였습니다. 사저에는 만금의 부를 쌓았지만, 문하에는 한 명의 어진 사람도 보이지 않습니다. 제가 듣기로는 장수의 집안에는 반드시 장수가 있고, 재상의 집안에는 반드시 재상이 있다고 하였습니다. 지금 후궁들은 무늬 있는 고운 명주옷을 늘어뜨리고 있지만, 선비들은 짧은 바지도 얻어 입지 못하고, 하인과 첩들은 쌀밥과 고기반찬을 남기지만, 선비들은 술지게미와 쌀겨조차 배불리 먹지 못하고 있습니다. 지금 군께서는 남아돌 정도로 많은 것을 축적하여 알지도 못하는 후손들에게 전하는 것에 치중한 나머지 국가의 대사가 나날이 손상되는 것을 잊고 계시는데, 저는 가만히 생각해보니, 그것이 이상합니다."

이로 인해 전영이 마침내 전문을 예우하여 집안일을 돌보게 하고 빈객들을 대접하게 하였다. 그러자 빈객들이 날로 모여들어 문의 명성이 제후들에게 알려졌다. 제후들이 모두 사람을 시켜 설공(薛公) 전영에게 전문을 태자로 삼으라고 하니 전영이 그것을 허락하였다.

전영이 죽으니 시호를 정곽군(靖郭君)이라고 하였다. 전문이 과연 대를 이어 설 땅의 영주가 되니, 이 사람이 바로 맹상군(孟嘗君)이다.

맹상군이 설에 있으면서 제후와 빈객 그리고 죄를 짓고 도망친 사람들을 모집하니, 그들이 모두 맹상군에게 모여들었다. 맹상군은 집의 재산으로써 빈객들을 후하게 대접하였다. 이 때문에 천하의 선비들이 다 모였다. 식객이 수천 명이 되었지만, 그는 귀천의 구분 없이 한결같이 자신과 동등하게 대우하였다. 맹상군이 객을 대접하며 앉아서 이야기할 때에는 병풍 뒤에 항상 시사(侍史)가 있었는데, 맹상군이 객과 이야기하면서 친척이 살고 있는 곳을 물으면 그가 책임지고 기록하였다. 객이 가면 맹상군은 사람을 시켜 방문하고, 그 친척에게 예물을 주었다.

맹상군이 일찍이 손님을 대접하며 저녁밥을 먹고 있을 때 마침 어떤 사람이 불빛을 가렸다. 이로 인해 손님은 맹상군의 밥과 자신의 밥이 다르고 의심하고, 화를 내면서 밥을 먹지 않고 나가려고 하였다. 맹상군이 일어나 몸소 자신의 밥그릇을 들고 손님의 밥과 비교해 보이니, 손님은 부끄러워 목을 찔러 자살하였다. 이로 인해서 선비들이 맹상군에게 더욱 많이 모여들었다. 맹상군은 손님을 가리지 않고 모두에게 잘 대우하였다. 사람들은 각자가 스스로 맹상군이 자신과 친하다고 여겼다.

진(秦)나라 소왕(昭王, B.C. 306~B.C. 251)이 맹상군이 어질다는 소문을 듣고 먼저 경양군(涇陽君)을 제나라에 인질로 보내놓고 맹상군을 만나고자 하였다. 그리하여 맹상군이 진나라에 들어가려고 하니, 빈객 중에는 그가 진나라에 가기를 바라는 자가 없어서, 모두 가지 말라고 간하였으나, 그는 듣지 않았다. 소대(蘇代)는 다음과 같이 맹상군에게 말하였다.

"오늘 아침 제가 밖에서 돌아오는데 나무 인형과 흙 인형이 말하는 것을 들었습니다. 나무 인형이 '하늘에서 비가 오면 그대는 장차 무너질 것이다.'라고 말하였습니다. 흙 인형은 '나는 흙에서 태어났으니 무너져도 흙으로 돌아갈 뿐이다. 만약 하늘에서 비가 오면 그대는 떠내려가 어디에서 멈출지 알지 못할 것이다.'라고 하였습니다. 지금 진나라는 호랑이와 이리 같은 나라입니다. 그런데 당신께서 가고자 하시니, 만약 다시 돌아오지 못하면, 흙 인형의 비웃음을 면치 못할 것입니다."

그래서 맹상군이 가지 않았다.

　제나라 민왕(湣王) 25년에 다시 진나라와 관계를 이루어, 맹상군이 진나라에 들어가니, 진나라 소왕은 맹상군을 진나라의 재상으로 삼으려고 하였다. 어떤 사람이 소왕에게 유세하기를 "맹상군은 어질고 또 제나라의 왕족인데, 지금 진나라의 재상으로 삼는다면, 그는 반드시 제나라를 먼저 생각하고 진나라를 나중에 생각할 것이니, 그렇게 되면 진나라는 위태로워질 것입니다."라고 하였다. 그래서 소왕은 마침내 계획을 중지하고, 맹상군을 가두어 그를 죽이려고 모의하였다.

　맹상군은 사람을 시켜 소왕이 총애하는 첩을 배알하고 풀어줄 것을 청하였다. 애첩이 말하기를 "저는 답례로 맹상군의 흰 여우 가죽으로 만든 옷을 원합니다."라고 하였다. 이때 맹상군에게는 흰 여우 가죽으로 만든 가죽옷이 하나 있었는데, 값이 천금이나 되고 천하에 둘도 없는 것이었다. 그러나 맹상군은 이 흰여우 가죽옷을 소왕에게 이미 바친 상태였기 때문에 다른 흰여우 가죽옷은 없었다. 맹상군이 이것을 걱정하여 두루 식객들에게 물어보았으나 대답할 수 있는 사람이 없었다. 가장 아래쪽에 개의 흉내를 내어 도적질을 하는 사람이 앉아 있었는데, 그가 말하기를 "신이 흰여우 가죽옷을 훔쳐올 수 있습니다."라고 하였다. 그래서 밤에 개의 흉내를 내어 진나라의 궁중 창고에 들어가 전에 바쳤던 흰 여우 가죽옷을 훔쳐 가지고 와서, 진 소왕의 애첩에게 바쳤다. 애첩이 그를 위하여 진 소왕에게 말하니, 소왕은 맹상군을 풀어주었다.

　맹상군은 빠져나오자 여행증명서를 고치고 이름과 성을 바꾸어 국경을 벗어나고자 말을 타고 달려가 한밤중에 함곡관(函谷關)에 도착하였다. 진 소왕은 맹상군을 풀어준 것을 곧 후회하고 그를 찾았다. 그러나 이미 떠나고 없자, 즉시 사람을 시켜 말을 타고 그를 쫓게 하였다. 맹상군이 함곡관에 도착하였으나, 함곡관의 법으로는 닭이 울어야 빈객들을 내보낼 수 있었다. 이 때문에 맹상군은 추격하는 사람들이 도착할 것이 두려웠다. 식객 가운데 맨 끝에 앉은 자가 닭 울음소리를 흉내 내자 다른 닭들도 모두 울었다. 맹상군은 마침내 고친 여행증명서를 보이고 함곡관을 빠져나왔다. 그들이 관을 나오자마자 과연 진나라의 추격자들이 관에 도착하였으나, 이미 맹상군이 관을 나간 뒤였기 때문에 그들은 돌아갈 수밖에 없었다. 처음에 맹상군이 이 두 사람을 빈객의 무리에 넣었을 때, 빈객들이 모두 수치스러워하였지만, 맹상군이 진나라에서 곤란을 겪었을 때에는 이 두 사람이 그를 구출하였다. 그 후부터는 빈객들이 모두 그들에게 탄복하였다.

맹상군이 조(趙)나라를 지날 때, 조나라의 평원군(平原君)이 그를 빈객으로 대우하였다. 조나라 사람들이 맹상군이 어질다는 소문을 듣고 나왔지만, 그를 보고는 모두 다 웃으며 말하기를 "처음에 설공은 키가 크고 장대하다고 생각하였는데, 이제 그를 보니 왜소하고 약한 소장부일 따름이다."라고 하였다. 맹상군이 그 소리를 듣고 노하였다. 그와 함께 동행하였던 빈객들이 수레에서 내려 칼을 빼고는 수백 명을 죽이고 마침내 한 고을을 전멸시키고 돌아갔다.

제나라 민왕은 자신이 맹상군을 보냈기 때문에 스스로 덕이 없다고 여겼다. 그는 맹상군이 도착하자 바로 제나라의 재상으로 삼고 정사를 맡겼다.

맹상군은 진나라에 원한이 있었는데 장차 제나라가 한나라, 위나라를 도와 초나라를 공격하게 되자, 이 기회를 이용해서 한나라, 위나라와 함께 진나라를 공격하기 위해서 서주(西周)에서 군사와 식량을 빌리려고 하였다. 소대가 서주를 위해서 맹상군에게 말하였다.

"당신께서 제나라의 힘을 이용하여 한나라와 위나라를 위하여 초나라를 공격한 지 9년, 완(宛)과 섭(葉)의 북쪽을 빼앗아 한나라와 위나라를 강하게 하였는데, 지금 다시 진나라를 공격하여 그들을 이롭게 하려고 합니다. 한나라와 위나라에게 남쪽으로부터 초나라에 대한 근심이 없고 서쪽으로부터 진나라에 대한 근심이 없다면, 오히려 제나라가 위태로울 것입니다. 한나라와 위나라는 반드시 제나라를 가볍게 여기고 진나라를 두려워할 것이니, 신은 당신을 위하여 그것을 위험하게 생각합니다. 당신께서는 저희 서주(西周)를 진나라와 깊이 협력하게 하시고, 서주를 공격도 하지 마시고, 군사와 식량을 빌리지도 않으시는 것이 낫겠습니다. 당신께서 함곡관에 도착하여도 진나라를 공격하지 마시고, 서주로 하여금 당신의 심정을 진 소왕에게 '설공은 반드시 진나라를 깨뜨려서 한나라와 위나라를 강하게 하지는 않을 것입니다. 그가 진나라를 공격하려는 까닭은 대왕께서 초나라 왕으로 하여금 동국(東國) 땅을 베어 제나라에 주게 하고, 진나라는 초 회왕(楚懷王)을 풀어주어 이로써 화친하기를 바라기 때문입니다.'라고 말하게 하십시오. 당신께서는 서주로 하여금 이러한 방법으로써 진나라에 은혜를 베풀게 하시면, 진나라는 자기 나라의 군대가 깨지지도 않고 또한 동국 땅을 가지며 자기들의 화(禍)도 면할 수 있으니, 진나라는 반드시 그렇게 하고자 할 것입니다. 초나라 왕이 풀려나오면 반드시 제나라에 감격할 것입니다. 제나라가 동국을 얻으면 더욱 강해질 것이고, 설(薛)은 대대로 근심이 없을 것입니다. 진나라가 크게 약해지지 않은 채, 삼진(三晉)의 서쪽에 있으면, 삼진은 반드시 제나라를 귀중하게 여길 것입니다."

맹상군이 "좋소."라고 말하였다. 한나라와 위나라로 하여금 다시 진나라와 사귀게 하고, 세 나라로 하여금 서로 공격하지 않게 하였으며, 서주에서 군사와 식량을 빌리지도 않았다. 이때 초나라 회왕이 진나라에 들어갔는데, 진나라가 그를 억류하자 소대는 그를 꼭 구출하고자 하였다. 진나라는 초 회왕을 내보내지 않을 수 없었다.

맹상군이 제나라의 재상이 되니 그의 사인(舍人)인 위자(魏子)가 맹상군을 위하여 봉읍의 세금을 거두어들였는데, 봉읍을 세 차례나 왕복하면서도 한 차례도 세금을 가져오지 않았다. 맹상군이 그에게 물으니 대답하기를 "어진 사람이 있어서 제가 가만히 그에게 주었습니다. 때문에 세금을 가져오지 못하였습니다."라고 말하였다. 맹상군이 화를 내며 위자를 물러나게 하였다.

몇 년 지나 어떤 사람이 민왕에게 맹상군을 헐뜯어 말하기를 "맹상군이 장차 반란을 일으키려고 합니다."라고 하였다. 전갑(田甲)도 민왕을 위협하자, 민왕은 마음속으로 맹상군을 의심하였고, 맹상군은 마침내 피신하였다. 위자가 곡식을 주었던 그 어진 사람이 그 소식을 듣고, 바로 글을 올려 맹상군은 반란을 일으키지 않을 것이며, 자신이 몸으로써 그것을 맹세하겠다고 하고는, 마침내 왕궁 문 앞에서 스스로 목을 찔러 맹상군의 결백을 증명하였다. 민왕이 이에 놀라 행적을 조사하여 알아보니, 맹상군은 과연 반란을 꾸미지 않았다. 민왕이 다시 맹상군을 불렀으나, 맹상군은 병을 구실삼아 사직을 청하여 설 지방에서 노년을 보내고자 하였다. 민왕이 그것을 허락하였다.

그 뒤 진나라에서 도망쳐온 장군 여례(呂禮)가 제나라에서 재상이 되자 소대를 핍박하려고 하였다. 소대가 맹상군에게 말하였다. "주최(周最)는 제나라에서 신임이 매우 두터웠는데, 제나라 왕이 그를 쫓아내고 친불(親弗)의 말을 듣고 여례를 재상으로 삼고자 하는 것은 진(秦)나라와 관계를 맺고자 하기 때문입니다. 제나라와 진나라가 합치게 되면 친불과 여례는 중용될 것입니다. 친불과 여례가 중용되면 제나라와 진나라는 반드시 군을 가벼이 여길 것입니다. 군께서는 급히 군사를 이끌고 북쪽으로 가서서 조나라 군사를 공격하여 이로써 진나라와 위나라가 화친하게 하고, 주최를 불러들여 후하게 대우하고, 또 제나라 왕의 신임을 회복하게 하여, 천하의 정국변화를 막으시는 것이 낫겠습니다. 제나라가 진나라와 관계를 맺지 않으면 즉 천하는 제나라로 모일 것이며, 친불은 반드시 달아날 것이니 그러면 제나라 왕은 누구와 함께 나라를 다스리겠습니까?"

맹상군이 그의 계책을 따르니, 여례가 맹상군을 미워하여 그를 해치려고 하였다. 맹상군이 두려워서 마침내 진나라의 재상인 양후(穰侯) 위염(魏冉)에게 다음과 같은 편지를 보냈다. "듣자니 진(秦)나라는 여례로써 제나라와 관계를 맺으려고 한다고 합니다. 제나라는 천하의 강국인데 만약 그렇게 된다면 반드시 가볍게 여겨질 것입니다. 제나라와 진나라가 서로 연합하여 삼진(三晉) 위에 군림하면 여례는 반드시 두 나라의 재상을 겸할 것이며 이것은 그대가 제나라를 통해서 여례를 중하게 만드는 것과도 같습니다. 만약 제나라가 천하의 군사적 위협에서 면할 수 있다면, 제나라는 틀림없이 그대를 깊이 원수로 여길 것입니다. 그러니 그대가 진나라 왕에게 권하여 제나라를 공격하게 하는 것이 낫겠습니다. 제나라가 깨지면 내가 청하여 빼앗은 땅을 그대에게 봉하도록 하겠습니다.

제나라가 깨지면 진(秦)나라는 진(晉)나라가 강해지는 것을 두려워할 것이니, 진(秦)나라는 반드시 그대를 중용하여 진(晉)나라와 관계를 맺으려고 할 것입니다. 진(晉)나라는 제나라에 의해서 피폐되어 진(秦)나라를 두려워할 것이며, 진(晉)나라는 반드시 그대를 중용하여 진(秦)나라와 관계를 맺으려고 할 것입니다. 이렇게 되면 그대는 제나라를 깨뜨려서 공을 세우는 것이 되고, 진(晉)나라를 끼고 중용하게 되는 것입니다. 이것은 그대가 제나라를 깨뜨려서 봉읍을 정하고, 진(秦)나라와 진(晉)나라가 함께 그대를 중시하게 만드는 길입니다. 만약 제나라가 깨지지 않는다면 여례는 다시 등용되고 그대는 틀림없이 매우 어려워질 것입니다."

그래서 양후가 진 소왕에게 말하여 제나라를 공격하도록 하자, 여례가 달아났다.

뒤에 제 민왕은 송(宋)나라를 멸망시키자 더욱 교만해져, 맹상군을 제거하려고 하였다. 맹상군이 두려워하여 마침내 위(魏)나라로 망명하였다. 위나라 소왕(昭王)은 그를 재상으로 삼고 서쪽으로 진(秦)나라, 조나라와 협력하고, 연(燕)나라와 함께 제나라를 쳐서 깨뜨렸다. 제나라 민왕은 달아나 거(莒)에 있다가 마침내 거기에서 죽었다. 제나라에서 양왕(襄王)이 즉위하자, 맹상군은 제후들 사이에서 중립을 지켜 어느 한 곳에 속하는 데가 없었다. 제 양왕은 즉위 후 맹상군을 두려워하여 그와 화친하였다.

전문이 죽으니 시호를 맹상군이라고 하였다. 여러 아들들이 서로 자리를 다투니, 제나라와 위나라가 설 땅을 멸망시켰다. 맹상군은 후사가 없어져서 후대가 끊겼다.

처음에 풍환(馮驩)은 맹상군이 빈객을 좋아한다는 말을 듣고 짚신을 신고 와서 그를 만났다. 맹상군이 말하기를 "선생은 먼 길에서 오셨는데, 나에게 무엇을 가르쳐주시겠습니까?"라고 하였다. 풍환이 말하기를 "군께서 선비를 좋아한다는 말을 듣고 가난한 몸을 군에게 의지하려고 합니다."라고 하였다. 맹상군이 풍환을 평범한 숙소에 머무르게 한 지 10일이 지나서 맹상군이 전사장에게 "객은 무엇을 하고 있는가?"라고 묻자, 그는 "풍환은 매우 가난하여 다만 칼 한 자루만 가지고 있는데, 그것도 떼 풀로 얽어맨 것입니다. 그 칼을 두드리며 노래하기를 '긴 칼아, 돌아가자! 식사에 생선 반찬이 없구나!'라고 하였습니다."라고 대답하였다. 맹상군이 그를 고급 숙소로 옮기게 하고, 식사에도 생선 반찬을 놓게 하였다. 5일 뒤에 또 전사장에게 물으니 "객이 다시 칼을 두드리며 노래하기를 '긴 칼아, 돌아가자! 나가려고 해도 수레가 없구나!'라고 하였습니다."라고 대답하였다. 맹상군이 그를 최고급 숙소로 옮기게 하고 드나들 때도 수레를 타게 하였다. 5일 뒤에 맹상군이 다시 전사장에게 물으니 전사장이 "선생이 또 칼을 두드리며 노래하기를 '긴 칼아, 돌아가자! 집이 없구나!'라고 하였습니다."라고 대답하였다. 맹상군이 이를 언짢아하였다.

1년이 지나도록 풍환은 말을 하지 않았다. 맹상군은 그때 제나라의 재상으로 있었으며, 설에 만호(萬戶)를 봉 받았다. 그의 식객은 3,000명이어서 그 봉읍의 세금으로는 식객들을 대접하기에는 부족하여 사람을 시켜서 설 땅의 사람들에게 돈을 대부해주었다. 1년이 되어도 수입이 없었고, 돈을 빌려 간 사람 가운데 많은 사람들이 그 이자를 낼 수 없어서, 맹상군은 식객들을 대접하기에 부족하였다.

맹상군이 그것을 걱정하여 좌우의 사람들에게 "어떤 사람이 설 땅에 가서 빚을 거두어올 수 있겠는가."라고 묻자 전사장이 "식객 중에 풍공(馮公)은 용모와 체격이 뛰어나고 말을 잘하며 나이가 많으나 다른 재능이 없으니, 마땅히 그를 보내 빚을 거두어오게 하는 것이 좋겠습니다."고 대답하였다. 맹상군이 마침내 풍환에게 가서 그 일을 청하여 "빈객들이 나의 불초함을 알지 못하고 다행히도 나에게 온 사람이 3,000여 명이나 되는데 봉읍의 수입으로는 빈객들을 대접하기에 부족하기 때문에 이자를 얻으려고 설에서 돈을 빌려주었습니다. 그런데 설에서는 해마다 수확이 들어오지 않고, 돈을 빌려 간 백성들의 대부분도 그 이자를 갚을 수가 없습니다. 이제 빈객들이 식사하기에도 부족하지 않을까 하여 걱정이 되니, 선생이 그것을 책임지고 거두어주기를 원합니다."라고 하자 풍환이 "알겠습니다."라고 대답하였다.

풍환이 하직인사를 하고 떠나 설 땅에 도착하여 맹상군에게 돈을 빌려 쓴 사람을 다 불러 모아 이자 10만 전을 거두었다. 그래서 많은 술을 빚고 살진 소를 사서 돈을 빌려 간 사람을 다 모았는데, 이자를 줄 수 있는 사람도 다 오게 하고, 이자를 줄 수 없는 사람도 역시 다 오게 해서는 모두 돈의 차용증서를 가져오게 하여 그것을 합쳐보았다. 다 함께 모일 날을 정하고 이날 소를 잡고 술판을 벌였다.

술자리가 한창 무르익었을 때 전과 같이 증서를 꺼내어 합쳐보고는 이자를 줄 수 있는 사람에게는 기한을 정해주고, 가난하여 이자를 줄 수 없는 사람에게는 그 증서를 받아서 불태워버렸다. 풍환이 말하였다. "맹상군께서 돈을 빌려준 까닭은 가난하여 자본금이 없는 백성들을 위하여 그들이 본업(本業)에 힘쓰게 하기 위해서입니다. 이자를 받는 까닭은 빈객들을 대접할 것이 없기 때문입니다. 이제 부유한 사람은 기한을 정해주고, 가난하여 어려운 사람은 증서를 태워 그것을 포기합니다. 그러니 여러분들은 마음껏 음식이나 드십시오. 이러한 주인이 있으니, 어찌 그를 저버릴 수 있겠습니까?"

그러자 앉아 있던 사람들이 모두 일어나서 두 번 절하였다.

맹상군은 풍환이 증서를 불태웠다는 소식을 듣고 노하여 사자를 시켜 풍환을 불러들였다. 풍환이 도착하자 맹상군이 말하였다. "나의 식객이 3,000명이기 때문에 설에 돈을 빌려준 것입니다. 나의 봉읍의 수입은 적은데 백성들의 대부분은 오히려 때가 되어도 그 이자를 주지 않습니다. 그래서 빈객의 식사대접이 부족할까봐 선생에게 청하여 그것을 책임지고 거두게 한 것입니다. 들으니 선생은 돈을 받아 많은 고기와 술을 갖추고 증서를 불태웠다고 하니 어찌 된 일입니까?"

풍환이 말하였다. "그렇습니다. 고기와 술을 많이 갖추지 않으면 사람들이 다 모일 수가 없으며, 여유가 있는 사람과 부족한 사람을 알 수가 없습니다. 여유가 있는 사람에게는 기한을 정해주어야 합니다. 그러나 여유가 없는 사람에게는 비록 그것을 10년씩이나 지키게 하여 독촉해도 이자만 점점 늘어날 것이며,

급해지면 그들은 달아나 스스로 그 증서를 버릴 것입니다. 만약 급하게 독촉하여 마침내 받을 수 없게 된다면, 위로는 선생께서 이익을 좋아하여 선비나 백성들을 사랑하지 않는 것이며, 아래로는 백성들이 선생을 떠나 빚을 갚지 않는다고 하는 이야기를 듣게 될 것입니다. 이것은 선비와 백성들을 격려하고 선생의 명성을 드러내게 하는 것이 아닙니다. 쓸데없는 빈 빚 증서를 불태워서 가히 받을 수 없는 헛계산을 버리게 하여 설 땅의 백성들로 하여금 선생과 친하게 하고 선생의 훌륭한 명성을 드러나게 하려고 한 것입니다. 선생께서는 어째서 그것을 의심하십니까?"

맹상군은 마침내 손뼉을 치면서 그에게 감사하였다.

제나라 왕은 진(秦)나라와 초나라의 비방에 현혹되어 맹상군의 명성이 그의 군주보다도 높고 제나라의 권력을 제 마음대로 휘두른다고 여기고 마침내 맹상군을 쫓아냈다. 모든 빈객들이 맹상군이 파면되는 것을 보고 다 떠나버렸다. 풍환이 말하기를 "저에게 진나라에 타고 들어갈 수 있는 수레 한 승(乘)을 빌려주시면 반드시 선생께서 제나라에 중용되게 하고 선생의 봉읍이 더욱 넓어지도록 하겠습니다. 되겠습니까?"라고 하였다.

맹상군이 마침내 수레와 돈을 준비하여 그를 보냈다. 풍환이 마침내 서쪽으로 가서 진나라 왕에게 유세하였다. "천하의 유세하는 선비들이 서쪽으로 수레를 끌고 말을 달려서 진나라에 들어오는데, 진나라를 강하게 하고 제나라를 약하게 하려고 하지 않는 사람이 없습니다. 또 수레를 끌고 말을 달려서 동쪽으로 제나라에 들어오는 사람은 제나라를 강하게 하고 진나라를 약하게 하려고 하지 않는 사람이 없습니다. 왜냐하면 이 두 나라는 자웅을 다투는 나라여서 세력이 양립하여 두 나라가 다 수컷이 될 수는 없으며 최후에 수컷이 되는 나라는 천하를 얻을 것이기 때문입니다."

진나라 왕이 꿇어앉아 그에게 "어떻게 해야 진나라가 암컷이 되지 않을 수 있겠소?"라고 묻자 풍환이 "왕께서도 역시 제나라가 맹상군을 파면시킨 것을 알고 계십니까?"라고 물었다. 진나라 왕이 "들었소."라고 대답하였다. 풍환이 말하였다. "천하에서 제나라를 중하게 만든 사람은 맹상군입니다. 지금 제나라 왕이 비방을 듣고 맹상군을 파면시켰으니 그의 마음은 원망하여 반드시 제나라를 배반할 것입니다. 그가 제나라를 배반하고 진나라에 들어오면 제나라와 인사(人事)의 실정을 진나라에 모두 다 이야기할 것이며, 그러면 제나라의 땅을 얻게 될 것이니 어찌 다만 수컷만 될 뿐이겠습니까? 왕께서는 급히 사자를 시켜 예물을 싣고 가서 은밀히 맹상군을 맞이하십시오. 이 시기를 놓치지 마십시오. 만약 제나라가 각성하여 다시 맹상군을 등용한다면, 자웅의 소재는 알 수 없을 것입니다."

진나라 왕이 크게 기뻐하며, 마침내 수레 10승(乘)과 황금 100일(鎰)을 보내 이로써 맹상군을 맞이하게 하였다.

풍환이 진나라 왕과 하직하고 사자보다 먼저 가서 제나라에 도착하여 제나라 왕에게 유세하였다. "천하의 유세하는 선비들이 동쪽으로 수레를 끌고 말을 달려서 제나라에 들어오는데, 제나라를 강하게 하고 진나라를 약하게 하려고 하지 않는 사람이 없습니다. 제나라와 진나라는 자웅을 다투는 나라로 진나라가 강하면 즉 제나라는 약하게 되니, 두 나라가 모두 수컷이 될 수 있는 것은 아닙니다. 지금 제가 가만히 들으니 진나라에서 사자를 보내 수레 10승에 황금 100일을 싣고 맹상군을 맞이하게 하였다고 합니다. 맹상군이 서쪽으로 가지 않으면 그만이지만, 서쪽으로 가서 진나라의 재상이 되면 즉 천하는 그에게로 돌아가 진나라는 수컷이 되고 제나라는 암컷이 될 것이니, 암컷이 되면 임치(臨菑)와 즉묵(卽墨)은 위태로워질 것입니다. 왕께서는 어째서 진나라의 사자가 도착하기 전에 먼저 맹상군을 다시 등용하시고 봉읍을 더 넓혀주어서 그에게 사과하지 않습니까? 맹상군은 반드시 기뻐하며 그것을 받을 것입니다. 진나라가 비록 강한 나라이지만 어찌 남의 나라의 재상을 맞이하겠다고 청하겠습니까? 진나라의 음모를 꺾어서 그들이 강한 패자가 되려고 하는 책략을 끊어야 합니다."

제나라 왕이 "좋소."라고 말하고 마침내 사람을 시켜 국경에 도착하여 진나라의 사자를 살펴보게 하였다. 진나라 사자의 수레가 마침 제나라의 국경으로 들어오려고 하자, 사자가 급히 돌아와서 그것을 알렸다. 왕은 맹상군을 불러 재상

의 지위를 회복시켰고 옛 봉읍의 땅을 다시 주고 또 천호를 더하였다. 진나라의
사자는 맹상군이 다시 제나라의 재상이 되었다는 말을 듣고 수레를 되돌려 돌
아갔다.

제나라 왕이 비방을 하여 맹상군을 파면시키자, 모든 식객들이 다 맹상군을
떠난 바 있었다. 뒤에 제나라 왕이 불러 그의 작위를 회복시키니 풍환은 빈객들
을 맞이하였다. 빈객들이 도착하기 전에 맹상군이 크게 탄식하여 말하였다. "내
가 항상 빈객을 좋아하여 그들을 대접함에 감히 실수한 것이 없었으며, 식객이
3,000여 명이나 되었던 것은 선생께서도 아는 바입니다. 식객들은 내가 하루
만에 파직되는 것을 보고 다 나를 저버리고 가서 나를 돌보는 사람이 없었습니
다. 이제 선생에 의해서 다시 그 지위를 얻었지만, 식객들은 무슨 면목으로 나
를 다시 볼 수 있다는 말입니까? 만약 다시 나를 보는 사람이 있다면 반드시 그
얼굴에 침을 뱉고 그를 크게 욕보일 것입니다."

풍환이 말고삐를 메어놓고 수레에서 내려와 절을 하였다. 맹상군도 수레에서
내려와 그를 맞으며 "선생이 식객들을 대신해서 사과하시는 것입니까?"라고 말
하자 풍환이 "식객들을 대신해서 사과하는 것이 아닙니다. 선생께서 말을 실수
하셨기 때문입니다."라고 하였다.

"물건에는 반드시 그렇게 되는 결과가 있고, 일에는 당연히 그렇게 되는 도리
가 있습니다. 선생께서는 그것을 아십니까?"라고 하니 맹상군이 "나는 어리석
어 선생이 말하는 바를 알지 못하겠습니다."라고 대답하였다.

그러자 풍환이 말하였다. "살아 있는 것이 반드시 죽는다는 것은 사물의 필연
적 결과이며, 부유하고 귀하면 선비가 많고 가난하고 천하면 친구가 적은 것은
일의 당연한 면모입니다. 선생께서는 아침에 시장에 모이는 사람들을 보지 못
하셨습니까? 날이 밝으면 어깨를 비비고 다투며 문으로 들어가는데, 날이 저문
뒤에는 시장을 지나는 사람들이 어깨를 늘어뜨리며 돌아보지 않습니다. 이것은
아침을 좋아하고 저녁을 미워하는 것이 아니라, 기대하는 물건이 저녁 때에는
없기 때문입니다. 이제 선생께서 지위를 잃으니 빈객들이 다 떠나갔는데, 이것

을 가지고 선비들을 원망하면서 일부러 빈객들의 길을 끊을 필요는 없습니다. 선생께서는 예전과 같이 빈객들을 대우하시기를 바랍니다."

맹상군이 두 번 절하며 "삼가 그 말씀을 따르겠습니다. 선생의 말을 듣고 어찌 감히 가르침을 따르지 않겠습니까?"라고 말하였다.

태사공은 말하였다.

"내가 일찍이 설(薛) 지방을 지난 적이 있는데, 그 마을은 대체로 흉포한 젊은 이들이 많아 추(鄒)나라나 노(魯)나라와는 달랐다. 그 까닭을 물으니 '맹상군(孟嘗君)이 천하의 협객과 무뢰배를 불러 모아서, 설 땅에 들어온 자가 대략 6만여 호(戶)가 되었다'고 하였다. 세상에 전하는 말에 의하면 맹상군이 빈객을 좋아하여 스스로 즐거워하였다고 하는데, 그 명성이 헛된 것만은 아닐 것이다."

평원군열전

平原君列傳 : 평원군, 우경

[조나라의 평원군은 풍정(馮亭)과 권력을 다투다가 초나라로 가서 구원군을 얻어 한단의 포]
[위를 풀고, 조나라 군주를 제후로 복귀시켰다. 그래서 「평원군열전」을 지었다.]

평원군

평원군(平原君) 조승(趙勝)은 조(趙)나라의 공자(公子)들 가운데 한 사람이다. 형
제 가운데 조승이 가장 현명하고 빈객을 좋아하여 그에게 모인 빈객들이 수천
명이나 되었다. 평원군은 조나라의 혜문왕(惠文王, B.C. 298~B.C. 266)과 효성왕
(孝成王, B.C. 265~B.C. 245) 때 재상으로 있었는데, 세 번이나 재상을 그만두었다
가 세 번 다시 재상의 지위에 올랐고, 동무성(東武城)에 봉해졌다.

평원군의 집 누각에서는 민가가 내려다보였다. 그 민가에 절름발이가 있었는
데, 그는 다리를 절면서 물을 길어 나르고 있었다. 평원군의 애첩이 누각 위에

있다가 이 모습을 내려다보고 크게 웃었다. 다음날 절름발이가 평원군의 집 문 앞에 와서 청하여 말하기를, "저는 선생께서 선비를 좋아한다고 들었습니다. 선비들이 수천 리를 멀다 하지 않고 오는데, 이는 선생께서 선비를 귀하게 여기고 첩을 천하게 여길 줄 알기 때문입니다. 저는 불행하게도 허리가 굽은 병이 있는데, 선생의 첩이 저를 내려다보고 비웃었습니다. 저는 그 비웃은 자의 머리를 얻고자 합니다."라고 하였다. 평원군이 웃으며 "약속하겠다."라고 대답하였다. 절름발이가 돌아가자, 평원군이 웃으며 "그 작자가 한번 웃었다는 이유로 내 애첩을 죽이려고 하니 이는 너무 심하지 않은가?"라고 말하며 끝내 그녀를 죽이지는 않았다.

그리고 1년 남짓 사이에 빈객과 문하(門下)의 사인(舍人)들이 조금씩 떠나더니 떠난 자가 절반이 넘게 되었다. 평원군이 이를 이상하게 여겨 말하기를, "내가 여러분들을 대우할 때 일찍이 감히 예의를 잃지 않았는데, 어째서 떠나는 자가 이렇게 많은가?"라고 하였다. 문하의 한 사람이 앞으로 나와 말하기를, "선생께서 절름발이를 비웃은 자를 죽이지 않았기 때문에 선비들은 선생께서 여색(女色)을 좋아하고 선비를 천하게 여긴다고 생각하여 떠나가는 것입니다."라고 하였다. 그래서 평원군은 마침내 절름발이를 비웃은 애첩을 죽이고 머리를 베어 자신이 직접 문 앞에 가서 절름발이에게 주고 사과하였다. 그 후 문하에는 다시 선비들이 점점 모여들었다.
이때 제(齊)나라에는 맹상군(孟嘗君)이 있었고, 위(魏)나라에는 신릉군(信陵君)이 있었으며, 초(楚)나라에는 춘신군(春申君)이 있어서 서로 경쟁하며 선비들을 대우하고 있었다.

진(秦)나라가 조나라의 수도 한단(邯鄲)을 포위하자, 조나라는 평원군을 시켜 초나라에 구원을 청하고 합종의 동맹을 맺도록 하였다. 평원군은 식객과 문하에서 용기와 힘이 있고 문무(文武)를 겸비한 자 20명을 선발해 함께 움직일 계획이었다. 평원군은 말하였다. "평화로운 방식으로 동맹을 성사시킬 수 있다면 좋을 것입니다. 하지만 그렇게 성사시킬 수 없다면, 무력을 써서라도 회의하는 궁전 아래에서 피를 나누어 마시며 반드시 맹약을 맺고 돌아오겠습니다. 동행할 선비는 외부에서 찾지 않고, 저의 식객과 문하에서 뽑아도 충분합니다." 그런데 19명을 선발하고 나머지 한 명을 고르지 못하여, 미처 20명을 채우지 못하였다.

문하에 모수(毛遂)라는 사람이 있었는데, 앞에 나아가 평원군에게 자신을 추천하여 말하기를, "제가 들으니 선생께서는 장차 초나라와 합종하고자 하여 식객과 문하의 20명과 함께 가기를 약속하고, 사람을 외부에서 찾지 않기로 하셨습니다. 이제 한 사람이 모자라니, 선생께서는 저로 남은 인원을 채워서 동행하기를 원합니다."라고 하였다.

평원군이 말하기를, "선생이 나의 문하에 있은 지 오늘로 몇 해나 되었습니까?"라고 하였다.

모수가 말하기를, "오늘로 3년이 되었습니다."라고 하였다.

평원군이 말하기를 "현명한 선비의 처세라고 하는 것은 비유하자면 주머니 속에 있는 송곳과도 같아서 당장에 그 끝이 드러나 보이는 것입니다. 지금 선생께서 나의 문하에 있은 지 오늘까지 3년이지만 좌우에서 칭찬하여 말하는 것이 없었고 나도 들은 적이 없으니 이는 선생에게 뛰어난 것이 없기 때문입니다. 선생은 갈 수 없으니 그냥 이대로 계시오."라고 하였다.

모수가 말하기를 "저는 오늘에서야 선생의 주머니 속에 있기를 청합니다. 저로 하여금 일찍부터 주머니 가운데 있게 하였다면 자루까지도 밖으로 삐져나왔을 것이니, 아마도 그 끝만 보이지는 않았을 것입니다."라고 하였다.

평원군은 마침내 모수를 데리고 함께 떠났다. 다른 19명의 선비들은 서로 눈빛으로 모수를 비웃었지만 소리를 내지는 않았다. 그러나 초나라에 도착하기 전까지 19명의 선비들은 모수와 대화를 나누면서 그의 식견에 탄복하게 되었다.

평원군이 초나라와 합종하기 위하여 그 장단점을 논하였는데, 해가 뜰 때 시작하여 한낮이 될 때까지도 회담의 결론을 내리지 못하였다. 19명이 모수에게 말하기를, "선생이 당(堂) 위에 오르시지요."라고 하였다.

모수가 칼을 쥔 채 계단으로 올라가서 평원군에게 물었다. "합종의 장단점은 두 마디면 충분할 것인데, 해가 뜰 때부터 합종을 이야기하여 한낮이 되도록 결정을 하지 못하는 것은 무슨 까닭입니까?"

초나라 왕이 평원군에게 "저 손님은 누구입니까?"라고 물었다.

평원군은 "그 사람은 저의 문객입니다."라고 대답하였다.

초나라 왕이 꾸짖으면서 "어째서 내려가지 않느냐? 내가 그대의 주인과 함께 이야기하고 있는데, 그대는 무엇을 하고 있느냐!"라고 말하였다.

모수가 칼을 만지면서 앞에서 말하였다. "왕께서 저를 꾸짖는 것은 초나라의 많은 군사를 믿기 때문입니다. 그런데 지금 왕께서는 열 걸음 범위 안에 믿을 만한 초나라 군사가 없습니다. 왕의 목숨은 저의 손에 달려 있습니다. 우리 주인이 앞에 있는데, 꾸짖는 것은 무슨 까닭입니까? 또 제가 들으니 탕왕(湯王)은 사방 70리의 땅으로 천하에서 왕 노릇을 하였고, 문왕(文王)은 사방 100리의 땅으로 제후들을 신하로 삼았다고 하였는데, 이 모두가 어찌 그 군사가 많았기 때문이었겠습니까? 진실로 그 세력에 의지해서 위엄을 잘 떨쳤기 때문입니다. 지금 초나라의 땅이 사방 5,000리이고, 병기를 가진 군사가 100만 명인데, 이는 패자로서 왕이 될 만한 바탕입니다. 이러한 초나라의 강대함을 천하에 당해낼 나라가 없습니다. 백기(白起)와 같이 한낱 하찮은 자가 수만의 무리를 이끌고 군대를 일으켜 초나라와 전쟁하여 한 번 싸워서 언영(鄢郢)을 빼앗고, 두 번 싸워서 이릉(夷陵)을 불사르고, 세 번 싸워서 종묘를 욕보였습니다. 이것은 초나라에게는 백세(百世)의 원한이며, 조나라로서도 수치스러운 일입니다. 그런데 왕께서는 이러한 수치스러움을 깨닫지 못하고 계십니다. 합종은 초나라를 위한 것이지 조나라를 위한 것은 아닙니다. 우리 주인이 앞에 있는데 꾸짖는 것은 무슨 까닭입니까?"

초나라 왕이 말하기를 "과연 그렇소. 참으로 선생의 말씀 그대로요. 삼가 사직을 받들어 합종하겠소."라고 하였다.

모수가 "합종이 결정된 것입니까?"라고 묻자, 초나라 왕이 "결정하였소."라고 대답하였다. 모수가 초나라 왕의 좌우 신하들에게, "닭과 개와 말의 피를 가지고 오라."고 말하였다. 모수가 피를 담은 구리 쟁반을 받들고 무릎을 꿇은 채 초나라 왕에게 바치며 말하였다. "왕께서 피를 마셔 합종의 맹약을 확정해주십시오. 그다음 차례는 우리 주인이고, 또 그다음 차례는 저입니다."

마침내 합종의 맹약이 어전에서 결정되자, 모수는 왼손으로 피가 담긴 쟁반을 들고 오른손으로 19명을 불러놓고 말하였다. "공들은 당 아래에서 이 피를 드시오. 그대들은 따라온 것일 뿐이니, 다른 사람 덕에 일이 성사된 꼴이요."

평원군이 합종을 결정짓고 돌아갔다. 그는 초나라에 돌아와서 말하였다. "나는 감히 다시는 선비를 평가하지 않겠다. 내가 선비를 평가한 것이 많으면 천 명, 적어도 백여 명으로 천하의 인재들을 알아보지 못한 적이 없다고 자부하였는데, 지금 모선생을 알아보지 못하였다. 모선생은 단 한 번 초나라에 갔는데도 조나라를 구정(九鼎)과 대려(大呂)보다도 무겁게 만들었다. 모선생의 세 치의 혀는 백만의 군사보다도 강하였다. 나는 감히 다시는 선비를 평가하지 않겠다." 평원군은 모수를 상객(上客)으로 삼았다.

평원군이 조나라에 돌아오니 초나라에서는 춘신군을 장수로 하여 군대를 이끌고 달려가 조나라를 구원하게 하였고, 위나라의 신릉군도 진비(晉鄙)의 군대를 속여 빼앗아 조나라를 구하러 갔다. 그들이 다 이르기도 전에 진나라가 급하게 한단을 포위하니 한단이 매우 위급하게 되어 항복할 지경에 놓이자 평원군이 이를 걱정하였다.

한단의 숙소 관리하는 사람의 아들인 이동(李同)이 평원군에게 말하기를 "선생께서는 조나라가 망하는 것이 걱정되지 않습니까?"라고 하였다. 평원군이 "조나라가 망하면 나도 포로가 될 텐데 어째서 걱정되지 않겠는가?"라고 대답하였다. 이동이 말하였다. "한단의 백성들은 사람의 뼈를 태우고 자식을 서로 바꾸어 먹고 있으니 실로 위급하다고 말할 수 있습니다. 그런데 선생의 후궁들은 100여 명을 헤아리고, 비첩들도 무늬 있는 비단옷을 입고 쌀밥과 고기반찬을 남깁니다. 한편 백성들은 거친 옷도 다 갖추어지지 않았고, 술지게미와 쌀겨도 넉넉하지 않습니다. 백성들이 곤궁하고 병기가 다하여 어떤 사람은 나무를 깎아 창과 화살을 만드는 데 선생의 기물(器物)과 종경(鍾磬)은 전과 다름이 없습니다. 만약 진(秦)나라가 조나라를 무너뜨린다면 선생께서 어찌 이런 것들을 가질 수 있겠습니까? 만약 조나라가 안전함을 얻는다면 선생께서 어찌 이런 것이 없음을 근심하겠습니까? 이제 선생께서 진실로 부인과 그 아랫사람들을 군졸 사이에 편성하시어 일을 나누어 하게 하시고 집에 있는 것을 다 나누어 군졸들에게 베풀어주신다면 군졸들은 위태롭고 곤궁한 때를 당하였으니 쉽게 감격할 것입니다."

이에 평원군은 그 말을 그대로 따르니, 죽음을 각오한 군사 3,000명을 얻게 되었다. 이동이 드디어 3,000명을 이끌고 진나라로 달려가니, 진나라 군사는 그로 인해서 30리나 물러났다. 때마침 초나라와 위나라의 구원군도 도착하니, 진나라의 군사는 물러나고, 한단은 무사하게 되었다. 이동이 전사하였기 때문에 그의 아비를 봉하여 이후(李侯)라고 하였다.

당시 조나라에 체류 중이던 유세객 우경(虞卿)은 신릉군이 한단을 구한 것은 평원군과의 친분 때문이라고 생각하여, 조나라 왕에게 평원군의 봉지를 더해줄 것을 청하려 했다.

공손룡(公孫龍)이 그 소문을 듣고 밤에 수레를 몰고 와서 평원군을 보고 "저는 우경이 신릉군이 한단을 구한 공로를 가지고 선생을 위해서 봉읍을 청하고자 한다고 들었습니다. 그런 일이 있습니까?"라고 물으니, 평원군이 "그렇소."라고 대답하였다.

공손룡이 말하였다. "그것은 정말 옳지 않습니다. 또한 왕께서 선생을 조나라의 재상으로 삼은 것은 선생만 한 지혜와 재능을 가진 사람이 조나라에 없어서가 아닙니다. 동무성(東武城)을 떼어 선생을 봉한 것은 선생께서만 공이 있고 조나라 사람들 가운데에는 공이 있는 자가 없기 때문이 아닙니다. 그것은 선생께서 왕의 친척이기 때문입니다. 선생께서 재상의 인장을 받고도 무능하다고 사양하지 않고, 땅을 떼어 받고도 공이 없다고 말하지 않은 것은, 그 역시 선생 스스로 왕의 친척이라고 여기기 때문입니다. 이제 신릉군이 한단을 구한 공로를 가지고 봉읍을 청하는 것은 친척으로서 성을 받고 또 조나라 사람으로서 공을 계산하는 것입니다. 그러므로 이것은 정말 옳지 않습니다. 또한 우경은 양다리를 걸치고 있는데, 이 일이 이루어지면 그것을 이유로 보답을 요구할 것이며, 일이 이루어지지 않더라도 봉읍을 받도록 청하였다는 것을 빌미로 선생에게서 생색을 내려 할 것입니다. 선생께서는 그의 말을 결코 듣지 마십시오."

평원군은 마침내 우경의 말을 듣지 않았다.

평원군은 효성왕 15년(B.C 251)에 죽었다. 자손이 대를 잇다가 후에 조나라와 함께 망하였다.

평원군은 공손룡을 후하게 대우하였다. 공손룡은 견백(堅白)의 논리에 뛰어났다. 추연(鄒衍)이 조나라에 들러 대도(大道)를 말하자, 평원군은 마침내 공손룡을 멀리하였다.

우경

우경(虞卿)이라는 사람은 유세를 하는 선비이다. 그는 짚신을 신고 우산을 쓰고 와서 조 효성왕에게 유세하였다. 그를 한 번 만나보고는 조나라 왕이 황금 100일(鎰)과 흰 구슬 한 쌍을 하사하였고, 두 번째 만나보고는 조나라의 상경(上卿)으로 삼았다. 때문에 우경(虞卿)이라고 불렀다.

진(秦)나라와 조나라가 장평(長平)에서 싸웠으나 조나라는 이기지도 못하였고, 도위(都尉) 한 명까지 잃었다. 조나라 왕이 누창(樓昌)과 우경을 불러서 말하기를, "군대가 싸워서 이기지 못하였고, 도위마저 죽었소. 과인이 갑옷을 걷어붙이고 진나라 군대를 습격하고자 하는데 어떻게 생각하시오?"라고 하였다.

누창이 말하였다. "도움이 되지 않습니다. 귀한 사신을 보내 강화를 요청하는 것만 못합니다."

우경이 말하였다. "누창이 강화를 말하는 것은 강화를 하지 않으면 조나라의 군대가 반드시 패한다고 여기기 때문입니다. 그러나 강화를 결정하는 것은 진나라에 달려 있습니다. 또한 왕께서 진나라를 판단하시기에 그들이 조나라의 군대를 깨뜨리고자 한다고 생각하십니까? 그렇지 않다고 생각하십니까?"

왕은 말하였다. "진나라는 조금의 힘이라도 남기지 않고 반드시 조나라의 군대를 깨뜨리려고 할 것이오."

우경이 말하였다. "왕께서는 저의 말을 들으시고 사신을 보내 귀중한 보물을 가지고 가서 초나라와 위(魏)나라를 끌어들이십시오. 초나라와 위나라는 왕의 귀중한 보물을 얻고자 하여 반드시 우리나라의 사신을 받아들일 것입니다. 조나라 사신이 초나라와 위나라에 들어가면 진나라는 반드시 천하가 합종하려는 것인 줄 알 것이며 또 반드시 두려워할 것입니다. 이와 같다면 강화는 가능할 것입니다."

조나라 왕이 듣지 않고 평원군과 함께 강화를 하기 위하여 정주(鄭朱)를 진나라로 들여보냈다.

진나라에서는 그들을 맞이하였다. 조나라 왕이 우경을 불러 "과인이 평양군(平陽君)을 시켜 진나라와 강화하게 하였는데 진나라가 이미 정주를 맞이하였소. 그대의 생각은 어떠하오?"라고 물었다.

우경은 이렇게 대답하였다. "대왕께서는 강화를 하실 수 없을 것이며, 군대는 반드시 깨질 것입니다. 지금 천하의 전쟁의 승리를 축하하는 사람들이 모두 진나라에 있습니다. 정주는 귀한 사람입니다. 그가 진나라에 들어가니 진나라 왕과 응후(應侯)는 틀림없이 그를 드러나게 중시하여 이로써 천하에 과시할 것입니다. 초나라와 위나라는 조나라가 진나라와 강화한다고 여겨서 반드시 대왕을 구원하지 않을 것입니다. 진나라는 천하가 대왕을 구원하지 않을 것을 알고 있으니 강화는 이루어지지 않을 것입니다."

응후는 과연 정주를 드러내어 천하의 전쟁승리 축하객들에게 과시하였고, 끝내 강화를 승낙하지 않았다. 조나라는 장평에서 크게 패하고 마침내 한단이 포위되어, 천하의 웃음거리가 되었다.

진나라가 한단의 포위를 풀자 조나라 왕이 입조(入朝)하여 조학(趙郝)을 시켜 진나라에 복종하여 섬기기로 약속하고 6개의 현(縣)을 떼어주어 강화하게 하였다. 우경은 조나라 왕에게 "진나라가 대왕을 공격하다가 지쳐서 돌아갔다고 생각하십니까? 계속 공격할 힘이 있는데도 대왕을 아껴서 공격을 그만두었다고 생각하십니까?"라고 물었다.

왕은 "진나라가 나를 공격할 때 온 힘을 다 기울였으니 반드시 지쳐서 돌아간 것이다."라고 대답하였다.

우경이 말하기를 "진나라가 그들의 힘으로 취할 수 없는 곳을 공격하다가 지쳐서 돌아갔는데, 대왕께서는 또 힘으로 취할 수 없는 곳을 진나라에 주려고 하니, 이것은 진나라를 돕고 자기 스스로를 공격하는 일입니다. 내년에 진나라가 다시 대왕을 공격한다면 대왕께서는 구출될 방법이 없습니다."라고 말하였다.

왕이 우경의 이야기를 조학에게 말하였다. 조학이 말하기를 "우경은 진실로 진나라의 힘이 도달할 수 있는 바를 다 알 수 있을까요? 진실로 진나라의 힘이 공격을 계속할 수 없다는 사실을 안다면 탄환(彈丸)만한 작은 땅도 줄 수가 없습니다. 만약 진나라가 내년에 다시 대왕을 공격한다면 대왕께서는 어째서 영토 안의 땅을 떼어 강화하지 않겠습니까?"라고 하였다.

왕이 말하기를 "그대의 말을 들어 땅을 떼어준다면 그대는 반드시 내년에 진나라가 나를 다시 공격하지 않게 할 수 있는가?"라고 하였다.

조학이 대답하였다. "그것은 감히 신이 책임질 수 있는 것이 아닙니다. 예전에 삼진(三晉)이 진나라와 사귀어 서로 화친하였습니다. 지금 진나라가 위나라나 한나라와는 화친하면서 대왕을 공격하는 것은 대왕께서 진나라를 섬기는 것이 한나라나 위나라만 못하기 때문입니다. 지금 신이 대왕을 위하여 친교를 저버린 공격을 풀게 하고 관(關)을 열어 예물을 통하게 하여 한나라나 위나라와 동등하게 교유한다고 할지라도, 내년에 대왕께서만 혼자 진나라의 공격을 받게 되신다면 그것은 바로 대왕께서 진나라를 섬긴 것이 한나라나 위나라만 못하였기 때문일 것입니다. 그것은 신이 감히 책임질 수 있는 것이 아닙니다."

왕이 그 말을 우경에게 하니, 우경이 말하였다.

"조학이 말하기를 '강화를 하지 않아 내년에 진나라가 다시 대왕을 공격한다면 대왕께서는 영토 안의 땅을 떼어주지 않고도 강화하실 수 있습니까?'라고 하였는데, 만약 지금 강화한다고 해도 조학은 또 반드시 진나라가 다시 공격하지 않는다고는 할 수 없다고 말하였습니다. 지금 비록 6개의 성을 떼어준다고 한들 무슨 유익함이 있겠습니까? 내년에 다시 공격한다면 또 그들의 힘으로 취할 수 없는 땅을 떼어주고 강화를 할 것입니다. 이것은 스스로 멸망하는 방법이니 강화를 하지 않음만 못합니다.

진나라가 비록 공격을 잘한다고 할지라도 6개의 현을 취할 수는 없으며, 조나라가 비록 잘 지킬 수 없을지라도 끝내 6개의 성까지 잃지는 않을 것입니다. 진나라가 지쳐서 돌아갔으니 군사들은 반드시 피폐하였을 것입니다. 우리는 6개의 성으로 천하를 거두고 이로써 피폐해진 진나라를 공격한다면 그것이 우리로서는 6개의 성을 천하에 주고 진나라에게서 보상을 받는 길일 것입니다. 우리나라로서는 오히려 그것이 이익입니다. 누가 앉아서 땅을 떼어주어 스스로를 약하게 하여 이로써 진나라를 강하게 만들겠습니까?

지금 조학이 '진나라가 한나라나 위나라와는 화친하면서 대왕을 공격하는 것은 대왕께서 진나라를 섬기는 것이 한나라나 위나라만 못하였기 때문이다'라고 말하였는데, 이는 대왕으로 하여금 매년 6개의 성을 가지고 진나라를 섬기게 하는 것으로, 그렇게 되면 앉아서 성을 다 잃게 될 것입니다. 내년에 진나라가 다시 땅을 떼어줄 것을 요구한다면 대왕께서는 장차 그것을 주시겠습니까? 만약 주시지 않는다면 예전의 공을 포기하고 진나라에 화(禍)를 도발하는 것이 될 것입니다. 만약 그것을 준다고 하더라도 그때는 줄 만한 땅이 없습니다.

옛말에 '강한 자는 공격을 잘하고 약한 자는 수비를 잘못한다'라고 하였습니다. 이제 앉아서 진나라의 요구를 듣는다면 진나라의 군사는 애를 쓰지도 않고 많은 땅을 얻는 것이니, 이는 진나라를 강하게 하고 조나라를 약하게 하는 것입니다. 더욱더 강한 진나라로 하여금 더욱더 약한 조나라를 베어 가는 것이니 그들의 계책은 그치지 않을 것입니다. 또한 대왕의 땅은 다하게 되는데 진나라의 요구는 끝이 없을 것입니다. 이는 끝이 있는 땅으로 끝이 없는 요구에 응한다면 그 추세는 반드시 조나라를 없어지게 할 것입니다."

조나라 왕이 계책을 결정짓지 못하고 있을 때 누완(樓緩)이 진나라에서 돌아왔다. 조나라 왕이 누완과 의논하면서 "진나라에 땅을 주는 것이 낫겠소? 주지 않는 것이 낫겠소?"라고 물었다. 누완이 사양하면서 "그것은 신이 알 수 있는 것이 아닙니다."라고 대답하였다. 왕이 말하기를 "비록 그렇다고 할지라도 시험 삼아 그대의 의견을 말해보라."라고 하였다. 누완이 말하였다. "대왕께서도 역시 공보문백(公甫文伯)의 어머니에 대해서 들어보셨습니까? 공보문백이 노(魯)나라에서 벼슬을 하다가 병들어 죽자 규방에서 자살한 여자가 2명이나 있었습니다. 그의 어머니가 그 소식을 듣고도 울지 않았습니다. 그녀의 집안일을 돌보는 여자가 말하기를 '자식이 죽었는데도 어째서 울지 않습니까?'라고 하자 그 어머니가 말하기를 '공자(孔子)는 현인인데 노나라에서 쫓겨났을 때, 내 자식은 그를 따라가지 않았습니다. 이제 자식이 죽으니, 그 부인들이 그를 위하여 자살한 자가 2명이나 되니, 이와 같다면 그는 틀림없이 덕행 있는 사람에게는 박하고 부인들에게는 후하게 대하였을 것입니다'라고 하였습니다. 그러므로 어머니가 이 말을 하면 어진 어머니가 되는 것이고, 아내가 이 말을 하면 반드시 질투하는 아내임을 면하지 못할 것입니다. 이렇듯 그 말은 같으나 말하는 사람이 다르면 듣는 사람의 마음도 변하는 것입니다. 이제 신이 진나라에서 방금 돌아와서 주시지 마시라고 한다면, 그것은 좋은 계책이 아닙니다. 그리고 그것을 주시라고 한다면, 대왕께서는 신이 진나라를 위한다고 여길 것이 두려워서 감히 대답하지 않았던 것입니다. 신으로 하여금 대왕을 위하여 계책을 말할 수 있게 하신다면, 땅을 주는 것이 좋겠다는 것이 제 생각입니다."

왕이 "알겠소."라고 하였다.

우경이 그 소리를 듣고 들어가 왕을 만나 말하기를 "그 말은 아름답게 꾸민 말입니다. 대왕께서는 절대로 땅을 주지 마십시오."라고 하였다.

누완이 그 소리를 듣고 가서 왕을 만났다. 왕이 또 우경의 말을 누완에게 하니 누완이 대답하였다. "그렇지 않습니다. 우경은 하나만 알고 둘은 알지 못합니다. 진나라와 조나라가 적이 되어 전쟁을 하니 천하가 다 즐거워하는 것은 무슨 까닭입니까? 그들은 모두 '내가 강한 나라에 의지하여 약한 나라를 괴롭힐 것이다'라고 생각하기 때문입니다. 이제 조나라의 군사들이 진나라에 의해서 어려움을 당하니 천하의 전쟁승리 축하객들이 다 반드시 진나라에 있을 것입니다. 때문에 빨리 땅을 떼어주고 강화를 하여 천하를 의심케 하고, 이로써 진나라의 마음을 위로하는 것만 못합니다. 그렇지 않으면 천하가 장차 진나라의 노여움을 이용하고 조나라의 피폐함을 타서 조나라를 참외처럼 쪼개려고 할 것입니다. 조나라가 망하면 어찌 진나라를 도모하겠습니까? 그런 까닭에 우경은 하나만 알고 둘은 모르는 것입니다. 대왕께서는 이것으로 결정하시고 다시는 의논하지 않으시기를 원합니다."

우경이 그 소리를 듣고 가서 왕을 만나 말하였다. "누완이 진나라를 위하여 하는 일은 위험한 것입니다. 이는 천하로 하여금 조나라를 더욱 의심하게 할 뿐이지, 어찌 진나라의 탐심을 위로할 수 있겠습니까? 어째서 그것이 조나라의 약점을 천하에 보이는 것이라고는 말하지 않습니까? 또한 신이 땅을 주시라고 말씀드린 것은 정말로 주시라고 한 것은 아닙니다. 진나라가 대왕께 6개의 성을 요구하고 있지만, 대왕께서는 6개의 성을 제나라에 뇌물로 주십시오. 제나라는 진나라와 깊은 원수 사이입니다. 제나라 왕이 6개의 성을 얻으면 조나라와 힘을 합쳐 서쪽으로 진나라를 공격할 것입니다. 제나라가 대왕의 제안을 따르는 데에는 사자의 말이 채 끝나기를 기다리지도 않을 것입니다. 즉 이것은 대왕께서 제나라에서 땅을 잃고 진나라에서 보상받는 길입니다. 그렇게 되면 조나라와 제나라는 깊은 원한을 갚을 수 있고, 대왕께서는 천하에 일을 처리하는 능력이 있음을 보이게 되는 것입니다. 대왕께서 이렇게 선포하시면 군사들이 국경을 엿보기도 전에, 신은 진나라의 많은 뇌물이 조나라에 이르고, 도리어 대왕께 강화를 요청할 것으로 생각됩니다. 진나라와 강화하는 것을 승낙하시면 한나라와 위나라가 그 소식을 듣고 반드시 왕을 중하게 여길 것입니다. 대왕을 중하게 여긴다면 반드시 귀중한 보물을 가지고 와서 앞을 다투어 대왕께 드릴 것입니다. 그렇게 되면 대왕께서는 한 번에 세 나라와 화친을 맺게 되고 진나라와는 지위를 바꾸게 되는 것입니다."

조나라 왕이 "좋소."라고 말하였다.

조나라 왕은 곧 우경을 시켜 동쪽으로 가서 제나라 왕을 만나게 하여 함께 진나라를 칠 것을 도모하게 하였다. 우경이 돌아오기도 전에 진나라의 사자가 이미 조나라에 와 있었다. 누완이 그 소식을 듣고 도망가버렸다. 그래서 조나라는 성 한 개를 우경에게 봉하였다.

오래되지 않아 위나라가 합종할 것을 청하였다. 조 효성왕이 우경을 불러 의논하려고 하였다. 우경은 궁중에 가는 길에 평원군을 예방하니 평원군은 다음과 같이 말하였다. "모쪼록 대왕께 합종하는 것이 좋겠다고 말씀드려주시기를 원합니다." 우경이 조정에 들어와 왕을 만났다. 왕이 "위나라가 합종을 청하였소."라고 말하자, 우경이 "위나라가 잘못하였습니다."라고 대답하였다.

왕이 "과인은 아직 허락하지 않았소."라고 말하자, 우경이 "대왕께서 잘못하셨습니다."라고 대답하였다.

왕이 물었다. "위나라가 합종을 청하자 그대는 위나라가 잘못하였다고 말하였고, 과인이 아직 허락하지 않았다고 하였을 때도 또 과인이 잘못하였다고 말하였는데, 그렇다면 결국 합종이 옳지 않다는 것인가?"

우경이 대답하였다. "신이 알고 있기로는 작은 나라가 큰 나라와 일을 할 때, 만약 승리하면 큰 나라가 그 복을 받고 패하면 작은 나라가 그 화를 입는다고 합니다. 지금 위나라는 작은 나라인데도 그 화를 청하였습니다. 또한 대왕께서는 큰 나라인데도 그 복을 사양하였습니다. 때문에 신은 대왕께서 잘못하셨고 위나라도 역시 잘못하였다고 말한 것입니다. 가만히 보니 합종을 하는 것이 적당하겠습니다."

왕이 "좋소."라고 대답하고 나서, 위나라와 합종의 맹약을 하였다.

우경은 위제(魏齊)와의 관계 때문에 만호후(萬戶侯)와 공경(公卿)과 재상의 인장도 중하게 여기지 않고 위제와 함께 외진 작은 길로 달아나, 마침내 조나라를 떠나 대량(大梁)에서 고통을 받았다. 위제가 이미 자살하여 죽은 이후, 우경은 이루지 못한 그의 뜻을 드디어 책으로 저술하였으니, 위로는 『춘추(春秋)』에서 뽑고 아래로는 현실 중에서 관찰하여 「절의(節義)」, 「칭호(稱號)」, 「췌마(揣摩)」, 「정모(政謀)」 등 모두 8편을 지었다. 이로써 국가의 득실을 풍자하였는데 세상에서는 그것을 전하여 『우씨춘추(虞氏春秋)』라고 하였다.

태사공은 말하였다.

"평원군(平原君)은 혼탁한 시대에 하늘 높이 날았던 뛰어난 공자(公子)였다. 그러나 그는 세상을 바라보는 원대한 안목을 지니지 못하였다. 속된 말로 '이익이라고 하는 것은 지혜를 어둡게 만든다'고 하였다. 평원군이 풍정(馮亭)의 사악한 유세를 좋아하여 조나라로 하여금 장평(張平)에서 군사 40만여 명을 산 채로 매장하게 하였고, 한단(邯鄲)을 거의 망하게 하였다.

우경(虞卿)은 사태를 헤아리고 상황을 참작하여 조나라를 위하여 계획을 꾸몄으니, 그것들이 참으로 교묘하였다. 반면 우경은 위제(魏齊)가 죽는 것을 차마 보지 못하고 마침내 대량(大梁)에서 고생을 하였다. 이것은 평범한 사람도 또한 그것이 옳지 않음을 알았을 것이니, 하물며 우경 같은 현인은 말할 것도 없다. 그러나 우경이 그러한 고생과 근심이 없었다면, 역시 책을 써서 자신을 후세에 드러내지 못하였을 것이다."

악의열전

樂毅列傳

> 계획을 성공시켜 주변 5개국의 군사를 연합하고, 약한 연나라를 위해 강한 제나라에게 원수
> 를 갚아 그 선군의 치욕을 씻었다. 그래서 「악의열전」을 지었다.

　악의(樂毅)의 선조는 악양(樂羊)이다. 악양은 위(魏)나라 문후(文侯, B.C. 425~B.
C. 387)의 장군이 되어 중산(中山)을 공략해서 차지하였으므로, 문후는 악양을 영
수(靈壽)에 봉하였다. 악양이 죽은 후 영수에 장사 지냈으므로, 그의 후손들은
그곳에 정착하게 되었다. 중산은 다시 나라를 일으켰으나, 조나라 무령왕(武靈
王, B.C. 325~B.C. 299) 때에 이르러 다시 멸망하였다.

　악씨(樂氏)의 후손 가운데 악의라는 사람이 있었다. 악의는 현명하고 병법을
좋아하여 조(趙)나라 사람이 그를 추천하였다. 그러나 조나라 무령왕이 사구(沙

丘)의 반란[1]을 일으켰으므로 이에 조나라를 떠나 위(魏)나라로 갔다. 소문에 당시 연나라 소왕(昭王, B.C. 311~B.C. 279)은 자지(子之)의 난[2] 때 제(齊)나라에 크게 패하였으므로, 제나라를 원망하며 복수하겠다는 생각을 하루도 잊은 적이 없다고 하였다. 그러나 연(燕)나라는 나라가 작고 멀리 구석진 곳에 위치해 있어 제나라를 제압할 힘이 없었다. 그리하여 연나라는 공손한 태도로 선비를 높이 받들었는데, 먼저 곽외(郭隗)를 예우함으로써 세상의 현인들을 끌어들이려고 하였다. 이때 위나라 소왕(昭王, B.C. 295~B.C. 277)은 악의를 연나라에 사신으로 파견하였는데, 연나라 왕은 그를 손님으로 예우하였다. 그러나 악의는 그 예우를 사양하며 연나라 왕에게 선물을 바치고 신하가 되고자 하였으므로, 연 소왕은 그를 아경(亞卿)에 임명하였다. 그 뒤 오랜 세월이 지났다.

당시에는 제나라 민왕(湣王, B.C. 300~B.C. 284)의 세력이 강대하여 남쪽으로는 초(楚)나라 장군 당말(唐眜)을 중구(重丘)에서 패배시켰고, 서쪽으로는 삼진(三晉)을 관진(觀津)에서 무너뜨렸다. 마침내 삼진과 힘을 합해서 진(秦)나라를 공격하고, 조나라를 도와 중산을 멸하였으며 송(宋)나라를 격파하여 영토를 1,000여 리나 넓혔다. 진나라 소왕(昭王:昭襄王)과 제위(帝位)를 두고 겨루며 동제(東帝), 서제(西帝)라고 하였으나 곧 '제왕(帝王)'의 칭호는 진나라에 돌려주었다. 제후들이 모두 진나라를 등지고 제나라에 귀의하고자 하였다. 그러자 제 민왕은 교만해

---

1 사구(沙丘)의 반란은 조나라의 행궁인 사구에서 왕위 승계를 둘러싸고 벌어진 사건이다. 무령왕은 원래 조장(趙章)을 태자로 삼았으나 작은아들 조하(趙何)를 총애한 나머지 그를 후계자로 세웠으니, 이가 혜문왕(惠文王)이다. 그리고 무령왕은 스스로 주보(主父)라고 칭했다. 후에 무령왕이 마음이 바뀌어 조나라를 둘로 나누어 조장을 대왕(代王)에 임명하려 했으나 측근의 반대로 시행하지 못했다. 조장이 그 소식을 듣고 무령왕이 혜문왕과 함께 사구(沙丘)에 있던 행궁에 행차한 틈을 이용하여 난을 일으켜 동생인 혜문왕을 살해하려고 했으나 성공하지 못했다. 조장은 무령왕의 숙소로 피했다가 조성(趙成)과 이태(李兌)에게 잡혀 살해되었고, 무령왕은 석 달만에 포위된 채 굶어 죽었다.
2 자지(子之)의 난은 연나라 재상 자지가 정권을 장악한 사건을 말한다. 연나라의 왕 쾌(噲)는 요임금이 순에게 왕위를 선양한 사례를 따라 국정을 재상인 자지(子之)에게 이양하였는데, 권력을 장악한 자지는 몇 년 동안 나라를 어렵게 만들었다. 본래 태자의 신분이었던 평(平)은 자지를 몰아내고 정권을 회복하려 하였는데, 이로 인해 연나라는 내란이 일어났고, 이웃한 제나라 민왕(湣王)이 태자 평을 지원한다는 명분으로 연나라를 공격하여 일시적으로 연나라를 복속하였다. 후에 태자 평은 내란을 평정하고 왕위에 올랐으니, 이가 연나라 소왕(昭王)이다.

지기 시작하였고, 백성들은 그의 정치를 견뎌낼 수 없었다. 이때 연 소왕이 악의에게 제나라를 정벌하는 일에 대해서 묻자 악의는 이렇게 대답하였다. "제나라는 대대로 세상을 제패하였던 나라이며, 땅이 넓고 인구가 많아 단독으로는 공격하기가 쉽지 않습니다. 대왕께서 기필코 제나라를 정벌하고자 하신다면 조나라, 초나라 그리고 위나라와 힘을 합치는 수밖에 없습니다."

연 소왕은 악의를 보내 조나라 혜문왕(惠文王, B.C. 298~B.C. 266)과 맹약을 맺게 하였고, 다른 사람을 시켜 초나라, 위나라와 연합하게 하였으며, 조나라를 통해서 진나라에 제나라를 공격하는 것이 유리하다는 것을 설득하게 하였다. 제후들은 제나라 민왕의 교만하고 포악함을 위험하게 생각하고 있었으므로, 앞을 다투어 합종(合從)하여 연나라와 힘을 합해서 제나라를 정벌하려고 하였다. 악의가 돌아와 이런 일을 보고하자, 연 소왕은 모든 병사를 동원하고 악의를 상장군(上將軍)으로 삼았다. 조나라 혜문왕은 악의에게 상국(相國)의 직인을 주었다. 악의는 조, 초, 한, 위, 연 다섯 나라의 병사를 통솔하고 제나라를 공격하여, 제나라 군사를 제수(濟水) 서쪽에서 격파하였다.

제후들은 싸움이 끝나자 각자의 나라로 돌아갔으나, 악의는 연나라 군대를 이끌고 계속 추격하여 임치(臨菑)까지 들어갔다. 제나라 민왕은 제수 서쪽에서 패하자 달아나 거(莒)를 지키고 있었다. 악의는 홀로 제나라에 머무르며 기반을 공고히 하였으나, 제나라의 모든 성은 계속 수비태세를 갖추었다. 악의는 임치로 진공한 후에 제나라의 보물과 제기를 연나라로 실어보냈다. 그러자 연 소왕이 매우 기뻐하며 직접 제수 기슭으로 나아가 군대를 위로하고 상을 내리며 잔치를 벌이는 한편, 악의를 창국(昌國)에 봉하여 창국군(昌國君)으로 삼았다. 연 소왕은 제나라에서 얻은 전리품을 거두어 연나라로 돌아가고, 악의를 시켜 군대를 이끌고 아직 항복하지 않은 제나라의 각 성을 평정하게 하였다.

악의는 제나라에 머무르며 근거지를 점거한 지 5년 만에 제나라의 70여 개 성을 함락시켜 모두 연나라의 군현으로 귀속시켰다. 그러나 거(莒)와 즉묵(卽墨)만은 아직 항복하지 않았다. 때마침 연 소왕이 붕어하고 그 아들이 즉위하여 연나라 혜왕(惠王, B.C. 278~B.C. 271)이 되었다. 혜왕은 태자로 있을 때부터 악의를 좋지 않게 생각하고 있었다. 혜왕이 즉위하자마자, 제나라의 전단(田單)은 이 소식을 듣고는 제나라의 첩자를 이용하여 악의를 모함하는 말을 다음과 같이 연나라에 널리 퍼뜨렸다. "제나라에서 항복하지 않은 성은 두 개뿐이다. 그런데 이 두 성을 빨리 함락시키지 않는 것은 악의와 연나라의 새 왕이 사이가 좋지 않아, 악의가 전쟁을 질질 끌어 제나라에 머물며 제나라에서 왕이 되려고 하기 때문이라고 한다. 그래서 제나라는 연나라가 행여 다른 장수를 보낼까 걱정하고 있다고 한다."

연 혜왕은 전부터 악의를 의심하고 있다가 제나라 첩자의 말을 듣고는 기겁(騎劫)을 제나라에 대신 보내고 악의를 소환하였다. 악의는 연 혜왕이 자신을 좋아하지 않아 교대시킨 것을 알자, 죽임을 당할까 두려워 서쪽으로 달아나 조나라에 투항하였다. 조나라는 악의를 관진(觀津)에 봉하고 망제군(望諸君)이라고 불렀다. 조나라는 악의를 환대하여 연나라와 제나라에 충격을 주었다.

제나라 장수 전단(田單)은 나중에 기겁(騎劫)과 싸웠는데, 끝내는 속임수를 써서 연나라 군사를 속이고 마침내 즉묵에서 기겁을 격파하였다. 그는 각지를 돌며 연나라 군대를 몰아내어, 북쪽으로는 황하 기슭에까지 이르러 제나라의 모든 성들을 수복하고는 제나라 양왕(襄王)을 거(莒)에서 임치로 맞아들였다.

연나라 혜왕은 나중에야 기겁을 악의와 교대시킨 탓으로 싸움에 지고 장수를 죽게 하고 점령하였던 제나라 땅을 잃게 된 것을 후회하였다. 한편 연 혜왕은 악의가 조나라에 투항한 것을 원망하며, 조나라가 악의를 이용하여 연나라가 지쳐 있는 틈을 타서 공격할까 두려워하였다.

연나라 혜왕은 사람을 보내 악의를 책망하는 한편 사과를 하였다. "선왕께서는 나라 전체를 장군에게 맡겼었소. 장군은 연나라를 위해서 제나라를 무찌르고, 선왕의 원수를 갚아 천하가 모두 진동하게 하였소. 그러니 과인이 어찌 하루인들 장군의 공을 잊겠소? 마침 선왕께서 세상을 떠나시고 과인이 즉위하자, 좌우에 있는 사람들이 과인을 나쁘게 만든 것이오. 과인이 기겁을 장군과 교대시킨 것은, 장군이 오랫동안 국외에서 뜨거운 햇볕과 비바람에 시달리고 있었기 때문에 장군을 불러 잠시 쉬게 하며 일을 꾀하려고 하였던 것이오. 그런데 장군은 잘못 전해 듣고 과인과 사이가 나쁜 것으로 생각하고는 우리 연나라를 버리고 조나라로 가버렸소. 장군이 혼자서 자신을 위한 일을 도모할 수도 있겠지만, 선왕께서 장군을 우대한 뜻에 어떻게 보답하겠소?"

그러자 악의는 혜왕에게 다음과 같은 답장을 보냈다. "신은 불초하여 왕명을 받들어 좌우 대신들의 뜻에 따를 수 없었으므로, 선왕의 영명하심을 해치고 대왕의 도의를 상하게 할까 두려워서 조나라로 도망쳤습니다. 지금 대왕께서 사신을 보내 신의 죄를 꾸짖으셨습니다만, 신은 아직도 대왕을 모시는 자들이 선왕께서 신을 총애하신 까닭을 살피지 못하시고, 또 신이 선왕을 섬기던 뜻을 밝혀주지 못할까 두렵습니다. 그리하여 감히 글로써 회답합니다.

신은 '어질고 성스러운 군주는 가까운 측근이라고 해서 벼슬을 주지 않고, 공이 많은 사람에게는 상을 주고 능력 있는 사람에게는 그에 맞는 일을 맡긴다'고 들었습니다. 그러므로 사람의 재능을 살펴 관직을 주어야만 공을 이루는 군주가 되며, 덕행을 잘 헤아려 친구를 사귀어야 명성을 세울 수 있는 선비가 되는 것입니다. 선왕께서 인재를 등용하시던 것을 헤아려보면, 당시의 여느 군주들과는 다른 탁월한 식견을 지니셨던 것으로 생각됩니다. 그리하여 신이 위나라의 사신이라는 신분을 빌려 연나라로 들어가면 연나라에서 신을 살펴주도록 하셨습니다. 선왕께서는 신을 외람되게도 높은 자리에 등용하시어 빈객들 대열에 넣어주셨고, 뭇 신하들의 위에 오르게 하시고는 왕족대신들과 상의도 없이 신을 아경(亞卿)으로 임용하셨습니다. 신은 자신의 능력을 제대로 모르면서도 명령에 따라 가르침을 받들게 되면 다행히 큰 허물은 없을 것이라는 생각에 사양하지 않고 명령을 받았던 것입니다.

선왕께서는 신에게 '과인은 제나라에 깊은 원한을 가지고 있소. 그래서 우리 연나라가 약한 것도 헤아리지 않고, 그저 제나라를 치는 것을 과인의 임무로 생각할 뿐이오'라고 말씀하셨습니다. 그래서 신은 이렇게 아뢰었습니다. '제나라는 일찍이 천하를 제패한 업적이 있고, 전쟁에서 항상 승리한 전적이 있는 나라

이므로 병사와 무기가 잘 갖추어져 있고 전투에도 능숙합니다. 만일 대왕께서 제나라를 치고자 하신다면 반드시 천하의 제후국들과 그 일을 도모하셔야만 합니다. 세상의 제후국들과 이 일을 도모하시는 데에는, 먼저 조나라와 동맹을 맺는 것이 좋습니다. 그리고 또 회수(淮水) 북쪽과 송지(宋地)는 초나라와 위나라가 탐내고 있는 땅입니다. 만일 조나라가 승낙하여 네 나라가 함께 공격한다면 제나라를 격파할 수 있을 것입니다.' 그러자 선왕께서는 신의 말이 맞다고 생각하시어 부절을 주시고 신을 남쪽의 조나라에 사신으로 보내셨습니다. 신은 돌아와 보고를 드린 후에 군대를 일으켜 제나라를 공격하였습니다. 하늘의 이끄심과 선왕의 영명하심에 의해서, 황하 북쪽 지역이 선왕을 따랐으므로 그곳 군사들을 모두 제수(濟水) 근처로 집결시켰습니다. 제수 근처의 연합군은 명령을 받아 제나라를 공격하여 대파하였습니다. 날랜 정예 부대가 제나라 수도로 거세게 육박해들어가자, 제나라 왕은 거(莒)로 달아나 겨우 목숨만 건졌던 것입니다. 그때 제나라의 보옥과 수레, 무기, 진기한 그릇들은 모조리 연나라의 것이 되었습니다. 제나라에서 가져온 그릇들은 영대(寧臺)에 진열하고, 대려(大呂)는 원영(元英)에 전시하였으며, 예전에 제나라에 빼앗겼던 연나라의 정(鼎)은 역실(曆室)로 되찾아오고, 문수(汶水) 기슭의 대나무를 계구(薊丘)로 옮겨 심었습니다. 춘추시대의 오패(五覇) 이래로 오늘에 이르기까지 그 공이 선왕을 따를 사람은 없습니다. 선왕께서는 만족하시어 땅을 떼어 신에게 봉하시고, 신을 작은 나라의 제후에 견줄수 있게 하셨습니다. 신은 제 능력을 제대로 모르면서도 명령을 받들어 가르침을 따르면 다행히 허물은 없을 것이라고 생각하여 명을 받고 사양하지 않은 것입니다.

신은 '영명한 군주는 공을 이루게 되면 그것이 허물어지지 않으므로 역사에 남게 된다. 선견지명이 있는 선비는 이름을 세우게 되면 그 이름이 훼손되는 일이 없으므로 후세에까지 칭송을 듣게 된다'라고 들었습니다. 선왕께서 원수를 갚고 치욕을 씻어, 제나라와 같은 만승(萬乘)의 강국을 평정하여 800년에 걸쳐 쌓아둔 보물과 진기한 그릇들을 거두시고, 세상을 떠나시는 날까지 생전의 가르침이 조금도 쇠하지 않고, 정사를 맡은 신하들이 법령을 올바로 닦았으며, 왕실의 적서(嫡庶) 등을 신중하게 배치하여, 그 은택이 일반 백성들에게까지 미치게 한 일들은 모두 후세의 교훈이 될 수 있습니다.

또한 듣건대, '일을 잘 꾸미는 사람이라고 해서 반드시 일을 잘 이루는 것은 아니며, 시작을 잘하는 사람이라고 해서 반드시 끝까지 잘하는 것은 아니다'라고 하였습니다. 옛날 오자서(伍子胥)의 의견이 오나라 왕 합려(闔閭)에게 받아들여졌기 때문에 오나라 왕의 족적(足迹)이 멀리 영(郢)에까지 미쳤던 것입니다. 그러나 부차(夫差)는 오자서가 옳지 않다고 여기어 그에게 죽음을 내리고 시체를 말가죽으로 만든 자루에 넣어 양자강에 띄웠습니다. 오나라 왕 부차는 예전에 오자서가 냈던 의견을 따르면 공을 세울 수 있다는 것을 깨닫지 못하였기 때문에 오자서를 강에 던지고도 후회하지 않았던 것입니다. 그리고 오자서는 두 군주의 도량이 같지 않다는 것을 일찍 알아차리지 못하였기 때문에, 강에 던져지게끔 되어도 자기주장을 고치지 않았던 것입니다.

그런데 신의 경우에는 재앙을 벗어나 공을 세워 선왕께서 신을 중용하신 뜻을 밝히는 것이 가장 좋은 길입니다. 모욕을 당하는 비난을 받음으로써 선왕의 명성을 손상하는 것은 신이 가장 두려워하는 것입니다. 예측하지 못하였던 크나큰 죄를 범하고서, 또다시 요행을 바라는 거동으로 개인의 이익을 도모하는 것은, 도의적으로 신이 도저히 할 수 없는 일입니다.

신은 '옛날의 군자는 사람과 교제를 끊어도 그 사람의 나쁜 점을 말하지 않고, 충신은 나라를 떠나도 자신의 명예를 위해서 결백을 주장하려고만은 하지 않는다'고 들었습니다. 신은 비록 영리하지 못하지만 오랫동안 군자의 가르침을 받아왔습니다. 다만 대왕을 모시는 자들이 주위 사람들의 말을 가까이하여, 멀리 내쳐진 신의 행동을 제대로 살피지 못할까 두려워 감히 글로써 아뢰니, 바라옵건대 대왕께서는 제 뜻을 유념하십시오!"

이리하여 연나라 왕은 악의의 아들 악간(樂間)을 창국군(昌國君)으로 봉하였다. 이에 악의는 다시 연나라와 왕래하게 되었고, 연나라와 조나라는 그를 객경(客卿)에 임명하였다. 악의는 조나라에서 세상을 떠났다.

악간이 연나라에서 산 지 30여 년이 되었을 때, 연나라 왕 희(喜)가 자기 나라의 재상 율복(栗腹)의 계책을 써서 조나라를 공격하려고 하였다. 그러면서 그 일에 대해서 창국군 악간에게 의견을 묻자, 악간은 "조나라는 사방의 적들과 자주 싸워온 나라입니다. 그 백성들은 싸움에 익숙하므로 조나라를 칠 수 없을 것입니다."라고 대답하였다. 그러나 연나라 왕은 듣지 않고 마침내 조나라를 공격하였다. 조나라는 장군 염파(廉頗)를 보내어 맞서게 하였고, 염파는 율복의 군대를 호(鄗)에서 대파하고, 율복과 악승(樂乘)을 사로잡았다. 악승이라는 사람은 악간과 같은 집안사람이었으므로, 악간은 조나라로 달아났다. 조나라는 마침내 연나라를 포위하였으므로, 연나라는 땅을 많이 떼어주고 조나라와 화친을 하였고, 조나라는 포위를 풀고 가버렸다.

연나라 왕은 악간의 의견을 듣지 않은 것을 후회하였는데, 악간이 이미 조나라로 가버리자 그에게 글을 보냈다. "은나라 주왕(紂王) 때, 기자(箕子)는 자신의 의견을 써주지 않았지만 계속 간하며 자신의 말을 들어주기를 기대하였소. 상용(商容)은 입신출세를 못 하고 몸까지 치욕을 당하였지만, 여전히 주왕이 마음을 바꾸기를 기대하였소. 민심이 이탈되고 감옥에 갇힌 죄수들이 탈옥하는 혼란한 상황에 이르러서야 기자와 상용은 조정을 떠나 은거하였던 것이오. 때문에 주왕은 흉포하다는 허물을 뒤집어쓰게 되었지만, 기자와 상용은 충성과 성스러운 이름을 잃지 않은 것이오. 무슨 까닭이겠소? 그들은 끝까지 근심을 다하였기 때문이오. 지금 과인은 어리석기는 하지만 주왕과 같이 포악하지는 않소. 연나라 백성들은 비록 혼란한 상태에 있기는 하지만, 그래도 은(殷)나라 백성들처럼 심하지는 않소. 한 집안에서 할 말이 있을 때 서로 다하지 못하고 이웃집에 일러바치다니! 그대가 기자나 상용처럼 끝까지 간하지 않은 것과 조나라로 달아나버린 행동은 바람직하지 못하다고 생각하오."

그러나 악간과 악승은 연나라가 자기들의 계책을 듣지 않은 것을 원망하여 끝내 조나라에 머물렀다. 조나라는 악승을 무양군(武襄君)에 봉하였다.

그 이듬해, 악승과 염파는 조나라를 위해서 연나라를 포위하였다. 연나라가 정중한 예의로 화친을 청해왔기 때문에 포위를 풀었다. 그로부터 5년 후 조나라 효성왕(孝成王)이 세상을 떠났다. 뒤를 이은 도양왕(悼襄王)은 악승을 염파 대신 임명하였으나, 염파가 불복하여 악승을 공격하였다. 악승은 이를 피해 달아났고, 염파도 망명하여 위나라로 들어갔다. 그로부터 16년 뒤에 진(秦)나라가 조나라를 멸망시켰다.

그로부터 20여 년 후, 고제(高帝:劉邦)가 조나라의 옛 땅을 지나면서 물었다. "악의에게 자손이 있는가?" 사람들이 "악숙(樂叔)이라는 사람이 있습니다."라고 대답하였다. 그러자 고조는 그를 악경(樂卿)에 봉하고 화성군(華成君)이라고 불렀다. 화성군은 악의의 손자이다. 그밖에 악씨의 집안으로는 악하공(樂瑕公), 악신공(樂臣公)[3] 등이 있었는데, 조나라가 진나라에게 멸망할 무렵 제나라의 고밀(高密) 지방으로 망명하였다. 악신공은 황제(黃帝)와 노자(老子)의 학설에 정통하여 제나라에서 이름을 날렸고, 훌륭한 스승이라고 칭송받았다.

태사공은 말하였다.
"일찍이 제나라의 괴통(蒯通)과 주보언(主父偃)은 악의(樂毅)가 연나라 왕에게 올린 편지를 읽을 때마다 책을 덮고 울지 않은 적이 없다고 한다. 악신공은 황제와 노자의 학문을 배웠다. 그의 직계 스승은 하상장인(河上丈人)이라고 부르는 사람이었는데, 어디 출신인지 확실하지 않다. 하상장인은 안기생(安期生)을 가르치고, 안기생은 모흡공(毛翕公)에게 가르쳐주고, 모흡공은 악하공에게 가르쳐주고, 악하공은 악신공에게 가르쳐주고, 악신공은 갑공(蓋公)에게 가르쳐주었다. 갑공은 제나라의 고밀(高密)과 교서(膠西)에서 교육에 힘써 상국 조참(曹參)의 스승이 되었다."

---

3 악신공(樂臣公) 일부 판본에는 악거공(樂巨公)으로 되어 있다.

염파인상여열전

廉頗藺相如列傳

> 인상여는 강한 진나라 왕을 상대해 자기 뜻대로 행동하고, 염파에게는 몸을 굽혀 그 군주에게 충성을 바칠 수 있도록 하여, 제후들로부터 존경을 받았다. 그래서 「염파인상여열전」을 지었다.

염파(廉頗)는 조(趙)나라의 훌륭한 장수이다. 조나라 혜문왕(惠文王, B.C. 298~B.C. 266) 16년, 염파는 조나라의 장수가 되어 제(齊)나라를 공격하여 대파하고 양진(陽晉)지방을 취하였다. 이 일로 그는 상경(上卿)에 제수되었고, 그의 용맹은 제후들에게 알려지게 되었다.

인상여(藺相如) 또한 조나라 사람으로, 환자령(宦者令) 무현(繆賢)의 가신(家臣)이었다.

혜문왕이 초(楚)나라의 화씨벽(和氏璧)[1]을 얻게 되었다. 그러자 진나라 소왕(昭王, B.C. 306~B.C. 251)이 그 소문을 듣고 사신을 통해서 조나라 왕에게 서신을 보내어, 진(秦)나라의 15개 성과 화씨벽을 바꾸자고 요청하였다. 조나라 왕은 대장군 염파와 여러 대신들을 모아놓고 이를 상의하였다. 만약 화씨벽을 진나라에게 주었는데 진나라가 성을 주지 않으면 사기만 당할 것이었고, 그렇다고 주지 않으려니 진나라 군대의 침공이 걱정되었다. 그래서 왕은 결정을 내리지 못하였고, 이 일에 대해서 진나라에 회답하러 보낼 사람도 찾지 못하였다. 이때 환자령 무현이 "신의 가신(家臣)인 인상여를 보낼 수 있을 것입니다."라고 말하였다. 왕이 "어떻게 알 수 있소?"라고 묻자, 그는 대답하였다. "신이 일찍이 대왕께 죄를 짓고 몰래 연(燕)나라로 도망갈 계획을 세운 적이 있습니다. 그때 인상여는 신을 말리며 '나리께서는 어떻게 연나라 왕을 알게 되셨습니까?'라고 물었습니다. 신이 '예전에 대왕을 따라 연나라 왕과 함께 변경 근처의 모임에 간 적이 있는데, 연나라 왕이 가만히 내 손을 잡고서 친구가 되자고 말한 일이 있어 알게 되었고, 그래서 그리로 가려고 한다'라고 말하였습니다. 그러자 인상여는 '조나라는 강하고 연나라는 약합니다. 게다가 나리께서는 조나라 왕의 총애를 받고 있기 때문에 연나라 왕이 나리와 교제하려고 한 것입니다. 그런데 지금 나리께서 조나라를 버리고 연나라로 가신다면, 연나라는 조나라가 무서워 분명 나리를 머물게 하지 않을 것이고, 그 뿐만 아니라 나리를 포박하여 조나라로 돌려보낼 것입니다. 차라리 나리께서 어깨를 드러내고 형틀에 엎드려 죄를 청하는 것이 나을 것입니다. 그러면 요행히 죄를 면할 수 있을지도 모릅니다'라고 말하였습니다. 신이 그의 계책대로 하였더니, 대왕께서도 은혜를 베푸시어 신을 용서해주셨습니다. 신 생각에 그는 용맹하고도 지모가 뛰어나니, 그를 사신으로 보낼 수 있을 것입니다."

왕이 인상여를 불러 물었다. "진나라 왕이 성 15개와 과인의 화씨벽을 바꾸

---

1 화씨벽(和氏璧)은 초나라 사람 변화(卞和)가 문왕(文王)에게 바친 진귀한 옥이다. 화씨벽은 일찍이 가공되지 않은 채로 여왕(厲王)과 무왕(武王)에게 바쳐진 바 있었으나, 감정하는 사람이 그 진가를 알지 못해서 변화의 다리만 잘리게 되었다. 이후 초나라 문왕 때에 가공을 거쳐 진귀한 보물로 인정받았다. 그 뒤 세월이 흘러 그 화씨벽이 조나라 혜문왕에게 전해진 것이다.

자고 청해왔는데, 이것을 보내주어야겠소, 보내지 말아야겠소?"

"진나라는 강하고 조나라는 약하므로 수락하지 않을 수 없을 것입니다."

"그런데 그들이 화씨벽만 가지고, 우리에게 성을 주지 않으면 어쩌겠소?"

"진나라가 성을 줄 테니 화씨벽을 달라고 하였는데, 조나라가 받아들이지 않는다면 잘못은 조나라에게 있게 됩니다. 또한 조나라가 화씨벽을 주었는데도 진나라가 성을 주지 않는다면, 잘못은 진나라에게 있게 됩니다. 이 두 가지 대책을 비교해볼 때, 차라리 그들의 말을 들어주어 잘못한 책임을 진나라가 지도록 하는 것이 좋을 것입니다."

"그러면 사신으로 누가 적당하겠소?"

"만약 대왕께서 보낼 사람이 없다면, 신이 화씨벽을 받들고 사신으로 가겠습니다. 성이 조나라에 들어오면 화씨벽을 진나라에 두고 오겠지만, 만약 성이 들어오지 않는다면 화씨벽을 온전하게 그대로 가지고 돌아오겠습니다."

조나라 왕은 마침내 상여에게 화씨벽을 들려 서쪽 진나라로 보냈다.

진나라 왕은 장대(章臺)에 앉아 인상여를 접견하였고, 인상여는 화씨벽을 받들어 진나라 왕에게 바쳤다. 진나라 왕이 매우 기뻐하며 비빈들과 좌우 신하들에게 차례차례 보여주자 모두 만세를 외쳤다. 인상여는 진나라 왕이 조나라에 성을 줄 마음이 없음을 간파하고는 앞으로 나아가 아뢰었다. "그런데 이 화씨벽에도 흠이 하나 있으니, 지금 대왕께 보여드리겠습니다." 진나라 왕이 화씨벽을 내주자 인상여는 화씨벽을 받아쥐고는 물러나 기둥에 기대어 우뚝 섰다. 그는 격노하여 머리털이 치솟아 머리에 쓴 관이 흔들릴 정도였다.

"대왕께서 화씨벽을 얻고자 사신을 통해 조나라 왕께 글을 보내셔서, 조나라 왕은 신하들을 모두 모아놓고 상의를 하셨습니다. 모두들 '진나라는 탐욕스러워 자신들의 힘이 강한 것을 믿고는 빈말로 화씨벽을 가로채려는 것이다. 그들이 보상해준다는 성은 아마 얻지 못할 것이다'라고 말들 하였고, 그래서 진나라에 화씨벽을 주지 말자고 상의하였습니다. 그러나 신은 '백성들 사이에서도 그런 사기극은 있을 수 없는데, 하물며 큰 나라의 교제에서 그럴 수 있겠는가? 또한 구슬 하나 때문에 강한 진나라의 비위를 거스를 수는 없는 일이다'라고 생각하였습니다. 그리하여 조나라 왕은 5일간 목욕재계를 하신 후, 신에게 화씨벽을 받들게 하고 삼가 국서(國書)를 진나라 대궐로 보내신 것입니다. 왜 그랬겠습니까? 이는 대국의 위엄을 존중하여 경의를 표하신 것입니다. 그런데 오늘 신이 도착하자 대왕께서는 신을 일반 궁전에서 접견하시며 매우 오만한 예절로 대하셨습니다. 또한 화씨벽을 받으시자 비빈들에게 건네주어 고의로 신을 조롱하셨습니다. 신은 대왕께서 화씨벽의 대가로 조나라에 성을 줄 마음이 없으신 것을 알게 되었기 때문에 화씨벽을 되받은 것입니다. 만일 대왕께서 신을 핍박하신다면, 신의 머리를 이 화씨벽과 함께 기둥에 부딪쳐 깨뜨려버릴 것입니다!"

인상여가 화씨벽을 들고 기둥을 노려보면서 기둥에 부딪치려 하자, 진나라 왕은 구슬이 깨질까 겁이 나서 잘못을 사과하였다. 진나라 왕은 관리에게 지도를 가져오게 한 다음, 손가락으로 지도를 가리키며 여기서부터 15개의 성을 조나라에 넘겨주라고 명하였다.

그러나 인상여는 진나라 왕이 다만 거짓으로 성 15개를 조나라에 넘겨주려는 것이며, 실제로는 성을 얻지 못할 것임을 알고는 진나라 왕에게 말하였다. "화씨벽은 온 천하가 인정하는 보물입니다. 조나라 왕께서는 대왕이 두려워 화씨벽을 바치지 않을 수 없으셨던 것입니다. 조나라 왕께서 이 화씨벽을 보낼 때 닷새간 재계를 하셨으니, 지금 대왕께서도 5일간 재계를 하시고, 대궐 뜰에서 구빈(九賓)의 예를 행하셔야만, 신은 감히 화씨벽을 바치겠습니다."

진나라 왕은 화씨벽을 강탈할 수 없음을 깨닫고 자신도 5일간의 재계를 약속하고는 인상여를 광성전(廣成傳)이라는 영빈관에 묵도록 하였다. 인상여는 진나라 왕이 재계를 할지라도 결국은 약속을 저버리고 성을 주지 않을 것이라 생각하고, 수행원에게 허름한 옷을 입게 하고서 화씨벽을 품에 안고 샛길로 도망쳐 조나라로 가져가게 하였다.

진나라 왕은 5일간 재계를 한 후, 구빈의 예를 대궐 뜰에서 행하고 조나라 사신 인상여를 접견하였다. 인상여는 와서 진나라 왕에게 아뢰었다. "진나라에는 목공(繆公, B.C. 659~B.C. 621) 이래로 20여 명의 군주가 나왔지만, 여지껏 약속을 굳게 지킨 임금은 없었습니다. 신은 대왕께 사기를 당하여 조나라 왕을 배반하게 될까 두려워, 사람을 시켜 화씨벽을 가지고 샛길을 통해서 조나라로 돌아가게 하였습니다. 다시 아뢰옵건대 진나라는 강하고 조나라는 약합니다. 대왕께서 사신 한 사람을 조나라에 보내시자, 조나라는 당장 신을 보내 화씨벽을 바쳤습니다. 지금 강한 진나라가 성 15개를 떼어 조나라에 주게 되면, 조나라가 어찌 감히 화씨벽을 쥐고서 대왕께 죄를 짓겠습니까? 신이 대왕을 속인 죄 죽어 마땅한 줄 아오니, 탕확(湯鑊)의 벌[2]을 내리소서! 다만 대왕께서는 군신들과 이 일을 깊이 상의해주기를 바랄 뿐입니다."

진나라 왕과 여러 신하들은 놀라서 마주 쳐다보며 탄식하였다. 좌우의 신하들 가운데에 상여를 끌어내려 죽이려고 하는 자가 있자, 진나라 왕이 말하였다. "지금 상여를 죽인다고 해도 화씨벽은 절대로 손에 넣지 못할 것이오. 진나라와 조나라 사이의 우호만 끊게 될 뿐이니, 차라리 인상여를 후하게 대접하여 조나라로 돌려보내는 것이 나을 것이오. 조나라 왕이 어찌 구슬 하나 때문에 우리 진나라를 속이겠소?" 이리하여 마침내 상여를 빈객으로 대우하여 조정에서 접견하고, 예우하여 돌려보냈다.

인상여가 돌아오자, 조나라 왕은 그가 현명한 대부이며 다른 나라에 사신으로 가서 모욕을 당하지 않고 책임을 다하였다고 생각하여 그를 상대부(上大夫)에 임명하였다.[3] 진나라는 물론 성을 내주지 않았고, 조나라 역시 화씨벽을 끝내 진나라에 주지 않았다.

그후 진나라는 조나라를 공격하여 석성(石城)을 함락시켰고, 이듬해 또다시 조나라를 쳐서 2만 명을 죽였다.

진나라 왕은 사신을 조나라 왕에게 보내, 조나라 왕과 서하(西河) 바깥쪽의 민지(澠池)에서 평화적인 회견을 하고 싶다고 전하였다. 조나라 왕은 진나라가 무

---

2 탕확(湯鑊)의 벌은 죄인을 끓는 물에 삶아 죽이는 형벌을 말한다.
3 인상여가 화씨벽을 진나라로부터 온전히 지켜냈다고 하여 나온 말이 '완벽(完璧)'이란 고사인데, 전하여 결함이 없다는 의미로도 쓰인다.

서워 가고 싶지 않았으나, 염파와 인상여가 상의한 끝에 "대왕께서 가시지 않으시면, 조나라가 약하고 비겁하다는 것을 보이게 됩니다."라고 하여 조나라 왕은 결국 가게 되었다. 인상여는 왕을 수행하고, 염파는 국경까지 전송하였다. 염파는 왕과 하직하며 말하였다. "대왕의 이번 행차는 회합을 마치고 돌아오시기까지는 30일이 넘지 않을 것입니다. 만약 30일이 지나도 돌아오시지 않는다면 태자를 왕위에 오르게 하여 진나라의 야망을 끊어버리도록 해주십시오." 왕은 이를 허락하고 마침내 진나라 왕과 민지에서 회합하였다.

진나라 왕은 술자리가 한창 무르익어가자 "과인은 조나라 왕께서 음악을 좋아한다는 말을 들었습니다. 거문고연주를 청합니다."라고 말하였다. 조나라 왕이 거문고를 타자, 진나라의 어사(御史)가 앞으로 나와 "모년 모월 모일에, 진나라 왕은 조나라 왕을 만나 술을 마시며 조나라 왕에게 거문고를 타게 하였다."라고 기록하였다.

그러자 인상여가 한걸음 나와 "우리 조나라 왕께서도 대왕께서 진나라 음악에 능하다고 들으셨습니다. 대왕께 질장구(흙으로 빚은 타악기)를 올리니 함께 즐길 수 있도록 연주해주십시오."라고 말하였다. 그러나 진나라 왕은 진노하며 승낙하지 않았다. 그러자 인상여는 앞으로 나와 질장구를 바치며 무릎을 꿇고 진나라 왕에게 청하였다. 그래도 진나라 왕이 질장구를 두드리려 하지 않자 상여는 "대왕과 신의 거리는 다섯 걸음밖에 되지 않습니다. 끝까지 거부하시면 제 목의 피로 대왕을 물들이겠습니다."라고 협박하였다.

이 소리를 듣자 진나라 왕의 좌우 신하들이 인상여를 죽이려고 하였으나, 인상여가 눈을 부릅뜨고 소리치자 모두들 놀라 넘어졌다. 진나라 왕은 마지못해 질장구를 한 번 두드렸고, 그러자 인상여는 뒤를 돌아보며 조나라의 어사를 불러 "모년 모월 모일, 진나라 왕이 조나라 왕을 위해서 질장구를 쳤다."라고 기록하게 하였다.

또한 진나라의 군신들이 "조나라의 성 15개를 바쳐 진나라 왕의 장수를 빌어주었으면 한다."라고 말하자, 인상여도 따라서 "진나라의 함양(咸陽)을 바쳐서 조나라 왕을 축수해주기 바란다."라고 응수하였다.

이렇게 되자, 진나라 왕은 연회가 다 파할 때까지 끝내 조나라 왕을 제압할 수가 없었다. 조나라 역시 많은 병사를 배치하여 진나라에 대비하고 있었으므로, 진나라는 함부로 움직일 수 없었다.

회합을 마치고 돌아오자, 조나라 왕은 인상여의 공이 크다고 하여 그를 상경(上卿)에 임명하였으니, 그것은 염파보다 윗자리였다. 그러자 염파는 "나는 조나라 장수로서 전쟁에서 큰 공을 세웠다. 그러나 인상여는 겨우 입과 혀를 놀렸을 뿐인데 지위는 나보다 높다. 게다가 인상여는 본래 천한 출신이니, 나는 부끄러워 도저히 그의 밑에 있을 수 없다."라고 말하고는 "내 인상여를 만나기만 하면, 기어코 모욕을 주리라."라고 공언하였다.

이 말을 들은 인상여는 가능한 한 그와 만나지 않으려고 하였다. 조회가 있을 때마다 언제나 병을 핑계로 나가지 않은 것은, 염파와 자리 순서를 놓고 다투기 싫었기 때문이었다. 또한 인상여는 외출을 하였다가 멀리 염파가 보이면 수레를 끌고 피해서 숨곤 하였다.

그러자 인상여의 가신들이 모두 그에게 말하였다. "신들이 가족, 친척을 버리고 상공을 모시는 것은, 오직 상공의 높으신 의로움 때문입니다. 지금 상공께서는 염파 장군과 서열이 같으시면서, 염장군이 상공께 욕을 하는데도 그가 두려워서 피해 숨으시며, 지나칠 정도로 무서워하고 계십니다. 이는 보통 사람들도 부끄러워하는 일이니, 하물며 장군이나 대신들은 어떻겠습니까? 못난 저희들은 이만 물러나고자 합니다."

그러나 인상여는 그들을 끝내 만류하며 말하였다. "그대들은 염장군과 진나라 왕 중 누가 더 무섭다고 생각하오?"

"염장군은 진나라 왕을 당할 수 없지요."

"나는 진나라 왕의 위세에도 불구하고 조정에서 그를 질타하고 그의 신하들을 모욕하였소. 내가 아무리 노둔하다고 할지라도 염장군을 두려워할 리가 있겠소? 그러나 지금 사정을 살펴보면, 강한 진나라가 우리 조나라를 공격하지 못하는 것은 오직 우리 두 사람이 있기 때문이오. 만일 지금 우리 두 호랑이가 다투게 되면, 둘 다 무사할 수 없을 것이오. 내가 이렇게 염장군을 피하는 것은, 나라의 위급함을 먼저 생각하고, 개인적인 원한은 뒤로 돌리기 때문이오."

이 말을 전해 들은 염파는 어깨를 드러내고 가시나무 채찍을 등에 지고서, 인상여의 집 문 앞에 이르러 사죄하였다. "더럽고 천박한 인간이 장군께서 이토록 너그러우신지 미처 몰랐소."

이리하여 두 사람은 마침내 화해를 하고 문경지교(刎頸之交)⁴를 맺었다.

이 해, 염파는 동쪽으로 제나라를 공격하여 그들의 부대 하나를 격파하였다. 그로부터 2년 후, 염파는 다시 제나라의 기읍(幾邑)을 정벌하여 함락시켰다. 3년 뒤에는 위(魏)나라의 방릉(防陵), 안양(安陽)을 쳐서 함락시켰고, 그 후 4년 뒤에 인상여는 병사를 거느리고 제나라를 공격하여 평읍(平邑)에까지 이르렀다.

다음 해, 조사(趙奢)는 진나라 군대를 연여(閼與) 부근에서 격파하였다.

조사(趙奢)는 본래 조(趙)나라의 전부리(田部吏)였다. 그가 조세를 받아내는데, 한번은 평원군(平原君)의 집에서 세금을 내려고 하지 않았다. 이에 조사는 법에 의해서 이 일을 처리하여 평원군 집의 책임자 9명을 사형에 처해버렸다. 평원군이 진노하여 조사를 죽이려고 하자, 조사는 그를 다음과 같이 설득하였다. "그대는 조나라의 귀공자이십니다. 지금 공의 집에서 공사(公事)를 받들지 않는 것을 그대로 둔다면 국법은 흔들리고, 국법이 약해지면 나라도 약해지게 됩니다. 나라가 약해지면 제후들이 병사를 모아 침범할 것이고, 제후들이 군사를 일으키면 조나라는 없어지게 됩니다. 그렇게 된다면 공께서 이와 같은 부를 누리실 수 있겠습니까? 그대와 같은 귀하신 분이 공무를 받들어 법대로 행하시면 위아래가 다 공평하게 되고, 위아래가 공평하면 나라가 강해지고, 나라가 강해지면 조나라 또한 더욱 튼튼해질 것입니다. 그리고 당신께서는 대왕의 친족이시니 천하에 그 누가 공을 가벼이 대할 수 있겠습니까?"

평원군은 조사가 현명한 사람이라고 생각하여 그를 왕에게 추천하였다. 왕이

---

4 문경지교(刎頸之交)는 인상여와 염파 사이의 친교에서 나온 말인데, 서로를 믿고 의지하여 목숨을 바칠 수 있는 관계를 뜻한다.

그를 등용하여 국가 세금을 관장하게 하니, 그로부터 나라의 세금은 매우 공평하게 되었고, 백성들은 부유해졌으며, 국고는 언제나 가득 차게 되었다.

진(秦)나라는 한나라를 치기 위해서 연여에 군대를 주둔시키니, 왕은 인상여를 불러 상의하였다. "연여를 구할 수 있겠소?"

"길은 멀고 험하며 좁은 지역이어서 구원하기 어렵습니다."

그러자 왕은 다시 악승(樂乘)을 불러 물었으나, 그 역시 염파와 같은 대답을 하였다. 그래서 이번에는 조사를 불러 묻자, 조사는 "그곳은 길은 멀고 험하며 좁은 곳입니다. 그곳에서 싸운다는 것은 마치 쥐 두 마리가 쥐구멍 속에서 싸우는 것과 같으므로 결국은 용감한 자가 이길 것입니다."라고 대답하였다. 왕은 조사를 장군으로 임명하여 구원하게 하였다.

부대가 한단(邯鄲)을 떠나 30리쯤에 이르렀을 때, 조사는 군중(軍中)에 명을 내렸다. "군대의 사정에 대해서 조언하는 자가 있으면 사형에 처할 것이다." 진나라 군사는 무안(武安)이 서쪽에 진을 치고서 큰 북을 두드리고 함성을 질러가며 출전 준비를 하고 있었는데, 그 기세가 대단하여 무안성의 기왓장이 흔들릴 정도였다.

이에 조나라의 척후병 한 사람이 시급히 무안을 구하자고 건의하자, 조사는 그 자리에서 그의 목을 베어 버렸다. 그리고 보루를 단단하게 하여 28일 동안이나 머물며 진군하지 않고서 오직 보루만 튼튼하게 쌓을 뿐이었다. 진나라의 첩자가 들어오자, 조사는 그에게 음식을 잘 대접해서 다시 돌려보냈다. 첩자가 돌아가 진나라 장수에게 보고하자, 진나라 장군은 "나라를 떠난 지 30리밖에 안 되는 곳에 주둔하여 진군하지 않고 그저 방벽만 쌓으니, 연여는 조나라 땅이 아니다."라고 하며 매우 기뻐하였다. 조사는 진나라 첩자를 돌려보낸 즉시 군사들의 갑옷을 벗겨 급히 진나라 진지를 향해서 진군시키니, 이틀 낮과 하룻밤 사이에 도착할 수 있었다. 그리고는 활을 잘 쏘는 병사들에게 명하여 연여에서 50리 떨어진 곳에 진을 치게 하였다. 드디어 보루가 완성되었다. 진나라는 이 소식을 듣고 모두 무장을 하고는 내습하였다.

이때 조나라 군사 중 허력(許歷)이라는 사람이 군대의 사정에 대해서 간할 말이 있다고 하자, 조사는 그를 불러들였다. 허력이 간하였다. "진나라 사람들은 설마 조나라 병사가 모두 왔으리라고는 생각하지 않을 것이므로, 맹렬한 기세로 쳐들어올 것입니다. 장군께서는 병력을 집중하여 진지를 두껍게 하고 그들을 대기하고 계셔야 할 것입니다. 그렇지 않으면 반드시 패할 것입니다." 조사가 "그대의 건의를 받아들이겠소."라고 하자, 허력은 "신에게 부질형(鈇質刑: 작두로 목을 베는 형벌)을 내려주십시오!"라고 청하였다. 그러자 조사는 "이 일은 나중에 한단에 가서 다시 명령을 내리겠소."라고 하였다.

허력이 또 간할 일이 있다고 청하여 아뢰었다. "먼저 북산(北山)의 정상을 점령하는 쪽이 이길 것이니, 나중에 도착하는 쪽은 질 것입니다." 조사는 이를 받아들여 만 명의 군사를 내어 급히 그곳으로 가도록 하였다. 진나라 병사가 나중에 달려와 산 정상을 다투었으나 올라가지 못하였다. 조사는 군대를 풀어 그들을 공격하여 진나라 군대를 크게 무찔렀다. 진나라 군대가 뿔뿔이 흩어져 달아나니, 조나라는 마침내 연여의 포위를 풀고 승리하여 돌아왔다.

조나라 혜문왕(惠文王, B.C. 298~B.C. 266)은 조사를 마복군(馬服君)에 봉하고, 허력을 국위(國尉)에 임명하였다. 조사는 염파, 인상여와 같은 지위에 올랐다.

그로부터 4년 뒤, 조 혜문왕이 세상을 떠나고 아들 효성왕(孝成王, B.C. 265~B.C. 245)이 즉위하였다. 효성왕 7년, 진과 조 나라 군대는 다시 장평(長平)에서 대치하게 되었다. 그때 조사는 이미 세상을 떠나고 인상여는 중병에 걸려 있었다. 조나라는 염파를 장군에 임명하여 진나라를 공격하게 하였는데, 진나라가 여러 차례 조나라 군대를 격파하였지만 조나라 군대는 방벽을 굳게 하고 싸우려 하지 않았다. 진나라가 몇 번이나 싸움을 걸어와도 염파는 끝내 응전하지 않았으므로 조나라 왕은 진나라 첩자가 퍼뜨린 소문을 믿게 되었다. 진나라 첩자는 "진나라가 걱정하고 있는 것은 마복군 조사의 아들 조괄(趙括)이 장수가 되는 것뿐이다."라는 소문을 퍼뜨렸던 것이다. 이에 조나라 왕은 조괄을 장수로 삼아 염파를 대신하게 하려고 하였다. 그러자 인상여가 말하였다. "대왕께서는 조괄의 명성만으로 그를 쓰려고 하시는데, 그것은 거문고의 안족(雁足)을 아교로 붙이고 연주하는 것과 같습니다. 조괄은 그의 부친이 남긴 병법서(兵法書)만 읽었기 때문에 융통성 있는 임기응변을 알지 못합니다."

그러나 조나라 왕은 이 말을 듣지 않고, 결국 조괄을 장수로 임명하였다. 조괄은 어려서부터 병법을 배워, 군사에 대해서 말하자면 세상에 자신을 대적할 만한 사람이 없다고 생각하고 있었다. 일찍이 그의 부친 조사와 병법에 대해서 토론하였을 때에도 조사는 그를 반박할 수는 없었지만 그런데도 그가 뛰어나다고 생각하지는 않았다. 조괄의 모친이 조사에게 그 까닭을 묻자, 조사는 "전쟁터는 목숨을 내놓은 곳이오. 그런데도 괄은 전쟁에 대해서 너무 쉽게 말하고 있소. 조나라가 괄을 장수로 삼지 않으면 다행이지만, 만약 그를 장수로 삼았다가는 분명 그 애가 조나라 군대를 망하게 할 것이오."라고 대답하였다. 그래서 조괄의 모친은 그가 출발하기 전에 괄을 장수로 삼아서는 안 된다는 글을 올렸다.

왕이 까닭을 묻자, 이렇게 대답하였다. "예전에 소첩이 괄의 부친을 섬겼을 때, 괄의 부친은 대장군이었습니다. 그가 직접 먹여 살리는 자가 수십 명이었고, 친구는 몇백 명이나 되었습니다. 대왕과 종실에서 내리신 상은 모조리 군리(軍吏)와 사대부들에게 주었으며, 출정 명령을 받은 날부터는 집안일을 돌보지 않았습니다. 그러나 지금 괄은 하루아침에 장군이 되어 동쪽을 향해 앉아서 부하들의 문안을 받게 되었지만, 그를 존경하여 우러러보는 자는 한 사람도 없습니다. 또한 그는 대왕께서 내리신 돈이나 비단 같은 것을 모두 집안에 감추어두고 날마다 싸고 좋은 밭이나 집을 매일 둘러보며 살 만한 것이면 모조리 사들이곤 합니다. 대왕께서는 제 자식이 아비와 어디가 닮았다고 생각하십니까? 아비와 자식이 마음 쓰는 것이 이렇게 다르니, 청컨대 대왕께서는 그를 장군으로 보내지 말아주십시오!"

그러나 왕은 "괄의 모친은 그만하시오. 과인은 이미 결정을 하였소."라고 하였다. 그러자 괄의 모친은 "대왕께서 끝내 그를 보내시겠다면, 그 애가 자기 소임을 감당하지 못하더라도, 소첩이 자식의 죄에 연루되지 않도록 해주시겠습니까?"라고 물었고, 왕은 이를 승낙하였다.

조괄은 염파를 대신하게 되자 군령을 모조리 뜯어고치고 군리들도 전부 교체하였다. 진나라 장군 백기(白起)는 이 소식을 듣고는 기병(奇兵)을 보내 달아나는 척하게 하였다. 또한 그들은 조나라 군사의 식량 보급로를 차단하고 조나라 군대를 둘로 갈라놓아, 병사들의 마음이 조괄로부터 떠나게 하였다. 40여 일이 지나자 조나라 군사는 굶주리기 시작하였고, 조괄은 정예 부대를 내세우고 직접 전투에 참여하였다. 진나라 군사가 조괄을 쏘아 죽이자, 조괄의 군대는 패하여 수십만 명이 마침내 진나라에 투항하였고, 진나라는 그들을 모조리 구덩이에 묻어 죽였다. 조나라는 이 전투에서 약 45만 명의 군사를 잃었다.[5]

이듬해 진나라 군대는 마침내 한단을 포위하였다. 1년이 지나도록 도저히 포위를 벗어나지 못하다가 초나라와 위나라의 구원으로 가까스로 한단의 포위망을 풀었다. 조나라 왕은 조괄의 어머니가 앞서 한 말 때문에 결국 그녀를 처벌하지 않았다.

한단의 포위가 풀린 지 5년 만에, 이번에는 연나라가 "조나라 장정들은 장평에서 다 죽었고, 그들의 어린 자식들은 아직 장성하지 않았다."라는 율복(栗腹)의 건의를 채택하여 병사를 일으켜 조나라를 공격하였다. 조나라는 염파를 장군으로 임명하여 맞서도록 하였고, 염파는 연나라 군대를 호(鄗)에서 대파하여 율복을 죽이고는 마침내 연나라를 포위하였다. 연나라가 성 5개를 떼어주며 화친을 청해서, 조나라 왕은 이를 받아들였다. 조나라 왕은 위문(尉文)이라는 곳에 염파를 봉하여 신평군(信平君)이라고 하고, 상국(相國)의 대리로 삼았다.

예전에 염파가 장평에서 면직되어 고향으로 돌아와 권세를 잃었을 때, 예전부터 알고 지내던 객들이 모조리 떠나갔다. 그가 다시 등용되어 장군이 되자 객들이 또다시 찾아들었다. 이에 염파가 "객들은 모두 돌아가라!"라고 하자, 그중한 객이 이렇게 말하였다. "아! 장군은 어찌 그렇게도 생각이 둔하십니까? 지금세상은 시장에서 교역하듯이 교제를 합니다. 장군께 권세가 있으면 우리는 장

---

5 장평의 이 전투는 B.C. 262년에서 B.C. 260에 걸쳐 진나라와 조나라 사이에 벌어졌는데, 진나라가 결정적 승기를 잡아 조나라를 몰락시키는 기점이 되었다. 이 장평 전투를 장평대전(長平大戰) 또는 장평지전(長平之戰)이라고도 한다.

군을 따르고, 권세가 없으면 떠나가는 것입니다. 이는 당연한 이치인데, 또한 어찌 섭섭하다고 원망하시겠습니까?"

그로부터 6년이 지나, 조나라는 염파에게 위나라의 번양(繁陽)을 공격하게 하였고, 염파는 그곳을 함락시켰다.

조나라 효성왕이 타계하자, 그의 아들 도양왕(悼襄王, B.C. 244~B.C. 236)이 즉위하였고, 그는 악승(樂乘)을 염파 대신 장군에 임명하였다. 염파가 격노하여 악승을 공격하자 악승은 달아났고, 염파도 결국은 위(魏)나라의 대량(大梁)으로 달아나 몸을 맡겼다. 그다음 해, 조나라는 이목(李牧)을 장군으로 삼아 연나라를 공격하여 무수(武遂)와 방성(方城)을 함락시켰다.

염파는 오랫동안 대량에 머물렀으나, 위나라는 그를 믿고 등용해주지 않았다. 그런데 조나라는 오랫동안 진나라 군대에 곤욕을 치르고 있었으므로, 조나라 왕은 다시 염파를 쓸 생각을 하였고, 염파 역시 조나라에 기용되고 싶어하였다. 조나라 왕은 사신을 보내 염파가 아직 쓸모가 있을지 없을지를 살펴보게 하였다. 그러자 염파와 원수지간인 곽개(郭開)는 사신에게 많은 돈을 주어 염파를 모함하도록 하였다. 조나라 사신이 염파를 만나자, 염파는 밥 한 말과 고기 열 근을 먹어 보이며 갑옷을 입고 말에 뛰어올라 아직도 자신이 쓸모 있음을 보였다. 그러나 조나라 사신은 돌아와 왕에게 "염장군은 늙었음에도 불구하고 식사를 잘하였습니다. 그러나 신과 같이 앉아 있는 동안에도 자주 변을 지리곤 하였습니다."라고 아뢰었다. 조나라 왕은 염파가 늙은 것으로 생각하고 결국은 부르지 않았다.

초나라는 염파가 위나라에 와 있다는 말을 듣고 몰래 사신을 보내 그를 맞아들였다. 염파는 초나라의 장수가 된 후에는 아무런 공도 세우지 못한 채, "나는 조나라 병사들을 지휘하고 싶소!"라고 말하였다. 염파는 결국 수춘(壽春)에서 세상을 떠나고 말았다.

이목(李牧)이라는 사람은 조나라 북쪽 국경을 지키는 훌륭한 장수였다. 그는 일찍이 대(代) 지방 안문(雁門)에 주둔하며 흉노(匈奴)에 대비하고 있었다. 그는 형편에 맞추어 적절히 관리를 배치하고, 시내의 세금은 모두 막부(莫府)로 옮기어 병사들의 비용에 충당하였다. 그는 날마다 몇 마리의 소를 잡아 병사들을 먹여가며 활 쏘고 말 타는 연습을 시켰다. 또한 봉화를 잘 관리하면서 많은 첩자를 양성하였으며, 병사들을 후하게 대접하였다. 그리고 그는 "흉노가 쳐들어와서 도둑질을 할 경우는 재빨리 들어와 수비를 하여라. 만일 적을 사로잡는 자가 있다면 사형에 처할 것이다."라는 명령을 내렸다. 흉노가 침입할 때마다 봉화를 잘 관리하고 그 신호에 따라 재빨리 성안으로 들어와 수비를 하며 싸우려고 하지 않았다. 따라서 이렇게 몇 해가 지나자 아무런 피해를 입지 않았다. 그러나 흉노들은 이목을 겁쟁이라고 생각하였고, 조나라 변경의 군사들 역시 자신들의 장수가 겁쟁이라고 여기고 있었다. 조나라 왕이 이목을 질책하였지만, 이목은 예전 그대로 처신하였다. 그러자 조나라 왕은 노하여 그를 불러들이고, 다른 사람을 대신 장군으로 임명하였다.

그로부터 1년 남짓 후, 흉노가 쳐들어올 때마다 조나라는 나가서 싸웠다. 출전을 하게 되면 자주 불리하여 피해가 많았고, 변경에서는 농사와 목축을 할 수 없게 되었다. 조나라는 다시 이목을 불렀으나, 이목은 두문불출하고 병을 핑계로 고사하였다. 이에 조나라 왕이 다시 억지로 그에게 병사들을 통솔하게 하였다. 그러자 이목은 "대왕께서 굳이 신을 등용하시겠다면, 예전에 신이 하였던 그대로 할 수 있게 해주십시오. 하오면 감히 명령을 받들겠습니다."라고 하였고, 왕이 이를 허락하였다.

이목은 변방에 이르자 전과 같은 군령을 내렸다. 그가 부임하자 흉노는 예전처럼 몇 년 동안 아무런 소득이 없었으나, 계속 그를 겁쟁이라고 여기고 있었다. 한편 변방의 장병들은 상을 받고 후한 대접을 받으면서도 실제로 전쟁에 쓰이지 못하자 모두 한번 싸워보기를 바라고 있었다. 이에 이목은 튼튼한 수레 1,300대와 말 3,000마리를 선발하였다. 그리고 공을 세워 백금(百金)의 상을 탄 용사 5만 명과 강한 활을 잘 쏘는 병사 10만 명을 선발하여 한 부대로 조직하여 많은 연습을 시켰다. 한편 많은 가축들을 놓아먹이게 하였고, 들에 백성들이 가득 차게 하였다. 흉노족이 적은 수의 군대를 먼저 침입시키자, 이목은 거짓으로 이기지 못해서 패해 달아나는 척하며 병사 몇천 명을 그들에게 버려둔 채 그대로 두었다. 선우(單于:흉노의 지도자)가 이 소식을 듣자 대군을 이끌고 쳐들어왔다. 이목은 독특한 진용을 편성하고, 부대를 좌우 양쪽으로 펼쳐 흉노를 공격하게 하여, 흉노족 기병 10만여 명을 죽이는 대승을 거두었다. 이 싸움에서 이목은 담람(襜襤)이라는 부족을 없애버린 후, 동호(東胡)를 쳐부수고 임호(林胡)를 항복시켰다. 선우는 달아나고, 그 뒤 10여 년 동안 흉노는 조나라 국경 근처에는 가까이 오지를 못하였다.

조나라 도양왕 원년, 염파는 이미 위나라로 망명해 있었고, 조나라는 이목에게 연나라를 공격하게 하여 무수와 방성을 함락시켰다. 그로부터 2년 후, 조나라 장수 방원(龐煖)이 연나라 군대를 격파하고 극신(劇辛)을 죽였다. 그로부터 7년 후에 진(秦)나라는 무수를 격파하여 조나라 장수 호첩(扈輒)을 죽이고, 병사 10만 명을 죽였다. 그러자 조나라는 이목을 대장군으로 삼아 의안(宜安)에서 진나라 군대를 공격하여 대파하고, 진나라 장군 환의(桓齮)는 패하여 달아났다. 이목은 이 공로로 무안군(武安君)에 봉해졌다. 그로부터 3년 후, 진나라가 파오(番吾)를 공격해왔으나 이목이 출격하여 진나라 군대를 격파하고 남쪽으로는 한나라와 위나라의 군사를 막았다.

조나라 유목왕(幽穆王, B.C. 235~B.C. 228) 7년, 진(秦)나라가 왕전(王翦)을 보내 조나라를 공격하자, 조나라는 이목과 사마상(司馬尚)을 시켜 그들을 막게 하였다. 진나라는 조나라 왕이 총애하는 신하인 곽개에게 많은 돈을 주어 이간책을 써서 이목과 사마상이 반란을 꾀하고 있다는 말을 하게 하였다. 이에 조나라 왕은 조총(趙蔥)과 제나라 장군 안취(顔聚)를 보내 이목을 대신하게 하였다. 그러나 이목이 그 명령에 따르지 않았으므로, 조나라는 사람을 보내어 몰래 이목을 정탐하게 하고는 그를 체포하여 죽이고, 사마상을 해임하였다. 그런 지 석 달 후에, 왕전은 신속하게 조나라를 공격하여 크게 이기고 조총을 죽였으며, 조나라 유목왕과 그의 장군 안취를 사로잡았다. 결국 조나라는 멸망하고 말았다.

태사공은 말하였다.

"자신이 죽으리라는 것을 알면 반드시 용기가 솟아나게 된다. 이는 죽는 것 자체가 어려운 것이 아니라, 죽음에 대처하는 것이 어려운 것이기 때문이다. 인상여(藺相如)가 화씨벽을 받쳐 들고 기둥을 노려보며 진나라 왕의 좌우를 꾸짖었을 때, 그는 자신이 죽으면 그만이라는 것을 알고 있었다. 그러나 선비들 중에는 두려워 감히 행동하지 않으려는 사람들이 있다. 인상여는 그 용기를 떨쳐 세워 적국에 그 위신을 떨치고, 물러나 고국으로 돌아와서는 염파(廉頗)에게 양보하니, 그의 이름은 태산처럼 무거웠다. 그는 지혜와 용기를 모두 갖춘 인물이라고 말할 수 있을 것이다."

여불위열전

呂不韋列傳

［ 공자 자초를 진나라 왕실에서 신임토록 하고 천하로 하여금 진나라를 섬기도록 한 것은 여 ］
불위였다. 그래서 「여불위열전」을 지었다.

여불위(呂不韋)는 양책(陽翟)의 큰 상인이다. 여러 곳을 다니면서 싸게 사서 비싸
게 팔아, 많은 재산을 모았다.

진(秦)나라 소왕(昭王) 40년에 태자가 죽었다. 42년에 둘째 아들 안국군(安國君)
을 태자로 삼았다. 안국군의 아들은 20명이 넘었다. 안국군은 매우 총애하던
희첩(姬妾)을 정부인으로 세우고, 화양부인(華陽夫人)이라고 불렀다. 화양부인에게
는 아들이 없었다. 안국군의 둘째 아들은 이름이 자초(子楚)인데, 자초의 생모는
하희(夏姬)로, 그녀는 총애를 받지 못하고 있었다. 자초는 진(秦)나라의 볼모로 조
(趙)나라에 머물러 있었는데, 진나라가 여러 차례 조나라를 공격하였기 때문에
조나라는 자초를 그다지 예우하지 않았다.

자초는 진나라 왕의 여러 서얼(庶蘖) 중의 한 사람이면서 제후국에 인질로 억류된 상태였기 때문에, 말과 수레 및 재물이 넉넉하지 못하여 곤궁한 처지였고 자신감도 부족했다. 여불위가 한단(邯鄲)에 물건을 사러 갔다가 그의 처지를 알고 불쌍히 여기며 "이 진귀한 재화는 사서 둘 만하다."라고 하였다. 이에 자초를 만나러 가서 "저는 당신의 가문을 대성시킬 수 있습니다."라고 설득시키려 하자, 자초가 웃으면서 말하기를 "우선 따로 그대의 가문을 크게 이루고 나서야 그에 따라 나의 가문도 커진다네!"라고 하였다. 여불위는 "당신은 잘 이해하지 못하시는군요. 저의 가문은 당신 가문이 커짐에 따라 커집니다."라고 말하였다. 자초는 말뜻을 깨닫고, 함께 자리하여 밀담을 나누었다. 여불위가 말하기를 "진나라 왕은 이미 늙었고, 안국군이 태자가 되었는데, 제가 듣기로는 화양부인을 총애한다고 합니다. 비록 화양부인에게 아들이 없으나 후사를 내세울 수 있는 사람은 오직 화양부인뿐이랍니다. 지금 당신의 형제는 20여 명이나 되고, 당신은 또한 둘째의 서열이라 그다지 총애를 받지 못하고, 오랫동안 제후국에 볼모로 생활하는 처지입니다. 곧 대왕이 돌아가시고, 안국군이 왕위에 오르면, 당신은 왕 앞에서 아침저녁으로 태자가 되려고 싸우는 맏형과 형제들 사이에 끼어들 수도 없게 될 것입니다."라고 하자, 자초는 "그렇군요. 이를 어찌 해야 할까요?"라고 물었다. 여불위는 "당신은 가난하고, 이곳에서 손님의 처지이니, 어버이께 헌신하고 빈객과 교제할 방도가 없으십니다. 저 불위는 비록 가난하나, 천금(千金)으로써 당신을 위해서 서쪽 진나라로 가서 안국군과 화양부인을 섬겨, 당신이 후사로 정해지게 하겠습니다."라고 하였다. 자초는 이에 머리를 숙여 경의를 표하고 "반드시 그대의 계략대로 된다면, 진나라를 그대와 함께 나누겠소."라고 말하였다.

여불위는 500금(金)을 자초에게 주었는데, 그것은 빈객과 교류하는 비용이었다. 그리고 또 500금으로 진기한 패물(佩物)을 구입하여, 혼자 서쪽 진나라로 가지고 갔다. 그는 우선 화양부인의 언니에게 만나줄 것을 요청하여, 그 물건들을 화양부인에게 모두 바치고 그것을 기회로 부인에게 말하였다. "자초는 어질고 지혜가 있으니, 널리 천하 제후의 빈객과 교제를 맺고 있습니다. 언제나 자신이 부인을 하늘처럼 생각하면서 밤낮으로 태자 안국군과 부인을 그리워하며 눈물을 흘립니다." 화양부인은 매우 기뻐하였다.

여불위는 이리하여 그 언니에게 다음과 같이 부인을 설득하도록 일러주었다. "제가 듣기에 미모로써 섬기는 자는 미모가 스러지면 사랑도 사그라진다고 합니다. 지금은 부인께서 태자를 가까이하고 대단히 총애를 받지만, 아들이 없으니, 미리 여러 아들 중에서 재능 있고 효성스러운 자와 인연을 맺어, 그를 후사로 발탁하여 아들로 삼으셔야 할 것입니다. 부군이 살아 계셔도 존중받고, 부군이 죽은 후에도 아들이 왕이 되므로, 결국 세력을 잃지 않게 될것이니, 이것이 이른바 한마디 말로써 만세의 이익을 취한다는 것입니다. 영화를 누릴 때 터전을 세워 놓지 않고, 곧 미모가 스러지고 사랑이 식은 후에, 비록 한마디 말을 하고 싶어도, 어떻게 하실 수 있겠습니까? 지금 자초는 현명하고, 차남이라서 스스로 후사가 될 수 없는 서열임을 알고 있으며, 그의 생모도 사랑을 받지 못하는지라, 자진하여 부인에게 마음을 쏟고 있으니, 부인께서 진심으로 이 시기에 후사로 삼아 발탁하신다면, 곧 평생 진나라에서 존경을 받게 될 것입니다."

화양부인은 그 말이 옳다고 생각하고, 태자가 한가한 틈을 타서, 완곡한 말투로 조나라에 볼모로 있는 자초는 매우 현명하여, 그곳을 내왕하는 사람들은 모두 그를 칭찬한다고 설명하였다. 그리고는 눈물을 떨구며 "소첩은 다행히 후궁보다 훨씬 낫지만, 불행하게 아들이 없어 자초를 후사로 세워, 소첩의 몸을 맡길 수 있기를 바랍니다."라고 간언하였다. 안국군은 그것을 허락하고, 이어 부인에게 옥부(玉符)를 새겨주어, 그를 후사로 삼겠다는 약속을 하였다. 안국군과 부인은 이리하여 자초에게 넉넉하게 물품을 보내었고, 여불위에게 그를 잘 보살피도록 요청하였으며, 자초는 이로써 제후국에 그 명성이 더욱 알려졌다.

여불위는 한단의 여러 첩들 중에서 절세미인이며 춤을 잘 추는 여인을 얻어 동거하였는데, 그녀가 임신한 것을 알게 되었다. 한편 자초는 여불위의 집에서 술을 마시다가, 그녀를 보고 마음에 들어, 일어나 축수를 빌면서 그녀를 요구하였다. 여불위는 화가 났으나, 이미 자초를 위해서 가산을 탕진하며 진귀한 보물을 수중에 넣으려는 계략을 상기하고, 마침내 그 첩을 바쳤다. 그녀는 스스로 임신한 몸임을 숨기고, 만삭이 되어 아들 정(政)을 낳았다. 자초는 마침내 그 첩을 아내로 맞이하였다.

진 소왕 50년에 왕의(王齮)를 시켜 한단을 포위하게 하였는데, 전세가 다급해지자, 조나라에서는 자초를 죽이려고 하였다. 자초는 여불위와 공모하여 금 600근(斤)을 가져와 자초를 지키는 관리를 매수하고 탈출하여, 진나라의 진영(陣營)으로 도망쳐왔고, 마침내 귀국할 수 있었다. 조나라에서는 자초의 부인과 아들을 죽이려고 하였으나, 자초의 부인은 조나라 부호의 딸인지라 숨을 수 있었고, 이리하여 모자는 결국 살아남게 되었다. 진 소왕은 즉위한 뒤 56년 만에 죽었고, 태자인 안국군이 왕위에 올랐으며, 화양부인은 왕후가 되었고, 자초는 태자가 되었다. 조나라에서도 자초의 부인과 아들 정을 받들어 진나라로 돌려보냈다.

진나라의 왕은 즉위한 지 1년 만에 죽었으니, 시호(諡號)가 효문왕(孝文王)이었다. 태자인 자초가 왕위를 이었는데, 이 사람이 장양왕(莊襄王)이다. 장양왕이 모친으로 섬겼던 화양부인은 화양태후가 되었고, 생모인 하희(夏姬)는 하태후가 되어 존중받았다. 장양왕 원년에, 여불위를 승상(丞相)으로 삼으면서 문신후(文信侯)에 봉하였고, 식읍(食邑)으로는 하남(河南)의 낙양(雒陽)에 10만 호(戶)를 내렸다.

장양왕은 즉위 3년 만에 죽고, 태자 정(政)이 왕위에 올랐는데, 정은 여불위를 존중하여 상국(相國)으로 삼고 그를 '중부(仲父)'라고 불렀다. 진나라 왕은 아직 어렸고, 태후는 때때로 몰래 여불위와 간통하였다. 여불위의 집에는 하인이 만 명이나 되었다.

이 시기에 이르러, 위(魏)나라에는 신릉군(信陵君), 초(楚)나라에는 춘신군(春申君), 조(趙)나라에는 평원군(平原君), 제(齊)나라에는 맹상군(孟嘗君)이 있었는데, 이들은 모두 선비를 존대하여 빈객 맞기를 경쟁하였다.[1] 여불위는 진나라가 강국으로

---

1 맹상군, 평원군, 신릉군, 춘신군 네 명을 "전국사군자(戰國四君子)'라고 칭한다.

서, 그렇게 하지 못함을 부끄럽게 여기고, 역시 선비를 초청하여 그들에게 후한 대접을 하였는데, 식객(食客)이 3,000명에 달하였다. 이 시기에 제후국에는 변사(辯士)가 많았는데, 순경(荀卿)과 같은 무리들은 글을 지어 천하에 유포하였다. 여불위는 이에 자기의 식객들로 하여금 각각 식견을 쓰게 하여, 이들의 견해를 팔람(八覽), 육론(六論), 십이기(十二紀)로 모았는데, 모두 20만여 자나 되었다. 이로써 천지 만물에 대한 고금(古今)의 일을 갖춘 것으로 여겼고, 『여씨춘추(呂氏春秋)』라고 불렀다. 그것을 함양(咸陽)의 성문에 진열하고, 그 위에 천금(千金)을 걸어놓고서, 제후국의 유사(遊士)나 빈객 중에 한 글자라도 증감할 수 있는 자에게 천금을 주겠다고 널리 알렸다.

진시황(秦始皇)이 점차 장년(壯年)이 되어가도 태후의 음행(淫行)은 그치지 않았다. 여불위는 그 화(禍)가 발각되어 자기에게 미칠까 봐 두려웠고, 이에 음경(陰莖)이 큰 노애(嫪毐)라는 사람을 찾아내어 가신(家臣)으로 삼았는데, 때때로 음탕한 음악을 연주하면서, 노애로 하여금 그의 음경에 오동나무 수레바퀴를 달아서 걷게 하였는데, 태후에게 그 소식을 들리도록 하여 태후를 유인하였다. 태후는 그 소문을 듣고, 과연 남몰래 그를 얻으려고 하였다. 여불위는 이에 노애를 바쳤고, 어떤 사람을 시켜 그를 부죄(腐罪:궁형에 해당하는 죄)에 처하도록 허위로 고발하였다. 여불위는 또 은밀히 태후에게 "부형(腐刑:궁형)을 허위로 조작할 수 있다면, 궁중에서 봉직하게 할 수 있습니다."라고 일러주었다. 태후는 이에 부형을 주관하는 관리에게 은밀히 후한 뇌물을 주고 집행을 날조하였으며, 그의 수염과 눈썹을 뽑아 내시가 되게 하여, 마침내 태후의 시중을 들 수 있게 하였다. 태후는 남몰래 그와 간통하였으며, 몹시 그를 총애하였고 임신까지 하였다. 태후는 남이 알까 봐 두려워서, 당분간 은둔하라는 점괘가 나왔다고 속이고 거처를 옹(雍) 땅으로 옮겨 살았다. 노애는 항상 그녀를 따랐고, 상은 매우 후하게 내려졌으며, 매사는 노애에 의해서 결정되었다. 이로써 노애의 가신은 수천명이었으며, 벼슬을 얻기 위해서 노애의 빈객이 된 자는 천여 명이 되었다.

진시황 7년에, 장양왕의 모친인 하태후가 죽었다. 효문왕의 왕후 화양태후는 효문왕과 함께 수릉(壽陵)에 합장(合葬)되었다. 하태후의 아들 장양왕은 지양(芷陽)에 묻혔으므로, 하태후는 별도로 두원(杜原)에 장사지냈다. 그녀는 유언으로 다음과 같은 말을 남겼다. "동쪽으로는 나의 아들을 바라보고, 서쪽으로는 나의 남편을 바라본다. 100년 뒤에, 주변에는 반드시 만 호(戸)의 읍이 생길 것이다."

진시황 9년에, 어떤 사람이 노애는 실제로 환관이 아님을 고발하였다. 그는 항상 태후와 간통하여 아들 둘을 낳아 모두 숨겨놓았고, 태후와 모의하여 "시황이 죽으면, 아들을 후사로 삼읍시다."라고 얘기했다고 한다. 시황은 관리를 파견하여 사실을 모두 밝혀내었고, 이 사건에 상국 여불위도 연루되었음을 알게 되었다. 9월에, 노애의 삼족을 멸하였고, 태후가 낳은 두 아들을 죽였으며, 마침내 태후를 옹 땅으로 추방하였다. 노애의 모든 가신들의 재산을 몰수하고 촉(蜀)으로 추방하였고, 시황은 상국까지도 제거하려 하였으나 그가 선왕을 받든 공로가 크고, 그리고 빈객과 변사들 중에 유세하는 자가 많아서, 시황은 차마 법대로 처단하지 못하였다.

진시황 10년 10월에, 상국 여불위를 파면시켰다. 제나라 사람인 모초(茅焦)가 시황을 설득하자, 시황은 이에 태후를 옹 땅으로부터 불러들여, 함양으로 돌아오게 하였고, 문신후(文信侯: 여불위)를 내보내어 하남(河南)에 영지를 주었다.

1년여 만에, 제후국의 빈객과 사절들이 도로에서 대기하면서, 문신후를 참배하였다. 시황은 그가 변란을 일으킬까 두려워서 문신후에게 서신을 보냈는데 "그대가 진나라에 무슨 공로가 있기에 진나라는 그대에게 하남을 봉하고, 10만 호의 식읍을 내렸는가? 그대가 진나라와 무슨 친족관계가 있기에 중부(仲父)라고 불리는가? 그대는 가족과 함께 촉 땅으로 옮겨 살아라!"라고 하였다. 여불위는 점점 압박해옴을 스스로 느끼고, 참수당할까 봐 두려워서, 이에 독주를 마시고 죽었다. 시황은 분노를 샀던 여불위와 노애가 모두 죽자, 촉 땅으로 추방시킨 노애의 모든 가신들을 돌아오게 하였다.

진시황 19년에 태후가 죽자 시호를 제태후(帝太后)라고 하였으며, 장양왕과 함께 채양(茝陽)에 합장하였다.

태사공은 말하였다.

"여불위(呂不韋)는 노애(嫪毐)까지 존귀하게 만들었고, 문신후(文信侯)라는 칭호를 받았다. 어떤 사람이 노애를 고발하였는데, 노애도 그 소문을 들었다. 진시황은 좌우의 신하들을 통해서 그 증거를 확보하였다. 아직 그 죄상을 발표하지 않은 채, 진시황은 옹 땅으로 가서 교제사(郊祭祀)를 지냈다. 노애는 화를 입을까봐 두려워서, 자기의 무리들과 음모를 꾸미고, 태후(太后)를 꾀어 황제의 옥새(玉璽)로 군사를 뽑아서 기년궁(蘄年宮)에서 반란을 일으켰다. 진시황은 군관을 보내어 노애를 공격하였다. 노애가 패퇴하여 달아나자 끝까지 추격하여 호치(好畤)에서 그의 목을 베었고, 마침내 그의 일족들을 멸하였다. 그리고 여불위도 이 사건과 연루되어 배척당하였다. 공자(孔子)가 말한 바 있는 '겉으로는 어진듯하지만 행동은 그렇지 못해서 명성만 있고 실속이 없는 자'2가 바로 여불위였던 것인가?"

---

2 『논어』「顏淵」: 夫聞也者, 色取仁而行違, 居之不疑, 在邦必聞, 在家必聞.

자객열전

刺客列傳 : 조말, 전저, 예양, 섭정, 형가

[노나라는 조말이 품었던 비수로 잃은 땅을 회복하였고, 제나라는 그 약속을 지켰다. 예양의
의리는 변절하지 않았다. 그래서 「자객열전」을 지었다.]

조말

조말(曹沫)은 노(魯)나라 사람이다. 그는 용맹스런 기질로 노 장공(魯莊公, B.C.
693~B.C. 662)을 섬기었다. 장공은 무력을 좋아하였다. 조말은 노나라의 장군이
되어 제(齊)나라와 싸웠는데, 세 번이나 패하였다. 노 장공은 두려운 나머지 마
침내 수읍(遂邑)의 땅을 제나라에게 바치고 화친을 도모하였다. 그런 후에도 조
말을 계속 장군의 직책에 임용하였다.

제 환공(齊桓公, B.C. 685~B.C. 643)은 노 장공과 가(柯)에 모여 화친의 맹약을 맺기
로 하였다. 환공과 장공이 단상에서 맹약을 맺고 있는데, 조말이 비수를 손에

쥐고 제 환공을 협박하였다. 환공의 좌우의 사람들은 감히 움직일 수가 없었다. "그대가 요구하는 바는 무엇이오?"라고 묻자, 조말이 말하기를 "제나라는 강하고 노나라는 약합니다. 그런데 대국인 제나라가 노나라를 침범하는 정도가 지나칩니다. 노나라의 성들이 붕괴되고 그 주변이 제나라의 영토가 되었는데도, 임금께서는 여전히 침략에 마음을 두고 계십니다."라고 하였다. 환공은 그 말을 듣고 결국 노나라에서 빼앗은 땅을 모두 돌려줄 것을 허락하였다.

환공의 말이 끝나자, 조말은 비수를 던져버리고 단에서 내려와 북쪽을 향해서 신하들의 자리에 앉았는데, 안색은 변함이 없고 말소리도 여전하였다. 이에 환공이 노하여 약속을 어기려고 하니, 관중(管仲)이 "안 됩니다. 자기 만족을 위해 작은 이익을 탐하시면, 제후들에게 신망이 떨어지고, 온 세상의 지지를 잃게 됩니다. 약속대로 땅을 돌려주시는 편이 좋습니다."라고 말하였다. 그래서 환공이 마침내 노나라에서 빼앗은 토지를 돌려주니, 조말이 세 번 싸움에서 잃었던 땅은 모두 노나라로 되돌아갔다.

전저

그로부터 167년이 지나 오(吳)나라에 전저(專諸, ?~B.C. 515)의 사건이 일어났다.

전저는 오나라의 당읍(堂邑) 사람이다. 오자서(伍子胥)가 초(楚)나라에서 달아나 오나라로 갔을 때, 그는 전저의 재능을 알고 있었다. 오자서는 오나라 왕 요(僚)를 만나서 초나라를 치는 것이 유리함을 설득하였다. 오나라 공자 광(光)이 말하기를 "저 오자서는 자기 아버지와 형이 모두 초나라에서 죽임을 당하였습니다. 그가 초나라를 치자고 말하는 것은 자기 개인의 복수를 하고자 함이지, 결코 오나라를 위한 것이 아닙니다."라고 하였다. 오나라 왕은 이 말을 듣고 초나라를 치는 것을 단념하였다. 오자서는 공자 광이 오나라 왕 요를 죽이려고 하는 것을 알아차리고 "저 광은 장차 내란을 일으키려는 야심이 있으니, 아직 대외적인 문제를 설득할 때가 아니다."라고 생각하고는 전저를 공자 광에게 추천하여 훗날에 대비하였다.

공자 광의 아버지는 바로 오나라 왕 제번(諸樊)이었다. 제번에게는 동생이 셋이 있었으니, 바로 밑의 동생은 여채(餘祭)이고, 그다음은 이말(夷昧)이며, 막내동생이 계자찰(季子札)이었다. 제번은 계자찰이 현명한 것을 알고는 태자를 세우지 않았는데, 이는 차례대로 세 동생에게 왕위를 전하여, 결국에는 나라를 계자찰에게 맡겨주려고 하였기 때문이다. 제번이 죽은 뒤 여채가 왕위를 이었으며, 여채가 죽은 후에는 이말이 왕위에 올랐다. 이말이 죽어서는 마땅히 계자찰에게 전해야 하였으나, 계자찰은 즉위하지 않으려고 달아나니, 오나라 사람들은 마침내 이말의 아들 요(僚)를 왕으로 세웠다. 공자 광은 말하기를 "형제의 순서대로 한다면 응당 계자가 왕위를 이어야 하며, 만일 아들을 세워야 한다면 나야말로 진정한 적통이니, 당연히 내가 임금이 되어야 한다."라고 하였다. 그러므로 평소 은밀하게 모략에 능한 신하를 길러, 자기가 임금이 되는 길을 모색하였다. 공자 광은 그를 빈객으로 잘 대우하였다.

오나라 왕 요 9년에 초 평왕(楚平王, B.C. 528~B.C. 516)이 죽었다. 그해 봄에 요가 초나라 국상(國喪)을 틈타 초나라를 치려고 하여, 그의 두 아우인 공자 갑여(蓋餘)와 촉용(屬庸)으로 하여금 군사를 거느리고 가서 초나라 잠(潛)을 포위하게 하였다. 다른 한편으로 연릉(延陵)에 성주로 나가 있는 계자찰을 진(晉)나라에 보내어 각 제후들의 반응을 살피게 하였다. 초나라가 군대를 출동시켜 오나라 장군 갑여와 촉용의 퇴로를 차단하자, 오나라 군대는 돌아갈 수 없게 되었다. 공자 광은 전저에게 말하였다. "이때를 놓쳐서는 아니 되오. 행동하지 않는다면 무엇을 얻을 수 있겠소! 게다가 나는 참다운 왕의 후사이므로 왕위에 서야 하는 것이 마땅하니, 설사 계자가 오더라도 나를 폐하지는 못할 것이오." 이에 전저가 말하기를 "왕 요를 죽일 수도 있습니다. 그의 어머니는 늙었고 아들은 어립니다. 또한 두 아우가 군사를 거느리고 초나라를 치러 갔는데, 초나라는 그들이 돌아올 길을 끊어버렸습니다. 지금 오나라는 밖으로는 초나라에게 곤란을 당하고, 조정 내부에는 충직한 신하가 없는 상황이오니 우리를 어찌할 도리가 없을 것입니다."라고 하였다. 공자 광은 고개를 끄덕이며 "내 몸은 곧 그대의 몸이오."

라고 말하였다.

4월 병자일(丙子日)에, 광이 무장병을 지하실에 숨겨두고 술자리를 마련하여 왕 요를 초청하였다. 왕 요는 사병들을 보내어 왕궁으로부터 광의 집까지 도열하게 하였고, 문과 계단의 좌우에는 모두 왕 요의 친척들로 가득 채웠다. 그들은 왕 요를 둘러서서 모셨는데, 전부 긴 칼을 차고 있었다. 술자리가 무르익자, 공자 광은 거짓으로 발이 아픈 척하며, 지하실로 들어가서 전저에게 뱃속에 비수를 감춘 구운 생선을 올리게 하였다. 왕 앞에 나아간 전저는 생선을 찢어 가르고 그 비수로 왕 요를 찌르니, 왕 요가 그 자리에서 숨졌다. 왕의 좌우에 있던 사람들 역시 전저를 죽였다. 결국 왕의 수하에 있던 신하들은 혼란에 빠지게 되었고, 공자 광은 매복시켰던 무사들을 나오게 하여 왕 요의 무리를 쳐서 모두 없앤 후, 스스로 즉위하여 왕이 되었으니, 그가 바로 합려(闔閭)이다. 합려는 전저의 아들을 봉하여 상경(上卿)으로 삼았다.

예양

그로부터 70여 년 뒤에 진(晉)나라에 예양(豫讓)의 사건이 생겼다.

예양은 진(晉)나라 사람으로, 일찍이 범씨(范氏)와 중항씨(中行氏)를 섬겼으나, 이름이 알려지지는 못하였다. 예양이 그들을 떠나 지백(智伯)을 섬겼는데, 지백은 그를 매우 존중하고 총애하였다. 지백이 조양자(趙襄子)를 치자, 조양자는 한씨(韓氏), 위씨(魏氏)와 공모하여 지백과 그 후손을 멸하고 토지를 셋으로 나누었다.[1] 또한 조양자는 지백을 가장 미워하여, 지백의 두개골에 옻칠을 해서 술잔으로 사용하였다. 예양은 산속으로 달아나 탄식하여 말하기를 "아아! '선비는 자기를 알아주는 사람을 위해서 죽고, 여자는 자기를 좋아하는 사람을 위해서 얼굴을

---

1 진(晉)나라의 대부 조(趙), 위(魏), 한(韓) 3가문이 진나라를 나누어 세 나라를 세우니, 이를 삼진(三晉)이라 칭한다. 이후 B.C. 403년에 주나라가 이 세 정권을 정식 제후국으로 인정함으로써 전국시대로 접어든다.

아름답게 단장한다.'라고 하였다. 이제 지백이 나를 알아주었으니, 내 기필코 원수를 갚고 죽음으로써 지백에게 보답한다면, 내 혼백이 부끄럽지 아니할 것이다."라고 하였다. 그는 마침내 성명을 바꾸고 죄수로 변장하여, 조양자의 궁에 들어가 뒷간의 벽을 발랐는데, 몸에는 비수를 품고서 기회를 틈타 조양자를 찔러 죽이려고 하였다. 조양자가 뒷간에 갔다가 몹시 놀라서, 뒷간의 벽을 바르는 죄수를 잡아다 심문하니, 그가 다름 아닌 예양으로 몸속에 흉기를 지니고 있었다. 예양이 말하기를 "지백을 위해서 원수를 갚으려 하였소!"라고 하니, 좌우에 있던 자들이 그를 죽이려고 하였다. 그러자 양자가 "저 사람은 의로운 자이다. 단지 내가 조심하여 피하면 그만이다. 게다가 지백이 망하고 그의 후사조차 없는데, 그의 가신(家臣)이 그를 위해서 원수를 갚겠다고 하였으니, 이 자는 천하의 현인이다."라고 말하고는, 드디어 그를 풀어주었다.

　　얼마 후 예양은 다시 몸에다 옻칠을 하여 문둥이로 가장하고, 숯을 삼켜 목을 쉬게 한 뒤, 자신의 형상을 아무도 몰라보게 하고서 거리에 나가 구걸을 하였다. 그의 아내까지도 그를 알아보지 못하였다. 그의 벗을 찾아가 만나보니, 그 벗이 아직 그를 알아보고 말하기를 "자네는 예양이 아닌가?"라고 하자, 예양이 말하기를 "바로 나일세."라고 하였다. 그 벗은 울면서 말하기를 "자네의 재능으로 예물을 바치고 신하가 되어 조양자를 섬긴다면, 그는 반드시 자네를 가까이 하고 총애할 것일세. 그가 자네를 가까이하고 사랑하게 한 뒤, 비로소 자네가 하고 싶은 일을 행한다면, 오히려 쉽지 않겠는가? 그런데 자기 몸을 해치고 형상을 추하게 하여 양자에게 보복하려 하니, 어찌 어렵지 않겠나!"라고 하였다. 그러자 예양이 말하였다. "기왕 예물을 바치고 남의 신하가 되어 섬긴다면서, 그를 죽이려고 한다면, 이는 두 마음을 품고 주인을 섬기는 짓이네. 지금 내가 하고자 하는 바는 지극히 어려운 일이라네. 그러나 이를 행하는 까닭은 장차 천하 후세에 남의 신하가 되어 두 마음을 품고 주인을 섬기는 자들로 하여금 부끄럼을 알게 하려는 것이네."

얼마 후 양자가 외출할 즈음에, 예양은 양자가 지나가려는 다리 밑에 숨어 있었다. 양자가 다리에 이르자, 말이 돌연 놀라니, 양자가 말하기를 "이는 필시 예양일 것이다."라고 하고는, 사람을 시켜 살펴보니 과연 예양이었다. 이에 양자가 예양을 꾸짖어 말하였다. "그대는 일찍이 범씨와 중항씨를 섬기지 않았는가? 지백이 그들을 전부 멸하였는데, 그대는 범씨와 중항씨를 위해서 복수는 행하지 않고, 도리어 헌신하여 지백의 신하가 되었다. 이제는 지백도 죽었는데, 그대는 무슨 까닭으로 그를 위해서만은 이토록 끈질기게 복수를 하려고 하는 것인가?"

　예양이 말하였다. "신이 범씨와 중항씨를 섬겼으나, 범씨와 중항씨는 모두 저를 보통 사람으로 대우하였기에, 저 또한 보통 사람으로서 그들에게 보답하였을 따름이었습니다. 그러나 지백은 저를 국사(國士)로 대우하였으므로, 저도 국사로서 그에게 보답하려는 것입니다." 조양자는 감격하여 눈물을 흘리며 말하였다. "아아, 예자(豫子)여! 그대가 지백을 위해서 충절을 다하였다는 명예는 이미 이루어졌고, 과인(寡人)은 이미 충분히 그대를 용서해주었다. 그대도 생각이 있을 것이다. 과인은 그대를 다시 놓아주지 않으리라."라고 하고는 병사들을 시켜 그를 포위하도록 하였다.

　예양이 말하였다. "신이 듣기로 '현명한 군주는 남의 명성을 덮어 가리지 아니하고, 충신은 절의를 위하여 죽을 의무가 있다'고 합니다. 지난번에 군왕께서 이미 신을 관대히 용서하시어, 천하에 그대의 어짊을 칭송하지 않는 자가 없었습니다. 오늘의 일로 말하자면, 신은 죽임을 당해야 마땅하나, 원컨대 신이 군왕의 옷을 얻어 그것을 칼로 쳐서, 그로써 원수를 갚으려는 뜻을 이루게 해주신다면, 비록 죽어도 한이 없겠습니다. 이는 신이 감히 바랄 수 없는 일이오나, 다만 신의 심중을 털어놓을 뿐입니다."

　조양자는 그를 대단히 의롭다 여기고 사람을 보내어 자기 옷을 가져다 예양에게 주도록 하였다. 예양은 칼을 뽑아들고 세 번을 뛰어 그 옷을 치면서 "내 비로소 지하에 잠든 지백에게 보답할 수 있게 되었도다!"라고 말하고, 이내 칼에 엎어져 자결하였다. 그가 죽던 날, 조나라의 지사(志士)들은 이 소식을 듣고, 모두 그를 위해서 눈물을 흘리며 울었다.

섭정

그로부터 40여 년이 지난 뒤 지(軹) 땅에 섭정(聶政)의 사건이 일어났다.

섭정은 지 땅의 심정리(深井里) 사람이다. 그는 사람을 죽이고 그 원수를 피해서, 어머니와 누이를 데리고 제(齊)나라로 도망가서, 백정을 직업으로 삼고 살았다.

세월이 흘러, 복양(濮陽) 사람 엄중자(嚴仲子)가 한나라 애후(哀侯, B.C. 376~B.C. 374)를 섬겼는데, 그는 한(韓)나라 재상 협루(俠累)와 사이가 매우 나빴다. 엄중자는 죽음을 당할까 두려운 나머지 그곳에서 도망하여, 여러 곳을 다니며 협루에게 원수를 갚아줄 사람을 구하였다. 제나라에 이르자, 어떤 제나라 사람이 말하기를 "섭정이라는 용감한 사나이가 있는데, 원수를 피해서 백정들 틈에 끼어 숨어 있습니다."라고 하였다.

엄중자가 그의 집으로 찾아가 교제를 청하고, 자주 왕래한 후 술자리를 마련하여, 손수 섭정의 어머니에게 술잔을 올렸다. 술자리가 한창 무르익을 무렵, 엄중자는 황금 100일(鎰)²을 받쳐 들고, 섭정의 어머니 앞으로 나아가 잔을 권하며 장수를 축원하였다. 섭정은 너무 후한 예물에 깜짝 놀라 이상하게 여기고, 굳게 사양하였다.

엄중자가 굳이 드리려고 하자, 섭정은 사양하며 말하기를 "신에게는 요행히 늙은 어머니가 건재하시고, 집은 비록 가난하지만, 객지를 떠돌며 개백정 노릇을 하여, 조석으로 연하고 맛있는 고기를 얻어 어머니를 봉양합니다. 어머니께 봉양할 음식은 충분하니, 당신이 주시는 예물은 감히 받을 수가 없습니다."라고 하였다.

엄중자는 주변 사람들을 물러나게 하고 섭정에게 말하였다. "나에게는 원수

---

2 일(鎰) 금의 무게를 재는 단위로, 1일은 24냥에 해당된다.(1냥=37.5g)

가 있는데, 그 원수를 갚아줄 사람을 찾기 위해서 여러 제후들의 나라를 두루 돌아다녔소. 그런데 제나라에 와서 당신의 의기(義氣)가 매우 높다는 말을 은밀히 들었소. 황금 100일을 바친 것은 어머니의 음식 비용에나 쓰시게 해서 서로 친교를 더하자는 뜻이었지, 어찌 감히 다른 바람이 있어 그랬겠소?"

그러자 섭정이 말하기를 "신이 뜻을 굽히고 몸을 욕되게 하여 저잣거리에서 백정 노릇이나 하는 까닭은 단지 늙으신 어머니를 봉양하기 위해서입니다. 노모가 세상에 계신 동안에는 제 몸을 남에게 감히 허락할 수가 없습니다."라고 하였다. 엄중자가 아무리 권해도, 섭정은 끝내 받으려고 하지 않았다. 그래도 엄중자는 끝까지 빈객과 주인의 예를 다하고 떠났다.

오랜 뒤에 섭정의 어머니가 세상을 떠났다. 장례를 마치고 상복을 벗은 후, 섭정이 말하였다. "아아, 나는 저잣거리에서 칼을 들고 짐승을 도살하는 백정이다. 그런데 엄중자는 제후의 고관대작으로 천리 길도 멀다 아니하고 수레를 몰고 찾아와서 나와 사귀었다. 내가 그를 대우함은 변변치 못하여 아직까지 그에게 보일 만한 큰 공도 세우지 못하였다. 그런데도 엄중자는 황금 100일을 들여서 돌아가신 어머님의 장수를 기원하였으니, 내가 비록 받지는 않았지만 그렇게까지 한 것은 오로지 나를 깊이 알아주었기 때문이다. 그러한 현명한 군자가 분노의 눈초리로 원수를 노리면서도 나 같은 시골뜨기를 가까이하고 믿어주었으니, 내가 어찌 가만히 있을 수가 있겠는가! 하물며 지난번 그가 나를 필요로 하였으나, 나는 오직 노모가 계신다는 핑계로 사양하였다. 모친께서 이제 장수를 누리고 세상을 떠나셨으니, 나는 나를 알아주는 사람을 위해서 살것이다."

그리하여 마침내 서쪽 복양으로 가서, 엄중자를 만나 말하였다. "일전에 당신께 제 몸을 허락하지 않은 까닭은 단지 모친이 아직 살아 계셨기 때문입니다. 이제 불행히도 모친께서 천수를 누리시고 돌아가셨습니다. 엄중자께서 원수를 갚으려는 자가 누구입니까? 청컨대 제가 그 일을 맡게 해주십시오." 그러자 엄중자가 상세하게 말해주었다. "나의 원수는 한나라 재상 협루인데, 협루는 또한 한나라 임금의 숙부로서, 그 일족이 번성하여 수가 많고, 거처는 경비가 대단히 엄중하여, 내가 사람을 시켜 그를 찔러 죽이려고 하였지만, 끝내 성공하지 못하였소. 지금 당신이 다행히도 마다치 않으니, 당신에게 도움이 될 만한 수레와 말 그리고 사내들을 지원하겠소."

섭정이 말하였다. "한나라와 위나라는 서로 떨어진 거리가 그다지 멀지 않습니다. 지금 그 나라 재상을 죽이려고 하는데, 그 재상 또한 그 나라 임금의 친족입니다. 이러한 형세에서는 많은 사람을 쓰면 안 됩니다. 사람이 많다 보면 생포되는 자가 나오게 되며, 생포되는 자의 입에서 비밀이 누설될 것입니다. 비밀이 누설되면 한나라는 거국적으로 그대를 원수로 삼을 것인즉, 어찌 위험하지 않겠습니까?" 그리하여 수레와 말, 장사들을 모두 사양하고, 섭정은 엄중자와 헤어져 홀로 떠났다.

섭정이 칼을 차고 한나라에 이르자, 한나라 재상 협루가 마침 관부(官府)의 당상에 앉아 있었는데, 무기를 들고 그를 호위하는 자들이 아주 많았다. 섭정이 바로 들어가서 단상에 올라가 협루를 찔러 죽이니, 좌우에 있던 부하들은 큰 혼란에 빠졌다. 섭정은 큰소리로 외치며 수십 명을 쳐 죽이고, 스스로 자신의 얼굴 가죽을 벗기고 눈을 도려냈으며, 자신의 배를 갈라 창자를 들어내고는 결국 숨을 거두었다.

한나라는 섭정의 시체를 가져다가 저잣거리에 공개하고, 그의 신원을 물었으나, 아무도 그가 누구의 자손인지 아는 사람이 없었다. 그리하여 상금을 걸고, 재상 협루를 죽인 자가 누구인가 말해주는 사람에게 천금을 주겠다고 하였다. 그러나 오랜 시간이 지나도록 아는 사람이 나타나지 않았다.

한편 섭정의 누나 섭영(聶榮)은 한나라의 재상을 찔러 죽인 자가 있는데, 범인의 신원을 알지 못하여, 범인의 시체를 공개하여 천금의 상금을 걸었다는 소문을 듣고, 목이 메어 말하기를 "그는 내 동생일 것이다. 아아, 엄중자가 내 동생을 알아주었구나!"라고 하고는 곧바로 한나라 저잣거리로 갔다. 죽은 자는 과연 섭정이었다.

그녀는 시체 위에 엎드려 매우 슬피 울며 말하기를, "이 사람은 지 땅의 심정 리에 살던 섭정이라는 자입니다."라고 하였다. 시정을 왕래하던 여러 사람들이 모두 말하였다. "이 자는 우리나라의 재상에게 포악한 짓을 하여, 임금께서 그 성명을 알고자 천금을 걸었는데, 부인은 이를 듣지 못하였소? 어찌 감히 와서 이 자를 안다고 하시오?" 그러자 섭영이 말하였다. "그 말은 들었습니다. 그러 나 섭정이 오욕을 뒤집어쓰고 시정 바닥에 몸을 던진 것은 노모가 건재하시고, 나도 아직 시집을 가지 않았기 때문이었습니다. 어머니께서 천수를 누리신 뒤 돌아가시고, 나 또한 이미 시집을 갔습니다. 일찍이 엄중자는 내 동생의 인물됨 을 살펴, 곤궁하고 욕된 형편에 있는 그와 교제를 하였습니다. 그 은택이 두터 우니, 어찌하겠습니까? 선비는 본시 자기를 알아주는 사람을 위해서 죽는다는 데, 지금에 와서 내가 아직 살아 있기 때문에, 자신의 몸을 해쳐 종적을 없애려 고 한 것입니다. 내 어찌 죽음의 화를 두려워하여 동생의 장한 이름을 감출 수 가 있겠습니까?" 섭영의 말에 한나라 사람들은 크게 놀랐다. 그녀는 이윽고 큰 소리로 하늘을 세 번 외치고는, 몹시 슬퍼하다가 마침내 섭정의 곁에서 숨을 거 두었다.

　　진(晉)나라, 초(楚)나라, 제(齊)나라 위(衛)나라에서 이 소문을 듣고 모두 다음과 같이 평가하였다. "섭정만이 대단한 것이 아니고, 그의 누이 역시 장한 여인이 다. 섭정도 이런 결과를 예상하지 못했을 것이다. 만일 그의 누이가 은근히 감 내하는 성격이 아니고 죽음을 대수롭게 여기는 성격이 아니어서, 천 리나 떨어 진 곳에서 두 남매가 저자거리에서 시신이 될 줄 알았더라면, 또한 감히 몸을 엄중자에게 허락하지는 않았을 것이다. 엄중자 역시 사람을 보는 안목이 있어 현사(賢士)를 얻었다고 말할 수 있다."

형가

　　그로부터 220여 년 후에 진(秦)나라에 형가(荊軻)의 사건이 있었다.

형가는 위(衛)나라 사람이다. 그의 선조는 제나라 사람이었는데, 나중에 형가가 위나라로 옮겨가자, 위나라 사람들은 그를 경경(慶卿)이라고 불렀고, 연(燕)나라로 옮겨가자, 연나라 사람들이 그를 형경(荊卿)이라고 불렀다.

형경은 독서와 검술을 좋아하여, 그 솜씨로 위(衛)나라 원군(元君)에게 유세하였으나 원군은 그를 등용하지 않았다. 그 후 진(秦)나라가 위(魏)나라를 쳐서 동군(東郡)을 설치하였고, 원군의 일족을 야왕(野王)으로 옮기게 하였다.

형가는 일찍이 유랑하여 다니다가 유차(楡次)를 지날 적에, 갑섭(蓋聶)과 검술에 대해서 논하였는데, 갑섭이 성을 내며 그를 노려보았다. 형가가 나가버리자, 어떤 사람이 그를 다시 부르라고 하였다. 갑섭이 말하기를 "얼마 전에 나는 그와 더불어 검술을 논하다가, 그의 견해가 탐탁지 않아서 내가 그를 무섭게 노려본 적이 있소. 가보면 아시겠지만, 이런 상황에서 그는 응당 떠나버렸을 것이오. 감히 머물지 못할 테니까."라고 하였다. 이에 사람을 시켜 그의 주인집에 가보게 하니, 형가는 이미 수레를 몰아 유차를 떠난 뒤였다. 그 사람이 돌아와서 이를 아뢰자, 갑섭이 이렇게 말하였다. "당연히 떠났겠지요. 내가 지난번에 눈을 부릅떠서 그를 혼내주었소."

형가가 한단(邯鄲)에서 노닐 적에, 노구천(魯句踐)과 장기를 두었는데, 장기판의 길을 다투다가 노구천이 성내어 그를 꾸짖자, 형가는 아무 말 없이 달아났고, 그 후로는 다시 그를 만나지 못하였다.

그 뒤 형가는 연나라로 가서, 연나라의 개백정과 축(筑)을 잘 타는 고점리(高漸離)와 친하게 지냈다. 형가는 술을 즐겨 날마다 개백정, 고점리와 어울려 연나라 저잣거리에서 술을 마셨는데, 술이 얼큰해지면 고점리가 축(筑)을 타고 형가는 그 소리에 맞추어 시장 가운데서 노래를 부르며, 서로 웃기도 하고 또한 서로 울기도 하며, 마치 옆에 사람이 아무도 없는 것처럼 하였다. 형가는 비록 술꾼들과 사귀었지만, 그의 사람됨은 오히려 침착하고 신중하였으며 글 읽기를 좋아하였다. 그가 제후국을 떠돌면서 사귄 인물들은 모두 현인이나 호걸이었다. 그가 연나라로 가자, 연나라의 은사(隱士) 전광(田光) 선생 역시 그를 잘 대우하였으니, 이는 그가 보통 사람이 아님을 알았기 때문이었다.

얼마 뒤에, 마침 연나라 태자 단(丹)이 진(秦)나라의 인질로 있다가 달아나 연나라로 돌아왔다. 연나라 태자 단은 일찍이 조(趙)나라의 인질로 가 있었는데, 진나라 왕 정(政)은 조나라에서 태어나, 어린 시절에는 단과 사이가 좋았다. 정이 즉위하여 진나라 왕이 되자, 단은 진나라의 인질로 갔다. 진나라 왕이 연나라 태자 단에 대한 대우가 좋지 못하였으므로, 단은 앙심을 품고 도망쳐 돌아온 것이었다. 태자 단은 연나라로 돌아와 진나라 왕에게 보복할 방법을 찾아보았으나 나라가 약소하여 힘이 미치지 못하였다.

그후 진나라는 날마다 산동(山東) 지역으로 출병하여 제나라, 초나라, 삼진(三晉)을 쳐서, 제후국의 땅을 조금씩 잠식하더니, 급기야는 연나라에 이르자, 연나라의 왕과 신하들이 모두 화가 미칠 것을 두려워하였다. 태자 단은 이를 우려하여 사부(師傅)인 국무(鞠武)에게 물었다. 국무가 대답하여 말하기를 "진나라의 영토는 천하를 두루 펼치어 한나라, 위나라, 조나라를 위협하고 있으니, 북쪽으로는 감천산(甘泉山), 곡구(谷口)와 같은 험한 지대가 있고, 남쪽으로는 경하(涇河), 위하(渭河)와 같은 옥토가 있으며, 파(巴), 한중(漢中)과 같이 풍요로운 땅을 독점하고 있습니다. 오른쪽에는 농(隴), 촉(蜀)과 같은 험한 산악지대가 있고, 왼쪽에는 관(關)과 효(殽)와 같은 험준한 산이 있습니다. 백성들은 수가 많고 병사들은 패기가 넘치며, 무기와 장비도 넉넉합니다. 진나라가 쳐들어올 뜻이 있다면, 장성(長城)의 남쪽과 역수(易水)의 북쪽은 어찌 될 지 장담할 수 없습니다. 어찌 능멸을 당하였다는 원한으로 진나라 왕의 역린(逆鱗)[3]을 건드리고자 하십니까?"라고 말하였다. 그러자 단이 말하기를 "그렇다면 어떻게 해야 좋겠소?"라고 하자, 국무는 "안으로 들어가 생각해보겠습니다."라고 대답하였다.

얼마 뒤에, 진나라 장군 번오기(樊於期)가 진나라 왕에게 죄를 짓고 연나라로 망명해오자, 태자는 그를 받아들여 연나라에 살게 하였다. 국무가 간하여 말하기를 "아니 됩니다. 저 흉포한 진나라 왕이 연나라에 대해서 원한을 쌓고 있다

---

3 역린(逆鱗)은 용의 목에 거꾸로 난 비늘을 가리킨다. 한비자에 의하면, 그것을 함부로 만지면 용의 노여움을 불러 목숨을 잃게 된다고 한다. 전하여 군주나 윗사람의 심기를 건드리는 것을 의미한다.

는 사실만으로도 이미 가슴이 서늘해지는데, 더군다나 번장군이 연나라에 있다는 소문을 듣는다면 어찌 되겠습니까? 이는 '호랑이가 다니는 길목에 고기를 던져놓는다'는 이치와 같아, 그 화를 벗어날 수 없을 것이오니, 비록 관중과 안영이 살아 있다고 해도 대책을 세울 수 없을 것입니다. 태자께서는 어서 빨리 번장군을 흉노한테 보내어 진나라가 트집 잡을 말이 없도록 하십시오. 바라건대, 서쪽으로 삼진(三晉)과 맹약을 맺고, 남쪽으로 제나라, 초나라와 연합하며, 북쪽으로는 흉노의 선우(單于)와 친교를 맺으십시오. 그런 후에야 비로소 진나라에 대한 대책을 세울 수 있을 것입니다."라고 하였다.

태자가 말하였다. "태부의 계책은 너무나 오랜 시간이 필요하오. 나의 마음은 근심으로 어지러우니, 잠시도 견딜 수가 없소. 그뿐만이 아니라, 저 번장군은 천하에 몸 둘 곳을 잃고서 나에게 몸을 기탁하였는데, 내가 강포한 진나라의 협박을 받게 될 것이란 이유로 슬프고 가련하게 된 친구를 저버리고, 그를 흉노에게 보낼 수는 없소. 만일 흉노에게 보낸다면 그것은 내 운명이 끝날 때에나 그렇게 될 것이오. 태부께서는 다시 고려해보기를 바라오."

국무가 말하였다. "위태로운 일을 행하며 안전함을 구하거나, 화를 만들면서 복을 구한다면, 계책은 얕아지고 원망은 깊어지게 되는 것입니다. 한 명의 새 친구와 교제하기 위해서 국가의 커다란 피해를 돌보지 않는다면, 이는 이른바 '원한을 쌓고 재앙을 조장하는' 격이 되는 것입니다. 기러기의 가벼운 털 하나를 화로의 숯불 위에 놓는다면, 당연히 한순간에 없어지고 말 것입니다. 또한 독수리나 매처럼 사나운 진나라가, 원망이 가득하여 흉포한 노여움을 터뜨린다면, 어찌 말할 필요가 있겠습니까? 연나라에는 전광선생이 계신 데, 그의 사람됨이 지혜가 심원하고 용감하고 침착하니, 함께 의논할 만합니다."

그러자 태자가 말하였다. "태부의 주선으로 전광선생과 만나고 싶은데, 그럴 수 있겠소?" 국무가 말하였다. "삼가 명을 받들겠습니다."

국무가 곧장 나가서 전광선생을 만나보고 말하기를 "태자께서 선생을 뵙고 국사(國事)를 의논하고 싶어 하십니다."라고 하였다. 전광은 "삼가 말씀대로 따르겠습니다."라고 말하고는 마침내 태자를 만나러 갔다. 태자는 전광을 맞이하여, 뒤로 물러서면서 전광에게 길을 인도하더니, 무릎을 꿇고 전광이 앉을 자리를 정돈하였다. 전광이 자리에 앉자, 좌우에는 아무도 없었다. 이윽고 태자는 앉았던 자리에서 일어나 의견을 청하였다. "연나라와 진(秦)나라는 양립할 수 없으니, 선생께서 배려해주시기를 바라오." 그러자 전광이 말하기를 "신이 듣기로는, 준마가 기운이 왕성할 때는 하루에 천리를 달리나, 노쇠하면 둔한 말에도 뒤처진다고 합니다. 지금 태자께서는 제가 왕성할 때의 일만 들으시고, 신의 정력이 이미 다 사라진 것은 모르십니다. 비록 그렇지만, 제가 감히 국사를 도모하지는 못하여도, 다행히 신의 친구로 형경(荊卿)이라는 쓸 만한 사람이 있습니다"라고 하였다. 태자가 말하였다. "선생을 통해서 형경과 교제를 맺고 싶은데, 가능하겠소?" 그러자 전광은 "삼가 명을 따르겠습니다."라고 말하고 즉시 일어나 빠른 걸음으로 나갔다. 태자가 문까지 배웅을 하며 "제가 말한 것이나 선생이 말한 것이나 국가의 대사이니, 선생께서는 이를 누설하지 마시오!"라고 말하자, 전광이 고개를 숙이고 웃으며 "알겠습니다."라고 대답하였다.

전광은 굽은 몸을 이끌고 형경을 찾아가 만나서 말하였다. "내가 당신과 친하게 지냄은 연나라에서 모르는 사람이 없소. 지금 태자가 내가 한창이던 시절의 일만을 들으셨을 뿐, 내 몸이 이미 쇠퇴하였음을 모르시고, 황송하게도 내게 하교하여 '연나라와 진나라는 양립할 수 없으니, 선생께서 배려해주시기를 바라오'라고 하셨소. 나는 감히 주제넘게도 당신을 태자께 추천하였으니, 당신이 왕궁으로 가서 태자를 배알하기를 바라오."

형경이 말하였다. "삼가 말씀에 따르겠습니다."

이에 전광이 "내가 듣기로, 나이 들고 덕 있는 자가 일을 행함에는 남에게 의심을 품게 하지 않는다고 하였소. 지금 태자께서 내게 '우리가 말한 것은 국가의 대사이니, 선생께서는 이를 누설하지 마시오'라고 주의를 주시었소. 이는 태자가 나를 의심한 것이오. 행할 때 남의 의심을 받는 것은 절개 있고 의협심 있는 사람의 행동이 아니오."라고 말한 뒤, 스스로 목숨을 끊어 형경을 격려하려 한다고 하였다. 이어 말하기를 "원컨대 어서 빨리 태자를 찾아가 전광은 이미 죽었다고 말하고, 그러니 누설하지 못할 것이라고 밝히시오."라고 하고는 이내 스스로 목을 찔러 숨을 거두었다.

형가가 바로 태자를 찾아가서, 전광선생은 이미 죽었다고 말하며 전광의 말을 전하였다. 태자는 두 번 절을 하고 무릎을 꿇은 채로 나아가 눈물을 흘리더니, 잠시 후 입을 열었다. "내가 전광선생께 말하지 말라고 주의를 준 것은 국가의 대사를 성공시키고자 하였기 때문이었소. 지금 전광선생이 죽음으로써 누설하지 않음을 밝혔는데, 그것이 어찌 나의 본심이리오."

형가가 자리에 앉자, 태자는 자리를 떠나 머리를 숙이며 말하였다. "전광선생은 내가 어질지 못한 것을 모르고, 내게 그대를 만나 감히 말할 수 있는 기회를 주었으니, 이것은 하늘이 연나라를 불쌍히 여겨 외로운 나의 몸을 버리지 않았다는 증거가 아니겠소? 지금 진나라는 탐욕에 눈이 어두워 그 욕망이 만족할 줄을 모르는 상황이오. 천하의 땅을 다 빼앗고 천하의 왕들을 모두 신하로 삼지 않고서는, 만족하지 않을 것이오.

이제 진나라는 이미 한(韓)나라의 왕을 사로잡고, 그 땅을 전부 거두었소. 또한 군사를 일으켜 남쪽으로는 초나라를 치고, 북쪽으로는 조나라까지 임박하였소. 왕전(王翦)이 수십만 대군을 거느리고 장(漳), 업(鄴)으로 갔으며, 이신(李信)은 태원(太原)과 운중(雲中)으로 출병하였소. 조나라는 진나라에 저항하지 못하고 신하 노릇을 하게 될 것이며, 조나라가 진나라의 신하로 들어가게 되면 그 화가 연나라에 미치게 되어 있소. 연나라는 약소하여 여러 차례 전쟁으로 시달렸으니, 이제는 온 나라의 힘을 모아도 진나라를 당해내기에 부족하오. 각국의 제후들은 진나라에 복종하고, 감히 우리와 합세하여 따르려는 자가 없는 형편이오.

나 개인의 어리석은 생각으로는, 만약 천하의 용사를 얻을 수 있다면, 그를 진나라에 사신으로 파견하여, 커다란 이익을 미끼로 내세우는 것이 좋을 듯하오. 진나라 왕이 이익을 탐하게 되면, 그 형세로 보아 반드시 우리가 원하는 바를 이룰 수 있을 것이오. 만일 진나라 왕을 위협하여, 그로 하여금 제후들에게서 빼앗은 땅을 모두 돌려주게 한다면, 이는 조말(曹沫)이 제나라 환공에게 하였던 바와 같은 최상의 수확이 될 것이오. 그렇게 할 수 없다면, 기회를 봐서 그를 찔러 죽이는 방법밖에 없소. 진나라의 대장들은 나라 밖에서 군사를 통솔하고 있는데 내부에서 난이 발생한다면, 임금과 신하가 서로 의심을 하게 될 터인즉, 그 틈에 제후들이 합세하여 대항한다면, 반드시 진나라를 쳐부술 수 있을 것이오. 이것이 나의 가장 큰 바람이나, 이러한 사명을 맡길 만한 사람을 모르고 있으니, 오로지 형경(荊卿)만은 이 일에 대해서 유념해주기를 바라오."

한참 후에 형가가 말하기를 "이는 나라의 중요한 일인데, 신은 어리석고 재주가 없으니, 그러한 사명을 맡기에는 부족한 것 같습니다."라고 하였다. 태자가 앞으로 가서 절을 하며 사양하지 않기를 강력하게 요청하자, 형가는 허락하였다. 그리하여 형가를 높여 상경(上卿)으로 삼고, 상등 관사에 머물게 하였다. 태자는 날마다 문안하여, 태뢰구(太牢具)의 음식을 접대하고, 진기한 물건들을 주었으며, 그뿐만 아니라 수레, 말, 아름다운 여인 등을 바쳐 형가로 하여금 모든 욕망을 충족하게 하여, 그의 환심을 사려고 하였다.

오랜 시간이 지나도록 형가는 아직 진나라로 떠날 뜻을 보이지 않았다. 진나라 장군 왕전이 조나라를 쳐부수어 조나라 왕을 사로잡고, 그 영토를 모두 거두어들인 뒤, 북쪽으로 진격하여 땅을 빼앗으며 연나라 남쪽 경계까지 이르렀다. 태자 단이 두려워하며 비로소 형가에게 청하여 말하기를 "진나라 군대가 조만간 역수를 건너오면, 내 비록 오래도록 선생을 모시고 싶지만, 어찌 그럴 수 있겠소?"라고 하였다.

형가가 말하였다. "태자의 말씀이 아니더라도, 신이 뵙고 말씀드리려고 하였습니다. 지금 진나라로 가봐야 믿을 만한 증거가 없이는 진나라 왕을 가까이할 수가 없습니다. 저 번장군은 진나라 왕이 황금 1,000근과 만호의 식읍(食邑)을 내걸고 찾고 있습니다. 만일 번장군의 목과 연나라 옥토인 독항(督亢)의 지도를 얻어 진나라 왕에게 바친다면, 진나라 왕이 기뻐하며 반드시 신을 만날 것입니다. 그때 신이 비로소 태자께 은혜를 갚을 수 있을 것입니다."

그러자 태자는 "번장군은 곤궁에 처하여 나에게 와서 몸을 맡기었는데, 내가 개인적인 욕심으로 인해서 덕 있는 연장자의 마음을 상하게 하는 짓은 차마 하지 못하겠으니, 선생께서는 다른 방도를 고려해보십시오."라고 말하였다.

형가는 태자가 차마 번장군의 목을 베지 못하게 할 것임을 알고, 마침내 개인적으로 번장군을 만나서 말하였다. "진나라가 장군을 대우함은 참으로 잔혹하다고 하겠습니다. 부모와 온 집안이 몰살되었고, 지금 듣기에는 장군의 목에다 황금 1,000근과 만 호의 식읍을 내걸었다고 하니, 장차 이를 어찌하시렵니까?" 이에 번오기는 하늘을 향해서 머리를 쳐들고 길게 탄식하더니, 눈물을 흘리며 말하였다. "내가 매번 그것을 생각하면, 언제나 골수에 사무치도록 괴로우나, 어찌해야 할 바를 모를 뿐입니다."

형가가 말하기를 "지금 단 한마디로 연나라의 근심을 없애고, 장군의 원수를 갚을 방법이 있다면, 어떻게 하시겠습니까?"라고 하였다. 번오기는 형가에게 다가가서 말하였다. "어떻게 하는 것입니까?" 그러자 형가가 말하였다. "원컨대 장군의 목을 얻어 진나라 왕에게 바치고자 합니다. 그러면 진나라 왕은 반드시 기뻐하여 저를 만나볼 것이오니, 그때 제가 왼손으로 그의 소매를 잡고, 오른손으로 그의 가슴을 찌르겠습니다. 그렇게 되면 장군의 원수를 갚고 연나라가 당한 모욕도 씻을 수 있을 것입니다. 장군께서는 어떻게 생각하십니까?"

번오기가 한쪽 옷소매를 걷어붙여 어깨를 드러내고, 한 손으로 팔을 움켜쥐고 다가서며 말하였다. "이는 내가 밤낮으로 이를 갈며 가슴 태우던 일이었으나, 이제 비로소 가르침을 받게 되었습니다!" 그리고는 스스로 목을 찔러 죽었다. 태자는 이 소식을 듣고 달려가서 시체에 엎드려 통곡하며 매우 슬퍼하였으나, 이미 어쩔 수가 없었다. 그리하여 번오기의 목을 상자에 넣어 봉하였다.

당시 태자는 일찍이 천하에서 가장 예리한 비수를 구하려던 중 조(趙)나라 사람 서부인(徐夫人)의 비수를 찾아내어, 황금 100근을 주고 그것을 사들였다. 공인(工人)을 시켜 칼날에 독약을 묻혀 사람을 찔러보니, 한 방울의 피만 흘려도 그 자리에서 죽지 않는 자가 없었다. 그래서 짐을 챙겨 형가를 진나라에 보내기로 하였다. 연나라에는 진무양(秦舞陽)이라는 용사가 있었는데, 그는 13세의 나이에 살인을 하였을 정도인지라, 사람들은 감히 그를 반감의 눈초리로 쳐다보지 못하였다. 이에 태자는 진무양을 형가의 조수로 삼았다. 한편 형가에게는 기다려 함께 가려던 사람이 있었는데, 그 사람은 멀리 살았으므로 아직 도착하지 않았다. 그러는 동안 형가의 행장이 다 꾸려졌다. 얼마 동안 형가가 출발하지 않자, 태자는 그가 시간을 끈다고 여기며, 혹시 형가가 마음이 변해 후회하는 것이 아닌가 하고 의심하였다. 그래서 거듭 청하여 말하기를 "시간이 많지 않은데, 형경께서는 무슨 다른 뜻이 있소? 청컨대 진무양을 먼저 보내게 해주시오."라고 하였다. 형가는 노하여 태자를 질책하며 "태자께서는 어찌 무양을 보낸다고 하십니까? 그놈은 한번 가면 돌아오지 못할 것입니다. 하물며 비수 한 자루를 가지고, 무슨 일이 벌어질 것인지 예측할 수 없는 강포한 진나라로 들어가는 와중에, 제가 아직 머무르고 있는 까닭은 제 길벗을 기다려 함께 떠나고자 하였기 때문입니다. 지금 태자께서 더디다고 하시니, 그럼 하직하고 떠나겠습니다."라고 말하고, 마침내 출발하였다.

태자와 이 일을 아는 빈객들이 모두 흰 의관(衣冠)을 하고 그를 배웅하였다. 역수 강변에 이르러, 도조신(道祖神)에게 제사를 지내고, 형가는 길에 올랐다. 고점리가 축을 타고, 형가가 화답하여 노래를 불렀는데, 변치(變徵)의 소리를 내자, 사람들이 모두 눈물을 흘리며 울었다. 그리고 앞으로 나아가며 노래를 불렀다.

바람소리 쓸쓸하고, 역수는 차갑구나.
장사가 한번 가면, 다시 오지 못하리라.

다시 우성(羽聲)으로 노래하니 그 소리가 강개하여, 사람들이 모두 눈을 부릅 떴고 머리카락은 관(冠)으로 치솟았다. 그리하여 형가는 수레를 타고 떠났는데, 끝내 뒤를 돌아보지 않고 가버렸다.

드디어 진나라에 도착한 형가는 천금이나 되는 예물을 진나라 왕의 총신(寵臣)인 중서자(中庶子) 몽가(蒙嘉)에게 주었다. 몽가는 형가를 위해서 진나라 왕에게 먼저 말하였다. "연나라의 왕이 참으로 대왕의 위엄을 두려워하여 감히 군사를 일으켜 우리 군대에 항거하지 못하고, 온 나라를 들어 진나라의 신하가 되기를 원하고 있습니다. 그리하여 각 제후국의 행렬에 동참해서, 진나라의 군현(郡縣)처럼 공물과 부세를 바치어, 선왕의 종묘(宗廟)를 받들어 지킬 수 있기만을 원하였습니다. 그러나 두렵고 떨려 감히 대왕께 직접 아뢰지 못하고, 삼가 번오기의 목을 베어 연나라 독항의 지도와 함께 바치려고 상자에 밀봉해 왔습니다. 연나라 왕이 궁정에서 증정 의식을 거행하고, 사자를 보내어 대왕께 자초지종을 아뢰도록 하였으니, 대왕께서 그에게 명령을 내리소서."

진 나라 왕이 이를 듣고 매우 기뻐하여 조복(朝服)을 갖추고, 구빈(九賓)의 예를 베풀어, 연나라 사자를 함양궁(咸陽宮)에서 만나기로 하였다. 형가가 번오기의 목이 든 함을 받들고, 진무양이 독항의 지도가 든 갑을 받들고 차례로 나아갔다. 어전의 계단 밑에 이르러, 진무양이 안색이 변하며 겁에 질려 벌벌 떨자, 여러 신하들이 괴이하게 여겼다. 이에 형가는 진무양을 돌아보고 웃고는 앞으로 나아가 사과하여 말하기를 "북방 오랑캐 땅에 천하게 살던 사람인지라 지금까지 천자를 뵌 적이 없었습니다. 그래서 떨며 두려워하는 것입니다. 원컨대 대왕께서는 이 사람의 무례를 용서하시고, 어전에서 사신의 임무를 마치게 해주소서."라고 하였다. 그러자 진나라 왕이 형가에게 말하였다. "진무양이 가지고 있는 지도를 가져오라." 형가가 지도를 진나라 왕에게 바치니, 진나라 왕이 지도를 펼쳤다. 지도가 다 펼쳐지자, 비수가 보였다. 그러자 형가는 왼손으로 진나라 왕의 옷소매를 붙잡고, 오른손으로는 비수를 쥐고 진나라 왕을 찔렀다. 그러나 미처 비수가 몸에 닿지 못한 채, 진나라 왕이 놀라서 몸을 당겨 일어서자, 옷소매만 잘렸다. 진나라 왕이 칼을 뽑으려고 하였으나, 칼이 길어 뽑지 못하고 칼집만 잡았다. 너무나도 황급한 데에다 굳게 꽂혀 있었으므로 즉시에 뺄 수가 없었던 것이다. 형가가 진나라 왕을 추격하자, 진나라 왕은 기둥을 돌며 달아났다.

군신들이 모두 놀랐으나, 졸지에 일어난 일이라 어찌할 바를 몰랐다. 그리고 진나라 법에 의하면, 전상(殿上)에서 왕을 모시는 군신들은 한자 한치의 조그만 무기라도 몸에 지닐 수 없었으며, 여러 낭중(郎中)이 무기를 가지고 전하(殿下)에 늘어서 있었으나, 왕이 부르지 않을 때는 전상으로 올라갈 수가 없었다. 너무도 다급하여, 아래에 있는 병사들을 부를 틈이 없었으므로, 형가가 진나라 왕을 쫓아다닐 수 있었던 것이다. 이에 대신들은 황급하였고, 무기를 가지고 있지 않았기에, 맨손으로 모두 형가를 내리쳤다. 이때 시의(侍醫) 하무저(夏無且)는 받쳐 들고 있던 약주머니를 형가에게 던졌다.

진나라 왕은 기둥을 돌며 달아나기만 할 뿐 황급하여 어떻게 해야 할지를 모르자, 좌우에 있던 신하들이 말하기를 "왕께서는 칼을 등에 지십시오!"라고 하였다. 진나라 왕이 칼을 등에 지고, 마침내 칼을 뽑아 형가를 쳐서, 그의 왼쪽 다리를 끊었다. 형가는 쓰러진 채 비수를 당기어 진나라 왕에게 던졌으나, 적중을 시키지 못하고 구리 기둥에 맞혔다. 그러자 진나라 왕은 다시 형가를 쳐서 여덟 군데나 상처를 입혔다.

형가는 스스로 일이 실패하였음을 알고 기둥에 기대어 웃으며, 양쪽 다리를 벌리고 앉아 꾸짖어 말하였다. "일이 실패한 까닭은 진나라 왕을 사로잡아 협박하여, 반드시 약속을 받아내어 태자에게 보답하고자 하였기 때문이다." 이때 좌우의 신하들이 몰려가서 형가를 죽였다.

진나라 왕은 오래도록 불쾌해하였다. 그런 후에 공을 논하고, 여러 신하들에게 상벌을 내렸는데, 각기 차등을 두었으며, 하무저에게는 황금 200일(溢)을 주며 말하기를 "무저가 나를 사랑하여, 약주머니를 형가에게 던졌다."라고 하였다.

이로써 진나라 왕은 크게 노하여 더욱 많은 군사를 동원해서 조나라로 보내고, 왕전의 군대에 조서를 내려 연나라를 치게 하였다. 열 달 만에 계성(薊城)이 함락되니, 연나라 왕 희(喜), 태자 단 등은 모두 정예 병사를 이끌고 동쪽으로 달아나 요동(遼東)을 지켰다. 진나라 장군 이신(李信)이 급히 연나라 왕을 추격하자, 대왕(代王) 가(嘉)는 연나라 왕 희에게 곧 서신을 보냈다.

"진나라가 특별히 연나라 왕을 추격하는 까닭은 태자 단 때문입니다. 지금 왕께서 단을 죽여 진나라 왕에게 바친다면, 진나라 왕은 반드시 노여움이 풀고 용서할 것입니다. 그렇게 되면 연나라의 수명이 연장되고, 사직(社稷)은 다행히 계속 제사를 받들게 될 것입니다."

그 후에도 이신이 단을 추격하자, 단은 연수(衍水) 가운데 있는 섬에 몸을 숨기었고, 연나라 왕은 사자를 보내 태자 단의 목을 베어 진나라에 바치고자 하였다. 진나라는 다시 파병하여 연나라를 쳤다.

5년 후, 진나라는 마침내 연나라를 멸하고 연나라 왕 희를 사로잡았다.

그 이듬해에 진나라는 천하를 통일하자, 칭호를 황제라고 하였다. 그리고 태자 단과 형가가 거느리던 객들을 추궁하니, 그들은 모두 달아나버렸다.

고점리는 성명을 바꾸고 남의 머슴이 되어, 송자(宋子)라는 곳에서 일하였다. 그는 오랫동안을 괴롭게 지냈는데, 주인집 마루 위에서 객이 축을 타는 소리를 들으면, 주변을 방황하며 떠나지를 못하였다. 매번 말하기를 "저 사람은 어떤 점은 좋은데, 어떤 점은 부족하군."이라고 하였다. 하인이 그 주인에게 말하기를 "저 머슴은 소리를 들을 줄 아는지, 남몰래 잘잘못을 평하고 있습니다."라고 하였다. 그러자 집주인이 고점리를 불러 자기 앞에서 축을 타게 하였는데, 그 자리에 있던 사람들이 모두 잘한다고 칭찬하며 술을 주었다. 이에 고점리는 오랫동안 이렇게 숨어서 두려움과 빈곤 속에 살아보아야 끝이 없겠다고 생각하고, 자리에서 물러나 짐짝에서 축과 좋은 옷을 꺼내어, 차림새를 바꾸고 다시 나타났다. 자리에 앉았던 객들이 모두 놀라서, 자리에서 내려와 서로 대등한 예를 나누고, 그를 상객으로 모셨다. 그가 다시 축을 타며 노래를 불렀는데, 눈물을 흘리며 돌아가지 않은 객이 한 사람도 없었다. 송자 고을에서는 그를 돌아가며 손님으로 삼았고, 그 소문이 진시황(秦始皇)에게까지 들리게 되었다. 진시황이 그를 불러 만나보자, 어떤 사람이 그를 알아보고 말하기를 "이 사람이 고점리입니다."라고 하였다. 진시황은 축을 잘 타는 그의 솜씨를 아깝게 여겨, 죽을 죄를 용서하는 대신 그의 눈을 멀게 만들어 축을 타게 하였는데, 연주할 때마다 칭찬하지 않은 적이 없었다. 진시황이 나날이 그를 가까이하자, 고점리는 납덩어리를 축 속에 감추어두고, 다시 진시황 곁에 가까이 갔을 때 축을 들어 진시황을 내리쳤으나 맞지 않았다. 진시황은 결국 고점리를 죽이고, 평생동안 제후국의 사람들을 가까이하지 않았다.

노구천은 형가가 진나라 왕을 찔러 죽이려 하였다는 소문을 듣고, 혼자 말하였다. "아아, 아깝게도 그는 칼로 찌르는 기술이 부족하였구나! 내가 이전에 그를 너무 몰랐도다! 당초 내가 그를 꾸짖었을 때, 그는 나를 사람으로 보지 않았을 것이다!"

태사공은 말하였다.

"형가(荊軻)에 관한 세상의 이야기 가운데 태자 단(丹)의 운명에 대해서 말하기를 '하늘에서 곡식이 내리고, 말의 머리에 뿔이 돋아났다'는 말이 있는데, 이는 너무도 과장된 것이다. 또한 형가가 진나라 왕을 찔러 상처 입혔다고 하는 것도 모두 거짓이다. 당시 공손계공(公孫季功)과 동중서(董仲舒)는 하무저(夏無且)와 교유하였으므로 이 사건을 자세히 알고 있었는데, 그들이 나에게 말한 바는 위와 같다. 조말부터 형가에 이르기까지 다섯 사람의 자객들은, 그 의협심이 혹은 성공하기도 하였고 혹은 실패하기도 하였다. 그러나 그들의 목적은 매우 분명하였고, 자신들의 생각을 속이지 않았으니, 그들의 이름이 후세에 전해지는 것이 어찌 허황한 것이겠는가!"

이사열전

李斯列傳

【 정책을 확고히 하고 시대의 흐름을 타서 진나라가 천하를 통일하도록 한 것은 모두 이사의
힘이었다. 그래서 「이사열전」을 지었다. 】

이사(李斯)는 초나라 상채(上蔡) 사람이다. 젊은 시절 군의 하급 관리가 되었는
데 숙소의 변소에 서식하고 있던 쥐들이 더러운 것을 먹고 살다가 사람이나 개
가 가까이 가면 그때마다 놀라고 두려워하는 것을 보았다. 이사가 군청의 창고
에 들어가 그 안의 쥐들을 보았는데 쌓아놓은 곡식을 먹고 커다란 대청 아래에
서 살면서 사람이나 개를 보아도 두려워하지 않았다. 이에 이사는 탄식하며 말
했다. "사람이 유능하고 못난 것이 마치 쥐들과 같아서 그 처해 있는 곳에 따라
달라지는 것이로구나!"

이사는 순경(荀卿)을 찾아가 제왕(帝王)의 통치술을 배웠다. 공부를 마친 이사는
초나라 왕은 받들기에 부족하고 한(韓)·위(魏)·조(趙)·제(齊)·초(楚)·연(燕)의 여

섯 나라는 모두 허약해서 공을 세울 수 없다고 생각하고 서쪽의 진나라에 들어가려고 했다. 그는 순경에게 하직인사를 하며 말했다. "제가 듣기에 '기회를 잡았을 때는 주저하지 말고 잡아야 한다' 했습니다. 지금은 만승의 제후들이 서로 경쟁하는 시대라 유세객들이 각국의 정사를 맡아 보고 있으며 진왕은 천하를 병탄하고자 하여 제왕(帝王)을 칭하고 있습니다. 이때야말로 평민 출신의 정치가나 유세가들이 그 포부를 펼칠 절호의 기회입니다. 사람으로서 비천한 신분에서 벗어나지 못함이 가장 큰 치욕이고, 곤궁한 처지에서 벗어나지 못함이 가장 슬픈 일입니다. 비천하고 곤궁한 처지에 오래 있으면서 세상을 비난하고, 이를 꾀하는 사람들을 미워하며 스스로는 세상에서 구하는 바는 아무것도 없다고 고상한 척하는 태도는 선비가 취할 진정한 자세가 아닙니다. 그래서 저는 서쪽으로 가서 진왕에게 유세하려고 합니다."

이사가 진나라에 들어가니, 마침 장양왕(莊襄王, B.C. 250~B.C. 246)이 죽고 상국 여불위(呂不韋)가 집정하고 있을 때였다. 이사는 여불위를 찾아가 그의 사인(舍人)이 되었다. 여불위는 이사가 현명하다는 사실을 알고 그를 랑(郎)에 임명했다. 이사는 이로써 기회를 얻어 진나라 왕에게 유세했다.

"평범한 사람은 찾아온 기회를 놓치고 크게 성공한 자는 남의 잘못을 기회로 이용하여 늑대와 같은 잔인한 마음으로 대업을 이룹니다. 옛날 진(秦)나라 목공(穆公, B.C. 659~B.C. 621)께서 패업을 이루었다고는 하나 결국 여섯 나라를 병탄할 수 없었습니다. 그것은 무엇 때문이겠습니까? 제후들은 여전히 많았고 주나라의 덕은 아직 쇠하지 않았기 때문에 번갈아 가며 일어난 오패(五覇)가 주왕실을 받들었기 때문이었습니다. 진(秦)나라 효공(孝公, B.C. 361~B.C. 338)이래 주왕실이 쇠미해지고 제후들은 서로 간에 겸병을 행하여 관동은 여섯 나라로 합쳐졌습니다. 이에 그 기회를 틈탄 진나라가 제후들을 정벌하기를 모두 6세를 걸쳐 행해 왔습니다. 그래서 지금 제후들은 마치 진나라가 설치한 군현의 태수처럼 복종하고 있습니다. 강한 진나라의 국력과 대왕의 현명함으로 제후들을 멸하여 천하를 통일하고 제업을 이룩하는데 부족함이 없음은 부녀자가 부뚜막을 청소하는 일 만큼이나 쉽습니다. 지금이야말로 만세에 한 번 있을까 말까한 절호의 기회입니다. 그러한 정황임에도 불구하고 그 일을 게을리하고 급하게 서둘지 않는다면 강성해진 제후들이 다시 모여 합종을 모의하게 될 것이니, 비록 황제(黃帝)의 현명함을 갖추었다 할지라도 산동 6국을 합하지 못할 것입니다."

진왕은 즉시 이사를 장사(長史)로 삼아 그의 계책에 따라 비밀리에 황금과 옥을 지참한 모사를 파견하여 제후들에게 유세하도록 했다. 제후의 명사들 중 재물로 회유할 수 있는 자들은 재물을 후하게 주어 결탁하도록 했으며, 회유를 당하지 않는 자들은 예리한 칼로 찔러 죽이고 그들 군주와 신료들의 사이를 이간시켰다. 그런 다음 진왕은 곧바로 명장들로 하여금 군사를 이끌고 그 뒤를 따르도록 했다. 그리고 진왕은 이사를 객경(客卿)으로 삼았다.

그때 마침 한나라 사람 정국(鄭國)이라는 토목기술자가 구거(溝渠)를 건설한다는 명목으로 진나라와 들어와 간첩활동을 하다가 이내 발각되고 말았다. 진나라의 왕족과 대신들 모두가 들고일어나 진왕에게 상주했다. "산동의 여러 제후국의 인사가 진나라에 들어와 진왕을 받들고 있는 이유는 그들 대부분이 자기들 제후를 위해 유세하여 진나라의 군신을 이간시키기 위해서입니다. 원컨대 왕께서는 타국 출신들의 객인들을 나라 밖으로 쫓아내시기 바랍니다."

진왕의 명으로 쫓겨나는 객인들의 대열에 같이 끼게 된 이사가 진왕에게 상서를 올렸다.

"관리들이 이방인들을 나라 밖으로 쫓아내기 위해 의논했다는 소문을 들었습니다. 가만히 생각해 보건대 그것은 잘못된 처사입니다. 옛날 목공께서는 서쪽의 융(戎)으로부터 유여(由餘)를 얻고, 동쪽의 완(宛)에서는 백리해(百里奚)를, 다시 송(宋)나라에서 건숙(蹇叔)을 얻었습니다. 또한 당진(唐晉)에서는 비표(丕豹)와 공손지(公孫枝)가 찾아왔습니다. 이 다섯 사람은 모두 진나라 출신이 아니었음에도 목공께서는 중용해서 서융의 패자가 되었습니다. 후에 효공(孝公)의 대에 이르러 상앙(商鞅)을 등용하여 변법을 시행하고 풍속을 바꾸어 백성들의 생활은 풍성하게 되었으며 나라는 부국강병을 이루었습니다. 백성들은 즐거운 마음으로 부역에 임했으며 제후들은 기쁜 마음으로 복종했습니다. 이어서 밖으로는 초나라와 위나라의 군사들을 물리치고 천리에 달하는 땅을 얻어 지금까지 정치는 안정되고 나라는 강성하게 다스려지고 있습니다. 혜왕(惠王)께서는 위나라 출신 장의(張儀)의 계책에 따라 삼천(三川) 지방을 공격하여 차지했으며, 서쪽으로는 파(巴)와 촉(蜀)을 진나라 땅으로 병합했습니다. 또한 북쪽으로는 상군(上郡)을, 남쪽으로는 한중(漢中)을 공략하여 점령했습니다. 계속해서 나아가 구이(九夷)를 망라하고 초나라의 언영(鄢郢)을 제압했습니다. 다시 동쪽으로 진출하여 성고(成皐)의 요새를 거점으로 하여 비옥한 땅을 차지하여 육국의 합종을 흩어지게 했습니다. 그 결과 제후들은 서쪽으로 머리를 조아려 진나라를 받들게 되어 지금까지도 그 효과가 계속되고 있습니다. 다시 소양왕께서는 위나라에서 들어온 범수(范雎)를 얻자 진나라 출신 양후(穰侯)를 폐하고 화양군(華陽君)을 내쫓아 공실의 힘을 길러 왕족과 귀족들의 세력을 눌렀습니다. 또한 범수의 계책으로 제후들의 영토를 잠식해서 제왕의 위업을 이룰 수 있었습니다. 이 네 분의 진나라 군주들께서 이룬 공적은 모두가 외국 출신 인재들의 도움에 힘입었습니다.

이로써 살펴보건대, 어찌하여 객경들이 진나라에 손해를 끼친다고 말하는지 모르겠습니다. 네 분의 군주들이 오히려 외국 출신 인재들을 물리쳐 받아들이지 않고 그들의 상소에 귀를 기울이지 않았다면, 진나라는 부유하게 되지 않았을 뿐만 아니라 강국으로써의 위명도 얻지 못했을 것입니다.

오늘 폐하께서는 곤강(昆岡)의 옥을 모으고, 수후지주(隨侯之珠)[1]와 화씨벽(和氏璧)[2]을 가지고 계시며, 또한 야광주(夜光珠)는 몸에 두르시고, 보검 태아(太阿)는 허리에 차고, 섬리마(纖離馬)[3]가 모는 수레에 취봉기(翠鳳旗)를 꽂고, 그 옆에는 우레와 같이 큰 소리를 낼 수 있는 영타(靈鼉)라는 북을 달고 계십니다. 제가 말씀드린 보물들은 모두 진나라 산이 아님에도 폐하께서는 그것을 소유하는 것을 기뻐함은 어찌 된 일입니까? 그들의 말대로라면 반드시 진나라에서 나온 것이라야만 즐길 수 있을 것입니다. 즉 초나라에서 바친 야광주로 조정을 장식한다거

---

1 수후지주(隋侯之珠) 중국 수(隋)나라의 임금인 수후(隋侯)가 뱀을 도와준 공으로 얻었다는 보배로운 구슬.
2 화씨벽(和氏璧) 초나라 사람 변화(卞和)가 산속에서 캐낸 원석으로 가공한 옥.
3 섬리마(纖離馬) 조보(造父)가 과보산(誇父山)에서 구했다고 전해지는 전설적인 명마.

나, 코뿔소 뿔이나 상아로 만든 기물들을 즐긴다거나 음악과 가무에 특히 뛰어난 정나라나 위나라 여인들을 데려와 후궁으로 채울 수 없다는 것입니다. 또한 결제(駃騠)라는 명마로 궁궐 밖의 마구간을 어떻게 가득 채울 수 있겠습니까? 그밖에 강남에서 산출되는 금과 주석도 사용할 수 없으며 서촉(西蜀)에서 채취한 단청(丹靑)으로 궁궐의 누각을 아름답게 색칠할 수도 없습니다. 후궁을 장식하고 충당한 희첩들로 인해 기쁜 마음에 귀와 눈을 즐겁게 하는 물품들도 필히 진나라 산이어야만 한다면, 완(宛) 땅에서 나는 진주로 장식한 비녀나 주옥을 박은 귀고리와 아읍(阿邑) 산의 흰 비단으로 만든 의복과 자수를 놓은 화려하고 아름다운 치장품은 폐하께 헌상될 수 없습니다. 또한 세속의 유행에 따라 고아하고 아름다우며 화려한 조나라 여인은 폐하의 곁에서 시중을 들 수 없습니다. 질그릇과 질장군을 두드리고 쟁이를 타면서 넓적다리를 손바닥으로 두드리며, 장단 소리와 함께 노래 불러 귀를 즐겁게 하는 것이 진나라의 전통적인 음악입니다. 정(鄭), 위(衛). 상간(桑間), 소(昭), 우(虞), 무(武), 상(象)은 모두 다른 나라의 음악입니다. 지금 질그릇과 질장군을 두드리는 진나라의 고유한 음악을 버리고 정나라와 위나라의 음악을 듣고, 다시 쟁이를 타는 음악을 물리치고 소(韶)와 우(虞)의 음악을 듣는 것은 무엇때문입니까? 그것은 바로 곧바로 마음에 유쾌해지며 눈과 귀를 만족하게 하기 때문입니다. 지금 폐하께서 사람을 쓰시는 일을 이처럼 하지 않으십니다. 그 사람의 됨됨이에 대한 가부를 묻지 않고, 일의 옳고 그름을 논하지도 않으며, 진나라 사람이 아니면 모두 내쳐 외부의 인재들은 모두 나라 밖으로 쫓아내려고 합니다. 그것은 바로 여자와 주옥을 소중하게 생각하여 선비를 경시하는 행위로써 천하를 굽어보며 제후들 위에 군림하는 방법이 아닙니다.

　신은 듣기에 땅이 넓어야 산출하는 곡식이 많고 나라가 커야 백성이 많으며 군대가 강해야 병사들은 용감하다고 했습니다. 또한 태산이 한 줌의 흙도 버리지 않았기 때문에 큰 산이 되었고, 황하는 한 줄기의 실개천의 물도 버리지 않았기 때문에 그 깊음을 유지할 수 있다고 했습니다. 따라서 왕자는 한 명의 백성들을 버리지 않았기 때문에 그 덕을 능히 밝힐 수 있어 사방으로 끝이 없는 땅을 영토로 삼고, 그 안에 사는 사람들을 모두 백성들로 삼을 수 있게 되었습니다. 그래서 나라는 사시사철 아름다움으로 가득하고 귀신들은 복을 내립니다. 이것이 오제(五帝)나 삼왕(三王)에게 대적할 상대가 없었던 까닭입니다. 지금 폐하께서 버린 백성들은 적국으로 가서 그 나라의 자원이 되고, 축출된 빈객들은 제후들을 도와 패업을 이루게 도울 것입니다. 또한 천하의 유능한 인재들로 하여금 감히 서쪽을 향하려는 생각을 못하게 하여 그들의 발을 싸매어 진나라로 들어오지 못하게 막는 행위입니다. 이것은 소위 적군에게 군사를 빌려주고 도적에게 양식을 보내주는 경우에 해당합니다. 진나라에서 생산되지 않는 많은 보배가 있는 것처럼, 진나라 출신이 아님에도 진나라에 충성을 바치고자 하는 선비들도 많습니다. 오늘 빈객들을 내쫓는 일은 적국에게 이로움을 주는 것이며, 자국의 백성들을 줄여서 원수의 나라에 보태주는 격입니다. 그 결과 나라 안은 저절로 비게 되고 나라 밖에서는 제후들로부터 원한을 사게 되어 그때는 위기에 빠진 나라를 구하려고 해도 어쩔 수가 없게 됩니다."

이에 진왕은 축객령을 취소하고 이사의 관직을 복직시켜 그의 계책을 채용하고 그의 벼슬은 정위(廷尉)로 높였다.

진나라는 20여 년 동안 마침내 천하를 병합하고 군주를 황제(皇帝)로 높였으며 이사는 승상(丞相)이 되었다. 군현의 성벽을 허물고 병기들을 모두 녹여 다시는 사용하지 않는다는 뜻을 보였다. 또한 한 뼘의 땅도 나누어 봉토로 내주지 않기 위해 황실의 자제나 공신들을 제후왕으로 세우지 않았던 이유는 전란의 화근을 미연에 방지하기 위해서였다.

진시황 34년, 기원전 213년 함양궁에서 주연을 베풀었다. 박사복야(博士僕射) 주청신(周靑臣) 등이 시황제의 위엄과 덕을 칭송했다. 제나라 출신의 순우월(淳于越)이 앞으로 나가 간했다. "신은 듣건대, 은나라와 주나라가 천여 년을 계속해서 왕조를 유지할 수 있었던 이유는 왕실의 자제와 공신들을 제후로 봉하여 왕실의 심복으로 삼아 돕도록 했기 때문이었습니다. 그런데 지금 폐하께서는 천하를 가지시고도 그 자제들을 일개 필부로 만들어 종국에는 전상(田常)과 당진(唐)

晉)의 육경(六卿)이 일으킨 란과 같은 화근을 만들고 계십니다. 주위에 보필하는 신하들이 없는데 위험에 빠졌을 때는 어떻게 서로 구할 수 있겠습니까? 옛것을 받들어 모범으로 삼지 않고서는 오래 갈 수 있는 것이 있는지 저는 듣지 못했습니다. 오늘 주청신 등이 면전에서 아첨하여 폐하를 잘못으로 이끄니 이는 충신이 할 일이 아닙니다."

진시황이 주청신과 순우월이 논한 사안을 승상에게 내려보내 검토하도록 했다. 이사는 두 사람의 말에 오류가 있다고 내치고 곧바로 그 이유를 들어 상소문을 올렸다.

"옛날 천하가 혼란스럽게 된 이유는 하나로 통일되지 못하고 제후들이 난립하여 말을 할 때는 항상 옛날의 일을 끄집어내어 당대의 일을 부정하고 허언을 꾸며 세상의 실제적인 일들을 어지럽혀 왔기 때문입니다. 사람들은 저마다의 사사로운 학문만이 옳다고 하면서 황제께서 새롭게 세우려고 하는 일들을 비방하고 있습니다. 오늘 폐하께서 천하를 겸병함으로써 흑백과 시비를 분명히 구분하여 온 천하에 황제 한 분만이 존중받게 되었습니다. 그러나 제자백가의 각 학파들은 조정이 제정한 법령과 제도를 비난하고, 일단 조정이 법령을 공포했음을 듣게 되면, 그들은 즉시 그들의 학설로 갑론을박합니다. 그들이 집에 돌아가면 마음속으로 불만을 품고, 문밖으로 나서면 길거리에서 이러쿵저러쿵 말을 분분하게 만들고, 폐하를 비난함으로써 명성으로 삼습니다. 또한 그들은 취지를 달리하는 태도를 고상함으로 삼으며 여러 무리를 이끌고 비방을 조장합니다. 이러한 일들을 금지하지 않으면 위로는 폐하의 위세를 떨어뜨리고 아래로는 도당을 결성합니다. 따라서 그들을 금지해야 마땅합니다. 청컨대 시경(詩經)과 상서(尙書)를 금하고 제자백가들이 지은 책들을 모두 폐기하십시오. 령을 발하여 30일 안에 모두 버리지 않으면 묵형을 가한 후 성 쌓는 노역의 벌을 내리십시오. 폐기하지 않아도 되는 서적들은 의서나 약서, 복술서와 농사와 수목에 한하고 그것들 배우고자 하는 자들은 관리들을 스승으로 삼게 하십시오."

진시황이 이사의 의견을 옳다고 여겨 시경과 상서 및 제자백가가 지은 책들을 모두 거두어 불태움으로써 백성들을 우매하게 만들어 천하에는 옛일로써 지금의 일을 비방하지 못하게 했다. 이에 법도를 밝히고 율령을 제정한 것은 모두 진시황이 시작했다. 또한 문자와 도량형을 통일시켰다. 천하의 각 지역마다 이궁과 별관을 짓게 하고 그 이듬해에 순행을 행하고, 밖으로는 사방의 오랑캐를 물리쳤다. 이것들은 모두 이사의 노력에 힘입은 바가 컸다.

이사의 장남 이유(李由)는 삼천(三川)의 태수가 되었으며, 여러 아들은 모두 진나라의 공주에게 장가갔고, 딸들은 모두 진나라 황자들에게 시집갔다. 삼천의 태수 직에 있는 이유가 휴가를 받아 함양의 집에 돌아오자 이사가 주연을 베풀었다. 이에 이사의 건강을 빌기 위해 장관들이 찾아왔는데 그들이 타고 온 수레와 말들이 수천에 달했다.

이사가 보고 탄식했다. "아아! 스승이신 순경께서 사물이 너무 성하게 되는 일을 금하셨는데, 상채에 살 때는 보잘것없는 시골 마을 출신의 평민이었는데, 나의 노둔함과 저능함을 알지 못하신 황제께서 발탁하여 이와 같이 높은 자리에 올리셨다. 지금 신하된 자 중에서 나보다 높은 자리에 있는 사람이 없고, 부귀와 영화는 더 오를 데가 없는 곳까지 이르렀다. 그러나 사물의 발전이 극점에 오르게 되면 다시 쇠락하기 마련이라 내가 돌아갈 곳이 어디인 줄 모르겠다!"

진시황 37년(B.C. 210년) 황제를 따라 출행을 나가 회계(會稽)에서 노닐다가 바다로 나가 연해(沿海)를 항해하여 낭야(琅邪)에 당도했다. 승상 이사는 중거부령(中車府令)으로 부새령(符璽令)을 겸하고 있던 조고(趙高)와 함께 진시황을 수행했다. 그때 진시황은 모두 20여 명의 아들을 두고 있었다. 여러 형제 중 장자 부소(扶蘇)가 여러 번에 걸쳐 직간을 올리자, 황제는 그를 상군에 보내 몽염의 군대를 감독하도록 했다. 이에 총애했던 호해가 호종하기를 청하자, 황제가 허락하고 다른 아들들은 아무도 따르지 못했다.

그해 7월 진시황의 행렬이 사구(沙丘)에 이르렀을 때 병세가 매우 깊어지자 공자 부소(扶蘇)에게 보내기 위해 조고에게 조서를 쓰도록 했다. "몽염에게 속한 군사들을 이끌고 함양으로 들어와 나의 장례를 주관하라!"

국서를 봉했으나 사자에게 미처 건네주기 전에 진시황이 죽었기 때문에 국서와 옥새는 모두 조고의 수중에 있었다. 그때 진시황의 죽음을 알고 있었던 사람은 유일한 아들 호해, 승상 이사, 조고 및 그 밖의 진시황이 총애하던 내시 등을 포함해서 5-6명에 불과했고, 나머지 군신들은 아무도 그 사실을 알지 못했다. 황제는 도성 밖으로 출행 나와서 죽었고, 그때까지 정식으로 태자를 정하지 않았음으로 진시황의 죽음을 비밀에 부쳤다. 시황의 시신을 온거(輼車)에 안치한 채로 백관들에게는 정사를 상주케 하고 내시들에게는 평상시처럼 식사를 온량거 속으로 올리도록 했다. 내시들은 재빨리 온량거 속으로 들어가 대신들이 상주하는 정사를 결제했다.

조고는 부소에게 보내는 조서를 가지고 공자 호해에게 말했다. "황제께서 붕어하실 때 장자에게만 조서를 남기셨습니다. 만약에 부소가 당도하여 황제의 자리에 오른다면 황자께서는 한 뼘의 땅도 갖지 못하게 됩니다. 그때는 어떻게 하시렵니까?"

호해가 대답했다. "원래 그렇게 되어야 하지 않겠습니까? 제가 듣기에 밝은 군주는 그 신하를 잘 알고, 밝은 어버이는 그 아들을 잘 안다고 했습니다. 부황께서 운명하실 때 형제들 중 아무도 제후왕에 봉하지 않으셨는데, 제가 무슨 말을 할 수가 있겠습니까?"

"그렇지 않습니다. 천하의 존망을 결정할 수 있는 권력은 지금 바야흐로 이고와 승상의 손에 놓여 있으니, 공자께서 도모해보시기 바랍니다. 남의 신하가 되는 것과 남을 신하로 거느리는 것이나, 남을 다스리는 것과 남으로부터 다스림을 받는 것을 어찌 같다고 할 수 있겠습니까?"

"형을 폐하고 동생을 세우는 일은 의롭지 못합니다. 또한 부친의 조서를 받들지 않고 죽음을 두려워한다면 그것은 또한 효가 아닌 것이며, 재능이 천박한 자가 다른 사람이 세운 공을 빼앗는 것도 역시 해서는 안 되는 일입니다. 세 가지가 모두 덕에 역행하는 일이니 천하가 복종하지 않게 되고 그렇게 되면 몸이 위태로워져 사직의 제사가 끊게 됩니다."

"신은 듣기에 탕임금과 주무왕은 그 군주를 죽였으나 천하는 그들을 의인이라고 칭하고 있지 불충한 자라고 하지 않습니다. 위(衛)나라 군주가 그 부군을 살해했으나 위나라는 그 임금의 덕을 사서에 기록했으며 공자는 그 일을 밝혀 불효라고 하지 않았습니다. 큰일을 행하는 자는 작은 일을 돌보지 않으며 큰 덕을 행한 자는 사양하지 않습니다. 시골 마을의 각기 독특한 습속을 갖고 있고 백관들의 일은 각기 맡은 바 임무가 있습니다. 고로 작은 것에 집착하다 보면 큰 것을 잃어 후에 반드시 해를 입게 됩니다. 의심하여 망설이면 후에 또한 필히 후회하게 됩니다. 마음을 정하여 감행한다면 귀신도 피해주어 후일에 성공할 수 있습니다. 원컨대 공자께서는 결정을 내리십시오."

호해가 탄식하며 말했다. "오늘 황제가 붕어했음에도 아직 발상도 못해 상례를 끝내지 못했는데 어떻게 이런 일을 승상에게 요구할 수 있단 말이오?"

"때가 때인 만큼 시간상으로 모의를 성사시키기에 시간이 부족합니다. 양식을 싣고 달려오는 말이 시간을 지체하다가 제시간에 당도하지 못해 일을 그르치게 되는 경우를 두려워할 뿐입니다."

조고의 말에 따르기로 결심한 호해에게 조고가 말했다. "승상과 함께 모의하지 않으면 일을 성사시킬 수 없습니다. 청컨대 공자를 위해 신이 승상을 찾아가 상의하겠습니다."

조고가 곧바로 승상 이사를 찾아가 말했다. "황제가 붕어할 때 장자 부소에게 보내는 유서를 남겨 함양으로 들어와 황제의 자리를 계승하라고 했으나 아직 유서는 보내지 않았습니다. 오늘 황제가 죽었으므로 사람들은 아직 그 사실을 모르고 있습니다. 부소에게 보내는 유서와 옥새는 모두 호해가 갖고 있습니다. 태자를 정하는 일은 승상과 이 고의 입에 달려 있는데 어찌 생각하십니까?"

이사가 대답했다. "어찌 이런 망국의 말을 할 수 있단 말이오? 결코 남의 신하된 자가 입에 올려 왈가왈부할 수 있는 일이 아니오."

조고가 포기하지 않고 계속 이사를 향해 말했다. "승상께서는 몽염과 비교해서 누가 더 능력이 뛰어나고 또한 세운 공이 누가 더 높다고 스스로 생각하고 있습니까? 그리고 심모원려하여 실패하지 않고, 천하로부터 원한을 산 일이 없으며, 부소와 오래 함께하여 친하게 지낸 일 등은 몽염과 비교해서 누가 더 낫다고 생각하십니까?"

"이 다섯 가지는 모두 내가 몽염보다 못하오. 그런데 어찌하여 대감은 나를 그렇게 크게 나무라시오?"

"저 조고는 원래 하찮은 일이나 하는 내관이었습니다. 다행히 형옥의 글을 읽어 진나라 궁전으로 들어가 그 일을 해오기를 20년여 년이 되도록 지켜본 바 진나라에서 파면된 승상이나 공신들의 봉록이 2세까지 이르지 못했을 뿐만 아니라 그들은 결국 모두 주살되었습니다. 승상께서는 20여 명의 황자들 중 아무도 알지 못하고 특히 강직하고 용맹한 장자 부소는 사람들에게 믿음을 주어 분발시키는 자질을 갖추고 있습니다. 그가 황제로 즉위하면 필시 몽염을 승상으로 삼을 것입니다. 그렇게 되면 승상께서는 결국 통후(通侯)의 인수(印綬)를 지니지 못한 체 향리로 돌아가게 될 것이 분명합니다. 저는 황제의 명을 받아 호해를 가르쳤습니다. 그에게 법률을 몇 년 동안 가르쳐보니 아직까지 그의 잘못을 보지 못했습니다. 성품이 인자하고 후덕하며 재물을 가볍게 여기고 선비들을 중하게 여깁니다. 말은 어눌하나 마음은 남의 마음을 분별할 수 있을 정도로 총명하고, 정성을 다해 예를 갖추어 선비를 공경하니 여러 황자들 중 아무도 호해 공자에게 미치지 못합니다. 가히 황제의 자리를 이을 만합니다. 승상께서는 결심하시기 바랍니다."

"대감은 자기 자리로 돌아가시오. 저는 황제의 명을 받들고 하늘의 명에 따라야 하겠습니다. 어찌 우리가 계책을 결정할 수 있단 말이오?"

"안전한 것이 오히려 위태로울 수 있고, 위태로운 것이 안전할 수 있습니다. 안전한 것과 위험한 것을 정하지 못한다면 어찌 성인의 지혜를 귀하다고 하겠습니까?"

"저 이사는 상채의 시골 마을의 골목에서 살던 평민 출신으로 돌아가신 황제에게 발탁되는 행운을 얻어, 작위가 통후(通侯)에 이르고, 자손은 모두가 높은 지위와 많은 봉록을 받는 자리에 올랐소. 그것은 장차 진나라의 존망과 안위를 이 사람에게 맡기려는 황제의 뜻에서였다고 말할 수 있소! 어찌 내가 그 뜻을 받들지 않겠소? 충신은 죽음을 피하지 않고 요행을 바라지 않으며 효자는 지나치게 애써 몸을 위태롭게 하지 않으며 남의 신하된 자는 각기 그 직분을 지키기만 하면 그뿐이오. 대감은 다시는 그와 같은 말을 입에 담아 나로 하여금 죄를 얻지 않도록 하시오."

조고가 말하였다. "성인은 규범에 얽매이지 않고 변화를 취해 시의를 따르며, 결말을 보고 그 본질을 알아냅니다. 가리키는 손가락을 보고 돌아갈 곳을 압니다. 세상의 이치는 원래 이와 같이 변화무쌍한데 어찌 고정된 법만 있다고 하겠습니까? 지금 천하를 다스릴 수 있는 권력은 호해의 한 몸에 달려 있습니다. 그리고 저는 능히 호해의 마음을 얻을 수 있습니다. 밖으로부터 안을 제압하는 일을 미혹하다 하고 아래로부터 위를 제어하는 것을 적(賊)이라 합니다. 따라서 가을에 서리가 내리면 풀잎과 꽃은 떨어지고, 봄이 되면 얼었던 물이 녹아 요동치며 만물을 움직입니다. 이런 것들은 때가 되면 필연적으로 일어나는 자연의 법칙입니다. 승상께서는 그 이치를 아직도 보시지 못하십니까?"

이사가 말하였다. "진나라는 태자를 바꾸었다가 3대가 혼란스러웠고,[4] 제환공(齊桓公)의 아들들은 임금 자리를 다투다 서로를 망쳤소. 또한 은나라 임금 주(紂)는 친척을 살해하고 충간하는 말을 듣지 않아 나라를 폐허로 만들어 사직을 망하게 했소. 세 사람은 모두 하늘의 뜻을 거역해서 종묘에 제사를 끊어지게 만들었소. 내가 사람으로서 어찌 대감의 모의에 따르겠소?"

조고가 말하였다. "상하가 서로 힘과 마음을 합하면 권세를 오래 지탱할 수 있고 밖과 안이 하나가 되면 일의 표리가 없어집니다. 승상께서 저의 계책을 들으신다면 장자는 제후에 봉해져 대대로 교송(喬松)의 수[5]를 누리고 공자나 묵자의 지혜를 지니게 될 것입니다. 이렇게 분명한 일임에도 이를 따르지 않는다면 그 화는 자손에 미치게 되어 그 두려운 결과는 간담을 서늘하게 할 것입니다. 처세에 밝은 사람은 화를 복으로 만든다고 하는데 승상께서는 어디에 그 몸을 두시겠습니까?"

이사가 하늘을 쳐다보며 한탄하고 눈물을 흘리며 긴 한숨을 쉬고 난 뒤에 말

---

4 진(晉)나라 헌공(獻公)은 군권(君權)을 확립하고 주변국을 정복하여 나라를 강성하게 만들었으나, 말년에 첩 여희와 그 아들 해제(奚齊)를 총애하여 다른 아들들을 탄압하였는데, 그 결과 문공(文公) 즉위 전까지 나라가 혼란에 빠지게 되었다.
5 교송(喬松)은 옛날의 두 선인(仙人)인 왕자교(王子喬)와 적송자(赤松子)를 가리킨다.

했다. "오호라! 홀로 난세를 만나 죽지도 못하니 어디에 내 목숨을 맡겨야 한단 말인가?"

이사가 조고의 말을 따르기로 하자, 조고가 호해를 찾아가 고했다. "신이 태자의 밝은 명을 받들어 승상에게 전달했습니다. 승상 이사가 어찌 감히 명령을 받들지 않을 수 있겠습니까?"

이에 드디어 세 사람이 서로 모의하여 시황이 승상에게 명을 내렸다는 거짓 국서를 만들어 호해를 태자로 세웠다.

다시 만든 국서가 장자 부소에게 전해졌다. "짐이 천하를 순행하면서 명산의 귀신들을 위해 사당을 짓고 내 수명을 빌고 있다. 지금 부소는 장군 몽염과 함께 수십만의 군사들을 이끌고 변경에 주둔하기를 10년이 넘었건만 앞으로 전진하지도 못하고 수많은 군사들만 잃어 한 뼘의 강토도 넓히지 못했다. 그럼에도 불구하고 오히려 여러 번 상소를 올려 내가 하는 일을 비방하면서 맡은 바 일을 그만두고 돌아와 태자가 되지 못함을 매일 밤마다 원망하고 있다. 부소는 불효했으니 이에 칼을 내린다. 스스로 목숨을 끊도록 하라! 장군 몽염은 부소와 변경에 거하면서 마땅히 그가 도모하고 있는 바를 알고 있었음에도 바른길로 인도하지 못했으니 불충을 했다. 이에 죽음을 내린다. 군사들은 비장(裨將) 왕리(王離)에게 넘기라!"

국서를 황제의 옥새로 찍어 봉하고 호해의 식객에게 받들게 하여 상군(上郡)의 부소에게 달려가 전하도록 했다.

사자가 당도하여 국서를 전하자 부소가 눈물을 흘리며 안채로 들어가 스스로 목숨을 끊으려고 했다. 몽염이 부소를 제지하며 말했다. "폐하께서는 순행 중이라 도성 밖에 거하여 아직 태자를 세울 수 있는 시간이 없었습니다. 또한 신으로 하여금 30만 명에 달하는 군사를 주어 국경을 지키도록 하고 공자를 시켜 감독하게 하심은 천하의 막중한 일이기도 합니다. 그런데 지금 사자 한 사람이 와서 전하는 국서 한 장으로 자살을 명하고 있으니 어찌 그것이 거짓이 아니라고 확신할 수 있겠습니까? 다시 한 번 명을 청하고 그때 돌아가서도 늦지 않습니다."

사자가 여러 번 부소에게 자살을 재촉하자, 성격이 원래 어질었던 부소가 몽염에게 말했다. "부친이 아들에게 죽음을 명하셨는데, 어찌 다시 명을 청한단 말입니까?"

그리고는 그 즉시 스스로 목숨을 끊었다. 그러나 몽염이 명을 받들지 않은, 사자는 그를 옥리에게 넘겨 양주(陽周)로 보내 옥에 가두어 놓게 했다.

사자가 돌아와 부소가 죽고 몽염은 양주에 구금시켜 놓았다고 보고하자, 호해, 이사, 조고 등의 세 사람은 크게 기뻐했다. 이윽고 함양에 당도한 그들은 진시황의 상을 발하고 호해를 이세황제(二世皇帝, B.C. 209~B.C. 207)로 세웠다. 조고는 낭중령(郎中令)이 되어 이세 황제의 곁에 떠나지 않고 국사를 전결했다.

한가하게 지내던 이세가 조고를 불러 일을 의논하다가 말했다. "세상에 태어나서 살아가는 인생이란 마치 여섯 마리의 준마가 달려가는 모습을 문틈을 통해 보는 것과 같은 짧은 순간이요. 내가 이미 천하에 군림하는 황제의 자리에 올랐으니 귀로 듣거나 눈으로 보고 싶은 것들을 모두 즐기고 싶소. 더하여 기쁜 것을 마음과 뜻에 남김없이 만족시키고, 종묘를 안정시키고 만백성들을 기쁘도록 해서 천하를 오래도록 향유하여 천수를 마치고 싶은 데 그런 방법이 있겠소?"

조고가 대답하였다. "그것은 현명한 군주가 행할 바이고 혼매한 군주가 금하는 바입니다. 신이 청컨대 그 방법에 대해 감히 부월의 주살죄를 무릅쓰고 말씀드리겠습니다. 폐하께서는 잠시만 생각해보시기 바랍니다. 사구에서 행한 모의에 대해 여러 공자들과 대신들은 모두 의심을 하고 있습니다. 더욱이 여러 공자들은 모두 황제의 형제들이며 대신들은 선제께서 임명한 사람들입니다. 그들은 지금 황제의 자리에 오른 폐하를 마음속으로 불복하고 있어 혹시라도 변란이라도 일어나지 않을까 걱정됩니다. 또한 몽염은 이미 죽었다고 하나 몽의(蒙毅)는 아직 변경에서 군사를 이끌고 있어 신은 두려운 마음에 전전긍긍하고 있습니다. 오로지 불행하게 일이 끝나지나 않을까 두려울 뿐입니다. 그런데 어찌 폐하께서 그런 즐거움을 누리실 수 있겠습니까?

이세가 다시 물었다. "그렇다면 어찌해야 하오?"

"법을 엄격하게 적용하고 형벌을 철저하게 집행하여, 죄를 범한 자들은 서로 연좌시켜 멸족시켜야 합니다. 또한 대신들을 멸하고 가까운 혈육을 멀리하십시오. 그리고 원래 가난한 자들을 부자로, 비천한 자들을 귀한 신분으로 만드십시오. 선제가 임명한 구신들은 모두 제거하고 폐하께서 신임하는 사람들을 임명하여 주변에 두십시오. 이렇게 하면 음덕은 폐하께 돌아가 해로운 일은 없어지고 간사한 모략은 미연에 방지할 수 있습니다. 그렇게 하시면 폐하의 은혜와 덕을 입지 않는 신하들은 없게 되어 결국 폐하께서는 베개를 높이 베고 원하는 일들을 즐기실 수 있습니다. 이보다 더 좋은 계책은 없습니다."

이세가 조고의 말이 옳다고 여겨, 마침내 법을 다시 고치고 군신들과 여러 공자들에게 죄를 주어 조고로 하여금 그 죄를 국문토록 했다. 조고는 몽의(蒙毅) 등의 대신들을 살해하고 공자 20명을 잡아 함양의 시정에서 참수시켰고 공주 10명을 두현(杜縣)에서 사지를 찢어 죽였다. 그들의 재물들은 모두 현관에게 몰수 되었고 연좌되어 죽은 자는 수를 셀 수 없을 정도로 많았다.

공자 고(高)가 달아나려 했으나 그 가족들이 연좌되어 멸족될 것을 두려워하여 이세에게 서장을 올렸다. "선제께서 생존하실 때 신이 입궁하면 음식을 하사하셨고, 나가면 수레를 타게 하셨습니다. 어부(御府)에게 명하여 황제께서 입는 옷을 신에게 하사하셨고 마구간의 명마를 내어 주셨습니다. 신이 부황을 따라 죽지 못했음은 아들된 자로서 불효이며, 신하된 자로써는 불충이라 할 수 있습니다. 소신은 불충한 자이오니 세상에 이름을 세울 수 없어 청컨대 선황을 따라 죽고자 합니다. 원하옵건대 여산(驪山)에 묻어주시기 바랍니다. 오로지 폐하께서 가엾게 여겨 주시기만을 바라올 뿐입니다."

서장을 본 이세가 매우 기뻐하며 조고를 불러 보이고 말했다. "이로써 여러 공자들의 마음이 급하게 되었다고 할 수 있겠소?"

"신하된 자가 죽음을 두려워하여 여념이 없거늘 어찌 그들이 변란을 도모하겠습니까?

호해가 서장의 내용대로 죽을 것을 허가하고 10만 전의 돈을 하사하여 장례를 치르게 했다.

법령에 따라 받는 주살과 혹형이 날이 갈수록 가혹해져 군신들은 저마다 스스로 위태로움을 느끼고 진나라에 반기를 들 마음을 품기 시작했다. 호해가 다시 아방궁(阿房宮)을 짓기 시작하고 직도(直道)와 치도(馳道)를 보수하느라 백성들의 부세는 갈수록 엄중하게 되었고 수자리와 노역은 끝이 없었다.

이에 초 땅의 변경수비를 위해 징발된 사졸이었던 진승(陳勝)과 오광(吳廣)이 마침내 란을 일으켜 산동에서 일어나자 천하의 호걸들과 인재들이 스스로 후왕이 되어 진나라에 반기를 들어 군사들을 이끌고 홍문(鴻門)에 이르렀다가 물러갔다. 이사가 여러 번에 걸쳐 간하려고 했으나, 이세가 받아들이지 않고 오히려 이사를 문책하며 말했다.

"나는 나름의 생각을 하고 있으며 한비의 말을 들은 바도 있소. 요임금이 천하를 다스렸을 때 전당의 높이는 3자에 불과했고 서까래는 다듬지 않고 통나무 그대로 썼으며, 지붕은 억새로 이어 돌보지 않았다고 했으니, 비록 여인숙이라도 해도 이보다 검소하다고 할 수 없었소. 또한 겨울에는 사슴가죽으로 만든 갖옷을 입고 여름에는 갈포로 엮은 의복에 거친 잡곡밥과 명아주와 콩잎으로 끓인 국을 질그릇에 담아서 먹고 마셨으니 비록 문지기라도 그와 같은 음식을 먹지 않았을 것이오.

우임금은 용문에서 막힌 물길을 뚫어 대하로 통하게 하여 아홉 개의 하천을 소통시켰으며 물길이 굽이치는 곳에 제방을 쌓고 흐르지 않고 고인 물을 터주어 바다로 나아가게 했소. 그래서 우임금의 넓적다리 잔털과 종아리의 털은 모두 닳아 없어지고 손과 발에는 못이 박히고 얼굴은 햇볕에 타서 시커멓게 되었소. 이윽고 그가 외지에 나가 죽자 회계(會稽)에 장사 지냈는데, 사로잡혀온 포로들의 고생도 그와 같지는 못했을 것이라 했소.

그러나 천하를 갖고 있는 귀한 신분의 임금임에도 불구하고 어찌 그와 같이 몸을 괴롭히고 정신을 피로하게 하며, 몸은 나그네가 묵는 여사에 거처하고, 문지기나 먹는 음식을 먹고 손으로는 노예들이나 하는 일을 하고자 함이겠소? 이것은 불초한 자들이나 힘쓰는 짓이지 현명한 사람들이 힘쓸 바가 아닌 것이오. 현명한 사람이 천하를 소유하게 있을 때는 천하를 자기에게 맞게 만들어 사용할 뿐이며, 단지 천하를 소유한 자는 귀하게 될 뿐이오.

현명한 자는 반드시 천하를 안정시키고 만백성들을 잘 다스려야 하며, 당장의 자기 몸 하나 이롭게 처신할 수 없는 자는 장차 천하를 잘 다스릴 수 없는 법이오. 고로 내가 원하는 바의 뜻을 넓게 하고 천하를 오랫동안 누리면서 아무런 해를 받지 않기를 바라오. 이를 위해서 내가 어찌해야 하겠소?"

삼천군(三川郡)의 태수로 있던 이사의 아들 유(由)가 오광(吳廣) 등이 이끌던 도적 떼들이 관내의 서쪽을 범했으나 막지 못했다. 진나라 조정에 의해 대장으로 임명된 장한(章邯)이 군사를 이끌고 오광 등의 도적 떼들을 격파하긴 했지만, 이세는 이사에게 삼천군과 관련하여 사자를 보내 삼공의 지위에 있으면서 어떻게 도둑들이 이토록 날뛰도록 놓아두었는지 그 책임을 추궁했다. 이사가 두려워했으나 작록을 차마 버릴 수 없어 어찌해야 좋을지 모르다가 황제의 용서를 구하려는 마음에 상소를 올려 말했다.

"어진 군주가 반드시 행해야 할 일은 모든 수단을 다하여 군주의 술(術)을 장악해서 밑의 신하들을 감독하고 추궁해야 합니다. 밑의 신하들을 엄격하게 감독하거나 추궁함으로 해서 신하들은 감히 군주가 내린 명을 전력을 다해 수행하지 않을 수 없을 것입니다. 이는 군주와 신하의 각각의 직분이 정해지고 상하가 의를 분명히 하면 천하의 어질거나 불초하거나를 막론하고 감히 저마다의 있는 힘을 다하여 그 군주를 위하여 목숨을 바쳐서라도 맡은 바 임무를 완수하려고 할 것입니다. 그럼으로써 군주 한 사람만이 천하를 제어할 수 있으며 그 누구에게도 제어를 받지 않습니다. 이것이야말로 누릴 수 있는 궁극적인 즐거움이고, 영명한 군주라고 할 수 있으니 살피시지 않으면 안 될 것입니다.

그런 이유로 해서 신자(申子)는 '천하를 소유하고도 자기 마음대로 하지 못한다면 천하는 오히려 그 군주 자신에게는 질곡(桎梏)이 될 것이다.'라고 말했습니다. 그것은 다른 뜻이 아니라 신하들에 대해 감독과 추궁을 할 수 없으면서 오히려 자신의 몸을 천하의 백성들을 위해 힘쓰고자 하여 요임금이나 우임금처럼 행하기 때문에 질곡이라고 하는 것입니다. 신불해나 한비가 밝힌 군주의 통치술을 배우지도 못하고, 신하들에 대해 감독과 추궁을 행하지도 못하며, 천하를 전적으로 자기에게 맞추지도 못하니, 헛되이 수고만 많고 육신은 고통을 받고 정신은 피로할 정도로 백성들을 위해 몸을 바치는 것은 즉 천민들이나 할 일이지 귀하신 황제가 할 일이 아닙니다. 다른 사람으로 하여금 자기를 위해 희생시키는 일은 자기는 귀하고 다른 사람은 천하다는 의미이며, 다른 사람을 위해 자기의 몸을 희생시키는 일은 자기는 천하고 다른 사람은 귀하다는 뜻입니다. 그러므로 다른 사람을 위해 희생하는 자는 천하며 다른 사람으로부터 희생을 받은 자는 귀합니다. 옛날부터 지금까지 그렇지 않은 자는 없었습니다. 옛날 어진 사람으로 존중을 받았음은 그가 귀하기 때문이며, 불초한 자라고 미움을 받음은 그가 천한 자이기 때문입니다. 그러나 천하를 위해 헌신한 요임금이나 우임금을 존중하게 된 이유는 세속의 평가를 쫓아 존중하게 된 것이라 그와 같은 일은 어진 사람을 존중하는 마음을 잃게 만드는 행위이며 절대 잘못된 일이라고 할 수 있습니다. 그래서 그러한 것들을 질곡(桎梏)이라고 부름은 '당연한 일이라고 하지 않겠는가?'라고 합니다. 이것은 신하들을 감독하고 추궁하지 않아서 생긴 과오입니다.

한비는 '자애로운 어머니는 아들을 망치고 엄한 집안에는 사나운 하인이 없다'고 했습니다. 그 까닭이 무엇이겠습니까? 그것은 바로 죄를 지으면 반드시 벌을 줄 수 있었기 때문이었습니다. 그래서 은나라의 법에는 길에다 재를 버리는 행위에도 형벌을 가했습니다. 재를 길거리에 버리는 행위는 가벼운 죄에 불과합니다. 그러나 내리는 형벌은 엄중했습니다. 은나라에서 이 법을 만든 까닭은 가벼운 죄라 할지라도 널리 감독할 수 있도록 하기 위해서였습니다. 가벼운 죄에도 엄격한 감독과 추궁을 행하여 중벌을 내렸는데 하물며 무거운 죄에 대해서는 말해 무엇하겠습니까? 그래서 백성들은 감히 죄를 범하지 못하게 되었습니다. 그러므로 한비는 '하찮은 천이나 비단과 같은 것은 일반 사람들이 내버려두지 않지만, 100일(鎰)에 달하는 좋은 황금은 도척(盜跖)과 같은 큰 도적도 감히 손을 대지 못한다.'라고 한 것입니다. 그것은 일반 사람들의 마음이 몇 자 안 되는 천이나 비단에 대한 욕심이 크다거나, 도척이 황금에 대한 욕심이 적어서도 아닙니다. 또한 도척이 100일이나 되는 황금을 훔치지 않는 이유는 그 황금을 가볍게 봤기 때문이 아니라, 일단 훔치게 되면 그 즉시 형을 받게 되기 때문입니다. 그러나 형벌이 어떤 경우에도 행해지지 않는다면 일반 사람들은 몇 자에 해당하는 천이나 비단을 내버려 두지 않게 됩니다. 이것은 바로 성의 높이가 어른 다섯의 키 높이에 불과했지만 누계(樓季)와 같이 성벽을 잘 올랐던 사람도 가볍게 범하지 못했으며, 태산의 높이는 백 길(仞)에 달하지만 절름발이도 올라가 그 위에서 양을 칩니다. 누계는 다섯 길에 불과한 담장을 어려워하는데, 어떻게 절름발이가 백 길이나 되는 산을 쉽게 올라갈 수 있겠습니까? 그것은 험준함과 평탄함의 경사도가 서로 다르기 때문입니다. 명주(明主)나 성군들이 오랫동안 능히 존귀한 자리에 앉아 오랫동안 막중한 권세를 잡고 천하이 이익을 혼자 마음대로 차지할 수 있었던 이유는 특별한 방법이 있어서가 아닙니다. 그것은 바로 혼자서 판단하고 감독하여 추궁을 가하여 죄를 지은 자에게는 반드시 벌을 주어 천하가 감히 그 권위를 범하지 못했기 때문이었습니다. 지금 천하 사람들이 죄를 짓지 못하도록 힘쓰지 않고 자애로운 어머니가 아들을 망치는 일을 본받으려고 하는 이유는 성인들이 말한 바를 통찰하지 못했기 때문입니다. 성인들의 치국하는 방법을 능히 행할 수 없는 이유는 자기를 희생하고 천하를 위한 노복이 되는 일이기 때문입니다. 실로 애석한 일이 아닐 수 없습니다.

또한 근검절약하거나 인의로운 사람이 조정에 서게 되면 그것은 즉 황음하고 방탕한 일을 행함으로써 얻는 즐거움이 중단됩니다. 순리에 따라 간언하고 설득하는 신하들이 측근에 서게 되면 방자하고 거리끼지 않는 마음을 버리게 되고, 충성스러운 선비가 죽음으로서 지킨 절개가 세상에 드러나게 되면, 음탕한 행위는 사라지게 됩니다. 그러므로 밝은 군주는 능히 위의 세 부류의 사람을 멀리해야 하며 홀로 군주로써 신하들을 조종하는 방법을 써서 그들을 복종시키고, 법을 닦아 밝힘으로써 몸은 존귀하게 되고 권세는 중하게 됩니다. 영명한 군주는 필히 세상에 거슬리고 세속과 부딪쳐 자기가 싫어하는 것을 폐하고 자기가 하고자 하는 것을 세워야 합니다. 그럼으로써 살아있는 동안 존귀한 몸과 중한 권세를 갖게 되고 죽어서도 어질고 밝은 호칭으로 추존됩니다. 그것은 명군이 홀로 판단하는 데 있고 그렇게 함으로써 권력은 신하에게 돌아가지 않게 됩니다. 그런 후에라야 능히 인의의 도를 없애고, 간하려는 사람들의 입을 막으며, 충성스러운 선비들의 행위를 곤란한 처지에 놓이게 하며, 눈과 귀를 닫고서 안으로 홀로 보고 들을 수 있습니다. 그런 까닭에 밖으로는 인의를 외치는 선비들의 행동에 귀를 기울이지 않아도 되며, 안으로는 간언하고 설득하며 목소리를 높여 다투는 말에 마음을 빼앗기지도 않게 됩니다. 그때야 비로소 초연한 자세로 자기가 하고 싶은 대로 행하여도 감히 거역하는 신하들이 없게 됩니다. 만약에 그처럼 하게 된다면 그때는 가히 신불해와 한비의 치술을 밝히게 되고, 상군의 법술을 완전히 터득하게 됩니다.

법을 배우고 술을 밝혔음에도 천하가 어지럽게 되었다는 소리는 신은 아직까지 들어보지 못했습니다. 그래서 말하기를 왕도는 간단하고 행하기가 쉬워야 한다고 했습니다. 그리고 그러한 것들은 오로지 밝은 군주만이 능히 행할 수 있다고 했습니다. 만약에 이와 같이 정성을 다하여 감독하고 추궁하는 일에 임한다면 신하들은 사악한 마음을 품을 수 없게 되고, 신하들이 사악한 마음을 품지 않게 되면 천하는 안정되고, 천하가 안정되면 군주는 존엄하게 됩니다. 또한 존엄한 군주가 그 신하들을 감독하고 추궁하는 데 실수가 없게 되고, 감독하고 추궁하면 틀림없이 소득이 있게 되고, 소득이 있게 되면 나라는 부강하게 되고, 나라가 부강하게 되면 군주가 즐길 수 있는 것은 매우 풍부하게 됩니다. 그러므로 감독하고 추궁하는 방법을 터득하게 되면 원하는 것은 무엇이든지 구할 수 있게 됩니다. 신하들과 백성들이 구하는 것이 너무 많아 주지 못하게 되어도 어찌 감히 변란을 도모하겠습니까? 이와 같이 하면 그것은 바로 제왕의 통치술을 갖추었다고 할 수 있으며 가히 명군의 통치술이라고 말할 수 있습니다. 비록 신불해나 한비가 다시 살아난다 해도 여기에 더 붙일 수 없습니다."

이세가 상소문을 읽고 기뻐했다. 그래서 그는 신하들을 감독하고 책임을 추궁하는 일을 더욱 엄중하게 하고 백성들로부터 세금을 철저하게 걷어 들이는 관리들을 훌륭한 관리로 여겼다. 이세가 말했다. "이와 같이 행한다면 능히 감독과 추궁을 행했다고 할 수 있겠다."

이로써 길거리의 사람 중 절반이 형벌을 받은 사람이었고, 매일 형을 받아 죽은 사람들의 시체는 무더기가 되어 시정에 쌓이게 되었다. 이세는 많은 사람을 죽인 자들을 충신이라고 칭찬하며 다시 말했다. "이와 같이 행한다면 능히 감독과 추궁을 행했다고 할 수 있겠다."

옛날 이세가 제위에 오를 때 낭중령이 된 조고는 많은 사람들을 죽이고 개인적인 원한을 갚은 일이 많았다. 이에 조고는 대신들이 입조하여 정사를 논하다가 자신을 헐뜯어 나쁘게 말하지나 않을까 두려워서 이세에게 말했다. "천자가 존귀한 이유는 군신들이 소리를 들을 수 있으나 그 존안을 볼 수 없기 때문입니다. 그래서 부르기를 짐(朕)이라고 합니다. 그러나 폐하께서는 나이가 아직 젊어 모든 일에 통할 수 없습니다. 지금 조정에 앉아서 견책하고 처리하는 일이 마땅하지 못하게 되는 사안이 있게 되면 그것은 즉 대신들에게 폐하의 단점을 보이게 되는 일입니다. 그렇게 되면 천하에 폐하의 신명함을 천하에 보이고자 하는 일에 반하는 일이 됩니다. 따라서 폐하께서는 궁궐의 깊은 곳에서 편히 거하시어 신과 시중 및 법에 밝은 자들만을 곁에 두고 처리할 일이 생기면 판단하시기 바랍니다. 이와 같이 한다면, 대신들은 감히 의심스러운 일들을 상주하지 못하게 되어 천하는 폐하를 성군이라고 칭송할 것입니다."

이세가 조고의 말을 따라 곧바로 조정에 임하지 않고 대신들을 피해 궁궐의 깊은 곳으로 들어갔다. 조고가 항상 이세의 곁에서 시중하여 일을 처리함으로 해서 진나라의 조정 일은 모두 조고가 결정하게 되었다.

이사가 자기의 행위에 대해 말을 하고 다닌다는 소식을 들은 조고가 승상 이사를 찾아가 말했다. "관동에 도적 떼들이 많이 들끓고 있습니다. 그런데 지금 황상께서는 아방궁을 짓기 위해 요역의 징발을 더욱 급하게 하고 애완용 개나 말 따위의 무용지물을 모으고 계십니다. 제가 간하려고 하나 지위가 미천하여 감히 못하고 있습니다. 이 일이야말로 승상이 하셔야 하는 일인데 어찌하여 간하지 않는 것입니까?"

"원래 원하던 바였었소. 간언을 올리려고 오래전에 생각해 왔으나 지금 황상께서는 조정에 임하시지 않고 궁궐의 깊은 곳에 계시니, 내가 말씀드리고자 해도 제 뜻을 전할 기회가 없소."

"승상께서는 정녕 간하시겠다고 하시면 제가 승상을 위해 황상께 말씀드려 시간을 내라고 청해보겠습니다."

그래서 조고는 이세가 연회석에서 즐기며 부녀자들과 함께 있는 시간을 기다렸다가 사자를 승상부에 보내 고하게 했다. "주상께서 지금 한가하시니 오셔서 주청을 드릴 수 있습니다."

이사가 궁문에 당도하여 상소할 일이 있다고 알리게 하기를 세 번이나 했다. 이세가 화가 나서 말했다. "내가 매일 한가한 시간이 많았지만 승상은 한 번도 오지 않더니, 이제 오랜만에 연회를 열어 사적인 즐거움을 누리려 하는 순간에 승상이 이처럼 재빨리 들어와서 일을 청하는 처사를 보니, 승상은 나를 어리다고 가볍게 보고 있음이 아닌가? 아니면 나를 비루하다고 생각해서인가?"

조고가 그 틈을 타서 말했다. "지금은 매우 위태로운 상황입니다. 옛날 사구(沙丘)에서 모의할 때 승상도 함께 했습니다. 지금 폐하께서는 이미 황제의 자리에 올랐으나 신분은 그때에 비해 높아지지 않았습니다. 승상이 이처럼 행동하는 이유는 땅을 찢어 제후왕이 되려는 뜻을 품고 있기 때문입니다. 폐하께서 신에게 하문하시지 않았기 때문에 신은 감히 말씀드리지 않은 일이 있습니다. 승상의 장남 이유(李由)는 삼천군수의 직에 있습니다. 초 땅의 도적 때 진승(陳勝) 등은 모두 승상의 이웃 고을에서 살던 자로 공공연히 횡행하면서 삼천군을 지나갔는데도, 이유는 성만을 지킬 뿐 공격하지도 않았습니다. 신이 듣기에 그들은 서로 간에 문서를 지니고 왕래를 한다고 했습니다. 그러나 아직 사실 관계를 확인하지 못해 폐하께 감히 고하지 못하고 있었습니다. 승상이 비록 궁궐 밖에 살고는 있지만 권세는 폐하보다 더 중하다고 하겠습니다."

이세가 조고의 말을 사실로 믿고 승상을 심문하려고 했으나 사실이 아닌 경우를 걱정하여 즉시 사람을 시켜 삼천군 태수 이유가 도적 떼들과 서류를 주고받으며 내통을 했는지를 확인하려고 했다. 이사가 그 소식을 듣고 간하려고 했으나 그때 이세는 감천궁(甘泉宮)에 거처하면서 씨름과 희극을 관람 중에 있어 접견할 수 없었다.

이사가 상서를 올려 조고의 잘못을 지적했다. "신이 듣기에 신하가 그 군주를 의심하면 위험에 빠지지 않는 나라는 없고, 아내가 그 남편을 의심하면 위험에 빠지지 않는 집안은 없다고 했습니다. 오늘 폐하를 모시는 대신들 중 남에게 이익을 주거나 해를 줄 수 있는 권한을 마음대로 행사하는 자가 있어, 그 권력이 폐하와 다르지 않은데 이는 매우 적절하지 않은 일입니다. 옛날 사성(司城) 자한(子罕)이 송나라의 상국이 되었을 때 자신은 형벌을 내리는 권력을 장악해서 위엄을 떨치기를 1년이 되자 그 군주를 범하게 되었습니다. 제간공(齊簡公)을 모셨던 전상(田常)도 그 작위는 나라에서 같은 대열에 설 수 있는 사람이 없을 정도로 높았고, 재산은 공실과 같을 정도로 부유했습니다. 전상은 집안의 재물을 백성들에게 나누어주어 덕을 베풀어 아래로는 민심을 얻고 위로는 군신들의 마음을 사서 은밀히 국권을 빼앗아 당시 장관이었던 재여(宰予)를 궁궐의 뜰에서 죽이고 간공(簡公)을 조당에서 시해하여 결국 제나라를 차지했습니다. 이것은 천하의 사람들이 모두 알고 있는 일입니다. 지금 조고는 사악하고 방자한 뜻을 품고 행하는 일이 위태로워 마치 송나라의 상국 자한(子罕)과 같고 그 집안의 부는 제나라의 전상(田常)과 같습니다. 전상이나 자한이 행한 반역의 방법을 병행하여 폐하의 위신을 범하려고 하는 행위는 한이(韓玘)가 한나라의 마지막 임금 안(安)의 재상으로 있을 때와 같습니다. 폐하께서 그에 대한 일에 대비하지 않으실 경우, 변란을 당하지나 않을까 매우 두렵습니다."

이세가 비답을 내렸다. "무슨 말씀이오? 조고는 환관에 불과한 사람이었으나 안락한 처지에 있었을 때는 방자한 뜻을 품지 않았고, 위험한 처지에 놓여 있었을 때는 마음을 바꾸지 않았소. 그저 행동을 정결하게 하여 선행을 행하여 이곳까지 이르게 되었소. 또한 충성을 바쳐 관직이 올랐을 때는 신의로써 그 자리를 지켰소. 짐은 실로 그가 어진 사람이라고 생각하고 있는데, 승상께서는 오히려 그를 의심하고 있으니 그것은 어찌 된 일이오? 짐이 나이가 어려 선친을 잃었음으로 아는 바가 없고 백성들을 다스리는 통치술을 배우지 못하고 게다가 승상께서는 노년이라 어느 날 갑자기 천하의 일과 두절될까 두렵소. 그러니 짐이 조고에게 정사를 맡기지 않으면 누구에게 맡겨야 하겠소? 더욱이 조고는 청렴하고 부지런하여 아래로는 민심을 알고 위로는 짐의 뜻에 부합되니, 승상은 그를 의심하지 마시오."

이사가 다시 서장으로 답했다. "그렇지 않습니다. 조고는 원래 천한 신분이라 도리에 대해 알지 못하고 염치를 모를 정도로 탐욕스러워 이를 구하는 행동을 멈추지 않습니다. 게다가 군주의 다음 자리에 앉아 권세를 부려 그가 추구하는 것은 끝이 없기 때문에 신이 위태롭다고 말씀드리는 것입니다."

오래전부터 조고를 신임했던 이세는 이사가 조고를 살해하지 않을까 걱정되어 그 즉시 조고에게 은밀해 이사의 말을 알려주었다. 조고가 말했다. "승상께서 걱정하는 사람이 저 사람뿐이라서 제가 죽으면 승상은 옛날 전상처럼 반역을 계획할 것입니다."

그래서 이세는 말했다. "이사를 낭중령에게 넘겨 조사하라!"

조고가 이사의 죄상을 심문했다. 체포되어 포승줄에 묶인 채로 감옥에 갇힌 이사가 하늘을 쳐다보며 탄식했다.

"아아, 슬프구나! 도리를 모르는 군주를 위해 무슨 계책을 낼 수 있단 말인가? 옛날 하나라의 걸왕(桀王)은 관룡봉(關龍逢)을, 은나라의 주왕(紂王)은 비간(比干)을, 오왕 부차는 오자서(伍子胥)를 죽였다. 이 세 사람의 신하가 어찌 충신들이라고 할 수 없겠는가! 그러나 모두 죽음을 면하지 못한 것은 충성을 바친 사람이 옳지 않은 왕이였기 때문이었다. 지금 나의 지혜는 이 세 사람에게 못 미치고, 이세의 무도함은 세 왕보다 더하니 내가 충성을 바치다가 주살됨은 당연한 일이다. 그러니 이세의 다스림이 어찌 어지럽지 않겠는가? 지난날 이세는 자기 형제들을 모조리 죽이고 제위에 오르더니 충신들을 죽이고 천인들을 높였고, 아방궁을 짓고 세금을 높여 천하를 질곡에 빠뜨렸다. 내가 간하지 않은 것이 아니라 그가 내 말을 듣지 않은 것이다.

옛날의 훌륭한 성왕들은 음식을 먹을 때도 절도가 있었고, 거마나 기구마저 일정한 숫자를 정했으며, 궁실의 규모에도 한도를 정했다. 또한 왕명을 내려 행할 때 드는 비용에 비해 백성들에게 아무런 실익이 없는 일은 금함으로 오랜 기간 나라를 안정하게 다스릴 수 있었다. 지금 이세는 자기 형제들에게 천리에 어긋난 행동을 하고도 자기의 허물을 돌아보지 않으며, 충신들을 살해하고도 그 재앙을 생각하지 않는다. 궁실을 거대하게 짓고 천하의 백성들에게 부세를 가혹하고 걷어 낭비하고 있음에도 전혀 개의치 않는다. 이세는 악행을 저지르며 천하의 민심을 외면하고 있다. 그래서 지금 반기를 들고 일어난 백성들은 천하의 절반이나 되었음에도 아직도 깨닫고 있지 못하니, 그것은 바로 조고의 거짓된 섬김 때문이다. 나는 머지않아 도적 떼들이 쳐들어와 함양을 폐허로 만들어 지금의 조정의 뜰에는 사슴들이 뛰어 놀게 되는 모습을 틀림없이 보게 되리라!"

이세는 조고로 하여금 승상의 옥사를 맡아 이사와 그 아들이 유의 모반죄를 추궁하도록 시켰다. 조고는 이사의 종족들과 빈객들을 모두 붙잡아 옥에 가두었다. 조고가 이사의 죄를 추궁하기 위해 몽둥이로 천여 대를 때리게 하자 고통을 참지 못하고 거짓자백을 했다. 이사가 심문을 받고 자살을 하지 않은 이유는 자신이 죄 없음을 밝힐 수 있다는 자신감과, 자신이 진나라에 끼친 공이 크다는 것과 또한 실제로 반심을 품지 않았다고 생각해서 다행히 이세가 깨닫게 되면 자기의 죄를 사면해 주리라고 믿었기 때문이었다.

이사는 즉시 옥중에서 이세에게 올리기 위해 상소문을 썼다.

"신이 승상이 되어 백성들을 다스리게 된 지 이제 30여 년이 되었습니다. 제가 진나라에 처음 들어올 그때는 진나라의 영토는 협소했습니다. 선왕 때의 진나라 영토는 사방 천리에 군사의 수는 10여 만에 불과했습니다. 신은 부족한 재주이기는 하나 온힘을 다하여 법을 지키고 조칙을 받들어 능력 있는 신하들에게 황금과 벽옥을 들려 몰래 보내 진나라를 위해 제후들에게 유세를 행하게 했습니다. 또한 안으로는 은밀히 군사들을 키우고 정령과 교화를 개선했으며 투사에게 벼슬을 주었으며 공신들을 높였으며 그들의 작록을 풍족하게 했습니다.

그 결과 한나라는 두려움에 떨게 했고, 위나라는 쇠약하게 만들었으며, 연나라와 조나라를 격파하고 제나라와 초나라를 멸하여 마침내는 육국을 진나라에 겸병하고 그 왕들을 포로로 잡아와 진나라를 천자의 자리에 세웠습니다. 그 죄가 하나입니다.

육국을 겸병한 영토는 결코 넓지 않은 것이 아니었음에도 북으로는 호(胡)와 맥(貊)을 쫓아내고 남쪽으로는 백월(百越)을 평정하여 진나라의 강성함을 멀리까지 떨쳤으니 그 죄가 둘입니다. 대신들을 존중하고 그들의 작위를 높여 군신 관계를 공고하게 만들었으니 그 죄가 셋이라 하겠습니다.

사직을 세우고 종묘를 수리하여 군주의 어진 이름을 밝혔습니다. 그 죄가 넷입니다. 거마의 규격과 복식 및 예기 등의 규격들을 바꾸었으며 도량형과 문자를 통일시켜 천하에 반포함으로써 진나라의 이름을 세웠습니다. 다섯 번 째 죄입니다. 치도를 건설하여 순행을 나가 세상을 구경하는 일을 일으켜 선황께서 만족한 마음을 갖도록 했습니다. 그 죄가 여섯입니다.

형벌을 완화하고 부세를 줄여 선황께서 백성들의 마음을 얻어 만민의 주인으로 추대되어 사후에도 그 공덕을 잊지 않도록 했습니다. 이것이 일곱 번째 죄입니다. 소신은 신하된자로서 죄를 지어 마땅히 오래전에 죽었어야 했습니다만 주상께서 다행히 저의 능력을 다하도록 하여 지금까지 생명을 부지하고 있으니 원컨대 폐하께서는 굽어살피시기 바랍니다."

이사가 서장을 바쳤으나 조고가 관리에게 폐기하라 이르고 이세에게 올리지 않으면서 말했다. "어찌 죄수가 상서를 올릴 수 있는가!"

조고는 그의 빈객들 10여 명을 거짓 어명으로 어사(禦史), 알자(謁者), 시중(侍中) 등으로 삼아 번갈아 가며 이사를 심문하도록 했다. 이사가 다시 사실대로 진술하면 재빨리 사람을 시켜 몽둥이로 때리게 했다. 후에 이사가 사람을 시켜 이사를 심문하게 했는데 이사는 예전의 조고가 행한 것으로 여기고 결국 자기의 말을 바꾸지 못하고 거짓으로 한 자백을 인정하고 말았다. 이윽고 이사에 대한 상주문이 올라오자 이세가 기뻐하며 말했다. "조고가 아니었다면 승상에게 하마터면 속을 뻔했구나!"

이윽고 이세가 파견한 사자가 이사의 아들이 있는 삼천 지방에 당도했으나 그때는 이미 이유는 항량(項梁)에 의해 피살된 후였다. 사자가 돌아와 보고하자, 이사를 옥리에게 넘긴 조고는 이사의 진술서를 모반죄로 날조했다.

이세 2년 기원전 208년 7월에 마침내 이사에게 오형(五刑)⁶을 가하고 함양의 거리에서 요참형에 처한다는 판결을 내렸다. 이사가 옥에서 나올 때 그와 함께 잡혀 와 있었던 그의 둘째 아들을 돌아보며 말했다. "내가 너와 함께 고향 상채(上蔡)로 돌아가 누렁이를 데리고 동문 밖으로 나가 날쌘 토끼를 사냥하려고 했었는데, 이제는 어쩔 수 없게 되었구나!" 그리고는 이사 부자는 같이 통곡했다. 마침내 이사의 삼족이 멸족되었다.

이사가 죽자 이세는 조고를 중승상(中丞相)에 임명하여 진나라의 크고 작은 일들은 모두 전결하도록 했다. 스스로 권세가 막중하게 되었다고 생각한 조고는 이세에게 사슴을 바치고 말이라고 말했다. 이세가 좌우에게 물었다. "이것은 사슴이 아닌가?" 그러자 좌우에 있던 사람들이 모두 말했다. "말입니다."

이세가 놀라 스스로 미혹되었다고 생각하고 곧바로 태복(太卜)을 불러 점을 치게 했다. 태복이 말했다. "폐하께서 봄과 가을에 교외에 나가 제사를 올려 종묘들의 신령들을 받들 때 재계(齋戒)를 분명하게 행하지 않아 이렇듯 정신이 혼미해지셨습니다. 마땅히 재계를 행하여 덕을 쌓아야만 합니다."

그래서 이세는 즉시 재계를 행하기 위해 상림원(上林園)⁷으로 들어갔다. 매일 활을 들고 사냥을 나가 놀던 이세가 어느 날 길을 잘못 들어 상림원으로 들어온 행인을 활로 쏘아 죽였다. 조고가 그의 사위인 함양령(咸陽令) 염락(閻樂)을 시켜 누구인지 알 수 없는 도적이 사람을 죽여 상림원으로 옮겨 놓았다고 둘러대고 무마하도록 하였다. 조고가 이세에게 간했다. "천자께서 무고한 사람을 죽였으니 이것은 하늘이 금하는 일입니다. 귀신들이 제삿밥을 먹지 않고 하늘로 하여금 재앙을 내릴 것입니다. 마땅히 멀리 떨어져 별궁으로 몸을 피해 재앙을 면하십시오."

---

6 오형(五刑)이란 고대부터 전해지는 다섯 가지 형벌로서, 얼굴에 먹물로 글자를 새기는 묵형(墨刑), 코를 베는 의(劓刑), 다리를 못 쓰게 하는 족형(足刑), 생식기를 제거하는 궁형(宮刑), 참형에 처하는 대벽(大辟) 등의 형벌을 뜻한다.
7 상림원(上林園)은 진나라 때 조성된 함양성 남쪽의 황제 전용 사냥터로서, 그 크기가 사방 200여 리에 달했다. 한나라 고조 12년에 백성들에게 개방되어 농경지로 활용되었으며, 무제 때에 이름을 궁원(宮苑)으로 바꿔 불렀다.

이세가 즉시 상림원에서 나와 망이궁(望夷宮)으로 거처를 옮겼다. 이세가 망이궁으로 옮겨 3일째 되는 날, 조고가 거짓 조칙으로 위병들에게 명을 내려 모두 소복을 입혀 이끌고 내궁으로 들어와 이세에게 고했다. "산동의 도적 떼들의 대거 몰려오고 있습니다."

이세가 높은 곳으로 올라가 살펴보고 매우 두려워했다. 이에 조고가 이세를 겁박하여 자살하도록 만든 다음 옥새를 빼앗아 자기 허리에 찼으나 좌우의 모든 관리들 중 아무도 그 뒤를 따르지 않았다. 조고가 옥좌에 앉기 위해 전당에 세 번이나 올랐으나 그때마다 전당이 무너지려고 했다. 조고는 하늘의 명이 자기에게 있지 않을 뿐만 아니라 백관들도 허락하지 않을 것임을 알고 그 즉시 시황의 동생을 불러 옥새를 넘겼다.

자영(子嬰)이 황제의 자리에 올랐으나 매우 두려워하여 병을 핑계 대고 정사에 임하지 않고 환관 한담(韓談) 및 그의 아들들과 함께 조고를 살해하기 위해 모의했다. 조고가 알현을 청하자, 자영이 아프다는 핑계를 대어 그를 불러 한담으로 하여금 찔러 죽이고 그 삼족을 멸족시키도록 했다.

자영이 황제의 자리에 오른 지 세 달 뒤에 패공(沛公) 유방(劉邦)이 군사를 이끌고 무관(武關)을 통해 진나라에 들어와 함양에 이르렀다. 대신들과 관리들은 모두 자영을 배반하여 패공의 군사들에게 대항하지 않았다. 자영은 그의 처자들과 함께 옥새에 달린 끈을 목에 메고 지도(軹道) 부근으로 나와 항복했다. 패공이 자영을 관리에 넘겼으나, 뒤따라 관중으로 들어온 항우가 참수했다. 이로써 진나라는 천하를 잃고 말았다.

태사공은 말하였다.

"이사는 보잘것없는 평민 출신으로 제후들에게 유세하다가 진나라에서 왕을 섬겼다. 이때 열국들 사이에 다툼이 일어나 천하가 혼란에 빠진 것을 기회라고 생각하여 진시황을 보좌하여 마침내는 제업을 이룬 결과 몸은 삼공이 되어 신하로서 높이 등용되었다고 할 수 있다. 그러나 이사는 경전의 이치를 알면서도 그 군주의 결점을 보완하여 정치를 밝히는 데 힘쓰지 않았다. 오로지 작록만을 중하게 생각하고 군주의 뜻에 아부하고 구차하게 영합했다. 위엄을 높이기 위해 혹형만을 행했으며 조고의 사악한 말에 귀를 기울여 적자를 폐하고 서자를 세웠다. 제후들의 마음이 떠날 때가 되어서야 이사는 간하려고 했으나 너무 늦고 말았다. 사람들은 이사가 극진하게 충성을 행하다가 오형을 받아 죽었다고 했지만 그 근본을 살펴보면 세속의 평판과는 다르다. 그렇지 않았다면 이사의 공적은 주공(周公)이나 소공(召公)과 같은 반열에 섰을 것이다."

몽염열전

蒙恬列傳

진나라를 위해 영토를 개척하여 인구를 늘리고, 북쪽으로 흉노를 물리쳐 황하를 요새로 삼
았으며, 지형을 이용하여 방비를 튼튼히 하여 유중(楡中)의 땅을 건설하였다. 그래서 「몽염
열전」을 지었다.

　몽염(蒙恬)은 그 선조가 제(齊)나라 사람이다. 몽염의 조부 몽오(蒙驁)는 제나라
에서 진(秦)나라로 와서 진 소왕(秦昭王)을 섬기고, 벼슬은 상경(上卿)에 이르렀다.
진나라 장양왕(莊襄王, B.C. 250~B.C. 246) 원년에, 몽오는 진나라의 장군이 되어 한
(韓)나라를 쳐서 성고(成皐)와 형양(榮陽)을 빼앗고 삼천군(三川郡)을 설치하였다. 다
음해에 몽오는 조(趙)나라를 공격하여 37개의 성을 탈취하였고, 진시황(秦始皇,
B.C. 221~B.C. 210) 3년에는 한나라를 공격하여 13개의 성을 탈취하였다. 5년에는
위(魏)나라를 쳐서 20개의 성을 탈취하여 동군(東郡)을 설치하였다. 몽오는 시황
7년에 죽었다.
　몽오의 아들은 몽무(蒙武)이고, 몽무의 아들이 몽염(蒙恬)이다. 몽염은 일찍이

형법을 배워 재판과 소송에 관한 문서를 맡았다. 진시황 23년에, 몽무(蒙武)는 진나라의 비장군(裨將軍)이 되어 왕전(王剪)과 함께 초(楚)나라를 쳐서 크게 격파하고 항연(項燕)을 죽였다. 진시황 24년에 몽무는 초나라를 공격하여, 초나라 왕을 사로잡았다. 몽염의 아우는 몽의(蒙毅)였다.

진시황 26년에 몽염은 대대로 장군 집안이었던 전통을 이어 진나라의 장군이 되어 제나라를 공격하여 크게 깨뜨리고, 내사(內史)에 임명되었다. 진나라는 천하를 합병한 후에, 몽염을 시켜 30만 대군을 거느리고 북쪽으로 가서 융적(戎狄)을 내쫓고, 하남(河南) 지역을 점령하여 장성(長城)을 쌓게 하였다. 지형에 따라 험난한 곳을 이용하여 성채를 쌓으니, 임조(臨洮)에서부터 요동(遼東)까지 길이가 만여 리나 되었다. 그 성채가 황하(黃河)를 건너 양산(陽山)을 점거하고, 북쪽으로 굽이쳐 있었다. 10여 년간 군사를 국경 밖에 내놓고 상군(上郡)을 근거지로 삼아 주둔하니, 이때 몽염의 위세가 흉노(匈奴)땅에 떨쳤다.

진시황은 몽씨 일족을 매우 존중하고 총애하여 그들을 신임하고 대우하였다. 특히 몽의(蒙毅)를 가까이하니, 몽의는 벼슬이 상경에 이르게 되어, 외출할 때에는 수레에 함께 타고, 들어와서는 곁에서 모셨다. 몽염은 왕궁 밖의 군사 일을 맡았고, 몽의는 언제나 안에서 정책을 도모하여 충직하고 믿음직한 신하로 알려지니, 여러 장군들과 재상들도 감히 그들과 다투려 하지 않았다.

조고(趙高)는 조씨 가문의 먼 일족이었다. 조고의 형제 몇 사람은 모두 은궁(隱宮)에서 태어났으며, 그의 어머니도 형벌을 받았으므로 대대로 비천하였다. 진(秦)나라 왕은 조고가 능력이 뛰어나고 형법에 능통하다는 말을 듣고, 그를 등용하여 중거부령(中車府令)을 삼았다. 조고는 은밀히 공자(公子) 호해(胡亥)를 섬기며, 그에게 판결하는 법을 가르쳤다. 조고가 큰 죄를 지었을 때에, 진나라 왕은 몽의에게 법에 따라 다스리라고 명령하였다. 몽의는 감히 법을 어기지 못하고, 조고의 죄는 사형에 해당된다고 하여 그의 환적(宦籍)을 삭제하였다. 그러나 진나라 왕은 조고가 일에 성실하였다고 하여 그를 사면하고 관직을 회복시켜주었다.

진시황이 천하를 순행(巡行)하려 하매, 구원(九原)을 거쳐 곧바로 감천(甘泉)까지 가고자 하였다. 그리하여 몽염으로 하여금 길을 뚫게 하니, 구원에서 감천까지 산을 깎고 골짜기를 메운 것이 1,800리나 되었으나, 길은 아직 완성되지 않았다.

진시황 37년 겨울에 시황은 길을 떠나 회계(會稽)로 순행하여, 바닷길을 따라 북쪽으로 올라 낭야(琅邪)로 향하였다. 시황은 도중에 병이 나자, 몽의를 시켜 돌아가서 산천(山川)의 신에게 기도드리게 하였으나, 끝내 돌아오지 못하였다.

진시황이 사구(沙丘)에서 붕어하였으나, 비밀로 하였으므로 여러 신하들은 이를 알지 못하였다. 당시에는 승상(丞相) 이사(李斯)와 공자 호해, 중거부령(中車府令) 조고(趙高)가 늘 황제를 모셨다. 조고는 평소에 호해의 총애를 받고 있었으므로, 그를 황제로 세우려 하였다. 또한 몽의가 법대로 처리하여, 자기를 위해주지 않은 것에 대해서 원한을 품고, 그를 해칠 마음을 가지고 있었다. 그리하여 승상 이사, 공자 호해와 음모하여 호해를 세워 태자로 삼았다.

호해는 태자로 정해진 후, 사자를 보내, 공자 부소(扶蘇)와 몽염에게 죄를 뒤집어씌워 죽음을 내렸다. 부소가 자살한 뒤 몽염은 명령을 의심하여 다시 한 번 명을 내려달라고 청하니, 사자는 몽염을 관리에게 넘기고 사람을 파견하여 몽염의 자리를 대신하게 하였다. 호해는 이사의 가신(家臣)을 호군(護軍)으로 삼았다. 사자가 돌아와 보고하니, 호해는 부소가 이미 죽었다는 말을 듣고 몽염을 놓아주려고 하였다. 그러나 조고는 몽씨가 다시 귀하게 되어 정권을 잡으면 자신을 원망할까 봐 두려웠다.

몽의가 돌아오자, 조고는 호해에게 충성하는 척하면서 몽씨 가문을 없애고자 하여 이렇게 말하였다. "선제(先帝)께서는 현명한 아들을 들어 태자로 세우시려고 하신 지 오래되었다고 들었사옵니다. 그런데 몽의가 '안 된다'고 간하였다 하옵니다. 공자께서 현인이신 줄 알면서 오래도록 세우지 않으려 하였으니, 이는 불충(不忠)이며 군주를 현혹한 것입니다. 신(臣)의 우매한 생각으로는 그를 죽이는 것이 좋을 것 같습니다."

호해는 이 말을 듣고 몽의를 대(代)의 옥에 가두었다. 이에 앞서 몽염은 이미 양주(陽周)의 옥에 갇혔다. 시황제의 영구가 함양(咸陽)에 도착하여 장례를 끝내자, 태자가 뒤를 이어 이세황제(二世皇帝, B.C. 209~B.C. 207)가 되었다. 조고가 가까이 모시면서 밤낮으로 몽씨를 헐뜯고, 그들의 죄과를 찾아내어 탄핵하였다.

자영(子嬰)이 황제 앞에 나와 간하였다. "신이 듣건대, 이전의 조나라 왕 천(遷)은 어진 신하 이목(李牧)을 죽이고 안추(顔聚)를 등용하였고, 연나라 왕 희(喜)는 남몰래 자객 형가(荊軻)의 계책을 써서 진(秦)나라와의 약속을 저버렸으며, 제나라 왕 건(建)은 전대(前代)의 충신들을 죽이고 후승(后勝)의 건의를 받아들였다고 합니다. 이 세 임금은 모두가 각기 옛것을 바꾸었다가 그 나라를 잃었으며, 재앙이 자기 몸에까지 미쳤습니다. 지금 몽씨는 진나라의 대신이며 모사(謀士)입니다. 그런데 폐하께서 하루아침에 이들을 버리려고 하시니, 신은 그리하면 안 된다는 생각이 들었습니다. 신이 듣건대, 경솔한 생각으로는 나라를 다스릴 수가 없고, 혼자의 지혜로는 군주의 자리를 보존하지 못한다고 합니다. 충신을 죽이고 절조 없는 사람을 세운다면, 이는 안으로는 뭇 신하들을 서로 불신하게 만들고, 밖으로는 전쟁을 치르는 군사들의 마음을 혼란스럽게 합니다. 신은 가만해 생각해보건대, 몽염을 벌하는 것은 잘못된 것 같습니다."

호해는 이 말을 듣지 않았다. 그리고 어사(御史) 곡궁(曲宮)를 시켜 역마를 타고 대(代)로 가서 몽의에게 명령을 전달하여 말하도록 하였다. "선제께서 나를 태자로 세우려 하실 때에 경은 이를 비난하였소. 지금 승상(丞相)이 경을 불충하다고 하면서, 그 죄가 일족에게 미친다고 말하였소. 그러나 짐은 차마 그렇게 할 수가 없어 경에게만 죽음을 내리니, 또한 매우 다행한 일이오. 경은 스스로 알아서 하시오."

몽의가 대답하여 말하였다. "신이 선제의 뜻을 몰랐다고 하지만, 신은 연소(年少)할 때부터 벼슬하여 선제께서 승하하시는 때까지 그 뜻에 순종하여 총애를 입었으니, 선제의 뜻을 알았다고 말할 수 있습니다. 신이 태자의 능력을 몰랐다고 하지만, 태자만이 선제를 수행하여 천하를 두루 순행하였으니, 태자의 능력이 다른 여러 공자들보다 훨씬 뛰어나다는 것을 신은 의심해본 적이 없습니다.

선제에서 폐하를 태자로 세우려 하신 것은 몇 년 동안 생각하신 것인데, 신이 감히 무슨 말을 간할 것이며, 어찌 감히 다른 생각을 하였겠습니까? 감히 말을 꾸며서 죽음을 피하려는 것이 아니오라, 선제의 명예에 누를 끼치는 것이 부끄러우니, 대부(大夫)께서는 깊이 생각하시어 신이 정당한 죄명으로 죽게 해 주십시오. 대체로 공을 이루고 제 몸도 온전히 보전해야 도리가 귀중한 것이지, 형벌을 받고 죽게 되면 도리도 끝입니다. 옛날에 진나라 목공(穆公)은 세 사람의 어진 신하를 죽이고 백리해(百里奚)도 사형에 처했지만, 모두 합당한 죄는 아니었습니다. 그래서 '목(穆)'이라는 시호를 받았습니다. 소양왕(昭襄王)은 무안군(武安君) 백기(白起)를 죽였으며, 초나라 평왕(平王)은 오사(伍奢)를 죽였고, 오나라 왕 부차(夫差)는 오자서(伍子胥)를 죽였습니다. 이 네 임금은 모두 커다란 실수를 범하였으니, 그래서 천하가 그들을 비난하였으며, 현명하지 못한 임금으로 제후들 사이에 나쁘게 알려져 있습니다. 그러므로 '도리로써 다스리는 자는 죄 없는 사람을 죽이지 않고, 무고한 사람에게는 벌을 주지 않는다.'라고 합니다. 원컨대 대부께서는 이 점을 유념하십시오!"

그러나 사자는 호해의 뜻을 알고 있었으므로 몽의의 말을 듣지 않고 마침내 그를 죽였다.

이세황제(二世皇帝, B.C. 209~B.C. 207)는 다시 사자를 양주로 보내 몽염에게 명령하여 말하기를 "그대는 잘못이 많다. 그리고 경의 아우 의가 큰 죄를 범하였는데, 법대로 하면 내사에게도 연루된다."라고 하였다. 이에 몽염이 말하였다. "저의 선조(先祖)로부터 자손에 이르기까지 진나라에 공을 쌓은 것이 3대나 됩니다. 지금 신은 30여만 대군을 거느리고 있고, 비록 죄수의 몸으로 감옥에 갇혀 있지만, 그 세력이 진나라를 배반하기에 충분합니다. 그러나 제가 반드시 죽을 것을 알면서도 의리를 지키는 것은, 조상의 가르침을 감히 욕되게 하지 않고 선제의 은덕을 잊지 않기 때문입니다.

옛날 주 성왕(周成王)이 처음 즉위하셨을 때에는 어린 나이에 불과하였지만, 주공 단(周公旦)이 왕을 업고 조정에 나가 일을 처리하여, 마침내 천하를 평정하였습니다. 성왕이 병에 걸려 위독하게 되자, 주공 단은 스스로 손톱을 잘라 황하에 던지면서 기도하여 말하기를, '왕께서는 아직 아무것도 모르셔서 제가 모든 일을 맡아 하고 있습니다. 만약에 죄가 있다면 제가 그 벌을 받겠습니다.'라고 하였습니다. 이에 이를 적어서 기록 문서를 보관하는 곳에 간직해두었으니, 충성스럽다고 할 만합니다. 성왕이 자라서 나라를 다스릴 수 있게 되자, 어떤 간신이 '주공 단이 반란을 일으키려 한 지 오래되었사오니, 왕께서 만약에 대비하지 않으신다면 반드시 큰 일이 일어날 것입니다.'라고 하였습니다. 왕이 이에 크게 노하자, 주공 단은 초나라로 달아났습니다. 성왕이 기부를 조사하다가 주공 단이 황하에 던진 글을 보고는 눈물을 흘리면서 '누가 주공 단이 반란을 일으키려 한다고 하였느냐!'라고 말하였습니다. 이에 주공을 모함한 자를 죽이고, 주공 단을 불러들였습니다.

그러므로 『서경』『주서(周書)』에 이르기를, '반드시 여러 곳에 자문을 구하고, 반복하여 살핀다.'라고 하였습니다. 지금까지 신의 집안은 대대로 두 마음을 가진 적이 없었으나, 일이 갑자기 여기까지 이르렀으니, 이는 반드시 간신이 반역을 꾀하여, 안으로 군주를 능욕하려는 것입니다. 성왕은 잘못하였으나, 다시 고쳤기 때문에 끝내는 창성하였고, 걸(桀)은 충신 관룡봉(關龍逢)[1]을 죽였고, 주(紂)는 왕자 비간(比干)을 죽이고도 뉘우치지 않았기에, 자신은 죽음에 이르고 나라는 망하게 되었습니다. 그러므로 신은 '잘못은 바로잡아야 하고 간언은 깨달아야 하며, 두루 여러 곳에 자문을 구하고 조사하는 것이 성왕의 도리이다.'라고 말씀드리고 싶습니다. 신이 드리는 말씀은 결코 허물을 면하려는 것이 아니고, 간언을 드리고 죽고자 할 따름입니다. 원컨대 폐하께서는 만민을 위하여 도리를 따르도록 하옵소서."

사자는 말하였다. "신은 명령을 받고 장군에게 형을 집행할 따름이니, 감히 장군의 말을 왕께 전해 올릴 수는 없소." 몽염이 길게 한숨짓고 말하기를, "내가 하

---

1 관룡봉(關龍逢) 하나라의 폭군 걸(桀)의 신하로 그의 황음무도함을 바른 말로 충고했으나, 오히려 옥에 갇혀 죽음을 당하였다.

늘에 무슨 죄를 지었기에, 잘못도 없이 죽어야 한다는 말인가!"라고 하였다.

　그리고 한참 있다가 천천히 말하였다. "나의 죄는 참으로 죽어 마땅하다. 임조에서 공사를 일으켜 요동에 이르기까지 장성을 만여 리나 쌓았으니, 그러는 동안 지맥(地脈)을 끊어놓지 않을 수 있었겠는가! 이것이 바로 나의 죄이다."

　몽염은 약을 삼키고 자결하였다.

　태사공은 말하였다.

　"나는 북쪽 변경 지방에 갔다가 직도(直道)를 통해서 돌아왔는데, 길을 가면서 몽염(蒙恬)이 진나라를 위해서 쌓은 만리장성의 요새를 보니, 산을 깎아내리고 골짜기를 메워 직도를 통하게 하였는데, 이것은 참으로 백성의 노고를 가벼이 여긴 것이다. 왜냐하면 진나라가 제후들을 없앤 초기에는 천하의 민심이 아직 안정되지 못하였고, 상처를 입은 자들도 아직 낫지 않았으나, 몽염은 명장(名將)으로서 이러한 때에 강력히 간언하여 백성의 궁핍을 구제하고 노인과 고아를 부양하여, 모든 백성들에게 평화를 주려고 힘쓰지 않았기 때문이다. 그러면서도 오히려 시황제(始皇帝)의 야심에 동조하여 공사를 일으켰으니, 그들 형제가 죽임을 당한 것도 또한 마땅하지 않은가! 어찌 지맥을 끊은 것에다 죄를 돌리려고 하는가?"

회음후열전

淮陰侯列傳

초나라 군대가 한나라 군대를 위협할 때, 회음후 한신은 위와 조를 정복하고 연과 제를 평정하여 천하의 삼 분의 이를 한나라가 차지하게끔 하여 항우를 멸망시켰다. 그래서 「회음후열전」을 지었다.

　회음후(淮陰侯) 한신(韓信)은 회음 사람이다. 그가 처음 평민이었을 때에는 가난하고 품행이 단정하지 않았다. 한신은 추천을 받아 관리가 되지도 못하였고 장사로 생계를 꾸릴 수도 없어 늘 남에게 의지하였으니, 사람들이 그를 싫어하였다. 일찍이 하향(下鄕)의 남창(南昌) 정장(亭長)에게 여러 번 밥을 얻어먹었는데, 여러 달이 지나자 정장의 아내가 그를 미워하여 새벽에 밥을 지어 먹어버렸다. 그날도 한신이 식사시간에 맞추어 갔으나, 식사 준비가 되어 있지 않았다. 한신도 그 뜻을 알고는 화가 나서 끝내는 의절하고 떠났다.

　한신이 성 아래에서 낚시를 하고 있었다. 빨래하는 여러 여인들 중에 한 사람이 한신이 주린 것을 보고 밥을 주었는데, 빨래를 마치도록 수십 일 동안을 이렇게 하였다. 한신은 기뻐서 빨래하는 여인에게 "내 반드시 은혜에 크게 보답하겠다."라고 말하였다. 여인은 역정을 내며 "대장부가 스스로 밥을 먹지 못하여 내가 왕손(王孫)을 불쌍히 여겨 밥을 준 것이니, 어찌 보답을 바라겠소!"라고 말하였다.

회음 땅의 백정 중에 한신을 멸시하는 젊은이가 있었다. 그가 한신에게 말하기를 "네가 비록 장대하고 칼 차기를 좋아하나 속은 겁쟁이일 뿐이다."라고 하였다. 또 사람들 앞에서 모욕을 주며 말하기를 "네가 용기가 있으면 나를 찌르고, 용기가 없다면 내 가랑이 밑으로 기어라."고 하였다. 이에 한신은 그를 자세히 쳐다보다가 몸을 구부려 가랑이 밑으로 기어나갔다. 시정의 모든 사람들이 한신을 비웃으며 겁쟁이라고 하였다.

항우(項羽)의 숙부인 반란군의 지도자 항량(項梁)이 회수(淮水)를 건너자, 한신은 칼을 차고 그를 따랐으나, 그의 휘하에 있으면서 이름이 알려지지는 않았다. 항량이 패하자 이번에는 항우의 군대에 속하게 되었다. 항우는 그를 낭중(郎中)에 임명하였다. 한신은 여러 번 항우에게 계책을 올렸으나, 항우는 그것을 받아들이지 않았다. 한왕(漢王:高祖, B.C. 202~B.C. 195)이 촉(蜀)에 들어오자, 한신은 초(楚)나라를 도망쳐서 한(漢)나라로 귀순하였으나, 알려지지 못하였기에 창고지기에 해당하는 연오(連敖)라는 낮은 벼슬을 받았다.

한번은 한신이 법을 어겨 참형을 당하게 되었는데, 같은 무리 13명이 이미 모두 베어진 후 한신의 차례가 되었을 때였다. 한신이 고개를 들어 쳐다보다가 등공(滕公)을 발견하고는 말하기를 "왕께서는 천하를 취하지 않으실 것입니까? 어찌 장사를 죽이려고 하십니까!"라고 하였다. 등공은 그 말을 기특하게 여기고 한신의 모습을 장하게 여겨 풀어주고 죽이지 않았다. 등공은 함께 이야기를 나누고는 크게 기뻐하며 한왕에게 그를 추천을 하였다. 한왕은 한신을 군량을 담당하는 군관인 치속도위(治粟都尉)로 임명하였지만, 특별하게 대우하지는 않았다.

한신은 자주 소하(蕭何)와 대화를 하였는데, 소하는 그를 뛰어나다고 여겼다. 한나라 고조(高祖, B.C. 202~B.C. 195)가 항우에게 관중을 넘겨주고 한중(漢中) 땅으로 들어와 남정(南鄭)에 이르렀을 때, 여러 장수들 중에 도망치는 자가 수십 명이었다. 한신도 소하가 이미 여러 차례 자기를 한왕에게 추천하였으나 등용하지 못한다고 생각하고 도망쳤다.

소하가 한신이 도망쳤다는 말을 듣고 왕에게 알리지도 못하고 한신을 추적하였다. 이를 두고 어떤 이가 왕에게 승상 소하가 도망쳤다고 아뢰었다. 왕이 크게 성을 내며 양손을 잃은 듯하였다.

며칠 뒤에 소하가 돌아와 왕을 배알하였다. 왕은 화도 나고 기쁘기도 하여 소하를 꾸짖어 "그대가 어찌 도망을 쳤소?"라고 하였다. 소하가 대답하기를 "신은 감히 도망친 것이 아니라 도망친 자를 쫓았을 뿐입니다."라고 하였다.

왕이 "그대가 쫓은 사람이 누구인가?"라고 묻자, 소하는 "한신을 쫓았습니다."라고 대답하였다.

왕이 다시 꾸짖어 말하기를 "장수들 중에 도망친 자가 수십 명인데 공은 쫓지 않았소. 이제 한신을 쫓아갔다는 것은 거짓이로다."라고 하였다. 소하가 대답하기를, "다른 장수들이야 쉽게 얻을 수 있지만 한신과 같은 인물은 걸출하여 누구와도 비길 수 없는 사람입니다. 왕께서 만약 한중(漢中)에서 계속 왕 노릇을 하시려면 한신을 쓸 바 없거니와, 만일 천하를 취하고자 하신다면 한신 말고는 그일을 상의할 인물이 없습니다. 다만 왕께서 어떤 계획을 가지고 계신가에 달려 있습니다."라고 하였다.

왕이 "나 역시 동쪽으로 가고자 하오. 어찌 답답하게 이곳에 오래 머물겠소?"라고 하였다. 소하가 말하기를 "왕께서 동쪽으로 가려 하시면 한신을 중용할 수 있을 것이고, 그렇다면 한신은 머무를 것입니다. 그러나 한신을 중용하지 않는다면 그는 결국 도망칠 것입니다."라고 하였다.

왕이 "공의 뜻을 따라 그를 장군으로 삼겠소."라고 말하였다. 소하가 대답하기를 "비록 장군으로 삼는다고 해도 한신은 아마 떠날 것입니다."라고 말하였다. 왕이 "그렇다면 대장으로 삼겠소."라고 말하였다. 소하가 말하기를 "참으로 다행한 일입니다."라고 하였다.

이에 왕은 한신을 불러 임명하고자 하였다. 소하가 말하기를 "왕께서는 평소 오만무례하셔서 지금 대장을 제수함이 마치 어린아이 부르듯 하시니, 이와 같은 이유로 한신이 떠난 것입니다. 왕께서 그를 대장으로 임명하시려 한다면 좋은 날을 골라 재계(齋戒)하시고, 단장(壇場)을 설치하여 의식을 갖추어야 가능할 것입니다."라고 하였다.

왕이 이를 허락하였다. 여러 장수들이 모두 기뻐하며 서로 자신이 대장이 되리라고 생각하였다. 그러나 대장에 임명된 자가 한신임이 밝혀지자, 온 군대가 모두 놀랐다.

한신이 예를 마치고 자리에 올라가자, 한왕이 "승상(丞相)이 자주 장군의 이야기를 하였소. 장군은 무엇을 가지고 과인에게 계책을 가르치겠소?"라고 물었다. 한신이 사례하고 한왕에게 "지금 동쪽을 향하여 천하의 대권을 함께 다툴 자는 항왕(項王)이 아니겠습니까?"라고 물었다. 한왕은 "그러하오."라고 대답하였다. 한신이 말하기를 "대왕께서 스스로 생각하시기에, 용감하고 사납고 어질고 굳세기가 항왕과 견주어 누가 더 낫다고 생각하십니까?"라고 하자, 한왕이 오랫동안 대답하지 않고 있다가 말하기를 "내가 항우만 못하오."라고 하였다.

한신이 두 번 절하고 치하하며 다음과 같이 말하였다. "저도 그렇게 생각합니다. 저도 또한 대왕께서 항왕만 못하시다고 생각합니다. 그러나 신은 일찍이 그를 섬겼기에, 청컨대 항왕의 사람됨을 말씀드려보겠습니다. 항왕이 성내어 큰 소리로 꾸짖으면 많은 사람이 모두 엎드리지만, 어진 장수를 믿고서 병권을 맡기지 못하니 이는 필부의 용기일 따름입니다. 항왕이 사람을 대하는 태도는 공경스럽고 자애로우며 말씨도 부드럽습니다. 누가 병에 걸리면 눈물을 흘리며 음식을 나누어줍니다. 그러나 자기가 부리는 사람이 공을 이루어 마땅히 봉작해야 할 때에 이르러서는, 그 인장이 닳아 망가질 때까지 차마 내주지를 못합니다. 이것은 이른바 아녀자의 인(仁)일 뿐입니다. 항왕이 비록 천하의 패자가 되어 여러 제후들을 신하로 삼았지만, 관중(關中)에 있지 못하고 팽성(彭城)에 도읍하였습니다. 또 의제(義帝)와의 약속을 저버리고 자기가 친애하는 차례로 왕과 제후를 삼은 것은 불공평한 일입니다. 제후들은 항왕이 의제를 옮겨 강남(江南)

으로 쫓는 것을 보고, 모두 자기 나라로 돌아가서 그 임금을 쫓아내고 자신들이 좋은 땅의 임금이 되었습니다. 항왕의 군대가 지나간 곳은 학살과 파괴가 없는 곳이 없습니다. 천하의 많은 사람들이 그를 원망하고 백성들이 친밀하게 따라주지 않습니다. 다만 그의 강한 위세에 위협당하고 있을 뿐입니다. 그러니 항왕이 비록 패자라고 불리나 사실은 천하의 인심을 잃은 것입니다. 그렇기 때문에 그의 강대함을 무너뜨리기 쉽다고 할 수 있는 것입니다.

지금 대왕께서 항왕의 정책과는 반대로 천하의 용맹한 자들에게 모든 것을 믿고 맡기신다면, 멸하지 못할 적이 어디 있겠습니까? 천하의 성읍(城邑)을 공신(功臣)들에게 봉한다면 심복하지 않을 신하가 어디 있겠습니까? 정의를 내세운 군사를 거느리고 동쪽으로 돌아가고 싶어하는 병사를 따른다면 흩어져 달아나지 않을 적이 어디 있겠습니까? 삼진(三秦)의 왕들은 본디 진(秦)나라의 장군들이었습니다. 그들이 진나라의 자제를 거느린 여러 해 동안에 죽이고 달아나게 한 사례는 이루 다 헤아릴 수 없습니다. 그러고도 휘하의 병사들을 속여 제후에게 항복하고 신안(新安)으로 왔는데, 항왕은 진나라에서 항복해온 병졸 20만여 명을 속여서 구덩이에 묻어 죽였습니다. 이때 오직 장함(章邯), 사마흔(司馬欣), 동예(董翳)만이 죽음에서 벗어났습니다. 그래서 진나라의 부형들은 이 세 사람들을 원망하여 그 원한이 골수에 사무쳐 있습니다. 지금 초나라가 위력으로 이 세 사람들을 왕으로 삼았습니다만 진나라 백성들 가운데 그들을 사랑하는 사람은 없습니다.

그런데 대왕께서는 무관(武關)에 들어가셔서 터럭만큼도 백성들을 해치는 일이 없으셨으며, 진나라의 가혹한 법을 폐지하고 진나라 백성들에게 삼장(三章)의 법만을 두겠다고 약속하셨습니다. 그래서 진나라 백성들 가운데 대왕께서 진나라의 왕이 되는 것을 바라지 않는 자가 없습니다. 제후끼리 먼저 관중에 들어간 자가 왕이 된다고 약속한 만큼 대왕이 마땅히 관중의 왕이 되셔야 합니다. 관중의 백성들도 이 사실을 알고 있습니다. 대왕께서 항왕 때문에 정당한 자리를 잃고 한중으로 들어가자, 관중의 백성들 가운데 원망하지 않는 이가 없습니다. 이제 대왕께서 군사를 이끌고 동쪽으로 쳐들어가신다면, 저 삼진의 땅은 격문 한

장으로 평정될 것입니다."

한왕이 이 말을 듣고 매우 기뻐서 한신을 너무 늦게 얻었다고 생각하였다. 드디어 그의 계책을 들어 여러 장군들이 공략할 지역을 조정하였다.

8월에 한왕이 군대를 동원하였다. 동쪽으로 진창(陳倉)에 진출하여 삼진을 평정하였다. 한(漢) 2년에 함곡관(函谷關)을 나와서 위(魏)나라와 황하 이남의 땅을 점령하였다. 한왕(韓王)과 은왕(殷王)이 모두 항복하였다. 제(齊)나라, 조(趙)나라의 군대와 연합하여 초나라를 공격하였다. 4월에 팽성에 이르렀지만, 한(漢)나라 군대가 패하자 모두 흩어져 퇴각하였다. 한신이 다시 병사를 모아 한왕(漢王)과 형양(滎陽)에서 합류하여, 초나라 군대를 경(京)과 삭(索) 사이에서 격파하였다. 이래서 초나라 군대는 더 이상 서쪽으로 나갈 수 없게 되었다.

한나라 군대가 팽성에서 패하여 물러나자, 새왕(塞王) 사마흔과 적왕(翟王) 동예가 한나라 군중에서 도망쳐 초나라에 항복하였다. 제나라와 조나라도 또한 한나라를 배신하고 초나라와 화친하였다. 6월에는 위왕(魏王) 표(豹)가 한왕(漢王)을 배알하고 어버이 문병차 귀국하겠다고 청원하더니, 귀국한 뒤에는 즉시 하관(河關)을 폐쇄하고 한나라를 배반하고는 초나라와 화친하는 맹약을 맺었다. 한왕(漢王)이 역생(酈生)을 시켜 위왕 표를 달랬으나, 뜻을 굽히지 않았다. 한왕(漢王)이 그해 8월에 한신을 좌승상으로 삼아 위나라를 공격하였다. 위왕이 포판(蒲坂)의 수비를 강화하고, 임진(臨晉)의 수로를 막았다. 한신은 대군을 거느린 것처럼 위장하여, 배를 줄지어 임진에서 황하를 건너는 것처럼 해 보였다. 그러나 실은 하양(夏陽)에서 목앵부로 군대를 건너게 하여, 위나라의 도성인 안읍(安邑)을 습격하였다. 위왕 표가 놀라서 군사를 이끌고 한신을 맞아 싸웠지만, 한신이 표를 사로잡았다. 한신은 위나라를 평정하고, 한나라의 하동군(河東郡)으로 만들었다. 한왕(漢王)이 장이(張耳)를 파견하여, 한신과 함께 병사를 이끌고 동북쪽으로 진격하여 조(趙)나라와 대(代)나라를 치게 하였다. 윤 9월에 그들은 대나라 군대를 격파하고, 연여(閼與)에서 대나라 재상 하열(夏說)을 사로잡았다. 한신이 위나라를 항복시키고 대나라를 격파하였다.

한왕이 사자를 보내 그의 정예 병사를 이끌고 형양으로 가서 초나라 군대를 막게 하였다. 한신이 장이와 함께 병사 수만 명을 이끌고 동쪽으로 진격하여 정형(井陘)에서 내려와 조나라를 치려고 하였다. 조왕(趙王)과 성안군(成安君) 진여(陳餘)는, 한나라 군대가 습격을 준비하면서 정형 어귀에 주둔하고 있는데 그 수가 20만 명이라는 것을 보고받았다.

광무군(廣武君) 이좌거(李左車)가 성안군에게 다음과 같이 말하였다. "들리는 바로는 한나라의 장군 한신은 서하(西河)를 건너서 위왕 표를 사로잡고, 하열(夏說)을 사로잡아, 연여를 피로 물들였다고 합니다. 이번에는 장이의 도움을 받아 우리 조나라를 항복시키려고 의논하고 있다니, 승세를 타고 고국을 떠나 멀리서 싸우는 그들의 예봉을 막아내기가 어려울 것입니다. 신이 듣기로는 천리 밖에서 군량미를 보내면 운송이 곤란하므로 병사들에게 주린 빛이 돈다고 합니다. 더욱이 땔나무를 하고 풀을 베어야 밥을 지을 수 있게 되므로 군사들이 저녁밥을 배불리 먹어도 아침까지 가지 못한다고 합니다. 그런데 지금 정형의 길이 좁아서 두 대의 수레가 함께 지나갈 수 없으며, 기병도 줄을 지어 갈 수가 없습니다. 그렇게 해서 가야 할 곳이 수백 리나 됩니다. 이렇다면 사세로 보아 군량미는 반드시 그 후방에 있을 것입니다.

원하건대 당신께서 신에게 기습 병사 3만 명만 빌려주신다면, 지름길로 가서 그들의 군량미 수송대를 끊어놓겠습니다. 군께서는 물길을 깊이 파고 누벽을 높이 쌓고 진영을 굳게 지켜, 한나라 군대와 어울려 싸우지 마십시오. 이렇게 하면 적군은 전진해서 싸울 수가 없고, 후퇴하고 싶어도 돌아갈 수가 없습니다. 이때 우리 기습 병사가 적의 뒤를 끊고 들판에서 적이 약탈할 만한 식량을 치워버리면, 열흘도 못 되어서 적의 두 장군인 한신과 장이의 머리를 휘하에 바칠 수 있습니다. 군께서는 신의 계책에 유의해주십시오. 이렇게 하지 않는다면 반드시 적의 두 장군에게 사로잡힐 것입니다."

성안군은 유학자(儒學者) 출신이어서 언제나 의로운 군대를 거론하면서 기습작전을 쓰지 않았다. 이 때문에 성안군은 광무군의 계책을 따르지 않고 다음과 같이 말하였다. "내가 들으니 병법에 아군이 적군의 열 배가 되면 포위하고, 두

배가 되면 싸우라고 하였소. 지금 한신의 병력이 수만이라고 하지만, 실제로는 수천에 지나지 않소. 게다가 천리 먼 곳에 와서 우리를 치는 것이니, 역시 벌써 아주 지쳤을 것이오. 지금 이런 적을 피하고 치지 않는다면 나중에 대군이 쳐들어올 때에는 어떻게 싸우겠소? 그렇게 되면 제후들이 우리를 비겁하게 여기고 함부로 쳐들어올 것이오."

한신이 첩자를 시켜 염탐하게 하였는데, 첩자가 광무군의 계책이 채택되지 않은 것을 알고는 돌아와 한신에게 보고하였다. 한신이 매우 기뻐하며 군대를 이끌고 드디어 정형을 향해 갔다. 정형 어귀에서 약 30리 떨어진 곳에 멈추어서 야영하였다. 밤중에 군령을 전하여 가볍게 무장한 기병 2,000명을 선발하고는, 사람마다 붉은 깃발 한 개씩을 가지고 들어가 지름길로 해서 산속에 숨어 엎드려 조나라 군대를 바라보게 하였다. 그리고는 "조나라 군대는 우리가 달아나는 것을 보면 반드시 누벽(壘壁)을 비워놓고 우리를 쫓아올 것이다. 너희들은 그 사이에 빨리 조나라 누벽으로 들어가서 조나라 깃발을 뽑아버리고 한나라의 붉은 깃발을 세워라."라고 명령하였다. 그리고 비장(神將)을 시켜서 가벼운 음식을 모든 군사에게 나누어주게 하면서 말하기를 "오늘 조나라 군대를 격파한 뒤에 모여서 잔치하자."라고 하였다. 여러 장수들은 아무도 그 말을 믿지 않았지만, 거짓으로 "그렇게 하겠습니다."라고 대답하였다.

한신은 군리(軍吏)에게 "조나라 군대는 우리보다 먼저 편리한 지점을 골라서 누벽을 구축하였다. 또 저들은 우리 대장의 깃발과 북을 보기 전에는 우리의 선봉을 공격하려고 하지 않을 것이다. 왜냐하면 우리가 좁고 험한 곳에 부딪쳐 돌아가 버릴까 두려워하기 때문이다."라고 말하였다. 한신은 이에 만 명을 먼저 가게 하고, 정형 어귀로 나가서 배수진(背水陣)을 치게 하였다.

조나라 군대가 이것을 보고는 병법을 모른다며 크게 웃었다. 새벽에 한신이 대장의 깃발과 북을 세우고, 북을 치며 행군하여 정형 어귀로 나갔다. 조나라 군대가 누벽을 열고 그들을 공격하여, 오랫동안 격렬하게 싸웠다. 한신과 장이가 거짓으로 북과 깃발을 버리고 강가의 진(陣)으로 달아나자, 강가의 진에서 진문을 열어 그들을 들어오게 하였다. 그리고는 다시 치열하게 싸웠다. 조나라 군대가 과연 누벽을 비워놓고, 한나라의 북과 깃발을 빼앗으려고 한신과 장이를 뒤쫓았다. 그러나 한신과 장이가 이미 강가의 진으로 들어가자, 한나라 군대가 필사적으로 싸웠으므로 깨뜨릴 수 없었다.

한신이 앞서 보냈던 기습 병사 2,000명은 조나라 군대가 누벽을 비우고 전리품을 쫓는 틈을 엿보아, 곧 조나라 누벽 안으로 달려들어 갔다. 기습 병사들이 조나라 깃발을 다 뽑아버리고, 한나라의 붉은 깃발 2,000개를 세워놓았다. 조나라 군대는 이기지도 못하고 한신 등을 사로잡을 수도 없었으므로, 누벽으로 돌아가려고 하였다. 그러나 조나라의 누벽에는 모두 한나라의 붉은 깃발만 세워져 있었다.

매우 놀란 조나라 군대는 한나라 군대가 이미 조나라 왕의 장군들을 다 사로잡았으리라 생각하였다. 그래서 군사들은 혼란에 빠져 달아났다. 조나라 장군들이 달아나는 군사를 베어 죽이면서 막으려고 하였지만, 막을 수가 없었다. 이에 한나라 군대가 앞뒤에서 협공하여 조나라 군대를 크게 깨뜨리고 사로잡았다. 결국 성안군을 지수(泜水)부근에서 목을 베고, 조왕 헐을 사로잡았다.

한신이 군중에 명령을 내려 "광무군을 죽이지 마라. 사로잡는 자가 있으면 천금으로 사겠다."라고 하였다. 그러자 광무군을 결박하여 끌고 오는 자가 있었다. 한신이 광무군의 포승을 풀어주고 동향(東向)하여 앉게 한 뒤에, 자기는 서향(西向)하여 광무군을 스승으로 섬겼다.

여러 장수들이 적의 머리를 벤 것과 포로를 바치며 축하하고는, 한신에게 물었다. "병법에는 '산릉(山陵)을 오른편으로 하여 등지고, 수택(水澤)을 앞으로 하여 왼편으로 한다'고 하였습니다. 그런데 이번에 장군께서는 저희에게 도리어 물을 등지는 배수진을 치라고 명령하시고, 조나라를 깬 뒤에 잔치하자고 하셨습니다. 저희들은 마음속으로 승복하지 않았습니다. 그런데 마침내 이겼습니다. 이것이 무슨 전술입니까?"

한신이 다음과 같이 대답하였다. "이것도 병법에 있는 것이다. 그대들이 살펴보지 않았을 뿐이다. 병법에 이런 말이 있지 않던가? 죽을 곳에 빠진 뒤에야 살게 할 수 있고, 망할 곳에 있어야 생존하게 할 수 있다. 또한 내가 평소부터 훈련받은 병사들을 따르게 하는 것이 아니라, 아무런 훈련도 받지 않았던 시장 바닥의 사람들을 몰아다가 싸우게 한 것과 같은 이치이다. 그들을 죽을 땅에 두어서 사람마다 자신을 위하여 싸우도록 만들지 않고, 이제 그들에게 살아남을 수 있는 땅을 준다면 모두 달아날 것인데, 어찌 그들을 쓸 수 있겠는가?"

여러 장수들이 다 탄복하여 "훌륭하십니다. 저희들이 미처 따를 수 없는 것입니다."라고 말하였다.

한신이 광무군에게 "내가 북쪽으로 연나라를 치고 동쪽으로 제나라를 치려는데, 어떻게 하면 공을 세우겠습니까?"라고 물었다. 광무군이 사양하며 말하기를 "신이 들으니 '패배한 군대의 장수는 무용(武勇)에 대해서 말할 수 없고, 망한 나라의 대부(大夫)는 나라를 존속하는 일을 도모할 수 없다'라고 합니다. 지금 신은 패망한 나라의 포로입니다. 어찌 큰일을 꾀할 수 있겠습니까?"라고 하였다.

한신은 "내가 들으니 백리해(百里奚)가 우(虞)나라에 있었지만 우나라는 망하였고, 그가 진(秦)나라에 있을 때에는 진나라가 패자(霸者)가 되었다고 합니다. 그것은 백리해가 우나라에 있을 때에는 어리석다가 진나라에 있을 때에는 현명하였기 때문이 아닙니다. 그 임금이 그를 등용하였는지 안 하였는지, 그의 계책을 들었는지 듣지 않았는지에 달려 있을 뿐입니다. 만약 성안군이 당신의 계책을 들었다면 나와 같은 자는 벌써 포로가 되었을 것입니다. 당신을 쓰지 않았기 때문에 제가 당신을 모실 수 있게 되었을 뿐입니다."라고 하였다. 한신이 단호한 태도로 부탁하며 "내가 마음을 다하여 당신 계책을 따르겠습니다. 사양하지 마십시오."라고 하였다.

광무군이 말하였다. "신이 들으니 '슬기로운 사람도 천 번 생각에 한 번의 실수가 있을 수 있고, 어리석은 사람도 천 번 생각하면 한 번은 맞을 수 있다'고 하였습니다. 그래서 '미치광이의 말도 성인(聖人)은 가려서 듣는다'고 하였습니다. 신의 계책이 반드시 채용될 만한 것은 못 되지만 그래도 충심으로 아뢰겠습니다. 저 성안군은 백전백승의 계책이 있었는데도, 하루아침에 실수하여 그 군대가 호(鄗)의 성 밑에서 격파되고, 자신은 지수 부근에서 죽었습니다.

지금 장군께서는 서하를 건너 위왕을 사로잡았으며, 하열을 연여에서 사로잡았습니다. 단번에 정형을 내려와 하루아침에 조나라 20만 대군을 깨뜨리고, 성안군을 베어 죽였습니다. 그 이름이 온 나라에 들리고 그 위엄이 천하에 떨쳤습니다. 농부들도 나라의 앞날이 얼마 남지 않았다고 생각하고 농사를 그치고 쟁기를 내버린 채 아름다운 옷에 맛있는 음식을 먹으면서 장군의 명령을 귀 기울여 듣지 않는 자가 없습니다. 이러한 상황은 장군에게 이로운 것입니다.

그러나 백성들은 피로하고 병졸들은 지쳐서 실은 쓰기가 어렵습니다. 그런데도 지금 장군께서는 싸움에 지친 군대를 몰아서 갑자기 연나라의 견고한 성 아래로 쳐들어가려 합니다. 싸우려고 하여도 아마 시일이 오래 걸려 힘으로써 함락시킬 수 없을 것입니다. 오히려 우리 군대의 피폐한 실정을 드러내고 기세가 꺾인 채로 시일만 오래 끌다가 군량미가 다 떨어질 것입니다.

그러다가 약한 연나라조차 항복하지 않게 되면, 제나라는 반드시 국경의 방비를 철저히 하여 자기 나라를 강화시킬 것입니다. 그렇게 되어 연나라와 제나라가 서로 의지하여 항복하지 않는다면, 한나라와 초나라의 싸움은 승부를 가리기 어려울 것입니다. 이러한 상황은 장군에게 불리한 것입니다.

신의 어리석은 생각으로는 연나라와 제나라를 치는 것은 잘못 같습니다. 그러므로 용병을 잘하는 자는 이쪽의 단점을 가지고 적의 장점을 치는 것이 아니라, 이쪽의 장점을 가지고 적의 단점을 친다고 합니다."

한신이 이에 "그렇다면 어떠한 계책을 써야 하겠습니까?"라고 물었다. 광무군이 대답하였다. "지금 장군을 위한 계책으로는 싸움을 멈추고 군대를 휴식시키며, 조나라를 진압하여 그 전쟁고아들을 위로하고, 100 리 안의 땅에서 쇠고기와 술로 날마다 잔치를 벌여 사관들을 대접하고 병사들에게 술을 먹인 뒤에, 그들의 사기를 북돋우어 북쪽으로 연나라를 향하는 것이 가장 좋겠습니다. 그런 뒤에 변사(辯士)를 시켜 편지를 받들고 가게 해서 장군의 장점을 나라에 알린다면, 연나라가 감히 복종하지 않을 수 없습니다.

연나라가 이미 복종하게 되면, 변사를 동쪽으로 보내어 연나라가 복종하였다는 사실을 제나라에 알리게 하십시오. 그러면 제나라는 바람에 휩쓸리듯 따라서 복종할 것입니다. 비록 슬기로운 자가 있다고 하더라도 제나라를 위한 계책을 낼 수 없을 것입니다.

이렇게만 한다면 천하의 일을 다 도모할 수 있습니다. 용병에, 소리를 먼저 치고 실전은 나중에 한다는 것은 바로 이런 경우를 말하는 것입니다."

한신은 좋다고 말하고 그의 계책을 따랐다. 사자(使者)를 연나라에 보내니 연나라는 바람 따라 휩쓸리듯 복종하였다. 이에 사자를 보내 한왕(漢王)에게 아뢰고 이 기회에 장이를 조왕(趙王)으로 삼아 그 나라를 진무하도록 요청하였다. 한왕이 그 청을 허락하고 장이를 조왕으로 삼았다.

초나라가 자주 기습 병사를 출동시켜 황하를 건너와서 조나라를 공격하였다. 조왕 장이와 한신이 여기저기 다니면서 조나라를 구원하였다. 그 기회에 가는 곳마다 조나라 성읍을 평정하였으며, 병사를 징발하여 한나라로 보냈다.

초나라가 갑자기 한왕(漢王)을 형양에서 포위하였다. 한왕이 남쪽으로 달아나다가 완(宛)과 섭(葉) 사이에서 경포(黥布)를 만나, 성고(成皐)로 함께 들어갔다. 그러자 초나라가 또다시 그곳을 급히 포위하였다. 6월에 한왕이 성고를 나와, 동쪽으로 황하를 건너 등공(滕公)만을 데리고 수무(修武)에 있는 장이의 군대에 몸을 맡기려고 찾아갔다. 수무에 이르자 객관(客館)에서 잠을 자고는, 새벽에 자신을 한나라 사자라고 칭하면서 말을 달려 조나라 성벽 안으로 들어갔다. 장이와 한신은 아직도 일어나지 않았다. 한왕이 그들의 침실로 들어가 그들의 인부(印符)를 빼앗고는, 여러 장군들을 소집하여 그들의 배치를 바꾸어놓았다.

한신과 장이가 일어나 한왕이 와 있는 것을 알고는 매우 놀랐다. 한왕이 두 사람의 군대를 빼앗아 장이를 시켜 조나라를 지키게 하고, 한신을 상국(相國)으로 임명하였다. 그리고는 조나라 병사 가운데 아직도 징발되지 않은 자를 거두어 제나라를 치게 하였다.

한신이 군대를 이끌고 동쪽으로 진격하여 아직 평원(平原)을 건너기 전에 한왕이 역이기(酈食其:酈生)를 시켜서 이미 제나라를 달래어 항복받았다는 소문이 들려왔다. 한신은 그래서 제나라 치는 일을 그만두려고 하였다. 이때 범양(范陽)의 변사 괴통(蒯通)이 한신을 설득하여 말하였다. "장군이 조칙을 받고 제나라를 공격하려는데, 한왕이 단독으로 밀사를 보내어 제나라를 항복시켰습니다. 그러나 장군에게 공격을 그만두라는 조칙이 어디 있었습니까? 그러니 어찌 진격하지 않을 수 있습니까? 게다가 역생은 한낱 변사입니다. 그렇지만 수레 앞에 엎드려 세 치 혀를 놀려서 제나라 70여 개 성의 항복을 받았습니다. 그러나 장군께서는 수만 군대를 거느리고 한 해가 넘도록 겨우 조나라의 50여 개 성의 항복을 받았을 뿐입니다. 장군이 되신 지 벌써 여러 해가 되었는데, 보잘것없는 한낱 선비의 공보다도 못하다는 말씀입니까?"

한신도 이 말을 옳다고 생각하였다. 제나라를 치라는 그의 계책에 따라, 드디어 황하를 건너갔다. 제나라는 이미 역생의 말을 듣고 그를 머물게 한 뒤에 술잔치를 벌여, 한나라에 대한 방비를 하지 않고 있었다. 한신이 이 틈을 타서 역하(歷下)에 있던 제나라 군대를 습격하고, 드디어 수도인 임치(臨菑)에 이르렀다. 제나라 왕 전광(田廣, B.C. 205~B.C. 203)은 역생이 자기를 속였다고 생각하여 그를 삶아 죽이고 고밀(高密)로 달아났다. 그곳에서 초나라로 사자를 보내 구원을 청하였다. 한신은 임치를 평정한 뒤에 전광을 동쪽으로 추격하여, 고밀 서쪽에 이르렀다. 초나라도 또한 사마용저(司馬龍且)를 장군으로 삼고, 20만 대군이라고 일컬으면서 제나라를 구원하게 하였다.

제나라 왕 전광과 사마용저가 군사를 합쳐 한신과 싸우려는데, 아직 싸움이 벌어지기 전에 어떤 사람이 사마용저를 설득하여 말하였다. "한나라 군대는 멀리서 싸우러 왔으니, 있는 힘을 다해서 싸울 것입니다. 그러니 그 예봉을 막아내기가 어렵습니다. 제나라와 초나라는 자기 나라 땅에서 싸우기 때문에 병사들이 패하여 흩어지기가 쉽습니다. 그러니 성벽을 높이 하여 지키면서 제나라 왕으로 하여금 그가 신임하는 신하를 보내서 제나라가 이미 잃어버린 성을 이쪽으로 돌아오게 하는 것이 좋겠습니다. 함락된 성의 군사들이 자기 왕이 건재하다는 것을 듣고 초나라가 구원하러 왔다는 것을 알면 반드시 한나라를 배반할 것입니다. 한나라 군대는 2,000리나 떨어진 타국에 와 있습니다. 제나라 성들이 모두 배반하면 그 정세로 보아 식량도 얻을 수 없을 테니, 싸우지 않고도 항복시킬 수가 있을 것입니다."

사마용저가 말하였다. "내가 평소 한신의 사람됨을 알고 있는데, 그는 상대하기가 쉽다. 게다가 제나라를 구원한다면서 싸우지도 않고 한나라 군대를 항복시킨다면, 내게 무슨 공이 있겠느냐? 지금 싸워서 승리하면 제나라의 절반은 내 것이 된다. 어찌 이대로 그만두겠는가?"

결국 싸우기로 하고 유수(濰水)를 사이에 두고 한신과 마주하여 진을 쳤다. 한신이 밤에 사람을 시켜 만여 개의 주머니를 만들고, 거기에 모래를 가득 채워서 유수의 상류를 막게 하였다. 그리고는 한나라 군대를 이끌고 반쯤 건너가서 사마용저를 공격하다가 거짓으로 지는 체하고 돌아서서 달아났다. 사마용저가 과연 기뻐하며 "나는 한신이 겁쟁이라는 것을 원래 알고 있었다."라고 말하였다. 그리고는 한신을 뒤쫓아서 유수를 건너가기 시작하였다.

한신이 사람을 시켜 막아 놓았던 모래주머니를 터뜨리자, 갑자기 물이 크게 쏟아져내려왔다. 사마용저의 군사들은 절반도 건너지 못하였다. 이 때 한신이 급히 습격하여 사마용저를 죽였다. 유수 동쪽에 남아 있던 사마용저의 군사들도 흩어져 달아나고, 제나라 왕 전광도 도망갔다. 한신은 패하여 달아나는 초나라 군사들을 뒤쫓아가서, 성양(城陽)에 이르러 초나라 병졸들을 모두 사로잡았다.

한 4년에 한신이 드디어 제나라를 모두 항복시켜 평정하고 사자를 보내어 한왕에게 "제나라는 거짓이 많고 변절이 심하여, 번복이 심한 나라입니다. 게다가 남쪽으로는 초나라와 변경을 맞대고 있습니다. 가왕(假王)을 세워서 진정시키지 않으면, 정세가 안정되지 않겠습니다. 원컨대 신을 가왕으로 삼아주시면 편하겠습니다."라고 아뢰었다.

이때 초나라가 급습하여, 한왕을 형양에서 포위하고 있었다. 그런데 한신의 사자가 오자, 그 편지를 보고는 한왕이 매우 성내어 "내가 여기서 곤경에 빠져 빨리 와서 도와주기를 바라는데 저는 스스로 서서 왕이 되겠다는 말이냐?"라고 하며 꾸짖었다.

장량(張良)과 진평(陳平)이 한왕의 발을 일부러 밟아 신호하고는, 귓가에 입을 대고 "한나라는 지금 불리한 처지에 있습니다. 어찌 한신이 왕이 되는 것을 막을 수 있습니까? 차라리 그대로 세워서 왕을 삼고 그를 잘 대우하여 자진해서 제나라를 지키게 하는 것이 낫습니다. 그렇게 하지 않으면 변이 일어납니다."라고 말하였다.

한왕도 또한 이를 깨닫고, 이어 다시 꾸짖으며 "대장부가 제후를 평정하였으면 곧 진정한 왕이 될 것이니, 어찌 가탁한 왕이 될 수 있겠는가?"라고 하고는 장량을 보내어 한신을 제왕(齊王)으로 삼고, 그의 군대를 징발하여 초나라를 쳤다.

초나라는 사마용저를 잃게 되자 항왕(項王)도 두려워져서 우이(盱眙) 사람 무섭(武涉)을 시켜서 제왕(齊王) 한신을 달래게 하였다. 무섭은 한신에게 말하였다. "온 천하 사람들이 함께 진(秦)나라에 괴로움을 당한 지가 오래되었습니다. 그래서 서로 힘을 합하여 진나라를 쳤습니다. 진나라가 깨뜨려지자 공을 헤아려 땅을 분할하고, 그 나누어진 토지에 왕을 봉하여 사졸들을 쉬게 하였습니다. 그런데 지금 한왕(漢王)이 다시 군사를 일으켜 동쪽으로 진격하여, 남에게 나누어준 땅을 침범하고 남의 땅을 빼앗았습니다. 그가 이미 삼진(三秦)을 깨뜨렸으며, 군대를 이끌고 관을 나와, 제후의 군대를 거두어 동쪽으로 초나라를 공격하고 있습니다. 천하를 모두 삼키기 전에는 그치지 않으려 하니, 그가 만족할 줄 모르는 것이 이다지도 심합니다. 게다가 한왕은 믿을 수가 없습니다. 그의 몸이 항왕의 손에 여러 번 쥐어졌지만, 항왕은 늘 그를 가엾게 여겨서 살려주었습니다. 그런데도 위기를 벗어나기만 하면 번번이 약속을 어기고, 다시 항왕을 공격하였습니다. 그를 친히 여기고 믿을 수 없음이 이와 같습니다. 지금 당신께서는 스스로 한왕과 두터운 친교가 있다고 생각하고 그를 위하여 있는 힘을 다하여 군대를 지휘하지만 끝내는 그의 포로가 되고 말 것입니다. 당신이 지금까지 살아남을 수 있었던 까닭은 항왕이 건재한 덕분입니다. 지금 항왕과 한왕 두 사람의 싸움에서 승리의 저울추는 당신에게 달려 있습니다. 당신께서 오른쪽으로 추를 던지면 한왕이 이기고, 왼쪽으로 추를 던지면 항왕이 이길 것입니다. 항왕이 오늘 망하면 다음에는 당신을 없앨 것입니다. 당신은 항왕과 옛 연고가 있습니다. 어째서 한나라를 배반하고 초나라와 화친을 맺어, 천하를 셋으로 나누어 왕이 되지 않으십니까? 지금 이 기회를 버리고 스스로 한나라를 믿으며 초나라를 치다니, 슬기로운 자는 본래 그렇게 하는 것입니까?"

한신이 사절하며 말하였다. "신이 예전에 항왕을 섬겼지만, 벼슬은 낭중(郎中)에 지나지 않았으며 지위도 집극(執戟)에 불과하였습니다. 바른말을 아뢰어도 들어주지 않았고, 계책도 채택되지 않았습니다. 그런 이유로 초나라를 배반하고 한나라로 갔습니다. 그런데 한왕(漢王)은 나에게 상장군(上將軍)의 인(印)을 주었으며, 나에게 수만 명의 군대를 주셨습니다. 자기의 옷을 벗어서 나에게 입히고, 자기의 밥을 주어 나에게 먹였습니다. 나의 말은 받아들여지고, 나의 계책은 채택되었습니다. 그러므로 내가 오늘에까지 이를 수 있었던 것입니다. 남이 나를 친히 여기고 신뢰하는데 내가 그를 배반하는 것은 상서롭지 못한 짓입니다. 내가 비록 죽을지라도 마음을 바꿀 수는 없습니다. 나를 위하여 항왕에게 거절하여주면 좋겠습니다!"

무섭이 떠난 뒤에 제나라 사람 괴통이 천하대권의 향방이 한신에게 달린 것을 알고, 기이한 계책으로 한신을 감동시키려 하였다. 이에 관상을 보는 것으로써 한신에게 이르기를 "제가 일찍이 관상을 배운 적이 있습니다."라고 하였다.

한신이 "선생이 관상을 보는 법은 어떻습니까?"라고 묻자, "고귀하게 되느냐 비천하게 되느냐 하는 것은 골상에 달려 있고, 걱정거리가 생기느냐 기쁜 일이 생기느냐 하는 것은 얼굴 모양과 얼굴빛에 달렸으며, 성공과 실패는 결단에 달려 있습니다. 이러한 것을 참고하면 만에 하나라도 어긋나지 않습니다."라고 하였다. 한신이 말하기를 "좋소. 그러면 선생은 과인의 관상을 어떻게 보십니까?"라고 하니 괴통이 "잠시 틈을 주십시오."라고 하였다. 한신은 "다들 물러가라."라고 하였다. 괴통이 "장군의 상을 보니 제후에 불과합니다. 그것도 위태로워 안정된 상이 아닙니다. 그러나 장군의 등을 보니, 고귀하기가 이를 데 없습니다."라고 말하였다.

한신은 "그게 무슨 말이오?"라고 물었다.

괴통이 말하였다. "천하가 처음 어지러워졌을 때 영웅호걸들이 왕이라고 칭하고 한번 소리치자, 천하의 선비들이 구름처럼 몰려들어 물고기 비늘처럼 겹치고 불길이나 바람처럼 일어났습니다. 당시의 걱정은 오직 진나라를 멸망시키는 것뿐이었습니다. 그런데 지금 초나라와 한나라가 서로 다투게 되자, 천하의 죄 없는 사람들의 간과 쓸개가 땅바닥에 내깔리게 되었고, 아비와 자식의 해골이 들판에 나뒹구는 것만 해도 이루 다 헤아릴 수 없었습니다. 초나라 사람 항우가 팽성에서 일어나, 여기저기 돌아다니며 달아나는 적을 쫓아다녀 형양(滎陽)까지 이르렀습니다. 그 승세를 타고 각지를 석권하니 그 위세가 천하를 진동시켰습니다.

그러나 그의 군대가 경(京)과 삭(索) 사이에서 곤경에 빠지고 서산(西山)에 가로막혀 전진할 수 없게 된 지가 이제 3년이나 되었습니다. 한왕(漢王)은 수십만 군대를 거느리고 공(鞏)과 낙(洛)에서 험준한 산하를 방패 삼아 하루에도 여러 차례 전투를 하였습니다. 그러나 조그만 공도 세우지 못하였습니다. 좌절하고 패배하여도 구원해주는 사람이 없어, 형양에서 패하고 성고에서 군사를 잃은 채 드디어 완(宛)과 섭(葉) 사이로 달아났습니다. 이것이 이른바 슬기로운 한왕도 용맹스러운 항왕도 다 함께 괴로움을 당하는 것입니다. 날카로운 기상은 험준한 요새에서 꺾이고, 양식은 창고에서 다 떨어졌으며, 백성들은 매우 피폐해져서 원망합니다. 민심은 동요되어 의지할 곳이 없습니다.

신이 생각하기에 이러한 형세는 천하의 성현이 아니라면 참으로 그 화난을 그치게 할 수 없는 것입니다. 그런데 지금 한왕과 항왕의 운명은 당신에게 달려 있습니다. 당신께서 한나라를 위하면 한나라가 이길 것이요, 초나라를 위하면 초나라가 이길 것입니다.

신은 속마음을 터놓고 어리석은 계책을 말씀드리려고 합니다. 그러나 당신께서 쓰지 않으실까 걱정됩니다. 당신께서 참으로 신의 계책을 써주신다면, 저는 한나라와 초나라를 이롭게 하고 두 임금을 존속시켜 천하를 셋으로 나누는 것이 가장 좋은 방법이라고 생각합니다.

당신까지 세 세력이 솥발처럼 웅거하면 어느 편에서도 먼저 움직이지 못할 것입니다. 당신처럼 현명한 분이 수많은 갑병(甲兵)을 거느리고 강대한 제나라에 의지하여 연나라와 조나라를 복종시키고, 주인이 없는 땅으로 나아가 한나라와 초나라의 후방을 제압하시는 것이 좋습니다. 백성들이 바라는 대로 서쪽으로 진격해서 두 나라의 전쟁을 끝내게 하고 백성들의 생명을 구해준다면, 천하가 바람처럼 달려오고 메아리처럼 호응할 것입니다. 누가 감히 당신의 명령을 듣지 않겠습니까?

이렇게 되면 큰 나라는 나누어지고 강한 나라는 약하게 되어 제후를 세울 수 있게 됩니다. 제후가 서게 되면, 천하가 복종하며 그 은덕을 제나라에 돌릴 것입니다. 그렇게 되면 당신은 제나라의 옛 땅인 것을 생각하여 교(膠) 사(泗)의 땅을 보유하고 덕으로써 제후들을 회유하십시오. 궁중 깊은 곳에서 두 손 모아 읍하면서 겸양의 예를 지키면, 천하의 군주들이 서로 와서 제나라에 입조할 것입니다. 하늘이 주는 것을 받지 않으면 도리어 벌을 받고, 때가 왔을 때에 단행하지 않으면 도리어 그 재앙을 받는다고 합니다. 당신께서는 깊이 생각하시기 바랍니다."

한신은 대답하였다. "한왕은 나를 후하게 대해줍니다. 자기의 수레로 나를 태워주며, 자기의 옷으로 나를 입혀주며, 자기의 먹을 것으로 나를 먹여주었습니다. 내가 들으니 남의 수레를 타는 자는 그의 걱정을 제 몸에 싣고, 남의 옷을 입는 자는 그의 걱정을 제 마음에 품으며, 남의 밥을 먹는 자는 그의 일을 위해서 죽는다고 합니다. 내 어찌 이익을 바라고 의리를 저버릴 수 있겠습니까?"

괴통이 말하였다. "당신께서는 스스로 한왕과 친한 사이라고 생각하여 만세 불멸의 공업을 세우려고 하시지만, 신은 그것이 잘못이라고 생각합니다. 처음에 상산왕(常山王) 장이(張耳)와 성안군(成安君) 진여(陳餘)가 벼슬이 없었을 때에는 서로 목을 베어줄 만큼 가깝게 사귀었습니다. 그러나 나중에 장염(張黶)과 진택(陳澤)의 일 때문에 다투어, 두 사람은 서로 원망하게 되었습니다. 상산왕은 항왕을 배반하고 항영(項嬰)의 머리를 베어 들고 도망쳐서 한왕에게 귀순하였습니다. 한왕이 장이에게 그의 군대를 주어 동쪽으로 내려가서 성안군을 지수(泜水) 남쪽에서 죽였습니다. 그의 머리와 다리가 따로 떨어져나가, 마침내 천하의 웃음거리가 되었습니다. 상산왕과 성안군은 평소에 매우 친한 사이였습니다. 그러나 마침내 서로 잡으려고 한 까닭은 무엇이겠습니까? 걱정거리는 욕심이 많은 데서 생기고, 사람의 마음은 예측할 수 없기 때문입니다.

지금 당신께서는 충성과 신의를 다하여 한왕과 친하게 사귀려고 하시지만, 그 사귐이 아무래도 상산왕과 성안군의 사귐보다 든든하지는 못할 것입니다. 그리고 당신과 한왕(漢王) 사이에 틀어진 일은 장염과 진택의 일보다 많고 큽니다. 신의 생각으로는 한왕이 결코 당신을 위태롭게 하지 않을 것이라고 기대하는 것은 역시 잘못이라고 여겨집니다. 대부(大夫) 종(種)과 범려(范蠡)는 망해가는 월(越)나라를 존속시키고 월왕(越王) 구천(句踐)을 패자(覇者)로 만들어 공을 세우고 이름을 날렸지만, 자기 몸은 죽게 되었습니다. 들짐승이 다 없어지면 사냥개도 쓸모없어져 삶아 먹히게 마련입니다. 교우관계로 말한다면 당신과 한왕은 장이와 성안군보다 더 친하지 못하며, 충성과 신의로 말하더라도 대부 종과 범려가 월왕 구천에게 대한 것만 못합니다. 이 두 가지의 일은 거울로 삼을 만합니다. 깊이 생각해보십시오.

또 신이 들으니 용기와 지략이 군주를 진동시키는 자는 몸이 위태롭고, 공로가 천하를 덮는 자는 상을 받지 못한다고 합니다. 신이 대왕의 공과 지략을 말씀드려보겠습니다. 당신께서는 서하(西河)를 건너가서 위왕을 사로잡고 하열을 사로잡으셨으며, 군대를 이끌고 정형으로 내려와서 성안군을 베어 죽이고 조나라를 항복시키셨습니다. 연나라를 위협하고 제나라를 평정하셨으며, 남쪽으로 내려와 초나라의 20만 대군을 꺾으셨습니다. 동쪽으로 진격하여 사마용저를 죽이고, 서쪽으로 향하여 한왕에게 승리를 아뢰었으니, 이것이 이른바 '공로는 천하에 둘도 없고, 지략은 불세출이다'라는 것입니다.

지금 당신께서는 군주를 진동시킬 위력을 지녔으며, 상을 받을 수 없는 공로를 이루었습니다. 그러니 당신께서 초나라로 돌아가더라도 초나라 사람이 믿지 못할 것이며, 한나라로 돌아가더라도 한나라 사람이 떨며 두려워할 것입니다. 당신께서는 그런 위력과 공로를 가지고 어디로 가려고 하십니까? 남의 신하의 위치에 있으면서도 군주를 벌벌 떨게 할 만한 위력이 있고, 그 이름이 천하에 높아졌습니다. 그래서 저는 당신을 위하여 위태롭게 여기는 것입니다."

한신이 사례하며 "선생께서는 잠시 쉬시지요. 나도 이 일에 대해서 생각해보겠습니다."라고 하였다.

며칠 뒤에 괴통이 다시 한신에게 설득하였다. "남의 의견을 잘 들으면 성패의 조짐을 쉽게 예상할 수 있고, 거듭 헤아릴 수 있다면 쉽게 성패의 시기를 장악할 수 있습니다. 진언을 잘못 받아들이고 계략에 실패하였는데도 오래도록 편안히 지낸 자는 드뭅니다. 진언을 분별하여 판단에 실수하지 않으면, 자잘한 말로써는 혼란시킬 수가 없습니다. 계략이 본말을 잃지 않으면, 교묘한 말로써는 분란을 일으킬 수가 없습니다.

대체로 말을 기르는 자는 천자(天子)가 될 만한 권위를 잃어버리고, 한 두 섬의 봉록이나 지키기에 급급한 자는 경상(卿相)의 지위를 지키지 못합니다. 그래서 지혜는 일을 결단하는 힘이 되며, 의심은 일을 방해하는 장애가 되는 것입니다. 터럭같이 작은 계획이나 자세히 하고 있으면, 천하대세를 잊어버립니다. 지혜로 그것을 알고 있으면서도 결단하여 감행하지 않는 것이 바로 모든 일의 화근입니다.

그래서 이런 말이 있습니다. '아무리 맹호라도 머뭇거리고 있으면 벌이나 전갈만한 해도 끼치지 못하며, 아무리 준마라도 앞으로 나가지 않고 있으면 노둔한 말이 천천히 가는 것만 못하며, 맹분(孟賁)과 같은 사람도 머뭇거린다면 필부가 일을 결행하는 것만 못하다. 비록 순(舜)임금이나 우(禹)임금과 같은 지혜가 있더라도 입을 다물고 말하지 않으면 벙어리나 귀머거리가 손짓 발짓으로 말하는 것만도 못하다.' 이것은 능히 실행하는 것이 귀하다는 말입니다. 대체로 공은 이루기 힘들고 실패하기는 쉬우며, 시기란 얻기 어렵고 잃기는 쉽습니다. 좋은 때를 만나는 일은 두 번 다시 오지 않습니다. 자세히 살피십시오."

그러나 한신은 망설이면서 차마 한나라를 배반하지 못하였다. 또한 자신의 공이 많으니 한나라가 끝내 제나라를 빼앗지는 않을 것이라고 스스로 생각하였다. 그래서 마침내 괴통의 말을 거절하였다. 괴통은 한신이 자신의 말을 들어주지 않자, 거짓으로 미친 척하고 무당이 되었다.

한왕(漢王)이 고릉(固陵)에서 궁지에 몰리자, 장량의 계책을 채용하여 제왕(齊王) 한신을 불렀다. 한신이 군대를 이끌고 해하(垓下)에서 한왕과 만났다. 항우가 패하고 나자 고조가 습격하여 제왕의 군대를 빼앗았다. 한 5년 정월에 제왕 한신을 옮겨서 초왕(楚王)으로 삼고서 하비(下邳)에 도읍하게 하였다.

한신이 초나라에 도착하자, 예전에 자기에게 밥을 먹여준 빨래하던 여인을 불러 천금을 내렸다. 그리고 하향(下鄉)의 남창(南昌) 정장(亭長)에게도 100전(錢)을 내리면서 "그대는 소인이다. 남에게 은덕을 베풀면서 끝까지 하지 않고 중도에서 끊었다."라고 말하였다. 자기를 욕보이던 젊은이들 가운데 가랑이 밑으로 기어 나가라고 욕보인 자를 불러 초나라 중위(中尉)로 임명하였고, 여러 장군들과 재상들에게 "이 사람은 장사이다. 나를 욕보일 때에 내가 어찌 이 사람을 죽일 수 없었겠는가? 죽인다 하더라도 이름날 것이 없어, 참고서 오늘의 공업을 성취한 것이다."라고 말하였다.

항왕(項王)에게서 도망해온 장군 종리매(鍾離眛)의 집이 이려(伊廬)에 있었다. 종리매는 본디 한신과는 사이가 좋았으므로, 항왕이 죽은 뒤에 도망하여 한신에게 온 것이다. 고조는 종리매에게 원한이 있었으므로, 그가 초나라에 와 있다는 말을 듣고는 초나라에 조서를 내려 종리매를 체포하라고 하였다. 당시 한신은 초나라에 처음 왔기 때문에 현읍을 순행할 때면 군대를 벌여놓고 출입하였다.

한 6년에 어떤 사람이 상소하여 초왕 한신이 모반하였다고 밀고하였다. 고조가 진평의 계책을 채용하여, 천자가 순수(巡狩)한다고 하면서 제후를 회동시키기로 하였다. 남방에 운몽(雲夢)이라는 큰 호수가 있어, 사자를 보내어 제후들에게 "내가 운몽으로 순행하리라."라고 하며 진(陳)에 모이라고 통고하였다. 실은 한신을 습격하려 한 것이지만 한신은 그것을 알지 못하였다.

고조가 초나라에 도착할 무렵 한신이 병사를 일으켜 모반하려고 하였다. 그러나 자기에게는 죄가 없다고 생각하고 황상(皇上)을 뵈려고 하였다. 그러면서도 사로잡힐까 봐 걱정이 되었다. 어떤 사람이 한신을 달래며 "종리매의 목을 베고 황제를 뵙는다면, 황제께서는 반드시 기뻐하실 것입니다. 그러면 걱정할 것이 없습니다."라고 하였다.

한신이 종리매를 만나서 의논하자 종리매가 "한나라가 초나라를 공격하여 빼앗지 못하는 까닭은 내가 그대 밑에 있기 때문이오. 만일 그대가 나를 체포하여 한나라에 잘 보이고 싶다면 나는 오늘이라도 죽겠소. 그러나 그 다음에는 공(公)도 망할 것이오."라고 말하고는 한신에게 "공은 장자(長者)가 아니오."라고 욕을 하였다. 그리고는 마침내 자기 목을 찔러서 죽었다.

한신이 그의 목을 가지고 진(陳)으로 가서 고조를 만나자, 고조가 무사를 시켜 한신을 결박하게 하고 수레에 실었다. 그러자 한신이 "과연 사람들의 말과 같구나. 교활한 토끼가 죽고 나면 훌륭한 사냥개를 삶아 죽이고, 높이 나는 새가 없어지면 훌륭한 활도 치어버린다. 적국을 깨뜨리고 나면 지모가 있는 신하를 죽인다고 하였으니, 천하가 이미 평정된 뒤에 내가 삶기는 것은 당연하다."라고 말하였다.

고조가 "공이 모반하였다고 어떤 사람이 고하였다."라고 하며 드디어 한신에게 차꼬와 수갑을 채웠다. 낙양에 도착한 뒤에야 한신의 죄를 용서하고 그를 회음후(淮陰侯)로 삼았다.

한신은 고조가 자기의 능력을 두려워하고 미워하는 것을 알았으므로 늘 병을 핑계대고 조회하지도 않았으며 수행하지도 않았다. 한신이 이로부터 밤낮으로 고조를 원망하며 늘 불만을 품고, 강후(絳侯)나 관영(灌嬰) 등과 같은 열에 있는 것을 부끄럽게 여겼다.

한신이 언젠가 장군 번쾌(樊噲)의 집에 들렀더니 번쾌가 무릎을 꿇고 절하면서 마중하고 배웅하였다. 또한 한신에게 자신을 신(臣)이라고 일컬으면서 "대왕께서 기꺼이 신의 집에 왕림하셨군요."라고 말하였다. 한신이 문을 나와서 자신을 비웃으며 "내가 살아서 번쾌 등과 동렬이 되었구나."라고 하였다.

고조가 일찍이 한신과 마음 놓고 여러 장수들의 능력을 말하며 각자 등차를 매긴 적이 있었다. 고조가 "나와 같은 사람은 능히 얼마나 되는 군대를 거느릴 수 있을까?"라고 물었다. 한신이 "폐하는 그저 10만을 거느릴 수 있는 데 불과합니다."라고 하였다.

고조가 "그대는 어떠한가?"라고 묻자, "신은 많으면 많을수록 좋습니다."라고 하였다.

고조가 웃으며 "많으면 많을수록 좋다면서, 어째서 나에게 사로잡혔는가?"라고 묻자, 한신은 "폐하께서 많은 병사를 거느릴 수는 없으시지만, 장수는 잘 거느리십니다. 이것이 바로 신이 폐하에게 사로잡힌 까닭입니다. 폐하는 하늘이 주신 것이지 사람의 힘으로는 안 되는 것입니다."라고 하였다.

진희(陳豨)가 거록(鉅鹿)의 군수(郡守)로 임명되어 회음후 한신에게 작별인사를 하러 왔다. 회음후가 그의 손을 잡고 좌우를 물리친 뒤에 그와 함께 뜰을 거닐면서 하늘을 우러러 탄식하며 "그대에게는 말할 수 있겠지? 그대와 함께 하고 싶은 말이 있소."라고 하였다. 진희가 "예, 장군께서는 명령만 하십시오."라고 하였다.

회음후는 "그대가 가는 곳은 천하의 정예 병사들이 모인 곳이오. 그리고 그대는 폐하께서 신임하는 총신이오. 누군가 그대가 모반하였다고 고하더라도, 폐하께서는 반드시 믿지 않을 것이오. 두 번쯤 그런 밀고가 들어온 다음에야 폐하께서 의심하실 테고, 세 번쯤 밀고가 들어온 뒤에야 반드시 노하여 친히 정벌할 것일세. 내가 그대를 위하여 안에서 일어나면, 천하를 도모할 수 있을 것이오."라고 말하였다. 진희는 본래부터 그의 능력을 알고 있었기에 그를 믿고 "삼가 가르치심을 받겠습니다."라고 하였다.

한 10년에 진희가 과연 모반하였다. 고조가 스스로 장수가 되어 친히 정벌하러 갔다. 한신이 병을 핑계 대고 따라가지 않았다. 그리고는 아무도 모르게 진희에게 사람을 보내어 "그저 군사만 일으켜라. 내 여기서 그대를 돕겠다."라고 말하였다. 한신이 자기 가신과 음모하여 밤중에 거짓 조서를 내려 각 관아의 죄인들과 관노들을 풀어놓고, 이들을 동원하여 여후(呂后)와 태자(太子)를 습격하려고 하였다. 각기 맡을 부서가 정해지자, 진희에게서 올 회답을 기다렸다.

그런데 그의 사인(舍人)이 한신에게 죄를 지어, 한신이 그를 가두고 죽이려고 하였다. 그 사인의 아우가 변이 일어났다고 고발하고, 한신이 모반하려는 상황을 여후에게 아뢰었다. 여후가 한신을 불러들이려고 하였지만 그가 혹시라도 오지 않을까 봐 염려되었다. 그래서 상국 소하와 의논하고, 거짓으로 사람을 시켜 고조에게서 온 것처럼 꾸며서, "진희가 벌써 사형을 당하였습니다. 여러 제후들과 뭇 신하들이 모두 축하하고 있습니다."라고 말하게 하였다. 상국 소하도 또한 한신에게 속여 "병중이기는 하지만, 억지로라도 들어와서 축하하시오."라고 하였다.

한신이 궁 안에 들어가자, 여후가 무사를 시켜 그를 포박하여, 장락궁(長樂宮) 종실(鍾室)에서 목을 베었다. 한신이 죽으면서 "내가 괴통의 계책을 쓰지 못한 것이 안타깝다. 아녀자에게 속았으니 어찌 운명이 아니겠는가?"라고 하였다. 드디어 한신의 삼족(三族)을 멸하였다.

고조가 진희의 토벌에서 돌아와 궁전에 이르자, 한신이 죽은 것을 보았다. 한편으로는 기쁘고 한편으로는 가엾게 여겨서 "한신이 죽을 때 무엇이라 하더이까?"라고 물었다. 여후가 "괴통의 계책을 쓰지 못한 것이 한스럽다고 말하였습니다."라고 대답하였다. 고조가 "그는 제나라 변사요."라고 하고 이에 제나라에 조서를 내려 괴통을 체포하였다.

괴통이 잡혀 오자 고조가 물었다. "네가 회음후에게 모반하라고 가르쳤느냐?" 괴통이 대답하여 "그렇습니다. 신이 틀림없이 그렇게 말하였습니다. 그러나 그 못난이가 신의 계책을 쓰지 않았기 때문에 자멸해버렸습니다. 만약 그 못난이가 신의 계책을 썼던들 어찌 그를 무찌를 수 있었겠습니까?"라고 하였다.

고조가 노하여 "이놈을 삶아 죽여라."라고 하였다. 괴통이 "아! 원통하구나. 이렇게 죽다니!"라고 하였다.

고조가 "네가 한신을 모반하게 해놓고는, 무엇이 원통하다는 말이냐?"라고 물었다. 괴통이 이렇게 대답하였다. "진나라의 기강이 해이해지자 산동(山東)이 크게 어지러워지고, 이성(異姓)이 아울러 일어나 영웅준걸들이 까마귀떼처럼 모여들었습니다. 진나라가 그 사슴을 잃어버리자, 천하가 모두 그 사슴을 쫓았습니다. 이리하여 키가 크고 발이 빠른 자가 먼저 그 사슴을 잡았습니다. 도척(盜跖)의 개가 요(堯)임금을 보고 짖는 까닭은 요임금이 어질지 않아서가 아닙니다. 그 개는 주인이 아니기 때문에 짖은 것입니다. 그때 신은 오직 한신만 알았을 뿐이지, 폐하를 알지는 못하였습니다. 게다가 천하에는 칼끝을 날카롭게 갈아가지고 폐하께서 하신 일을 자기도 해보려고 하는 사람들이 많았습니다. 그들이 다만 힘이 모자랐을 뿐이었습니다. 폐하께서는 그들을 모두 삶아 죽이시겠습니까?"라고 하자, 고조가 말하였다. "이 사람을 내버려두어라." 드디어 괴통의 죄를 용서하였다.

태사공은 말하였다.

"내가 회음(淮陰)에 갔더니 회음 사람들이 나를 보고 말하였다. '한신(韓信)이 벼슬하기 전에도 그 뜻이 보통 사람과는 달랐다. 자기 어머니가 돌아가셨을 때 너무 가난해서 장사도 지낼 수 없었다. 그러나 높고 넓은 땅에 무덤을 만들어, 그 곁에 만 호의 집이 들어앉을 수 있게 하였다.' 내가 그의 어머니 무덤을 보니 정말 그러하였다. 만약 한신이 도리를 배우고 겸양하여 자기의 공로를 자랑하지 않고 자기의 능력을 자랑하지 않았더라면, 한(漢)나라에 대한 공훈이 주(周)나라의 주공(周公), 소공(召公), 태공(太公)의 무리들과 견줄 수도 있었을 것이다. 그리고 후세에까지 나라의 제향(祭享)을 받았을 것이다. 그런데 이렇게 되려고 힘쓰지 않고 천하가 이미 안정된 뒤에 반역을 꾀하였으니, 그 일족이 전멸한 것도 또한 마땅하지 않은가?"

혹리열전

酷吏列傳 : 질도, 영성, 주양유, 조우, 장탕, 의종, 왕온서, 윤제, 양복, 감선, 두주

> 백성들은 원칙에 어긋나고 거짓을 일삼으며 규약을 어기고 법을 농단하니, 선량한 사람들이
> 이를 바로잡지 못하였다. 오로지 가혹하고 각박하게 대처해야 겨우 바로잡을 수 있었다. 그
> 래서 「혹리열전」을 지었다.

공자가 말했다. "법령으로써 정치를 행하고 형벌로써 백성들을 이끌거나 제어한다면 법을 범하고도 부끄러워하지 않고 형벌을 어떻게 해서든지 면하려고만 하게 된다. 그래서 덕과 도로써 백성들을 인도하고 예와 의로써 백성들의 행동을 제어한다면 백성들은 부끄러워하여 스스로 자기의 잘못을 고치게 된다.『논어』「위정(爲政)」"

노자가 말했다. "덕이 높은 사람은 스스로 덕이 없다고 여기니 그것이 바로 덕이 있음이고, 덕이 낮은 사람은 스스로 덕을 잃지 않을까 걱정하니 그것이 바로 덕이 없음이다. 그래서 법령의 조항을 엄혹하게 하면 도적의 수는 오히려 늘어나게 되는 법이다.『도덕경』「38장」"

태사공은 말하였다.

"두 성인의 말은 참으로 옳은 말이다. 법령은 정치의 도구이지 정치를 맑거나 탁하게 하는 근원을 관리하는 수단이 아니다. 옛날에는 천하를 다스리는 법망은 매우 촘촘했다. 그럼에도 간사하고 사악한 자들은 싹을 틔우는 초목처럼 일어나 결국에는 극에 달하게 되었고 관리들과 백성들은 서로 속여 나라가 한 번 쓰러지니 결코 다시 일어날 수 없는 지경에 까지 이르렀다. 그때 관리들이 백성들을 대하는 태도는 마치 섶으로 불을 끄는 행위처럼 사태를 더욱 악화시켰고, 솥의 끓는 물을 퍼낸 후에 다시 그 솥에 부어 못 넘치게 하기 위한 임시방편에 불과했다. 그래서 강건한 관리와 잔혹한 법령이 아니고서야 어떻게 그 임무를 완수하여 유쾌한 마음을 갖게 될 수 있었겠는가? 만일 도덕군자가 관리가 되어 백성들을 잔혹한 법령으로 다스릴 수 없다면 그는 곧 직무를 다하지 못하고 실직할 것이다.

그런 이유로 공자가 말했다. '소송의 심리는 나도 다른 사람과 다를 바가 없다. 그러나 다른 것은 나는 백성들 사이에 송사가 일어나지 않게 만들 수 있다.'[1] 노자도 말했다. '어리석은 선비가 도와 덕에 대해 듣게 되면 크게 웃고는 자리를 털고 일어나 가버릴 것이다.'[2]

두 성인의 말은 결코 헛된 말이 아니다. 한나라가 창건되자 모난 것을 부수어 둥그렇게 만들었으며, 조각한 장식을 깎아 질박한 것으로 만들어 진나라가 만든 법령을 크게 바꾸었다. 번거롭고 가혹한 법령이 관대하고 간략하게 변한 모습은 배라도 삼킬만한 큰 고기도 빠져나갈 수 있을 정도로 관대했다. 그랬음에도 불구하고 관리들은 오히려 훌륭한 치적을 이룰 수 있었고 간사한 죄를 짓는 자들은 나타나지 않아 백성들은 모두 평안하고 풍족하게 지낼 수 있었다. 이것으로 볼 때 훌륭한 정치는 군왕의 관대하고 깊은 뜻에 있지 엄혹한 법률이 아니라는 사실을 알 수 있다."

---

1 『논어』「안연(顏淵)」子曰, "聽訟, 吾猶人也. 必也使無訟乎."
2 『도덕경』 41장 "下士聞道, 大笑之."

고후(高后)가 천하를 다스릴 때에 혹리(酷吏)로는 오로지 후봉(侯封)이라는 관리가 있었다. 그는 황족들을 가혹하게 대하고 속임이 너무 지나쳤을 뿐만 아니라 창업공신들을 모욕하고 해치기를 다반사로 했다. 여씨들이 난을 일으켰으나 철저히 실패하자 한나라 조정은 여씨의 전 종족들과 함께 후봉도 같이 주멸했다. 효경제(孝景帝) 때 조조(晁錯)가 등장하여 엄혹하게 법을 운영하고 조정은 그의 재능을 정치에 이용했다. 그 결과 오초칠국(吳楚七國)이 반란을 일으켜 조조에 대해 분노를 폭발시켰다. 조조는 그 일로 인해 처형되고 말았다. 그 뒤를 이어 질도(郅都)와 영성(寧成)과 같은 무리가 나타났다.

질도

질도(郅都)는 양현(楊縣) 사람으로 낭관(郎官)이 되어 문제(文帝, B.C. 180~B.C. 157)를 모셨다.

경제(景帝, B.C. 157~B.C. 141) 때에 질도는 중랑장(中郎將)이 되어 거리낌 없이 조정을 향해 직언과 간언을 올려 면대하는 관료들의 기를 꺾어 복종하게 만들곤 했다. 한 번은 천자를 수행하여 상림원(上林苑)에 갔다가 가희(賈姬)가 변소에 들러 용변을 보던 중에 멧돼지가 변소를 향해 달려왔다. 황제가 눈짓으로 질도에게 가희를 구하라고 했으나 질도는 그 자리에서 선뜻 움직이려고 하지 않았다. 황제가 친히 무기를 손에 들고 변소를 향해 달려가 가희를 구하려고 했다. 질도가 황제 앞을 가로막으며 무릎을 꿇고 말했다.

"희첩 한 사람을 잃으면 조칙을 내려 다시 황궁에 진상하라고 하면 그뿐으로 천하 사람들은 가희 한 사람이 없어졌다고 비난하지 않을 것입니다. 그러나 폐하께서 막중한 몸을 가볍게 움직이시려고 하시니 무슨 면목으로 종묘나 태후를 대하시겠습니까?"

황제가 뒤돌아서자 멧돼지도 물러갔다. 이 소식을 들은 태후가 질도에게 황금100근을 하사했다. 이 일이 있고 난 뒤에 질도는 중용되었다.

당시 제남(濟南)에는 간씨(瞷氏)라는 부족이 3백여 호 집단을 이루어 호족행세를 하며 살고 있었는데 폭행을 일삼고 교활하여 2천 석 녹봉의 제남태수조차도 능히 그들을 다스릴 수 없었다. 그래서 경제는 질도를 제남태수에 봉했다. 제남태수에 부임한 질도는 간씨 종족들의 가장 악질적인 자와 그 가족들을 체포하여 모조리 죽였다. 나머지 간씨들은 모두 놀라서 다리를 후들후들 떨었다. 그리고 1년이 지나자 제남군은 길거리에 떨어진 물건들을 주우려고 하지 않을 정도로 잘 다스려졌다. 그리고 주위의 10여 개에 달하는 다른 군들의 태수들은 질도를 두려워하기를 마치 상사처럼 대했다.

질도라는 위인은 용감하고 힘이 장사였으며 공정하고 청렴했다. 자기에게 보낸 사신(私信)은 결코 개봉하지 않았고, 들여보낸 예물은 결코 받지 않았으며 개인적인 청탁은 들어주지 않았다. 그는 항상 자기 자신에게 말하곤 했다.

"이미 부모를 등지고 관직에 나온 몸이라 마땅히 공직의 책무를 다하다가 절조를 지켜 죽을 수 있을 뿐이니, 처자를 어찌 돌 볼 여유가 있겠는가?"

질도는 승진하여 정위(廷尉)가 되었다. 당시 승상은 조후(條侯) 주아부(周亞夫)였는데 가장 높은 관직에 있으면서 오만하게 굴었다. 그러나 질도는 주아부를 보고 그저 고개만 약간 숙이고 읍만을 할 뿐 절대 무릎을 꿇고 절을 하지 않았다. 이때 백성들은 소박하여 죄를 범하는 일을 두려워했고 모두 법을 지키며 자중했으나 유독 질도만은 오히려 혼자 앞장서서 형법을 엄혹하게 시행했다. 그는 결코 권세있고 지위가 높은 자들뿐만 아니라 심지어는 황실의 종친까지도 두려워하거나 피하지 않고 법을 집행했다. 열후나 황족들은 질도를 만나면 똑바로 바라보지 못하고 곁눈질로 대해 그를 '창응(蒼鷹:송골매)'이라고 불렀다.

임강왕(臨江王)이 심문을 받기 위해 중위부(中尉府)에 소환되었다. 임강왕이 서장을 써서 황제에게 사죄할 목적으로 필기구를 요청했다. 그러나 질도가 관리들에게 임강왕에게 필기구를 주지 말라고 지시했다. 위기후(魏其侯) 두영(竇嬰)이 알고 사람을 보내 몰래 필기구를 주도록 했다. 임강왕은 황제에게 사죄의 글을 써서 올린 후에 스스로 목숨을 끊었다. 두태후(竇太后)가 소식을 듣고 분노하여 억지로 법을 적용하여 질도를 중상하여 면직시켰다. 질도는 고향인 양현(楊縣)으로 돌아갔다. 경제가 사자 편에 부절을 보내 질도를 안문태수(雁門太守)로 제수했다. 황제는 질도에게 경사(京師)에 들려 조현을 할 필요 없이 곧바로 북상하여 임지에 부임한 후에 모든 일을 정황에 따라서 스스로 알아서 전결하도록 했다. 질도의 평소 품행을 들어 익히 알고 있었던 흉노는 질도가 안문태수로 부임한다는 소식을 듣고 한나라 변경지역에서 멀리 물러가 이후로 질도가 죽기 전까지 안문 근처에는 얼씬도 하지 않았다. 심지어 흉노는 질도와 닮은 나무인형을 만들어 그들의 기병들이 말을 타고 활쏘기 연습할 때 표적으로 삼았으나 아무도 그 나무인형을 맞추지 못했다. 흉노는 그 정도로 질도를 무서워하여 마치 재앙처럼 여겼다. 두태후가 마침내 한나라의 법을 질도에게 억지로 적용하여 하옥한 후에 처형하려고 했다.

경제가 말했다. "질도야말로 충신입니다."그리고는 질도를 석방하려고 했다. 그러자 두태후가 말했다. "그렇다면 임강왕은 충신이 아니란 말인가?"경제는 할 수 없이 질도를 처형하고 말았다.

영성

영성(寧成)은 양현(穰縣) 사람이다.

그는 낭관(郎官)과 알자(謁者)의 신분으로 한경제를 모셨다. 호승벽이 있어 그가 낮은 관리로 있을 때는 언제나 그의 상관을 능멸했으며, 그가 상사로 있을 때는 또한 그의 부하 관리들을 마치 젖은 장작을 묶듯이 꼼짝 못 하게 하곤 했다. 그는 교활하고 잔인했으며 자기 멋대로 위세를 부렸다. 점차 그의 직위는 올라가 제남부의 도위(都尉)가 되었다. 그때의 제남태수는 바로 질도였다. 그전까지는 제남부의 도위들은 보행으로 태수부에 들어가 하급관리들에게 신고하고 태수를 접견할 수 있었다. 그것은 현령이 태수를 접견하는 의전으로써 당시 도위들이 태수 질도를 그처럼 두려워했다. 이윽고 영성이 곧바로 질도를 경시하며 상관으로 행세했다. 질도는 평소에 영성의 명성을 익히 알고 있었기 때문에 영성에 대해 관대하게 대했고 오랫동안 우의를 돈독히 하며 지냈다.

질도가 죽자 장안지역의 황족 중에 백성들에게 행패를 부리고 법을 범하는 자가 많이 생겼다. 그래서 황제는 영성을 불러 중위(中尉)로 삼았다. 영성의 형옥을 처리하는 방법은 질도를 모방했지만 청렴한 면에서는 같지 않았다. 그러나 황족과 호족 중에는 영성을 무서워하지 않은 사람은 한 명도 없었다.

한무제가 즉위하자 영성은 내사(內史)가 되었으나 황실의 많은 외척들이 영성의 결점을 비방했다. 그는 법에 따라 머리를 깎이고 목에 칼을 차는 형벌을 받게 되었다. 이때 구경(九卿)에 속하는 고위 관리가 죽을죄를 짓게 되면 반드시 사형에 처하게 되어 있었고, 일반의 죄형을 받게 되는 경우는 드물었다. 그래서 극형에 처한 영성은 이후로는 조정에 나가 관직을 맡게 되는 경우는 없을 것이라고 생각하고 목에 찬 형구를 벗어던져 버린 후에 관문을 통과할 수 있는 문서를 위조하여 함곡관을 나가 고향으로 돌아갔다. 그는 크게 소리쳤다.

"대장부가 관직에 나가 녹봉2천 석의 고급관리도 못되고 상업을 경영하여 천만 전을 벌지도 못한다면 어찌 일반사람들과 다르다고 하겠는가?"

그래서 그는 돈을 빌려 일천 경(頃)이 넘는 관개가 가능한 토지를 사서 가난한 백성들에게 소작으로 주어 수천 호를 노역으로 부렸다. 몇 년 후에 사면령으로 자유의 몸이 되었을 때는 그는 이미 수천 근의 황금을 소유한 부호가 되어 있었다. 그는 강자를 억누르며 약자를 돕는 임협(任俠)으로 자처하며 약점을 잡은 관리들을 장악했다. 그가 자기 집 대문을 나설 때는 수십 명의 종자들이 말을 타고 뒤를 따르며 호위했다. 영성의 백성들에 대한 권세는 군의 태수보다 더 컸다.

주양유

주양유(周陽由)의 부친 조겸(趙兼)은 회남왕 유장(劉長)의 이모부 신분으로 주양후(周

陽侯)에 책봉되었기 때문에 주양유는 성을 주양(周陽)으로 바꾸었다. 주양유는 외척의 신분으로 낭관에 임명되어 문제와 경제를 모셨으며, 경제 때 군의 태수가 되었다.

무제가 즉위했을 때 역시 관리들이 정사를 처리하는 태도는 여전히 법에 따라 근신하는 자세로 임했다. 그러나 주양유는 2천석 이상의 녹봉을 받는 고급관리 중에 가장 포학하고 잔인했으며 교만하고 제멋대로 행동했다. 그가 좋아하는 사람은 비록 죽을죄를 지었더라도 법을 왜곡해서라도 그를 살렸으며, 그가 싫어하는 사람인 경우에는 어떻게 해서든지 법령을 왜곡해서 그를 죽였고 그가 관리로 있던 군내의 호족들을 모조리 주살했다. 후에 군의 태수 자리에 올랐을 때는 도위(都尉)를 마치 현령처럼 대했으나 막상 자신이 도위의 자리에 있을 때는 오히려 상관인 태수를 욕보이며 그 권력을 범하고 빼앗았다. 강직하고 엄격한 성격의 급암(汲黯)과, 법조문으로 사람을 해치는 데 능통했던 사마안(司馬安)은 모두 2천석의 녹봉으로 구경의 대열에 섰던 고급관리였으나, 그들조차도 주양유와 한 마차에 탈 때는 감히 부들방석에 같이 앉거나 복식(伏軾)의 예를 행할 때 함께 하지 못했다.

후에 하동군(河東郡)의 도위(都尉)로 자리를 옮긴 주양유는 당시 하동태수 승도공(勝屠公)과 권력을 다투어 상대방의 비행을 서로 고발했다. 그 결과 승도공은 유죄판결을 받게 되었으나, 그는 결코 죄를 인정하지 않고 절의를 지켜 형벌을 받아들이지 않고 자살했다. 주양유는 남을 중상한 죄를 받아 기시(棄市)의 형에 처해졌다.

영성과 주양유 이후 정사는 더욱 번잡해졌고 백성들은 교묘한 사술을 써서 법령을 빠져나갔으므로 대부분의 관리들은 영성과 주양유가 행했던 방법을 따라갔다.

조우

조우(趙禹)는 태(斄) 지방 사람이다.

그는 좌사(左史)라는 말단 관리의 신분에서 경사로 불려가 조정의 관리가 되었다가 청렴함으로 영사(令史)로 승진하여 승상 주아부(周亞夫)를 모셨다. 승상부의 관리들이 모두 조우가 청렴하고 공평무사한 관리라고 칭찬해 마지않았다. 그러나 주아부는 조우를 중용하지 않으면서 말했다. "나는 조우가 매우 뛰어난 재능을 갖고 있는 사람이라는 사실을 잘 알고 있다. 그러나 그가 법을 집행하는 방법은 너무 엄격하고 잔혹하다. 그래서 그에게 최고 관부의 막중한 일을 맡기지 않았다."

무제의 시대에 이르자 문서를 관리하는 일을 맡아 공적을 쌓아 점차 승진하여 어사(御史)가 되었다. 황제가 그의 재능을 알아보고 다시 그를 태중대부(太中大夫)로 승진시켰다. 그와 장탕(張湯)이 공동으로 각종 법령을 제정했는데 그중에 견지법(見知法)이라고 있었다. 관리들로 하여금 상호감시, 검거하도록 규정한 법이었다. 한나라의 법이 엄하고 사납게 변한 시점은 대체로 두 사람이 활약하기 시작했던 이때부터였다.

장탕

장탕(張湯)은 두현(杜縣) 사람이다.

그의 부친은 장안(長安)의 승(丞)이었다. 장탕이 어렸을 때 그 부친이 집을 나가면서 장탕에게 집을 잘 지키라고 당부했다. 부친이 집에 돌아와 보니 쥐가 고기를 훔쳐 먹은 사실을 알고 화가 나서 장탕에게 매질을 하였다. 장탕은 쥐굴을 파서 쥐와 남은 고기까지 찾아내고 그 쥐를 탄핵하여 매질을 하고, 영장을 떼어 진술서를 만들고, 이를 심문 대조하여 죄상을 보고하는 과정을 거치고, 그 쥐를 구속하고 남은 고기를 압수한 끝에 형구를 갖추어 대청 아래에서 처형하였다. 부친은 장탕의 그런 모습을 보고 그가 쓴 문서를 보니 마치 노련한 법관의 판결문과 같아서 매우 놀랐다. 그래서 장탕의 부친은 그를 옥사에 관한 문서를 작성하도록 시켰다. 부친이 사망하자 장탕은 장안의 지방관리가 되어 매우 오랫동안 복무했다.

주양후(周陽侯) 전승(田勝)이 구경(九卿)의 신분으로 장안에서 죄에 연루되어 감옥에 갇히자, 장탕은 전력을 다하여 그를 변호했다. 옥에서 풀려나 후(侯)에 봉해진 전승은 그 일로 인해 장탕과 매우 친하게 지내며, 당시 조정의 권세 있는 고관들을 한 사람씩 모두 소개하여 장탕에게 그들과 교분을 가지도록 했다. 장탕은 내사(內史)가 되어 영성의 속관이 되었다. 장탕의 재능은 누구와도 비교할 수 없을 정도로 출중했음으로 영성은 그를 상급 관부에 천거했다. 장창은 무릉위(茂陵尉)가 되어 능묘(陵墓) 공사를 감독하는 책임자가 되었다.

승상의 자리에 오른 무안후(武安侯) 전분(田蚡)은 장탕을 발탁되어 승상부의 내사에 임명했다. 뒤이어 승상 전분이 그를 천자에게 천거하자 천자는 그를 어사로 삼았다. 진황후(陳皇后)의 무고사건(巫蠱事件)에 대한 옥사의 책임자가 된 장탕은 사건을 철저하게 조사하여 잔당들을 모두 색출해 잡아들였다. 이에 장탕이 옥사를 처리하는 능력이 매우 탁월하다고 인정한 무제는 그를 태중대부로 발탁했다. 태중대부 조우와 함께 장탕은 한나라의 각종 법률의 조문을 애써 가혹하고 엄격하게 만들어 일반 관리들을 속박했다. 그리고 얼마 후에 조우가 중위(中尉)로 승진했다가 다시 소부(少府)로 자리를 옮기고 장탕은 정위가 되어 두 사람은 교우관계를 돈독히 했다.

장탕은 조우를 대하기를 마치 친형처럼 대하며 예절을 극진히 했다. 조우라는 위인은 청렴하고 오만했음으로 관리가 된 이래 그의 집에는 손님을 두지 않았다. 고위관리들이 찾아와도 조우는 결코 답방을 해서 고맙다는 인사를 하지 않았다. 조우는 그의 지우(知友)나 빈객들과의 관계를 단절함으로써 그들의 청탁을 받지 않고 자기 뜻대로 일을 처리하려고 했다. 그가 법령의 조문에 위반되는 자는 수시로 잡아들였으나, 반복해서 조사하여 부하 관리들의 숨겨진 죄까지 추궁하지 않았다.

장탕이란 위인은 사술로 잔꾀를 부려 상대방을 제압했다. 그는 미관말직에 있을 때부터 사리를 탐하여 장안의 거상 전갑(田甲)이나 어옹숙(魚翁叔)과 같은 무리들과 결탁했다. 이윽고 그의 벼슬이 구경(九卿)에 이르렀을 때, 그는 다시 천하의 명사들과 교우를 맺었다. 내심으로는 비록 그들과는 뜻이 맞지 않는다고 생각했지만 겉으로는 속마음을 감추고 그들을 존경하는 척했다.

당시는 한무제(漢武帝, B.C. 141~B.C. 87)가 유가(儒家)의 학설에 관심을 갖기 시작할 때였다. 그래서 장탕은 판결문을 작성할 때는 유가의 관점에 부합하기 위해 박사(博士)의 제자들을 초빙하여 「상서(尙書)」, 「춘추(春秋)」 등을 연구시키고 그들을 정위의 속관으로 삼아 의심나는 법률조문을 「상서」와 「춘추」에 근거하여 판결하도록 했다. 다시 의심나는 옥사를 상주할 때는 반드시 먼저 황제에게 올려 각 방면에 대한 원인을 알게 해서 황제가 옳다고 하면 그것을 원안으로 삼아 정위(廷尉)의 이름으로 공포하고 다시 목판에 새겨 황제의 밝은 지혜를 찬양했다. 만일 상주한 옥사가 잘못되어 견책을 받게 되면 장탕은 곧바로 그 잘못을 사죄하고 황제의 뜻대로 고치면서 그때는 반드시 정(正), 감(監), 연사(掾史) 등의 부하 관원들 중 현명한 자들의 이름을 거론하며 말했다. "저들이 원래 소신에게 제안한 안건들은 황상께서 저를 책망한 내용들과 같았사온데 소신이 그것들을 채납하지 않아 이와 같은 어리석은 일을 저지르게 되었습니다."

그래서 그의 죄는 황제에 의해 항상 용서를 받아 추궁을 받지 않았다. 그리고 그가 올린 상주문을 황제가 좋다고 할 경우에는 다음과 같이 말했다. "이 상주문은 제가 알고 있었던 내용이 아니라 정위부의 정(正), 감(監) 연사(掾史) 등의 관리들 중 아무개가 저를 위해 써낸 것입니다."

그가 속관들을 황제에게 천거할 때, 그들의 장점을 올려주고 단점을 숨겨주는 일을 그와 같이 행했다. 그가 일을 처리하는 방법은, 만일 황제가 그 자에게 죄를 주고 싶어 하는 뜻을 가지고 있다고 판단되면, 그 안건을 법을 가혹하게 적용하는 정위감(廷尉監)이나 연사(掾史)에게 넘기고, 만일 황제가 그 죄인을 용서하고 싶어 한다면, 그 안건을 법을 비교적 공평한 자세로 가볍게 적용하는 속관에게 넘겼다. 또한 그 법에 연좌된 자가 권세가 있는 호족이라면, 그는 기필코 법조문을 활용하여 교묘하게 적용시켜 그자를 함정에 빠뜨렸다. 만일 대상이 평민이나 백성 혹은 허약하고 늙은 사람이라면, 그는 항상 황제에게 구두로 진술하여 비록 법조문에는 마땅히 형벌을 받아야 하는 죄목이지만 황제로 하여금 자세히 헤아려 선처하도록 했다. 그래서 황제는 번번이 장탕이 구두로 진술한 안건에 연좌된 죄인들에 대해서는 관대한 처분을 내렸다.

장탕이 비록 고관의 자리에 올라 귀한 신분이 되었지만, 그의 몸가짐은 매우 훌륭했다. 빈객들과 왕래를 하며 함께 격의 없이 술과 음식을 즐겼다. 특히 옛 친구의 자제로써 관리가 된 자들이거나, 가난한 형제들에게는 더욱 후하게 대하고 덥거나 춥거나를 개의치 않고 삼공에게 문안 인사를 올렸다. 그래서 장탕이 비록 법을 가혹하게 적용하거나, 내심으로 타인을 질투하는 마음을 숨기며, 불순하고 불공정하게 안건을 처리했음에도 오히려 좋은 명성을 얻을 수 있었다. 엄혹하고 악독하게 법을 집행하는 관리들은 모두 장탕에 의해 발탁되어 그의 손발이 되었으며 또한 그들 중 대부분이 유가(儒家)의 무리들이었다. 그래서 승상 공손홍(公孫弘) 조차도 누차에 걸쳐 그의 미덕을 칭송했다. 이윽고 회남왕(淮南王), 형산왕(衡山王), 강도왕(江都王)의 모반사건의 심리를 맡은 장탕은 그 사건의 전후사정을 철저히 추궁해서 밝혀냈다.

모반사건에 연루된 엄조(嚴助)와 오피(伍被)를 무제가 석방하려고 하자, 장탕이 반대하며 말했다. "오피는 원래 모반을 획책한 장본인이며 엄조는 황상의 측근으로 총애를 받아 궁중의 금문(禁門)을 무상출입하며 지키는 신하입니다. 주상의 총애를 받은 자의 신분으로 반란을 일으키려는 제후들과 몰래 친교를 맺었음에도 죽이지 않는다면 이후로는 어떻게 조정신하들을 다스릴 수 있겠습니까?"

그래서 황제는 장탕이 내린 판결을 허락했다. 그가 옥사를 처리할 때에는 이와 같이 대신들에게 타격을 가하여 그의 공적으로 삼은 일이 매우 많았다. 황제의 총애와 신임을 받게 된 장탕은 이윽고 어사대부로 승진했다.

그때 마침 흉노의 혼야왕(渾邪王)이 한나라에 투항해 온 사건이 일어났다. 이를 기회로 여긴 한나라 조정은 대군을 일으켜 흉노를 토벌하려고 했다. 그러나 산동의 어떤 군들은 수해(水害)로 또 어떤 군들은 한발(旱魃)이 들어 농사를 망친 백성들은 집을 잃고 유랑하며 모두가 정부가 나누어 주는 의복과 음식에 의지해서 목숨을 부지하며 살았기 때문에 정부의 창고는 대부분이 비어있었다. 그래서 황제의 의중을 살핀 장탕은 은전(銀錢)과 오수전(五銖錢)을 주조하고 나라 안에서 생산되는 모든 염철(鹽鐵)을 국가에 의한 전매제로 전환하여 천하의 대상(大商)과 대고(大賈)들에게 일대 타격을 가했다. 고민령(告緡令)을 반포하여 지방의 호족들과 대지주를 뿌리째 뽑아 버렸다. 또한 법조문을 교묘하게 농단하여 그들을 함정에 빠뜨린 후 법령을 고쳐 보완하곤 했다. 장탕이 조정에 들어와 일을 상주하고 국가의 재정상태에 대해 담론을 할 때마다 황제는 항상 해가 저물 때까지 장탕의 말에 식사도 잊어먹고 계속 귀를 기울이곤 했다. 승상 등은 단지 자리를 차지하고 있었을 뿐 할 수 있는 일은 아무것도 없게 되었고 천하의 일은 모두 장탕에 의해 결정되었다. 이윽고 백성들은 마음을 놓고 생활을 할 수 없을 정도가 되었고, 크고 작은 소동은 끊이지 않았으며 조정에서 일으킨 모든 사업은 순조롭게 진행이 되지 않고 단지 간악한 관리들만이 백성들의 재산을 침탈하고 도적질을 일삼아 엄혹한 법으로 그들을 징치할 수 있을 뿐이었다. 그래서 삼공구경(三公九卿)에서 일반 평민들에 이르기까지 모두가 장탕을 비난했다. 장탕이 한 번은 병이 들어 자리에 눕게 되자 황제는 몸소 장탕의 거소로 가서 문병했다. 장탕의 고귀한 신분은 그와 같았다.

대농령 안이(顔異)가 복비죄(服誹罪)로 피살되었다. 안이(顔異)는 당초에 제남(濟南)의 한 고을의 정장(亭長)이었는데 청렴하고 공평무사하여 차츰 직위가 올라 마침내 대농령(大農令)이 되어 구경의 반열에 서게 되었다. 천자와 장탕이 백록(白鹿)의 가죽으로 만든 피폐(皮幣)를 미리 만들어 놓고 안이에게 그 의견을 물었다.

안이가 대답했다. "오늘 제후왕이나 열후가 황제께 조공을 드릴 때 4천 냥의 가치가 나가는 푸른색의 벽옥으로 바치나, 벽옥을 싸는 사슴 가죽은 오히려

40만 전이나 하니 이것은 본말이 전도된 일입니다."

천자는 안이의 말을 불쾌하게 생각했다. 안이는 또한 옛날 다른 일 때문에 장 탕과 다투어 사이가 벌어진 상태였다. 이윽고 어떤 사람이 안이가 조정을 비방 했다고 고변하자, 장탕이 그 사건을 심리하게 되었다. 안이와 손님이 대화를 나 누다가, 그 손님이 말하기를 조령(朝令)이 처음에는 많이 불편했다고 불평을 해 대자 안이는 맞장구는 치지 않고 입만 삐죽거리며 동의를 표시했다고 했다. 손 님의 진술을 확보한 장탕은 구경의 신분으로 조령(詔令)에 불편한 점이 있으면 입조하여 자기의 의견을 당당하게 개진해야 오히려 마음속으로 조정을 비방 한 행위는 죽을죄에 해당한다고 주청을 올려 결국은 안이를 죽음에 이르게 했 다. 이 일로 해서 복비법이 생겨 이 후로는 대부분의 공경대부들은 아첨으로써 몸을 보신하게 되었다.

흉노가 내조하여 화친을 청해오자 군신들이 조정에 나와 천자 앞에서 의논했 다. 박사 적산(狄山)이 말했다. "화친하는 편이 나라에 이익이 된다고 생각합니 다."

황제가 화친이 어째서 유리하냐고 묻자 적산이 대답했다. "병기는 흉기이기 때문에 계속해서 사용할 수 없습니다. 고제께서 흉노를 토벌하려고 했으나 오 히려 평성(平城)에서 포위되어 결국은 흉노와 화친을 맺었습니다. 그 결과 혜제 와 고후(高后) 때에 천하는 안정되고 백성들은 기뻐했습니다. 문제께서 제위에 올라 흉노를 토벌하려고 하시자, 북방의 변경이 소란스러워져 천하가 불안해지 고 백성들은 전쟁으로 고통을 받았습니다. 경제 때는 다시 오초칠국이 반란을 일으켜 경제께서는 미앙궁(未央宮)과 장락궁(長樂宮) 사이를 오가며 몇 개월 동안 이나 마음을 진정시키지 못하고 불안해하셨습니다. 경제께서는 오초칠국의 반 란을 진압하고 붕어하실 때까지 전쟁에 대해 논하지 않으셔서, 천하는 다시 부 유해지고 물산은 풍부해지게 되었습니다. 지금 폐하께서 군사를 일으켜 흉노 를 공격하시기 시작한 이래 국가의 재정은 바닥이 나고 변경의 백성들은 극도 로 고통을 받고 있습니다. 이로써 보건대 군사작전보다는 화친하는 편이 좋다고 생각합니다."

황제가 장탕에게 의견을 묻자 장탕이 대답했다. "적산은 우둔한 유생에 불과하여 천하의 대사에 대해서는 무지합니다."

적산이 말했다. "신은 원래 우둔합니다만 충심에서 말씀드렸습니다. 그러나 어사대부 장탕의 충성심은 거짓된 것입니다. 장탕이 회남왕과 강도왕의 모반사건을 심리할 때 엄격하고 잔혹하게 형법을 적용시켜 방자하게도 제후들을 모질게 대하여 골육을 이간시키고 봉국의 관리들을 마음속으로 불안에 떨게 만들었습니다. 저는 원래 장탕의 충성심은 거짓이라는 사실을 알고 있었습니다."

그러자 황제는 얼굴에 노한 기색을 띠우고 적산에게 물었다. "내가 경에게 변방을 지키는 군의 태수자리를 맡기면, 국경을 침범하여 노략질하는 흉노를 막을 수 있겠소?"

"할 수 없습니다."

"그렇다면 군 밑의 현을 맡기면 지킬 수 있겠소?"

"할 수 없습니다."

"그것도 못한다면 변경의 요새 하나는 지킬 수 있겠소?"

적산이 만일 그것도 못한다고 대답했다가는 황제가 자기를 형리에 넘겨 죄를 묻게 될 것이라고 생각하고는 할 수 있다고 대답했다. 그래서 황제는 적산을 변경의 성채로 가게 해서 지키게 했다. 그리고 1개월 후 흉노가 성채를 공격하여 적산의 머리를 베어 갔다. 이후로 군신들은 몸을 떨며 두려워했다.

장탕의 문객 중에 전갑(田甲)이라는 사람이 있었는데 비록 상인 출신이지만 어질고 품성이 곧았다. 장탕이 미관에 있을 때부터 전갑과는 금전과 재물로 왕래를 해온 사이였다. 장탕이 고귀한 신분이 되자, 전갑은 장탕을 도의와 품덕이 부족하다고 비난하여 의로운 지사의 풍도를 보였다. 장탕은 어사대부로 오른 지 7년 만에 끝내 실패하고 말았다.

하동(河東) 사람 이문(李文)은 옛날부터 장탕과 사이가 나빴다. 후에 그는 어사

중승(御史中丞)이 되어 장탕 밑에서 일하게 되었으나 마음속으로는 장탕에 대해 원한을 품고 있었다. 그래서 여러 번에 걸쳐 궁중의 문서에서 장탕을 해칠만한 재료를 찾았지만 서류는 빈틈이 없었다. 장탕이 총애하는 부하관리로 노알거(魯 謁居)라는 사람이 있었다. 그는 장탕이 이문을 마음속으로 매우 못마땅해하고 있음을 알았다. 그래서 노알거는 사람을 시켜 황제에게 이문의 비리를 고발하게 했다. 황제는 이문의 고변사건을 장탕으로 하여금 심리하도록 시켰다. 장탕은 이문의 죄는 사죄에 해당한다고 판결하여 처형하였고, 그 사건이 노알거가 꾸민 일임을 알았다.

그리고 얼마 후에 황제가 장탕에게 물었다. "익명으로 이문을 고변한 사람은 누구였는가?" 황제의 물음에 장탕은 짐짓 놀란 체하며 대답했다. "그것은 이문에게 원한을 품고 있던 이문의 옛 친구였습니다." 후에 노알거가 병으로 쓰러져 같은 고향사람의 집에서 요양할 때, 장탕이 찾아가 문병하고 노알거의 다리를 안마해주었다.

한편 조나라 사람들은 제련과 주조(鑄造)의 일을 그들의 직업으로 삼고 있었다. 그래서 조왕 유팽조(劉彭祖)는 조정에서 파견한 감찰관과 조나라의 제철관들과 함께 소송을 제기했으나, 그때마다 장탕은 조왕에게 피해를 주었다. 그래서 조왕은 장탕의 숨긴 비리를 찾기 시작했다. 노알거 역시 일찍이 조왕의 잘못을 수사한 적이 있었기 때문에 그의 원한을 사고 있었다.

그래서 조왕은 두 사람에 대해 고발했다. "대신의 자리에 있는 장탕이 그의 부하 관리인 노알거가 병이 나자 문안을 가서 그의 다리를 주물러준 일로 보건대, 필시 두 사람은 좋지 않은 일을 같이 모의했음에 틀림없습니다."

조왕의 고변사건은 정위(廷尉)에게 넘겨 심리하도록 했으나, 그 사이 노알거는 병이 들어 사망하고 말았기 때문에 사건의 진행에 따라 그의 동생이 연좌되었다. 노알거의 동생은 연행되어 도관(導官)의 서(署)에 구금되었다. 장탕 역시 도관에 구금된 다른 죄수들을 심리하다가 노알거의 동생을 발견하고 마음속으로는 그를 구해주려고 생각하면서도 일부러 모르는 척했다. 장탕의 속마음을 알지 못한 노알거의 동생은 자기를 모르는 체하는 장탕에 대해 원한을 품게 되었다. 그래서 그는 사람을 시켜서 장탕과 노알거가 같이 모의하여 이문을 모함했다는 사실을 고발하게 했다. 이 사건은 감선(減宣)에게 맡겨졌다. 감선은 옛날 이미 장탕과 사이가 벌어져 있었음에도 그 사건을 접수하여 정황을 파악했으나, 물이 마르면 바위가 드러나는 법이라고 생각해서 황제에게 보고하지 않았다.

그때 마침 공교롭게도 어떤 자가 문제의 능원(陵園)을 범하여 함께 매장되어 있던 동전을 몰래 도굴해 가져간 사건이 발생했다. 승상 장청적(莊靑翟)이 장탕과 약속하여 같이 조정에 나가 사죄를 드리기로 약속했다. 이윽고 두 사람이 황제 앞에 서게 되자, 장탕은 계절에 따라 능원을 순시하는 일은 승상의 임무일 뿐이지 자기와는 무관하다고 생각하고는 사죄의 말을 올리지 않았다. 승상의 사죄에 따라 황제는 어사를 보내 그 일을 조사하게 했다. 장탕은 승상에게 견지법(見知法)을 적용시키려고 하자 승상은 매우 불안해하였다.

승상부의 세 장사(長史) 모두는 장탕의 그러한 행위에 분노하고 그를 함정에 빠뜨려 해칠 생각을 품게 되었다. 장사 주매신(朱買臣)은 회계(會稽) 사람으로 일찍이 『춘추』를 공부했다. 회계가 같은 고향인 엄조가 주매신을 황제에게 천거했다. 주매신은 초사(楚辭)에도 능통하였기 때문에 장조와 함께 황제로부터 총애를 받아 시중(侍中)의 자리에서 태중대부(太中大夫)로 승진해서 중용되었다. 이때 장탕은 유명해지기 이전으로 낮은 벼슬을 하고 있었기 때문에 주매신의 면전에서는 무릎을 꿇고 엎드려 지시를 받았다. 그러나 얼마 후에 장탕이 정위가 되어 회남왕의 반역사건을 심리하는 일을 맡게 되면서 주매신과 장조를 멀리하게 되자, 두 사람은 장탕을 괘씸하게 생각하기 시작했다. 이윽고 장탕이 어사대부가 되었을 때, 주매신은 회계태수를 역임한 후에 조정에 불려 와 주작도위(主爵都尉)가 되어 구경의 대열에 서게 되었다. 그리고 몇 년 후, 법을 어기게 되어 구경에서 면직된 주매신이 장사(長史)를 대신하는 직책으로 장탕을 만나 절을 올렸으나, 장탕은 의자에 그대로 앉은 채 일상적인 업무를 보듯이 주매신을 대했다. 또한 장탕의 속관인 승사(丞史) 역시 주매신을 예를 갖추어 대하지 않았다. 초 땅의 선비로써 자부심이 강한 주매신은 그 일로 인하여 장탕에 대해 깊은 원한을 갖고 그를 죽일 수 있는 구실을 찾았다.

왕조(王朝)는 제(齊)나라 사람이다. 유가학설을 배워 우내사(右內史) 되었다. 변통(邊通)은 종횡가(縱橫家)의 학설을 배워 성격이 강직하고 난폭했다. 관리가 된 후에 제남왕의 승상을 두 번에 걸쳐 역임했다.

예전에 이 세 사람[3]은 모두 장탕보다 관직이 높았으나 면직되어 승상부의 장사 대리의 신분으로 장탕에게 허리를 구부리고 무릎을 꿇으며 인사를 드려야 했다. 장탕은 여러 번 승상의 직무를 겸임했는데, 승상부의 세 장사가 모두 옛날 자신보다 높은 자리에 있었음을 잘 알고 있으면서도 항상 그들을 멸시하고 억압했다.

그래서 세 사람의 승상부 장사는 모의하여 승상 장청적에게 말했다. "처음에 승상께서는 장탕과 협의하여 황제를 찾아가 능원의 사건에 대해 사죄하기로 약속했으나, 장탕은 승상을 배반하고 오히려 그 일을 기화로 승상을 탄핵하려고 합니다. 그것은 바로 장탕이 승상의 자리를 차지하려고 하는 짓입니다. 우리들은 장탕이 은폐한 사건들을 잘 알고 있습니다."

세 사람의 장사는 부하관리들을 보내 장탕과 공범인 전신(田信) 등을 체포하여 심문했다. 전신은 장탕이 황제에게 상주한 정책의 내용을 미리 알고 미리 비축한 물자를 팔아 증식된 재산을 장창 등과 나누어 가졌으며 그 밖에 다른 나쁜 일도 많이 저질렀다고 자백했다.

세 장사가 문서로 만들어 황제에게 올리자, 황제가 장탕에게 말하였다. "과인이 어떤 일을 행하려고 하면 상인들이 미리 알고 물품들을 더욱 많이 축적했는데, 아마도 어떤 자가 과인의 생각을 상인들에게 미리 알려준 것 같소."

장탕이 사죄를 하지 않고 짐짓 놀란 체하며 말했다. "아마도 어떤 자가 틀림없이 그랬을 것입니다."

그때 감선이 장탕과 노알거의 공모사건에 대해 상주했다. 천자가 마침내 장

---

3 세 명의 장사는 주매신, 왕조, 변통을 가리킨다.

탕이 간사한 마음으로 군왕을 속였다고 생각해서 8명의 사자로 하여금 문서를 가져가게 해서 조목에 따라 장탕을 심문하도록 했다. 장탕은 그러한 죄를 지은 죄가 없다고 말하며 불복했다. 그래서 황제는 조우(趙禹)를 보내 장탕을 심문하도록 했다.

조우가 장탕을 꾸짖었다. "황상께서 어찌 당신의 일을 모른다고 생각하시오? 그대가 심리한 사건으로 멸족된 사람의 수가 도대체 얼마나 되는지 아시오? 지금 다른 사람들이 당신의 죄상에 대해 모두 증거가 있어, 황제께서는 당신의 사건을 처리하는 방법을 놓고 고심한 나머지 그대가 스스로 알아서 결단을 내리기를 바라고 계시는데, 당신은 하필이면 그렇게 장황하고 구차하게 변명하시오?"

장탕이 서신으로 황제에게 사죄의 말을 올리며 말했다. "소신 장탕은 조금의 공도 세움이 없이 문서를 담당하는 말단관리로 시작하였지만, 폐하의 은총으로 삼공의 대열에 서게 되었으니, 그 은혜에 보답하지 못한 죄를 면키 어렵습니다. 그러나 이 장탕을 죄인으로 모함하기 위해 음모를 꾸민 자들은 승상부의 세 장사(長史)들입니다."

그리고 장탕은 자살했다.

장탕이 죽을 때, 그가 남긴 재산은 오백 금도 못 미쳤는데, 모두가 봉록이나 황상의 하사품이 전부였고, 다른 재산은 하나도 없었다. 장탕의 형제들과 아들들은 그의 장례를 성대하게 치르려고 하자, 장탕의 모친이 말했다. "아들 장탕은 나라의 대신으로 모함과 중상을 받고 죽었다. 어찌 그의 장례를 성대하게 치를 수 있단 말인가?"

그래서 소달구지에 실어 운구(運柩)했는데 관만 있고 외곽(外槨)은 없었다. 천자가 그 소식을 듣고 말했다. "그의 모친이 아니고서야 누가 그와 같은 아들을 낳을 수 있겠는가?"

황제는 다시 명을 내려 장탕 사건에 대해 모든 진상을 밝혀내고 세 사람의 장사들을 모두 처형했다. 승상 장청적 역시 스스로 목숨을 끊었다. 황제는 전신(田

信)을 포함한 장탕 사건의 연루자들을 석방하고, 장탕의 죽음을 애석히 여겨 그
의 아들 장안세(張安世)를 발탁해서 기회를 보아가며 점차 직위를 올려주었다.

조우(趙禹)는 중도에서 면직되었으나 얼마 후에 다시 복직하여 정위(廷尉)가 되
었다. 옛날 승상 시절의 조후(條侯) 주아부(周亞夫)는 조우를 잔혹하고 음험한 자
라고 생각하여 중용하지 않았다. 그러나 조우는 소부(少府)의 장관인 소경(少卿)이
되어 구경(九卿)의 반열에 섰다. 조우는 원래 일 처리가 엄혹하고 조급했는데, 그
의 만년에 나라의 일은 많아져, 다른 관리들은 더욱 가혹하게 법을 집행했으나,
조우만은 오히려 법을 가볍고 완만하게 적용하여 온화하고 공평하다는 평을 받
았다. 후에 조우의 직을 이어받은 왕온서(王溫舒) 등은 법을 더욱 엄혹하게 집행
했다. 조우는 나이가 들면서 연나라의 승상으로 자리를 옮겼다. 몇 년 후에 연
로하여 정신이 혼미해진 조우는 배역(背逆)의 죄를 범하여 면직되어 살다가 장탕
사후 10여 년 만에 노환으로 집에서 죽었다.

의종

의종(義縱)은 하동(河東) 사람으로 어렸을 때 장차공(張次公)과 함께 강도질을 하
며 도적 떼를 결성했다.

의종에게는 후(姁)라고 부르는 누이가 있었다. 그녀는 의술로 왕태후(王太后)의
총애를 받았다. 왕태후가 그녀에게 물었다. "관직에 있는 아들이나 형제가 혹시
있느냐?"

후가 대답했다. "형제가 하나 있는데 품행이 불량해서 관직에 나갈 수 없었습
니다."

태후가 황제에게 말해 의후(義姁)의 동생 의종(義縱)을 중랑(中郎)에 임명하도록
하고, 나중에 상당군 예하의 한 현(縣)의 현령으로 옮기도록 했다. 현령으로 부
임한 의종은 결코 관용이나 포용하는 마음과는 거리를 두고 법을 가혹하고 잔
인하게 집행했다. 그래서 현 내에는 도망치는 백성들이 사라져 군내에서 제일

잘 다스려지는 현으로 꼽혔다. 후에 다시 장릉(長陵)과 장안(長安)의 현령으로 옮겨 정무를 법에 따라 처리하면서 귀족이나 황족을 가리지 않았다. 그는 왕태후의 외손자이자 수성군(修成君)의 아들인 김중(金仲)을 체포, 심문하여 법에 따라 조치했다.

황제가 의종이 능력이 있다고 생각하여 하내도위(河內都尉)로 승진시켰다. 도위가 된 의종은 부임하자 당지의 호족인 양씨(穰氏) 종족들을 멸족시켰다. 이로써 하내의 관할에서는 길거리에 떨어진 물건을 감히 주워가지 못했다. 그때 용감하고 날렵했던 장차공 역시 낭관이 되었다가 종군하여 적진 깊숙이 들어가 전공을 세웠음으로 안두후(岸頭侯)에 봉해졌다.

영성(寧成)이 집에서 놀고 있을 때, 황제는 그를 어느 군의 태수로 제수하려고 하자, 어사 공손홍(公孫弘)이 말했다. "제가 산동에서 미관(微官)으로 있을 때 영성은 제남의 도위였습니다. 그가 정무를 보는 태도는 마치 흉폭한 이리가 양을 몰아붙이는 모습과 같았습니다. 영성으로 하여금 백성들을 다스리게 하면 안 된다고 생각합니다."

그래서 황제는 영성을 관도위(關都尉)에 임명했다. 영성이 관도위가 된지 1년이 되자 함곡관을 넘나들었던 관동(關東) 지방의 군국(郡國)의 지방관서에 근무하는 관리들이 이구동성으로 말했다. "새끼를 안고 있는 호랑이를 만날지언정 영성의 노여움은 사지 마라!"

하내도위에서 남양태수(南陽太守)로 자리를 옮긴 의종은 영성이 남양의 집에서 쉬고 있다는 것을 알았다. 이윽고 의종이 부임길에 남양의 관문에 당도했을 때 영성은 몸을 낮추어 의종의 뒤를 따르며 영접하고 송별했다. 그러나 혈기가 왕성하고 오만한 의종은 영성을 업신여기며 예를 갖추어 답례를 하지 않았다. 남양의 태수부에 당도한 의종은 영씨 종족들의 죄행을 심문하여 완전 풍비박산으로 만들어버렸다. 영성 역시 죄에 연좌되어 주살되고 말았다. 그러자 남양의 다른 호족 공씨(孔氏)와 포씨(暴氏) 종족들은 다른 곳으로 도망쳤다. 이후로 남양의 관리들과 백성들은 모두 두려워하여 행동을 극도로 조심하며 감히 죄를 짓지 못했다. 당시 평씨현(平氏縣)의 주강(朱强)과 두연현(杜衍縣)의 두주(杜周)는 모두 의종의 도움으로 관리가 되었으며 후에 중용되어 정사(廷史)로 승진했다.

그때 한나라 조정은 여러 차례에 걸쳐 정양(定襄)의 군졸들을 동원하여 흉노를 공격하려고 했다. 그래서 정양의 관리들과 백성들은 불안한 마음이 되어 민심이 흐트러지고 풍속은 파괴되었다. 조정은 의종을 정양태수(定襄太守)로 임명해서 파견했다. 정양에 부임한 의종은 형구를 차지 않고 있던 죄형과는 상관없이 200명에 달하는 옥중의 죄수들과 그들을 비밀리에 면회했던 사람들과 형제친척들 200명을 모두 함께 체포했다. 그들을 심문한 의종은 죄수들은 탈옥을 기도하고 그 밖의 사람들은 탈옥하려는 죄수들을 도와 모두 죽을죄를 범했다고 판결하고 그 날로 4백여 명에 달하는 사람들을 몰살시켜버렸다. 그 후로는 군내에서는 추워서 떨지 않은 사람이 없게 되었고 교활한 백성들은 관리들의 앞잡이가 되어 의종의 행정을 도왔다.

그때 조우(趙禹)와 장탕(張湯)은 법을 엄격하게 집행해서 구경의 대열에 섰지만 관대하고 느슨한 그들의 정치는 모두 법에 따른 것이었다. 그러나 의종의 정치는 매가 날개를 푸득거리며 작은 새를 공격하여 낚아채듯이 흉폭하고 잔혹했다.

후에 문란한 화폐제도를 바로잡기 위해 오수전(五銖錢)과 백금(白金)이라는 화폐를 만들어 통용시켰다. 그러나 호족들이 그것을 기회로 여겨 위조를 일삼았는데 경성(京城) 지역이 특히 심했다. 그래서 조정은 의종을 우내사(右內史), 왕온서(王溫舒)를 중위(中尉)로 삼아 단속하도록 했다. 극도로 잔혹했던 왕온서는 의종에게 미리 알리지 않고 처결했으며, 의종은 또한 사사로운 감정으로 왕온서를 능멸하여 그가 처결한 일을 모두 망쳐놓았다. 의종은 백성들을 다스리면서 목숨을 빼앗는 일이 매우 많았으나, 치안을 유지하는 데는 다급하고 일시적인 것에 불과할 뿐 그 효과는 그다지 크지 않았을 뿐만 아니라, 법을 어기는 사람들이 더욱 늘어나고 급기야는 직지(直指)라는 관직을 만들어야 하는 지경에 이르게 되었다. 당시 백성들을 다스리는 관리들의 주요한 일은 사람들을 결박하고 참살하는 일이었다. 그 중 염봉(閻奉)이라는 인물은 흉악한 자로서 관리에 임명된 자였다. 잔혹한 의종이 청렴한 것은 질도(郅都)를 본받은 바가 컸다.

황제가 어가를 움직여 정호(鼎湖)에 들렀다가 병을 오랫동안 심하게 앓았다. 이윽고 병에 차도가 있자 갑자기 어가를 움직여 감천궁(甘泉宮)으로 돌아오는데 행차하는 길이 정비가 되지 않아 황제가 대노하여 말했다. "의종이란 놈은 내가 병이 낫지 않아 이 길로 다시 돌아갈 수 없을 것이라고 생각했단 말인가?"황제는 마음속으로 의종에 대해 매우 불쾌하게 생각했다.

그해 겨울, 황제는 조칙을 내려 양가(楊可)에게 고민(告緡)의 일을 관할하도록 했다. 의종은 고민법의 시행이 풍속을 어지럽히는 소행이라고 생각해서 휘하의 관리들을 풀어 양가를 위해 일하는 자들을 체포하도록 했다. 천자가 듣고 두식(杜式)을 보내 의종의 행위를 조사하도록 했다. 두식은 의종의 집법행이 군주를 대하는 예에 크게 벗어나고 군왕이 시행하고자 하는 일을 파괴하는 행위라고 판결하여 기시형(棄市刑)에 처해 죽였다. 그리고 일 년 후에 장탕이 죽었다.

왕온서

왕온서(王溫舒)는 양릉(陽陵) 사람이다.

그는 나이가 젊었을 때 분묘를 도굴하는 등 나쁜 짓을 하고 다녔다. 그리고 얼마 후에 현리(縣里)의 정장(亭長)이 되었으나 여러 번에 걸쳐 면직되고 다시 복직을 반복했다. 후에 다시 말단관리가 되어 임무를 잘 수행했기 때문에 승진하여 정사(廷史)가 되어 장탕을 섬겼다. 장탕은 그를 어사(御史)로 승진시켰다. 도적들을 추포하는 일을 감독했던 그는 일을 수행하는 과정에서 많은 사람들을 죽이거나 다치게 했다. 그는 점차 승진하여 광평도위(廣平都尉)가 되었다. 그는 군내의 호족 중 용감한 사람 10여 명을 부하 관리로 뽑아 그들을 앞잡이로 삼아 이면으로는 그들이 숨은 중죄를 파악한 뒤에 도적을 잡는 일을 감찰하도록 해서 그가 원하는 바를 빠른 시간 안에 얻을 수 있었다. 비록 그들이 저지른 죄가 백 가지가 넘어도 그 죄를 묻지 않았으나, 자기의 명을 거역하는 자들은 처형시키고 심지어는 그들의 종족까지 멸족시키곤 했다. 그 후로는 제(齊)와 조(趙) 땅의 근교를 근거지로 삼고 있었던 도적 떼들은 감히 광평의 경내에 발을 들여놓지 못했으며 광평 관하의 백성들은 길에 떨어진 물건도 줍지 않는다는 명성을 얻게 되었다. 황제가 듣고 왕온서를 하내태수(河內太守)로 승차시켰다.

원래 왕온서는 광평도위로 있으면서 하내의 간사한 호족들에 대해 모두 파악하고 있었다. 그래서 그는 태수로 임명되고서도 일부러 지체해서 9월이 되어서야 부임했다. 지역 산하의 현령들에게 명을 내려 민가의 말 50필 씩을 차출하여 하내에서 장안까지의 각 역참에 배치하도록 시켰다. 그런 후에 광평에서 사용한 책략대로 지역 내의 간사한 호족들을 체포하도록 하였는데 연좌된 집안만 해도 천여 호가 넘었다.

왕온서가 황제에게 서장을 올려 큰 죄를 짓는 자는 멸족을 시키고 적은 죄를 지은 자는 사형에 처한 후에 재산은 몰수하여 그들이 도둑질한 재물은 상환하겠다고 청했다. 그가 상주한 서장은 출발한 지 불과 3일 만에 장안에 도착했다. 왕온서는 황제로부터 그대로 집행하라는 윤허를 받았다. 이윽고 안건이 상부에 보고되었는데 처형할 때 흐르는 피는 10여 리를 흥건히 적셨다고 했다. 하내의 백성들은 그가 상주하여 비준을 받는 데까지 걸린 시간이 너무 신속하여 모두 괴이하게 여겼다.

이윽고 12월이 되자 군내에서는 일체의 소리가 사라지고 감히 밤에 외출하는 자도 없고 들판의 개를 짖게 하는 도적도 없어졌다. 잡지 못하고 놓쳐버린 도적들은 인근의 군국으로 도망쳤다. 입춘이 되자 왕온서는 발을 구르며 한탄했다. "아아, 겨울이 한 달만 더 길었으면 내가 하던 일을 모두 끝낼 수 있을 텐데!" 왕온서는 그와 같이 사람을 처형하기를 즐겼다.

천자가 듣고 능력이 있다고 생각해서 그를 중위(中尉)에 임명했다. 그가 형옥을 다스리는 방법은 하내에서 하던 방법을 그대로 답습해서 남을 해치는데 능한 교활한 관리들을 심복으로 삼아 함께 일을 했다. 하내의 양개(楊皆), 마무(麻戊), 관중의 양공(楊贛)과 성신(成信) 등이 그런 무리였다. 의종(義縱)이 내사(內史)로 있을 때는 그를 꺼린 왕온서는 감히 자기 멋대로 다스리지 못했다. 이윽고 의종과 장탕이 죽자 왕온서는 정위로 자리를 옮기고 윤제(尹齊)가 중위가 되었다.

윤제

윤제는 동군(東郡) 임평(茌平) 사람이다.

그는 미관말직에서 점차 자리를 옮겨 어사(御史)가 되어 장탕을 모셨다. 장탕이 여러 번 그가 청렴하고 굳세다고 칭송하여 도적을 잡는 일을 감독시키자 그는 왕실의 인척을 가리지 않고 참형에 처했다. 다시 관내도위(關內都尉)가 된 윤제는 그 명성이 영성보다 더 높게 되었다. 능력이 있다고 생각한 황제는 그를 중위(中尉)로 삼았다. 윤제로 인해 관리들과 백성들의 생활은 더욱 피폐해졌다. 윤제는 융통성이 없고 예의라곤 없는 사람이었음으로 강포하고 흉악한 관리들은 숨어서 모습을 드러내지 않았으며 선량한 관리들은 독자적으로 정사를 효과적으로 처리할 수 없었다. 그래서 옛일들을 수시로 폐했음으로 죄에 저촉되어 파면되고 말았다. 황제가 왕온서를 중위로 삼고 잔인하고 혹독한 정치로 이름이 높은 양복(楊僕)을 주작도위(主爵都尉)도 삼았다.

양복

양복(楊僕)은 의양(宜陽) 사람이다.

그는 천부(千夫)의 신분으로 미관(微官)이 되었다. 하남태수가 심사하여 그가 재능이 있다고 천거했다. 후에 어사로 승진하여 관동의 도적을 추포하는 일을 독찰했다. 윤제의 방법을 따른 그의 정치는 흉맹하고 과감하다고 인정받아 점차 직급이 올라 주작도위가 되어 구경의 대열에 섰다. 양복이 재능이 있다고 생각한 황제는 남월(南越)이 반란을 일으키자 그를 누선장군(樓船將軍)에 임명했다. 남월과의 전쟁에서 공을 세운 양복은 장량후(將梁侯)에 봉해졌다. 후에 조선정벌전에 참가한 그는 좌장군(左將軍) 순체(荀彘)에게 포박당하는 몸이 되었다. 면직되어 오랫동안 집에서 칩거하다가 병으로 죽었다.

다시 왕온서가 복직되어 중위(中尉)가 되었다. 왕온서는 위인이 꾸밈새가 적어서 정위로 있을 때는 어리숙하여 변설도 변변치 않아 하는 일마다 성과가 없었으나 중위가 되어서는 마음속으로 깨우치는 바가 있었다. 도적을 추포하는 일을 독찰할 때 평소에 관중의 풍속에 익숙했기 때문에 호족과 악질적인 관리들을 잘 알고 있어 그들을 모두 불러 부하관원으로 쓰자 그들은 모두 왕온서를 위해 있는 힘을 다해 계책을 도모했다. 그들로 하여금 도적들을 감찰하는데 가혹할 정도로 혹사시키고, 도적이나 악행 소년들에 대한 고발을 유도하기 위해 투서함과 함께 현상금을 걸었다. 또한 백격장(伯格長)을 두어 마을에서 범죄를 저지른 자나 도적들을 독찰했다. 왕온서는 사람들에게 아첨을 잘했다. 그래서 세력이 있는 사람들을 잘 받들었고 세력이 없는 사람은 마치 자기 집의 하인 부리듯이 했다. 세력가라면 그가 비록 태산과 같이 큰 죄를 저질렀다고 해도 결코 법을 적용시키지 않았으며 세력이 없다면 그가 비록 귀족이거나 외척이라고 해서 용서하지 않고 반드시 욕을 보였다. 법조문을 교묘하게 적용시켜서 교활한 평민들을 함정에 빠뜨려 강대한 호족들을 위협했다. 중위로서의 치적은 그와 같았다. 간사하고 교활한 백성들은 반드시 그 죄를 추궁해서 대부분은 살갗이 찢어지고 살이 터져 옥사했으며 죄를 다시 논하여 옥에서 빠져나오는 자는 없었다. 그가 앞잡이로 쓰는 관료들은 마치 관을 쓰고 있는 호랑이와 같이 흉포했다. 그래서 중위부(中尉府)의 관할에 속하는 중등 이하의 간교한 백성들은 모두 숨어서 모습을 나타내지 못했기 때문에 권세있는 사람들은 모두 왕온서를 대신해서 명성을 선전하고 그가 백성들을 잘 다스린다고 칭찬했다. 그러기를 몇 해를 계속하자 그에게 속한 관리들은 대부분이 권력과 부를 얻었다.

왕온서가 동월의 정벌전에 종군한 후에 돌아와서 올린 사안이 천자의 뜻에 부합되지 않았다. 그래서 결국 그것이 원인이 되어 결국은 조그만 법에 저촉되는 일로 인해 죄를 얻어 파직되었다. 그때 마침 통천대(通天臺)를 개수하려고 했던 황제는 마땅히 그 일을 관장할 사람을 찾지 못하고 있었다. 이에 왕온서는 중위부(中尉府)의 관할 하에 있는 사람 중에서 병역을 기피한 사람 수만 명을 심사하여 그들을 동원하여 통천대를 개수하겠다고 주청했다. 황제가 매우 기뻐하며 그를 소부(少府)의 책임자로 임명했다가 다시 우내사로 전임시켰다. 그의 일을 수행하는 방식은 예전과 다름이 없었으나 간교하고 사악한 일은 다소 줄어들었다. 법에 저촉되어 관직을 잃었으나 다시 복관되어 우보(右輔)가 되어 중위(中尉)의 일을 맡아 했으나 그의 일을 수행하는 방식은 예전과 같았다.

그리고 일 년이 지나서 대완(大宛)을 정벌하기 위한 군사를 지방의 호족과 관리들 중에서 징발하라는 황제의 조칙이 내려졌으나 왕온서는 화성(華成)이라는 부하 관리를 숨겨주었다. 후에 어떤 사람이 왕온서를 고발했는데 그는 기병에 속한 사람으로부터 금전을 받고 징집을 면해주고 그밖에 옳지 못한 일을 했다고 했다. 그의 죄는 멸족에 해당했기 때문에 그는 자살하고 말았다. 그의 두 동생과 두 사돈집은 모두 각기 여러 가지 죄를 저질렀으므로 결국은 멸족되고 말았다. 그것을 보고 광록훈(光祿勳) 서자위(徐自爲)가 말했다. "아 슬프구나! 옛날에는 삼족(三族)을 멸하는 죄목이 있었는데 왕온서에 이르러서는 마침내 오족(五族)이 동시에 멸족되었구나!"

왕온서가 죽자 그가 모아 놓은 재산은 모두 1천 금에 달했다. 그리고 몇 년 후에 윤제(尹齊) 역시 회양도위(淮陽都尉)로 재직 중 병으로 죽었으나 그의 재산은 50금도 채 못 미쳤다. 그에게 잡혀 죽은 회양 사람들은 무수히 많았기 때문에 그가 죽자 원한에 사무친 유가족들이 그의 시체를 가져가 불사르려고 했다. 그래서 윤제의 가족들은 몰래 그의 시체를 훔쳐 고향으로 가져가 안장해야만 했다.

왕온서 등이 잔인하고 흉악한 수단으로 정사를 처리하기 시작하고부터 그 뒤를 군수, 도위 및 제후와2천석 녹봉의 관리들이 본받았으나 법을 범하는 관리들이나 백성들은 오히려 더욱 많아지고 도적들은 우후죽순처럼 일어났다. 남양(南陽)의 매면(梅免), 백정(白政), 초(楚)의 은중(殷中), 두소(杜少), 제(齊)의 서발(徐勃), 연조(燕趙)지간의 견로(堅盧), 범생(范生) 같은 자들은 수천 명에 달하는 도적 떼들의 괴수들로써 제멋대로 도적단의 이름을 짓고 횡행하면서 성읍을 공격하고 무기고를 습격했으며 사형수들을 석방했다. 그들은 군수와 도위를 생포하여 욕보였으나 2천석의 관리들을 살해하고 격문을 현에 보내어 식량을 구하기도 했다. 촌락 사이를 횡행하며 노략질을 일삼는 백 수십 명으로 구성된 비교적 작은 도적 떼들은 그 수를 헤아릴 수 없을 정도로 많았다.

황제는 어사중승(御史中丞)과 승상장사(丞相長史)에게 도적 떼들을 추포하는 일을 독찰하게 했다. 그래도 도적떼들은 금하지 못했다. 이에 황제는 광록대부 범곤(范昆), 삼보(三輔)의 각 도위(都尉), 옛날 구경(九卿)을 지냈던 장덕(張德) 등에게 비단옷과 지절(持節)과 호부(虎符)를 주어 군사들을 징발하여 도적 떼들을 토벌하도록 했다. 참수한 도적 떼들의 수급이 만여 개가 넘는 부서도 있었다. 또한 도적 떼들에게 식량을 제공한 자들을 법에 의해 처형했는데 여기에 연좌된 자는 몇 개 군에 미쳤고 많은 곳은 수천 명이 주살되었다. 그리고 몇 년이 지나자 도적 떼들의 대두령들을 대부분 잡아들일 수 있었다.

그러나 흩어져 도망친 졸개들은 다시 험준한 산천의 요새지에 의지하여 무리를 짓고 여기저기에 군거했으나 한나라 조정은 그것까지는 어쩌지는 못했다. 그래서 다시 조정은 심명법(沈命法)을 만들어 반포했다. 심명법은 "도적 떼가 일어났음에도 적발하지 않고 적발했으나 체포한 자가 일정한 수에 미치지 못할 경우에는 2천 석 이하에서 말단 관리까지 그 책임자는 모두 사형에 처한다."라는 내용의 법이었다. 그 후로 주살될 것을 두려워한 말단관리들은 비록 도적 떼가 일어나도 감히 상부에 보고하지 못하고, 또한 체포하지 못할 경우 상급 관청에 누를 끼치게 될 것을 두려워하였다. 상급 관청 역시 말단관리들에게 보고를 하지 못하게 했다. 그래서 도적 떼들은 더욱 많이 일어나게 되었지만 하급이건 상급이건 관청들은 모두 도적 떼들을 숨기고 문서들을 거짓으로 꾸며 법망을 피하기에 급급했다.

감선

감선(減宣)은 양(楊) 지방 사람이다.

그는 현의 좌사(佐史)로 일하면서 능력을 발휘했음으로 하동태수부에서 일하게 되었다. 대장군 위청(衛靑)이 말을 사기 위해 하동으로 보낸 사람이 감선을 보고 그의 재능이 뛰어나다고 황제에게 고했다. 황제는 감선을 발탁하여 대구승(大廐丞)으로 삼았다. 맡은 일을 잘 처리했음으로 점차 승진하여 옮겨 어사(御史)와 중승(中丞)이 되었다. 황제가 감선에게 주보언(主父偃)과 회남왕(淮南王)의 모반사건을 심리하도록 명했다. 미미한 법조문을 깊고 엄혹하게 적용하여 피의자들을 함정에 빠뜨려 그로 인해 피살된 사람이 무수히 많았다. 그래서 그는 의혹이 있는 어려운 사건을 잘 처리했다고 칭찬을 받았다. 그는 여러 번에 걸쳐 파직되고 다시 기용되기를 반복해서 어사와 중승이 되는 데만 무려 20여 년이나 걸렸다. 왕온서가 중위(中尉)의 자리에 파직될 때 감선은 좌내사(左內史)로 있었다. 그는 미곡과 소금에 관한 일을 관리했는데 큰일이거나 작은 일이거나를 막론하고 모두 자기가 친히 처리했고 또한 자기가 친히 관하의 현과 현내의 각 부서의 재물과 기물까지도 직접 관리하면서 현령이나 현승(縣丞)이 임의로 바꾸지 못하게 했다. 만일 그것을 참지 못하고 위반하는 자는 무거운 죄를 적용하여 처벌했다. 그리고 몇 년이 지나자 군 내의 모든 작은 일들은 잘 처리되었으나, 작은 일을 잘 처리하여 큰일에까지 적용되도록 할 수 있는 자는 오직 감선의 역량에 의지해서만이 실행될 수 있었고 그의 방법은 일괄적으로 따를 수 있는 것은 아니었다. 감선의 결국 중도에 파직되고 말았다. 그러나 얼마 후에 복직되어 우부풍(右扶風)에 임명되었다. 감선이 부하관원이었던 성신(成信)에게 원한을 품자 성신은 달아나 상림원(上林苑)으로 들어가 숨었다. 감선이 미현(郿縣)의 현령과 그 관원들 및 사졸들을 이끌고 상림원으로 들어가 숨어있던 성신을 찾아내 죽였다. 미현의 관원들과 사졸들이 성신을 발견하고 활을 쏘아 죽일 때 몇 개의 화살이 상림원의 문에 꽂히게 되어 고발된 감선은 법관에 넘겨져 재판을 받게 되었다. 법관은 감선이 대역무도한 죄를 범해 멸족을 판결했다. 감선은 자살하고 두주(杜周)가 임용되었다.

두주

두주는 남양(南陽) 두연(杜衍) 사람이다.

의종(義縱)이 남양의 태수 직에 있을 때 그의 앞잡이가 되어 일을 잘 처리하여서, 그의 천거로 정위사(廷尉史)가 되어 장탕의 속관이 되었다. 장탕이 두주가 일을 매우 공정하게 잘한다고 칭송하자 그는 어사(御史)로 승진했다. 변경의 군졸들이 탈영한 사건을 맡았을 때 그는 매우 많은 사람을 살해했다. 그는 황제의 마음에 부합하게 상주를 잘 올렸다. 이로 인해 중용되어 감선이 하던 일을 대신 맡았다가 다시 중승(中丞)이 되어10여 년 동안 재직했다.

두주의 일하는 방법은 감선과 비슷했다. 그러나 그는 무거운 자세를 취하며 서두르지 않았다. 겉으로는 관대한 척했지만 실제로는 매우 엄혹하게 적용해서 원한이 뼛속까지 사무치게 했다. 감선이 좌내사의 자리에 있을 때 두주는 정위가 되어 장탕을 그대로 본받아 황제가 뜻에 부합시키려고 했다. 황제가 어떤 사람을 내치려고 하면 그는 법을 농단하여 그 사람을 법망에 옭아매고, 황제가 풀어주려고 하면 그자를 오랫동안 감옥에 가두어두었다가 황제가 하문하기를 기다려 조심스럽게 그가 억울하게 죄에 연루되었다고 변호했다. 손님 하나가 그런 두주를 비난했다. "대감께서 황제를 위하여 평결을 하는데 삼척(三尺)의 법(法)에 따르지 않고 오로지 황제의 뜻에 맞추어 판결을 하고 있습니다. 옥사를 처리하는 방법이 원래 그와 같습니까?"

그러자 두주가 대답했다. "삼척의 법이 도대체 어디로부터 나오는가? 먼저의 군주로부터 나와 정해진 법을 율(律)이라고 하고, 나중에 군주가 옳다고 하는 법을 적어 놓은 것을 령(令)이라 한다. 당시의 군주가 옳다고 하면 되지 어찌 옛 법을 운운하는가?”

두주가 정위에 임명되자 황제의 명으로 생긴 옥사가 더욱 많아졌다. 2천 석의 고관으로서 법에 연좌되어 옥에 갇힌 관리들이 현직이거나 전직이거나를 합해서 100명 밑으로 내려가지 않았다. 군의 관리나 중앙의 상급 관청의 관리로서 정위부에 송치된 사람은 일 년에 1천여 명이 넘었다. 큰 사건의 경우 연루되어 체포되거나 증인으로 소환된 사람은 수백 명에 이르고, 작은 사건의 경우는 수십 명에 달했다. 또한 멀리서 온 자는 수천 리에 가까운 곳에 온 자는 수백 리나 되는 먼 곳에서 출두해야 했다. 옥에 가두어놓고 심문을 할 때는 옥리들은 소장의 내용대로 탄핵했으며 윽박지르고 불복하면 태형이나 고문을 가해 원래의 죄를 확정시켰다.

그래서 관리들이 잡으러 온다는 소식을 듣게 되면 모두가 도망쳐서 몸을 숨겼다. 심리가 오래 걸리는 사건은 그 과정에서 몇 번의 사면을 받아 석방되어 10여 년이 지났음에도 새로 고발을 받으면 대부분은 부도죄(不道罪) 이상의 죄목으로 처형되었다. 황제의 명으로 취급한 옥사로 인해 정위와 중도관(中都官)에 의해 체포된 사람들은 6-7만 명에 달했고 이 밖에 속관들에게 의해 별도로 체포된 연루된 자들까지 합치면 10여 만에 이르렀다.

두주는 파직되었으나 후에 다시 집금오(執金吾)가 되어 도적을 쫓는 일을 계속했다. 상홍양(桑弘羊)과 위황후(衛皇后)의 큰오빠 아들들을 체포하여 심문했는데 법을 가혹하게 적용했다. 황제는 그가 전력을 다해 사심 없이 처리했다고 해서 그를 어사대부로 승진시켰다. 두주의 아들들은 하수(河水)를 사이에 두고 하남군과 하내군의 태수가 되었다. 그들 형제의 다스림 역시 포악하고 잔혹하여 심지어는 왕온서보다 더 심했다. 두주가 처음 정사로 발탁되었을 때는 온전한 말이 한 필도 없을 정도로 빈한했다. 이윽고 그가 직책을 맡아 함으로써 그의 신분은 삼공의 대열에 서고 자손들은 고관의 자리에 올라 존경을 받았으며 집안의 재산은 거만큼에 달했다.

　태사공은 말하였다.

　"질도(郅都)에서 시작해서 두주(杜周)에 이르기까지의 11명은 모두가 잔혹하고 극렬한 성품으로 이름이 높았다. 그러나 질도는 강직하여 일의 시비를 분명히 밝히고 천하의 대체를 밝히려고 했다. 장탕은 음양의 조화를 잘 알아 황제의 뜻을 잘 받들었으며 때로는 옳고 그름을 가려내어 국가에 보탬이 된 것이 컸다. 조우는 법에 근거하여 수시로 정의를 수호했다. 두주는 권세 있는 사람에게 아첨을 일삼았으나 말을 적게 함으로써 신중하다는 평을 받았다. 장탕이 죽은 후 법망은 매우 조밀해져, 수많은 사람들이 죄에 저촉되어 가혹한 판결을 받았으나, 정사는 오히려 쇠퇴하고 황폐해졌다. 구경(九卿)들은 모두가 자기의 관직을 유지하는 데 급급할 뿐, 그들의 과실을 방지하는 것에도 미치지 못했으니, 어찌 법률 이외의 것을 논할 시간적인 여유가 있었겠는가? 그러나 이 11명 중에 청렴했던 자는 다른 사람의 모범이 되기에 충분하다. 그들의 선도 방식과 범죄 처벌 등 모든 것이 역시 명실상부하여 문무를 겸비한 바탕이 있었으니, 비록 죄를 묻는 것이 가혹했지만 그 직위에 걸맞은 것이었다.

　심지어 촉군태수(蜀郡太守) 풍당(馮當)은 사람들을 사납게 꺾어 누르고, 광한(廣漢)의 이정(李貞)은 멋대로 사람의 사지를 찢어 죽였으며, 동군(東郡)의 미복(彌僕)은 톱으로 사람의 머리를 잘랐다. 천수(天水)의 낙벽(駱璧)은 피의자들을 방망이로 때려서 자백을 받았고, 하동(河東)의 저광(褚廣)은 맘대로 사람을 죽였으며, 경조(京兆)의 무기(無忌), 풍익(馮翊)의 은주(殷周)는 살모사나 매처럼 잔인했고, 수형(水衡)의 염봉(閻奉)은 사람을 매질하고서 용서를 빌미로 뇌물을 챙겼다. 이러한 일들을 어찌 다 헤아릴 필요가 있겠는가? 어찌 다 헤아릴 필요가 있겠는가?"

유협열전

游俠列傳 : 주가, 극맹, 곽해

[사람을 곤경에 빠지거나 힘들 때 구해주는 것은 어진 사람의 도리가 아니겠는가? 믿음에 보답하고 자신의 말을 지키는 것은 의로운 사람이 그러하다. 그래서 「유협열전」을 지었다.]

　한비(韓非)가 말하기를 "유자(儒者)는 문장으로 법을 어지럽히고, 협객은 무력으로 금령(禁令)을 위반한다."[1] 라고 하여 선비와 협객 두 부류를 똑같이 비난하였다. 그러나 대다수 선비들은 세상의 칭송을 받는 경우가 많다. 법령과 통솔력으로써 재상(宰相)이나 경(卿), 대부(大夫)의 지위를 얻고, 당시의 군주를 보좌하여 그들의 공명이 역사서에 기록되는 경우는 새삼 거론할 필요가 없다. 계차(季次), 원헌(原憲)과 같은 자는 빈궁한 유생에 불과하였다. 그들은 독서하는 데에도 홀로 고상한 군자의 덕을 지니고 있었으며, 도의에 맞지 않는 당세와 영합하려 들지 않아, 당시 사람들은 이들을 비웃었다. 그래서 계차와 원헌은 평생을 쑥대로 엮

---

1 「韓非子」「五蠹」: 儒以文亂法, 俠以武犯禁.

은 집에서 남루한 의복과 거친 음식으로 빈곤하게 살았다. 그러나 그들이 죽은 지 이미 400여 년이 지났음에도 불구하고 여러 학자들은 여전히 그들의 뜻을 기리고 있다.

유협(游俠)의 경우, 그 행위가 반드시 정의에 의거하지는 못하였지만, 그들의 말에는 반드시 신용이 있었고 행동은 과감하였으며 이미 승낙한 일은 반드시 성의를 다하였다. 또한 자신의 몸을 버리고 남의 고난에 뛰어들 때에는 생사를 돌보지 않았다. 그러면서도 자신의 능력을 자랑하지 않았고, 그 공덕을 내세우는 것을 오히려 수치로 삼았다. 아마 이 밖에도 찬미할 점이 많을 것이다. 더욱이 곤경에 처하는 것은 누구나 겪을 때가 있다.

태사공은 말하였다.

"옛날 순(舜)임금은 우물을 파다가 땅에 묻힐 뻔하였고, 이윤(伊尹)은 솥과 도마를 짊어지고 다니며 요리를 하였으며, 부열(傳說)은 부험(傳險)이라는 곳에서 숨어 살았고, 여상(呂尙)은 극진(棘津)에서 가난을 겪었다. 관중(管仲)은 처형될 신세가 된 적이 있고, 백리해(百里奚)는 소를 먹이기도 하였으며, 공자는 광(匡) 땅에서 위험에 처했는가 하면 진(陳)나라와 채(蔡)나라의 국경 부근에서 생계가 어려웠다. 그들은 모두 유가(儒家)에서 인정하는 덕망 있고 어진 사람들이다. 그러나 그들역시 이러한 재난을 면하지 못하였는데, 하물며 평범한 재능으로 난세의 흐름을 건너려는 사람들이야말로 얼마나 힘들겠는가? 그들이 겪은 재난을 어찌 다말할 수 있을까?

속담에서 말하기를 '굳이 인의(仁義)를 알아야 하는가? 이익을 누릴 수 있게 하는 것이 바로 은덕임을 알면 그뿐이다'라고 하였다. 그래서 백이(伯夷)와 숙제(叔齊)가 주(周)나라를 부끄럽게 여기고 수양산(首陽山)에서 굶어 죽었지만, 문왕(文王)과 무왕(武王)은 이 때문에 왕위에서 물러나지 않았고, 도척(盜跖)과 장교(莊蹻)는 흉포하였으나, 그 일당들은 그들의 의기(義氣)를 한없이 칭송하였다. 여기서 볼때, '사소한 갈고리를 훔친 자는 처형되고 국가를 통째로 훔친 자는 제후가 된다. 제후가 찾는 명분에 인의(仁義)가 따라온다'²는 것은 헛된 말이 아니다.

지금 학문에 구속되거나 혹 하찮은 의리를 품은 채 오랫동안 세상과 고립되어 살아가는 것이, 어찌 격을 낮추고 세속에 동조하여 시대의 조류를 따라 부침하여 명예를 얻는 것과 같겠는가! 그러나 평민들 중의 무리로서 가령 사람에게 베풀고 구함에, 허락한 일은 이행하며 천리 먼 곳에서도 의리를 위해서 죽음을 두려워하지 않고 세상의 비난을 마다하지 않는다면, 이는 그들의 장점이며 또 그것은 아무렇게나 해낼 수 있는 일이 아니다. 그래서 선비들은 곤궁한 처지에서 그들에게 생명을 의지하는데, 그들이야말로 사람들이 말하는 현인이나 호걸이 아니겠는가? 만일 민간의 유협들을 계차나 원헌과 같은 자들의 역량과 재능 면에서 비교한다면, 당시의 공명(功名)의 측면에서는 이들을 같이 논할 수 없다. 그러나 신의의 차원에서 볼 때 그들의 의로운 처신을 어찌 무시할 수 있겠는가!

옛날의 포의(布衣) 협객에 대해서는 들은 적이 없다. 근대의 연릉(延陵:趙襄子), 맹상군(孟嘗君), 춘신군(春申君), 평원군(平原君), 신릉군(信陵君) 등의 인물들은 모두가 왕의 친족들로서 봉토를 가지고 경상(卿相)의 부유함을 누리고 있었다. 그들은 천하의 현자들을 초청하여 그 명성을 제후들에게 드러내었다. 그들이 현명하지 않았다고는 말할 수 없다. 이를 비유하자면 명성이 바람에 실려간 것이라고 하겠는데, 그 명성이 본래 빠른 것이 아니고 바람의 기세가 강한 탓일 뿐이었다. 이에 반해서, 시정의 협객들은 오직 자기의 행실을 수양하고 이름을 더럽히지 않도록 조심하여 명성을 온 천하에 퍼뜨렸으니, 그들의 현명함을 칭찬하지 않는 사람이 없었다. 이는 매우 하기 힘든 일이었다.

그러나 유가(儒家), 묵가(墨家)에서는 모두 이들을 배척하여 문헌 중에는 그 기록이 없다. 진(秦) 이전의 민간 협객들의 기록은 모두 매몰되어 사람들이 알 길이 없으니 심히 유감스럽다. 내가 들은 바로는 한(漢) 나라 건립 이후 주가(朱家), 전중(田仲), 왕공(王公), 극맹(劇孟), 곽해(郭解) 등의 협객이 있었다. 이들은 비록 때때로 당시 법망에 저촉되기는 하였지만, 개인적으로 의리가 있고 청렴하고 겸

---

2 『莊子』「胠篋」: 彼竊鉤者誅, 竊國者爲諸侯, 諸侯之門而仁義存焉, 則是非竊仁義聖知邪?"

손함을 나타내어 족히 칭찬할 만하였다. 그들의 명성은 헛되이 세워진 것이 아니며 사람들도 까닭 없이 그들을 추종하였을 리도 없다. 유협들은 패를 짓고 세력을 결성하여 축재를 하고 가난한 사람들을 부리며, 폭력으로 약한 자를 억누르거나 마음대로 쾌락을 즐기는 것을 가장 부끄러운 일이라고 여겼다. 나는 사회에서 그 의미를 살피지 않고 주가, 곽해 등을 사납고 거만한 무리들과 똑같이 취급하여 비웃는 세태를 안타깝게 생각한다."

노(魯)나라의 주가(朱家)는 한 고조(漢高祖)와 같은 시대 사람이다. 노나라 사람들이 모두 유학의 학술사상을 공부할 때, 주가는 오히려 협객으로 이름을 날렸다. 그가 숨겨주어 생명을 건진 호걸들은 100여 명이나 되며, 그 외 보통 사람들은 더욱 셀 수 없이 많았다. 그러나 그는 줄곧 자신의 재능을 자랑하지 않았고 자신의 덕행을 내세운 적이 없었다. 오히려 은혜를 베풀었던 사람들을 만나기를 두려워하였다. 그는 남의 곤란을 도울 때 먼저 빈천한 사람부터 시작하였다. 그 자신의 집안에는 남아 있는 재산이 없었고, 의복도 닳아져서 무늬가 분명하지 않을 정도였다. 식사도 두 가지 이상의 음식을 동시에 먹는 법이 없었으며, 타는 것도 소달구지가 고작이었다. 그는 전적으로 남의 위급한 일을 달려가서 도왔는데, 그것을 자신의 일보다 더 귀하게 여겼다. 그는 일찍이 계포(季布) 장군을 곤란에서 몰래 구해 준 적이 있었다. 계포 장군이 존귀해진 후에 이 사실을 알고 그를 찾았으나 그는 평생 만나지 않았다. 함곡관(函谷關) 동쪽 지역의 사람들은 그와 사귀고자 애타지 않는 사람이 없었다.

초(楚)나라 사람 전중(田仲)도 협객으로 이름이 났다. 검술을 좋아하였으며, 주가를 아버지처럼 섬겼다. 그리고 스스로 자신의 행실이 주가에 미치지 못한다고 여겼다.

전중이 죽은 뒤, 낙양(洛陽)에는 극맹(劇孟)이라는 자가 있었다. 주(周)나라 사람들은 장사하는 데 재능이 뛰어났는데, 극맹은 제후들 사이에서 임협으로 잘 알려졌다. 오(吳), 초(楚) 7국이 반란을 일으켰을 때, 조후(條侯) 주아부(周亞夫)는 태위

(太尉)가 되어 마차를 타고 가다가 하남(河南)에 이르러 극맹을 만났다. 주아부는 크게 기뻐하며 말하기를 '오, 초가 이렇게 큰일을 저지르면서 극맹을 구하지 않았다니, 내가 알기로 그들은 이미 일을 이룰 수 없을 것이다'라고 하였다. 천하가 동란에 있는 상황에서 재상이 극맹을 얻었다는 사실은 마치 일개 적국을 얻은 것과 마찬가지였다. 극맹의 행실은 주가와 비슷하였다. 그는 놀음을 좋아하였는데 이는 대부분 젊은 사람들의 놀이였다. 극맹의 모친이 죽자 먼 곳에서 문상하러 온 수레가 거의 1,000대가 넘었다. 그러나 극맹이 죽은 후 그의 집에는 10금(金)의 재산도 남아 있지 않았다.

부리(符離) 사람 왕맹(王孟) 역시 협객으로서 양자강과 회수(淮水) 사이에서 이름이 알려졌다.

이 무렵 제남(濟南)의 간씨(瞯氏)와 진(陳)의 주용(周庸) 또한 호걸로 이름이 났는데, 한 경제(漢景帝)가 이 소식을 듣고 사자를 파견하여 이러한 무리들을 주살하게 하였다. 그 뒤 대군(代郡)의 백씨(白氏) 일족, 양(梁)의 한무벽(韓無辟), 양책(陽翟)의 설황(薛兄), 섬(陝)의 한유(韓孺) 등이 이어서 출현하였다.

곽해(郭解)는 지(軹) 지방 사람으로 자는 옹백(翁伯)이며 관상을 잘 보던 허부(許負)의 외손자이다. 곽해의 부친은 협객이라는 이유로 한나라 문제(文帝) 때 처형되었다. 곽해는 체구는 작았지만 매우 용맹하였으며 술은 마시지 않았다. 젊은 시절 원한이 많아 잔인한 생각을 품고 있었고, 일이 뜻에 맞지 않을 경우에는 직접 살인하는 일도 많았다. 그는 목숨을 걸고 친구를 위해서 복수하였고 망명한 사람들을 감추어 주었으며, 간악한 짓과 강도 행위도 그치지 않았다. 또한 가짜 돈을 만들고 무덤을 파헤쳐 부장품도 훔쳤다. 이러한 일들이 수없이 많았으나, 운이 좋게 궁지에서 빠져나와 도망칠 수 있었고 혹은 사면되기도 하였다. 그는 나이가 들자 이전의 생활을 바꾸어 신중하게 살았다. 원한이 있어도 덕으로써 보답하고 후하게 베풀면서 그 대가를 바라지 않았다. 의협적인 행동은 오히려 더 적극적이었으며, 남의 목숨을 구해 주고도 그 공을 자랑하는 법이 없었다. 그러나 그의 잔혹함은 여전히 마음속에 내재하였는데, 분노가 폭발하면 돌연 화난 눈을 부릅떴다. 젊은이들은 그의 행실을 앙모하였다. 그래서 그를 위해서 복수를 해주었으나 그에게는 알리지 않았다.

곽해의 외조카는 곽해의 위세를 믿고 어떤 사람과 술을 마시다가 상대에게 잔을 비우게 하였다. 그 사람은 이미 주량을 넘어서 마실 수가 없었으나 곽해의 조카는 억지로 술을 따랐다. 이에 상대가 노하여 칼을 뽑아 곽해의 조카를 쳐버리고 도망하였다. 곽해의 누이가 화를 내며 "옹백과 같은 의협심을 가지고서 남이 내 아들을 죽였는데도 범인을 잡지 못하다니!"라고 말하였다. 그녀는 아들의 시체를 길바닥에 버려둔 채 장사를 치르려 하지 않았다. 이는 곽해에게 모욕을 주기 위해서였다. 곽해는 사람을 시켜 범인의 거처를 탐지하였다. 범인은 궁지에 몰리자 스스로 돌아와 모든 사실을 곽해에게 고해바쳤다. 그러자 곽해는 "자네가 그 애를 죽일 만도 했군. 내 조카가 옳지 못했네."라고 말하며 범인을 돌려보냈다. 결국 죄는 그 조카에게 돌아갔으므로 시체를 거두어 매장하였다. 많은 사람들이 이 소문을 듣고 모두 곽해의 의협심을 칭찬하면서 더욱 그를 따르게 되었다.

곽해가 출입할 때에는 길가의 사람들 모두가 그를 비켜섰다. 그런데 오직 한 사람이 양다리를 벌리고 앉아 오만하게 그를 바라보았다. 곽해는 곧 그자의 이름을 알아오게 하였다. 객(客)이 그를 죽이려고 하자, 곽해가 말하였다. "자기가 사는 마을에서 존경을 받지 못하는 것은 나의 덕행이 부족해서 그럴 것이오. 그가 무슨 죄가 있겠소!" 그 후 곽해는 몰래 위사(尉史)를 찾아가 부탁하여 말하기를 "이 사람은 내가 소중히 여기는 사람인데 병역을 교체할 때 그를 면제해 주시오."라고 하였다. 그리하여 병역이 교체될 때마다 몇 번이 지나도 위사는 그를 찾지 않았다. 그는 이 일을 이상하게 여기고 가서 그 연유를 물었더니, 곽해가 그를 면제하게 해주었다는 것이었다. 그래서 다리를 벌리고 앉아 곽해를 바라보던 그 자는 웃옷을 벗고 곽해를 찾아가 용서를 빌었다. 많은 젊은이들이 이 소식을 듣고 더욱 곽해를 사모하였다.

낙양 사람들 중에 서로 원수로 지내는 두 집안이 있었다. 성 안의 현인 호걸들이 이들을 화해시키려고 10명 이상이나 중재에 나섰지만 끝내 성공하지 못하였다. 곽해의 빈객은 곽해를 보고 그들의 화해 중재를 권유하였다. 그러자 곽해는 밤중에 두 원수지간의 집을 방문하였다. 그들은 곽해의 말을 완곡히 듣고 화해하기를 승낙하였다. 이때 곽해는 '제가 듣기로 낙양의 여러 인사들이 나서서 당신들을 화해시키고자 하였으나 듣지 않았다고 하더군요. 이제 나의 말을 듣고 화해하시겠다니 다행입니다. 그런데 저 곽해는 다른 고을에서 온 자로서 어찌 이 고을 현사들의 권위를 뺏을 수 있겠습니까?'라고 말하고, 그날 밤에 몰래 그곳을 떠났다. 또 그들에게 말하기를 "당분간 나의 말대로 하지 마십시오. 그리고 내가 돌아간 후에 낙양의 인사들을 중재하게 한 다음 그들의 말을 들었다고 하십시오."라고 하였다.

곽해는 겸손하여 감히 수레를 타고 현의 관청을 가는 일이 없었다. 인근 군국(郡國)으로 가서 다른 사람을 위한 일을 도모할 때에도 할 수 있는 일은 반드시 잘 해냈고, 할 수 없는 일은 청탁한 사람에게 만족하게끔 잘 설득한 후 비로소 술과 음식을 대하였다. 사람들은 이로 인해서 그를 존중하였고 다투어 그에게 쓰이기를 바랐다. 읍내의 젊은이와 이웃 현의 현사, 호걸들이 밤이면 그를 찾아들었는데 그 수레가 10여 대나 되었다. 이는 곽해의 문객을 자기의 집에 데려다가 공양하기 위해서였다.

한무제(漢武帝, B.C. 141~B.C. 87)가 지방 호족들과 부호들을 무릉(茂陵)으로 이주시킬 무렵, 곽해의 집안은 빈궁하였기 때문에 재산이 등급에 미치지 못하였다. 그러나 그의 명성이 높았기 때문에, 관리들은 그를 이주시키지 않았다가는 처벌을 당할 것이 두려워 부득이 그를 이주하게 하지 않으면 안 되었다. 이때 위청(衛靑) 장군이 곽해를 위해서 황제에게 말하기를 '곽해는 가난해서 이주 대상이 못 됩니다'라고 하였다. 그러자 황제는 '하찮은 평민임에도 불구하고 장군이 그를 위해서 말할 정도라면, 이는 그가 빈궁하지 않음을 설명하는 것이오'라고 말하였다. 곽해의 집안도 마침내 이사를 하게 되었다. 그런데 사람들이 곽해를 환송하기 위해서 모은 금액만도 1,000여만 전이 넘었다. 한편 이 무렵, 지(軹) 지방에 사는 사람인 양계주(楊季主)의 아들이 현의 속관으로 있었다. 그는 곽해를 이주시켜야 한다고 들고 일어난 자였다. 곽해의 조카는 양가(楊哥)의 목을 베었다. 이때부터 양씨 가문과 곽씨 가문은 원수가 되었다.

곽해가 관중(關中)에 들어서자, 그곳의 현사, 호걸들은 그를 알든 모르든 곽해의 명성을 듣고 다투어 그와 교제하려고 하였다. 곽해는 체구가 왜소하였고 술을 마시지 않았으며, 외출할 때에 수레나 말을 탄 적이 없었다. 그 후 지 지방에서는 양계주마저 살해당하였다. 이에 양계주 집안에서는 상서(上書)를 올렸다. 그런데 곽해와의 일을 상서한 사람도 대궐에서 살해되고 말았다. 황제는 이 소식을 듣고 즉시 곽해를 체포하라고 명령하였다. 곽해는 도망을 쳐서 모친과 처자를 하양(夏陽)에 두고 자신은 임진(臨晉)으로 갔다. 임진의 적소공(籍少公)은 본래 곽해를 알지 못하였다. 곽해는 적소공에게 가명을 대어 임진관을 나가게 해달라고 요청하였다. 그래서 적소공은 곽해를 내보내주었고, 곽해는 방향을 돌려 태원(太原)으로 들어갔다. 그는 머무르는 집의 주인에게 항시 행선지를 밝혀주었기 때문에 관리들은 그를 추적하여 적소공에게까지 이르렀다. 그러나 적소공이 자살하고 난 뒤였으므로 곽해의 다음 행선지를 말할 사람이 끊어진 것이었다.

결국 곽해는 아주 오랜 뒤에 체포되었다. 그리하여 철저하게 범행이 추궁되었으나, 그의 살인 행위는 모두 대사령(大赦令)이 반포되기 이전이었으므로 처벌 대상이 되지 못하였다. 지 지방의 한 선비가 상부에서 곽해를 징벌하기 위해서 파견된 사자와 함께 앉았다. 객(客)이 곽해를 찬양하자 그는 말하기를 "곽해는 오로지 못된 일만 저질러 국법을 어기는 자요. 어찌 그를 어질다고 할 수 있소!"라고 하였다. 문객이 이를 듣고 그 선비를 죽여서 혀를 잘라버렸다. 관리는 이 일로 곽해를 문책하였으나, 곽해는 살인자를 알지 못하였다. 결국 선비를 죽인 사람은 끝내 찾아낼 수 없었고, 아무도 그가 누구인지 몰랐다. 하는 수 없이 관리는 황제에게 곽해의 무죄를 상소하게 되었다. 그러나 어사대부(御史大夫) 공손홍(公孫弘)이 따져 말하였다. "곽해는 보통 서민의 신분이면서 임협이라 하여 권력을 행사하고 사소한 원한으로 사람을 죽였소. 곽해는 비록 본인이 모른다고 해도 이 죄는 그가 직접 살인한 것보다 훨씬 더 크오. 이는 마땅히 대역무도 죄로 다스려져야 할 것이오!" 그래서 결국 곽해의 일족은 몰살을 당하고 말았다.

그런 이후로 협객인 자는 매우 많았으나, 모두 거만하여 진정한 협객은 그 수에 미치지 못하였다. 그러나 그중에서 장안(長安)의 번중자(樊仲子), 괴리(槐里)의 조왕손(趙王孫), 장릉(長陵)의 고공자(高公子), 서하(西河)의 곽공중(郭公仲), 태원(太原)의 노공유(鹵公孺), 임회(臨淮)의 예장경(兒長卿), 동양(東陽)의 전군유(田君孺) 등은 비록 협객이었지만 신중하고 겸손한 군자의 덕을 지니고 있었다. 반면에 장안 북쪽 지방의 요씨(姚氏), 서쪽 지방의 두씨(杜氏), 남쪽 지방의 구경(仇景), 동쪽 지방의 조타우공자(趙他羽公子), 남양(南陽)의 조조(趙調) 등의 무리들은 도적과 같은 집단으로서 단지 민간에 섞여 살았을 뿐이었다. 어찌 거론할 가치가 있겠는가! 이들은 모두 옛날 주가(朱家)와 같은 인물이 매우 수치스럽게 여기던 자들이었다.

태사공은 말하였다.
"나는 곽해(郭解)를 보았는데, 그의 모습은 보통 사람에 미치지 못하였고, 말도 인상적이지 못하였다. 그러나 세상에서 현명한 사람이나 그렇지 못한 사람이나, 그를 아는 사람이나 모르는 사람이나, 모두 그의 명성을 흠모하였다. 협객을 언급할 때면 모두 그의 이름을 내세웠다. 속담에 이르기를, '사람들이 명예를 외모로 생각한다면 어찌 다하는 때가 있으랴!'라고 하였다. 아! 곽해는 일족이 모두 처형당해버렸으니, 정말 애석하도다!"

영행열전

佞幸列傳

[임금을 섬기며 그 눈과 귀를 즐겁게 하고 임금의 표정을 밝게 하여 총애를 얻는 것은, 외모
가 뛰어나서일 뿐이 아니라 재능도 뛰어났기 때문이다. 그래서 「영행열전」을 지었다.]

  속담에 "힘써 농사짓는 것이 절로 풍년 만나는 것만 못하고, 착하게 벼슬을
사는 것이 임금에게 잘 보이는 것만 못하다"라고 하였는데, 이것은 참으로 빈말
이 아니다. 여자만이 미색(美色)과 교태로써 잘 보이는 것이 아니고, 벼슬길에도
그런 일이 있는 것이다.

  옛적에 미색으로 임금의 사랑을 받은 자는 많았다. 한(漢)나라가 일어나자 고
조(高祖, B.C. 202~B.C. 195)는 대단히 사납고 강직하였지만, 그런데도 적(籍)이라는
미소년은 비위를 잘 맞추는 것으로 사랑을 받았다. 또 효혜제(孝惠帝, B.C. 195~B.C.
188) 때에는 굉(閎)이라는 미소년이 있었다. 이들 두 사람은 무슨 재능이 있었던

것이 아니라, 단지 순종하고 아첨하는 것으로써 귀염을 받으며 황제와 기거를 함께 하였다. 고위관료들이 드릴 말씀이 있을 때에는 모두 이 두 사람을 통해서 말씀을 드렸다. 효혜제 때의 낭시중(郞侍中)은 모두 준의(駿鸃)의 깃으로 꾸민 관을 쓰고, 조개로 장식한 띠를 매고, 화장을 하였으니 적과 꿩처럼 보이려고 그런 것이다. 두 사람은 집을 안릉(安陵)으로 옮겼다.

　효문제(孝文帝, B.C. 180~B.C. 157) 때의 총신(寵臣)으로는 사인(士人) 등통(鄧通)이 있었고, 환관 조동(趙同)과 북궁백자(北宮伯子)가 있었다. 북궁백자는 사람을 사랑하는 장자(長者)로서, 조동은 점성술과 날씨를 살피는 기술에 뛰어난 자로서 각각 총애를 받아 항상 효문제의 수레에 함께 타게 되었지만 등통에게는 특별한 재주는 없었다.

　등통은 촉군(蜀郡)의 남안(南安) 사람이다. 노를 가지고 배를 잘 저었기 때문에 황두랑(黃頭郞)이 되었다. 어느 날 문제는 꿈속에서 하늘에 오르려 하였으나 오를 수 없었는데, 어떤 황두랑이 뒤에서 밀어주어서 하늘에 오르게 되었다. 뒤를 돌아보니 그 황두랑의 옷에 등 뒤로 띠를 맨 곳의 옷솔기가 터져 있었다. 문제는 잠을 깬 뒤 점대(漸臺)로 가서 은밀히 꿈속에서 밀어 올려준 황두랑을 찾았다. 등통을 보니 그의 옷이 등 뒤가 터져 있어서 꿈과 같았다. 그를 불러 성과 이름을 물은즉 성은 등(鄧)이었고 이름은 통(通)이었다. 문제는 기뻐하였고, 날이 갈수록 그를 사랑하였다. 등통 또한 성실하고 근신하며, 교제를 싫어해서 휴가를 주어도 밖에 나가려고 하지 않았다. 이에 문제가 억만 전을 등통에게 내렸는데 그것이 10번이 넘었으며, 벼슬은 상대부(上大夫)에 이르렀다. 문제는 때때로 등통의 집으로 가서 놀았다. 그러나 등통에게는 다른 재주도 없었고 훌륭한 사람을 천거할 줄도 몰랐다. 다만 자기 한 몸을 조심하여 황제에게 잘 보일 따름이었다. 어느날 문제가 관상 잘 보는 사람에게 등통을 보였더니 "가난해서 굶어 죽을 것입니다"라고 말하였다. 문제는 "등통에게는 그를 부유하게 할 수 있는 짐이 있다. 어찌 가난을 말할 수 있는가?"라고 하였다. 이에 등통에게 촉군의 엄도(嚴道)에 있는 구리 광산을 주고 엽전을 만들어 쓸 수 있게 하였다. 이 '등씨전(鄧氏錢)'

은 천하에 널리 퍼졌으니, 그 부유함이 이와 같았다.

문제는 일찍이 종기를 앓았는데, 등통은 늘 황제를 위해서 종기의 고름을 빨아냈다. 문제는 마음이 편하지 않아 조용히 등통에게 "이 세상에서 누가 가장 짐을 사랑하고 있겠느냐?"라고 물어보았다. 등통이 "의당 태자를 따를 사람이 없을 것입니다"라고 대답하였다. 마침 태자가 들어와 문병을 하였는데, 문제는 태자에게 종기를 빨라고 시켰다. 태자는 종기를 빨기는 하였으나 난처해 하는 빛이었다. 얼마 뒤 태자는 등통이 늘 황제를 위해서 고름을 빨아낸다는 말을 듣고 마음속으로 부끄러워하였으나, 이로 인해서 등통을 미워하게 되었다.

문제가 죽고 경제(景帝, B.C. 157~B.C. 141)가 즉위하자 등통은 벼슬을 그만두고 집에 있게 되었다. 오래되지 않아 등통이 국경 밖으로 그가 만든 엽전을 실어내고 있다고 고발한 사람이 있었다. 관리에게 넘겨 조사를 하게 하였는데 그런 일이 상당히 많았던 것으로 드러났다. 등통은 결국 죄를 짓고 재산을 빼앗겼으며, 큰 빚을 지게 되었다. 장공주(長公主)가 등통에게 재물을 내렸으나, 관리가 재빨리 그것을 몰수하였기 때문에 등통은 비녀 하나조차 몸에 지닐 수가 없었다. 그래서 장공주는 빌려준다는 명목으로 등통에게 입을 것과 먹을 것을 보내주었다. 결국 등통은 끝내 제 앞으로는 단 한 푼의 '등씨전'을 가지지 못하고 남의 집에 얹혀 살다가 죽었다.

경제때에는 궁중에 총신은 없었고 다만 낭중령(郎中令)인 주문인(周文仁)이 있었을 뿐이다. 주문인이 받은 총애는 보통은 넘었지만 그다지 두텁지는 않았다.

지금의 천자(天子)가 궁중에서 총애하는 신하로는 한왕(韓王)의 손자인 사인(士人) 언(嫣)이 있고, 환관 이연년(李延年)이 있다. 한언은 궁고후(弓高侯)의 서얼 자손이다. 지금의 황제가 아직 교동왕(膠東王)으로 있을 무렵, 한언은 왕과 함께 글을 배워서 서로가 사랑하고 있었다. 그 뒤 교동왕이 천자가 되자 더욱더 한언을 가까이 하였다. 한언은 말타기와 활쏘기를 잘하였고 아첨도 잘하였다. 황제는 즉위하자 흉노(匈奴)를 치는 것에 전념할 생각이었다. 한언은 그 이전부터 흉노의 군사에 대해서 잘 알고 있었으므로 더욱 높은 평가를 받아서 벼슬이 상대부에 이르렀다. 그가 받은 상과 선물은 등통에 비교되었다.

그 무렵 한언은 늘 황제와 함께 기거를 하였다. 강도왕(江都王)이 입조(入朝)하였는데, 왕은 황제를 따라 상림(上林)에서 사냥을 할 계획이라는 조서가 내려왔다. 통행을 차단하고 길 좌우의 경계를 다 끝냈으나, 천자의 수레는 아직 출발하지 않고 먼저 한언으로 하여금 부거(副車)를 타고 백 명에 달하는 기마병을 거느려 짐승이 있고 없는 것을 돌아보게 하였다. 멀리서 이를 바라보고 있던 강도왕은 그의 일행을 천자의 행차인 줄 알고 시종들을 물리치고 길가에 엎드려 배알하려 하였다. 그런데 한언은 빨리 달려가며 왕을 보지도 않고 지나가 버렸다. 강도왕은 분하여 울면서 황태후에게 "바라건대 나라를 폐하께 바치고 한언과 같이 궁중에서 폐하를 모실 수 있게 해주십시오"라고 하였다. 태후는 이 일로 인해서 한언에 대해 원한을 품게 되었다. 한언에게는 황제를 모시고 영항(永巷)에 출입하는 것도 허용되고 있었다. 결국 그가 궁녀와 밀통하고 있다는 소문이 황태후에게까지 들렸다. 황태후는 노하여 사자를 시켜 한언에게 죽음을 내리도록 하였다. 황제는 한언을 위해서 사과를 하였으나 황태후는 끝내 이를 듣지 않았다. 한언은 마침내 죽었다. 그의 아우인 안도후(案道侯) 한열(韓說) 역시 비위를 잘 맞추어 사랑을 받았다.

이연년은 중산(中山) 사람이다. 부모와 그 자신, 그리고 형제자매들은 본래 다 창(倡)이었다. 이연년은 법에 저촉되어 부형(腐刑)을 받은 다음 구중(狗中)에서 일을 보고 있었다. 그런데 평양공주(平陽公主)가 황제에게 이연년의 누이동생이 춤을 잘 춘다는 말을 하였다. 황제는 그녀를 보고 속으로 기뻐하였다. 그녀가 영항(永巷)에 들어오자 이연년을 불러 그의 지위를 높여주었다. 이연년은 노래를 잘 불렀고 색다른 음악도 지어냈다. 당시 황제는 천지신명에 대한 제사를 일으키고 악시(樂詩)를 지어 음악에 맞추어 노래를 부르게 하려고 하였다. 이연년은 황제의 뜻을 잘 받들어 음악에 맞추어 악시를 연주하였다. 그의 누이동생도 총애를 받아 사내아이를 낳았다. 이연년은 2,000석(石)의 인수(印綬)를 차고 협성률(協聲

律)이라고 불리며 황제와 함께 기거를 하였다. 그도 크게 총애를 받아 거의 한언과 같은 대우를 받았다. 그러나 오랜 세월이 지난 뒤에는 이연년의 아우가 궁녀와 밀통하였을 뿐 아니라 출입하는 태도마저 교만하고 방자하였다. 누이인 이부인(李夫人)이 죽고, 이연년에 대한 황제의 사랑이 시들게 되니, 이연년 형제는 잡혀 처형되고 말았다.

이런 뒤로 대궐 안에서 사랑을 받는 신하들은 대개가 외척들이었으나, 족히 셀 것은 못 된다. 위청(衛靑)과 곽거병(霍去病) 또한 외척으로서 사랑을 받았다. 그러나 그들은 그들의 뛰어난 재능에 의해서 스스로 승진하였던 것이다.

태사공은 말하였다.

"심하구나, 사랑하고 미워하는 감정이 때에 따라 변함이여! 미자하(彌子瑕)[1]의 행적은 후세 사람에게 비위를 맞춰 총애를 받은 자 모습을 잘 보여준다. 이런 경우는 비록 백세(百世) 뒤의 일이라도 알 수 있는 것이다."

---

1 미자하(彌子瑕) 위령공(衛靈公)의 총애를 받던 미소년이다. 후에 나이를 먹어 미모를 잃자, 위령공은 예전에 칭찬했던 일을 트집삼아 그를 벌하였다.

골계열전

滑稽列傳 : 순우곤, 우맹, 우전[1]

> 세속에 영합하지 않고 권력을 다투지 않으며 위로는 임금에서 아래로는 천민에 이르기까지 사귀고 타인에게 피해를 주지 않았으니, 그 삶의 방식은 널리 통용되었다. 그래서 「골계열전」을 지었다.

공자는 말하였다. "육경의 내용은 달라도 그 정치적 목적은 모두 같다. 예(禮)로써 사람을 절도 있게 하고, 악(樂)으로써 화합하게 하고, 『서(書)』로써 성인의 사적(事蹟)을 일러주고, 『시(詩)』로써 자기의 뜻한 바를 전달하고, 『역(易)』으로써 천지만물의 변화를 짐작하게 하며, 『춘추(春秋)』로써 대의(大義)를 일러준다."

태사공은 말하였다.

"천도는 넓고도 넓다. 어찌 위대하다고 하지 않을 수 있겠는가? 일상적인 하

---

1 골계(滑稽) 익살스러우면서도 깊은 통찰이 엿보이는 이야기를 뜻하며, 여기서는 '익살스러운 이야기꾼'의 의미로 쓰였다.

찮은 말 중에도 어려운 일을 풀어낼 수 있는 실마리가 있는 법이다."

순우곤

순우곤(淳于髡)은 제나라의 데릴사위였다. 키는 7척이 안 되고 우스갯소리를 잘하고 언변이 좋았다. 여러 차례 제후에게 사신으로 다니면서 한 번도 욕을 당한 적이 없었다. 제나라 위왕(威王, B.C. 356~B.C. 320)은 수수께끼를 즐기고 밤새도록 술 마시며 놀기를 좋아하여 정사를 돌보지 않고 정치를 경대부에게 맡겨 놓았다. 그래서 관료들의 기강이 문란해지고, 제후국들이 쳐들어와, 국가의 존망이 조석에 놓이게 되었으나, 좌우의 신하들이 감히 간언하지 못하였다.

이에 순우곤이 수수께끼로 유세하여 말했다. "나라 안에 커다란 새가 있는데 왕의 정원에 머물러 3년 동안 날지도 않고 울지도 않고 있습니다. 왕께서는 이 새가 무슨 새인지 아십니까?"

위왕이 말하였다. "그 새는 날지 않을 뿐이지 한 번 날기 시작하면 하늘을 뚫으리라! 그 새는 울지 않을 뿐이지 일단 한 번 울기 시작하면 세상을 놀라게하리라!"

그리고는 즉시 여러 고을의 수장들 72명에게 도성으로 입조하도록 하여, 그 중 한 명에겐 상을 주고 한 명에겐 죄를 물어 처형한 후, 군사들을 분발시켜 출정시켰다. 제후들은 깜짝 놀라서 침략한 땅을 제나라에 돌려주었다. 위왕은 36년 동안 제후들에게 위세를 떨쳤다. 이 일은 「진경중완세가(陳敬仲完世家)」에 실려 있다.

제나라 위왕 8년(B.C. 327), 초나라가 대군을 일으켜 제나라로 쳐들어왔다. 제나라 위왕이 순우곤을 사자로 삼아 조나라에 구원군을 청하면서 황금 백 근, 거마 10승을 주었다. 순우곤이 하늘을 쳐다보며 크게 웃다가 관끈이 끊어졌다.

왕이 보고 말했다. "선생께서는 가지고 가는 예물이 너무 적다고 생각해서 입니까?"

"어찌 감히 그럴 수 있겠습니까?"

"그런데 어찌 그렇게 크게 웃습니까?"

"오늘 제가 동쪽에서 오는데 길옆에서 밭을 갈던 농부가 제사를 지내고 있었습니다. 그 농부는 돼지 발 하나와 술 한 사발을 놓고 축수하며 '높은 밭에서는 광주리에 가득, 낮은 밭에서는 수레에 가득, 오곡이 잘 익어 우리 집을 풍성하게 하소서!'라고 말했습니다. 그래서 신은 손에 들고 바치는 예물은 그렇게 적으면서 바라는 바는 그처럼 많았던 것이 생각나 웃었습니다."

이에 제나라 위왕은 즉시 황금 1,000일(鎰: 20냥)과 백옥 10쌍, 수레 100승을 더 내주었다. 순우곤이 작별인사를 올리고 길을 떠나 조나라에 도착했다. 조나라 왕이 정예병사 10만과 전차 천승을 구원군으로 주었다. 초나라가 이 소식을 듣고 밤에 군사를 이끌고 도망갔다. 제나라 위왕이 크게 기뻐하여 후궁에 술자리를 마련하고 순우곤을 불러 술을 내리며 물었다. "선생은 얼마를 마시면 취하오?"

순우곤이 대답했다. "한 말을 마셔도 취하고 한 섬을 마셔도 취합니다."

"한 말을 마셔서 취하는데, 어찌 한 섬을 마실 수 있소? 그 이유를 들어 볼 수 있소?"

"대왕께서 직접 면전에서 술을 하사하신다면, 법을 집행하는 관리가 옆에 서 있고 어사가 뒤에서 서 있으니, 저는 두려운 마음에 땅에 엎드려 술을 마시니 한 말도 마시기 전에 곧바로 취하게 됩니다.

만약 부친께 귀한 손님이 오셔서, 제가 옷깃을 바르게 하고 무릎을 꿇고 면전에서 접대하면서, 때로는 술잔을 받들어 남은 술을 받아 마시고 손님의 장수를 빌면서 몸을 자주 일으키게 되면, 두 말도 마시기 전에 곧바로 취하게 됩니다.

만약 친한 친구와 오랫동안 만나지 못하다가 갑자기 상봉하게 되어, 즐거운 마음으로 지난날의 일들을 말하고 감회를 토로하면서 마시게 되면, 5~6말이라도 취하지 않습니다.

만약 동네의 모임에 남녀가 뒤섞여 앉아 술을 돌리며 머물면서, 육박(六博)이나 투호(投壺)를 하며 서로 당겨 편을 짜고, 손을 잡아도 죄가 되지 않고 빤히 들여다보아도 상관없으며, 앞에는 귀걸이가 떨어져 있고, 뒤로는 비녀가 흩어져 있으면, 저는 이런 상황들을 좋아하니 여덟 말을 마셔도 2할이나 3할 정도밖에 취하지 않습니다.

해는 저물고 술은 취하는데, 술통을 모으고 남녀가 붙어 앉아 합석하여 신발은 뒤섞어 흩트려져 있으며, 술잔과 안주를 담은 쟁반이 어지럽게 흐트러지고, 당 위에 촛불이 꺼집니다. 주인은 저를 머물게 하며 다른 객들을 전송합니다. 여인네의 옷깃이 풀어지고 살며시 향기가 나게 되면 저는 속으로 제일 즐거운 마음으로 술 한 섬을 마실 수 있습니다.

그러므로 '술을 끝까지 마시면 혼란스러워지고 즐거움이 끝까지 가면 슬퍼진다.'라고 했습니다. 만사가 모두 이러합니다. 그래서 끝까지 다할 수 없다고 하였으니, 끝까지 다하면 오히려 쇠퇴하게 됩니다."

이렇게 순우곤이 풍간하자 제나라 위왕이 옳다고 여겨 밤새워 술 마시는 일을 중지하고 제후를 접대하는 일을 순우곤에게 맡겼다. 그리고 궁궐에서 주연을 베풀 때는 항상 순우곤을 옆에 있게 하였다.

우맹

그리고 백여 년 후에 초나라에 우맹이라는 사람이 있었다. 우맹(優孟)은 원래 초나라의 악인(樂人)으로 8척의 키에 언변이 좋았다. 항상 미소를 머금으며 왕에게 풍자로써 잘못을 지적하였다.

초나라 장왕(莊王, B.C. 614~B.C. 591) 때의 일이다. 장왕이 사랑하는 말에게 무늬가 있는 비단옷을 입히고 화려하게 장식한 집에 키우면서 장막이 없는 침대에서 쉬게 하고 대추와 말린 육포를 먹었다. 이윽고 말이 지나치게 살이 쪄 병으로 죽자, 장왕은 군신들에게 복상(服喪)을 하라 명하고 외곽과 관을 만들어 대부에 해당하는 예로써 장례를 치르려고 했다. 왕의 측근에서 모시던 신하들이 서로 다투어 불가하다고 간하자, 왕이 칙령을 내려 말했다. "감히 말로 인해 간한 자가 있다면, 죄를 물어 죽이겠다."

우맹이 듣고 궁궐의 문으로 들어가 하늘을 쳐다보며 크게 통곡했다. 왕이 놀라 그 연유를 묻자 우맹이 대답했다. "왕께서 말을 평소에 사랑했고 초나라는 또한 당당한 대국인데, 어찌 못할 일이 있겠습니까? 그런데 대부의 예로 치르는 장례는 너무 박합니다. 청컨대 군주의 예로 장례를 치르게 하십시오."

"어떻게 치르라는 말인가?"

"원컨대 옥에다 조각해서 속관을 만들고 화려한 무늬를 새긴 가래나무로 외곽을 짜십시오. 단풍나무 느릅나무, 녹나무로 횡대를 만드십시오. 또한 군사를 동원하여 묘혈을 파게 하고 노약한 사람들을 동원하여 봉분을 쌓게 하십시오. 제(齊)와 조(趙)나라의 사신들을 열을 지어 앞에 세우고 한(韓)과 위(魏)의2 사신들을 그 뒤에 세워 호위하게 하십시오. 사당을 지어 태뢰(太牢)로써 제사를 지내고 만호(萬戶)의 읍에 봉하십시오. 제후들이 들으면 모두 대왕께서는 사람을 천하게 여기고 말을 귀하게 여긴다고 생각할 것입니다."

"과인의 잘못이 이렇듯 크단 말인가! 그렇다면 어찌해야 하는가?"

"청컨대 대왕을 위해 육축(六畜)의 예3로 장사지내십시오. 부뚜막을 외곽으로 삼고, 구리로 만든 솥을 관으로 삼아, 생강과 대추로 맛을 내고, 목란을 향료로 써서 비린내를 없앤 후에, 쌀로 제사밥을 만들고, 불로 익혀 옷을 해 입히고, 사람들의 뱃속에서 장사지내십시오."

그래서 왕은 그 즉시 말의 시체를 태관(太官)4에 주고 천하 사람들이 그 일을 오래 동안 알지 못하게 했다.

초나라의 재상 손숙오(孫叔敖)는 우맹이 현명하다고 여기고, 그를 잘 대해주었

---

2 조(趙), 한(韓)과 위(魏) 조, 한, 위 삼국은 초나라 장왕 때에는 없던 나라들이다. 따라서 장왕 때의 신하가 언급하는 것은 말이 안된다. 따라서 이 부분은 후대에 보충하면서 잘못된 것으로 추정된다.

3 육축(六畜)은 말, 소, 양, 닭, 개, 돼지를 가리킨다.

4 태관(太官) 왕의 요리와 연회를 맡은 관리.

다. 노년에 병이 들어 죽게 된 손숙오가 그의 아들에게 당부했다.

"내가 죽으면 너는 틀림없이 가난한 생활을 하게 될 것이다. 만약 우맹이 찾아와 만나면 단지 손숙오의 아들이라고만 말하라."

몇 년 후에 그의 아들은 곤궁한 처지가 되어 땔나무를 짊어지고 가다가 우맹을 만나게 되었다. 아들이 우맹을 보고 말했다. "나는 손숙오의 아들입니다. 아버님이 돌아가실 때 내가 가난하게 되면 우맹을 찾아가라고 당부하셨습니다."

"당신은 멀리 가지 말고 기다리시오."

그리고는 즉시 의관을 손숙오처럼 꾸미고 행동거지와 말투를 흉내내는 연습을 했다. 이렇게 하기를 일 년 남짓하게 되자 우맹의 모습과 언행은 손숙오와 비슷해서 장왕과 측근들도 구별할 수 없게 되었다. 장왕이 주연을 베풀자 우맹이 앞으로 나가 축수했다. 우맹이 모습을 본 장왕이 크게 놀라 손숙오가 다시 살아 돌아왔다고 여겨 그를 재상으로 삼으려고 했다. 우맹이 말했다. "집에 가서 부인에게 의견을 물어봐야겠습니다. 3일만 말미를 주시면 돌아와 재상의 자리에 앉겠습니다."

장왕이 허락하자 약속대로 3일 후에 돌아온 우맹을 보고 장왕이 물었다. "부인이 뭐라고 말했는가?"

"부인이 삼가 재상 자리를 맡지 말라고 하면서 '초나라의 재상은 할 짓이 못됩니다. 예컨대 손숙오와 같은 사람이 초나라의 재상이 되어서 충성스러운 마음으로 청렴결백하게 초나라를 다스려 초왕을 패자로 만들었습니다. 그런데 지금 그는 죽고 없으며, 그의 아들은 송곳하나 찌를 수 있는 한 뼘의 땅도 없을 정도로 가난하여 땔나무를 팔아 끼니를 때우고 있습니다. 기어코 손숙오처럼 된다면 내가 자살하고 말겠습니다.'라고 말했습니다." 그리고는 다음과 같은 노래를 불렀다.

산골에 살며 고생해서 밭을 갈아도
끼니를 때우기도 힘들어
몸을 일으켜 관리가 되었구나.

탐욕스럽고 비루한 자는 재물을 모으면서도

부끄러운 줄 모른다.

자신은 죽어도 집안은 부유하겠지만,

그래도 두려운건 뇌물을 받고 눈감아주고

부정을 일삼아 큰 죄를 저지르다

패가망신(敗家亡身)하는 일이다.

탐관오리가 어찌 할 만한 일이겠는가?

청렴한 관리가 되려 생각하면

법에 따라 직분을 지켜

죽을 때까지 비리를 저지르지 않겠지만

청렴한 관리가 어찌 할 만한 일이겠는가!

초나라 재상 손숙오는 죽을 때까지 청렴했으나

이제는 처자가 굶주려 땔나무를 팔아 끼니를 때우니,

할 만한 것이 못되는구나!

그래서 초나라 장왕이 우맹에게 사과하고 손숙오의 아들을 불러 침구(寢丘)의 4백 가구를 봉지(封地)로 주어 그의 제사를 받들도록 했다. 그 후 손숙오의 후사는 10세가 지나도 끊어지지 않았다. 이것은 실로 우맹이 말해야 할 시기를 알았기 때문이었다.

우전

그 후 2백여 년 후에 진(秦)나라에 우전(優旃)이라는 사람이 있었다. 우전은 진나라의 난쟁이 가수였다. 남을 잘 웃겼지만 도리에 합치되었다. 진시황 때 주연을 벌였는데 그때 마침 비가 쏟아져 대궐의 섬돌에서 방패를 들고 지키던 호위병들의 옷이 모두 적셔 추위에 떨고 있었다. 우전이 보고 가엾게 여겨 그들에게 말했다. "너희들은 쉬고 싶으냐?"

호위병들이 모두 한입으로 대답했다. "그렇게 된다면, 참으로 다행이겠습니다."

"내가 너희들을 부르면 너희들은 그 즉시 호응하여 대답해야 한다."

그리고 얼마간의 시간이 지나자 전상에서 진시황의 축수를 빌면서 만세를 외치자 그 틈에 우전도 난간에 기대에 큰소리로 외쳤다. "섬돌 밑의 방패를 들고 있는 호위병들아!"

"네"

"너희들은 키는 크지만 무슨 보탬이 될꼬? 그저 비만 맞고 서 있구나! 나는 비록 단신이지만 이렇게 쉴 수 있도다!"

진시황이 이 말을 듣고 호위병들을 반반씩 교대로 쉬게 했다.

진시황이 한 번은 황실 전용의 정원과 동물원을 크게 확장하여 동쪽으로는 함곡관, 서쪽으로는 옹성(雍城)과 진창(陳倉)에까지 이르려고 하였다. 우전이 듣고 말했다. "훌륭한 일입니다. 수많은 날짐승과 들짐승들을 그 안에 놓아길러서 혹시 동쪽의 외적이 공격해오면 사슴에게 명령하여 그들을 뿔로 받아버리도록 하십시오."

진시황이 우전의 말을 듣고 그 계획을 그만두었다.

이세황제(二世皇帝, B.C. 209~B.C. 207)가 즉위하자 성벽에 옻칠을 하려고 했다. 우전이 말했다. "훌륭하신 생각입니다. 황제께서 비록 말씀은 하시지 않았더라도 제가 주청을 드리려고 하던 참이었습니다. 성벽에 옻칠을 하게 되면, 백성들은 그 비용을 충당하기 위한 세금을 걱정하겠지만, 보기는 참으로 아름다울 것입니다. 뿐만 아니라 옻칠한 성벽은 매끄러워 적군이 쳐들어오더라도 기어오를 수 없습니다. 그런데 성벽에 옻칠을 하는 일은 쉬운 일이나 옻칠한 성벽을 말리기 위해 커다란 그늘을 만드는 것이 참으로 힘들 것 같습니다."

이세황제가 웃고 그 계획을 중지했다. 그리고 얼마 후에 이세황제는 조고(趙

高)에 의해 피살되고 말았다. 우전은 한나라에 항복했으나 몇 년 후에 죽었다.

　태사공은 말하였다.

　"순우곤은 하늘을 쳐다보고 크게 웃어 제나라 위왕이 뜻대로 행동할 수 있었다. 우맹이 머리를 흔들며 노래를 불렀더니, 땔감을 팔아 연명하고 있는 손숙오의 아들이 봉지를 받게 되었다. 우전은 난간에 기대어 큰 소리를 내어서 호위병들을 교대로 쉬게 할 수 있었다. 어찌 이들이 훌륭하지 않단 말인가?"

화식열전

貨殖列傳

> 신분도 낮고 벼슬도 없는 평범한 처지에서 정치를 어지럽히지도 않고 백성에게 해를 끼치지
> 도 않으면서 세상의 흐름을 잘 파악하여 재산을 늘렸으니, 지혜로운 자들도 이 일들을 기록
> 해두었다. 그래서 「화식열전」을 지었다.

노자(老子)는 말하였다. "최고의 정치란, 이웃한 지역이 서로 바라볼 정도로 가
까워서 닭과 개의 울음소리를 들을 만큼 되어도, 백성들은 자신이 사는 곳의 음
식이 입맛에 맞고 그 지역의 의복을 좋아하며 그 풍속을 편안하게 여기고 그 직
업을 즐거워해서, 늙어 죽을 때까지 서로 왕래하지 않아도 되는 것이다." 이런
정치를 이루겠다고 하면서 근세의 풍속을 먼 과거로 되돌리고 백성들의 귀와
눈을 막아서 서로를 알지 못하게 한들, 거의 성공할 수 없을 것이다.

태사공은 말하였다.

"나는 신농씨(神農氏) 이전의 일은 알지 못한다. 그러나 『시(詩)』나 『서(書)』에 쓰

인 것을 보면, 우(虞)나라 하(夏)나라 이래로 사람들의 눈은 아름다운 것을 보려하고, 귀는 즐거운 것을 들으려 하고, 입은 여러 좋은 맛을 보려고 하며, 몸은 편안하고 즐겁고자 하고, 마음은 권세와 영화를 자랑하려 한다. 이것들이 오랫동안 습관이 되었기 때문에 비록 집집이 세밀한 변론으로 설득하여도 감화되지 않는 것이다. 그러므로 좋은 정치란 백성들을 자연스럽게 놔두는 것이고, 그다음은 이익으로 백성을 이끄는 것이고, 그다음은 가르침으로 깨우치도록 하는 것이고, 그다음은 정해주어 바로잡는 것이고, 가장 못난 정치는 백성들과 다투는 것이다."

대체로 산서(山西)지방에는 목재, 대나무, 닥나무, 산 모시, 소꼬리 털, 옥돌(玉石) 등이 풍부하고, 산동(山東)에는 생선, 소금, 옻, 명주실, 가희(歌姬), 미녀(美女)가 많다. 강남(江南)에는 매화나무, 가래나무, 생강, 계피, 금(金), 주석, 아연, 단사(丹沙), 물소 뿔, 구갑(龜甲), 진주, 상아, 가죽 등이 풍부하며, 용문(龍門) 북쪽에는 말, 소, 양, 짐승가죽, 동물 심줄, 뿔 등이 많다. 구리와 철이 나는 산은 천 리 사방의 땅 여기저기에 마치 바둑돌을 놓은 것처럼 흩어져 있다.

이상 살펴본 것이 생산물의 큰 줄기인데, 이것들은 모두 중국 사람들이 좋아하는 것들로서, 각각의 풍속에 따라 의복과 음식에 쓰며, 산 사람을 키우고 죽은 사람을 장사지내는 데 쓰는 물건들이다.

천하의 모든 지역에는 각각의 자원과 생산품이 있다. 농부가 있어야 식량이 생기고, 산지기가 있어야 건축자재가 생기며, 장인이 있어야 물품이 생기고, 상인이 있어야 거래가 생긴다. 이러한 일이 교화나 법령에 의해 이루어지겠는가? 사람은 자신의 능력에 따라 직업을 선택하여 자신의 원하는 바를 얻는 것이다.

시중에 물건값이 싸다는 것은 장차 비싸질 징조이며, 값이 비싸다는 것은 장차 싸질 징조이다. 백성들은 자신의 일에 힘쓰고 자신의 일에 즐거워하는 것이 마치 물이 낮은 곳으로 흐르는 것과 같다. 물건이 있는 곳이면 사람들을 부르지 않아도 몰려들고, 억지로 찾지 않아도 사람들은 스스로 필요한 물품을 만들어 낸다. 이것이 도이며, 자연스러운 정치인 것이다.

주서(周書)에 다음과 같이 기록되어 있다.

"농부가 농사짓지 않으면 식량이 부족하고, 사냥꾼이 사냥하지 않고 기술자가 물건을 만들지 않으면 물품이 모자라게 되고, 상인이 장사를 하지 않으면 유통이 끊어지고, 어부가 바다를 나가지 않으면 재물이 모자라게 된다. 재물이 부족하면 산이나 하천은 개발되지 못한다."

이 네 가지는 백성이 먹고 입는 근원이다. 근원이 많으면 위로는 나라가 부유해지고 아래로는 가정이 부유해진다. 근원이 모자라면 나라와 가정이 모두 빈곤해진다.

빈부의 이치란 누가 빼앗거나 부여해 줄 수 없는 것이다. 기교 있는 자는 여유롭게 되고 어리석은 자는 부족하게 되는 것이다.

태공망(太公望), 즉 강태공이 영구(營丘) 지역에 제후로 봉해졌을 때, 그곳은 소금기가 많은 땅이라 백성들이 적었다. 태공이 방직과 공예로 부녀자들에게 일을 장려하고, 남자들에게는 생선과 소금을 각지에 유통시키는 것을 가르쳤다. 그러자 다른 지역 사람들이 물건을 좀 더 싸게 사기 위해 영구 지역으로 몰려들었다.

제(齊)나라는 한때 머리에 쓰는 관(冠)과 허리에 차는 대(帶) 그리고 의복과 신발을 생산하여 강대국이 되었다. 동해와 태산 사이에 있는 제후들은 모두 제나라에 머리를 조아렸다. 오랜 후에 제나라는 쇠약해졌다. 환공(桓公, B.C. 685~B.C. 643) 무렵에 관자(管子: 관중의 존칭)가 강태공의 정책을 재도입하였다. 화폐를 주조하고 재정을 담당하는 부서인 경중구부(輕重九部)를 도입하여 지역마다 특색에 맞게 물품 생산을 장려하였다. 이에 나라가 부강해졌다. 곳곳의 제후들이 다시 제나라에 머리를 조아렸다. 관자는 비록 지위는 신하에 불과했지만 이 공로로 인해 이웃한 다른 어떤 나라의 왕보다 부유했다. 제나라는 환공에서 위왕(威王, B.C. 356~B.C. 320)과 선왕(宣王, B.C. 319~B.C. 301)에 이르도록 부강한 나라로 이름을 떨쳤다. 그러므로 곡식 창고가 가득 차야 예절을 알고, 옷과 음식이 넉넉해야 영욕을 안다고 하는 것이다. 예의라는 것은 재산이 있으면 생기고 재산이 없으면 사라지는 것이다. 군자가 부유하면 덕을 행하기 좋아하고, 소인이 부유하게 되면 자신의 행동을 적절히 조절하게 된다. 연못이 깊어야 물고기가 살고, 산이 깊어야 짐승이 노닌다. 사람은 부유해야만 비로소 인의(仁義)를 행하는 것이다. 부유한 자는 세력을 얻으면 더욱 빛을 발하고, 세력을 잃으면 손님도 줄고 즐거움이 없는 법이다.

부자에 관해 시류에 다음과 같은 말이 전해온다.

"천금을 가진 부잣집 자식은 저잣거리에서 결코 죽지 않는다."

이 말은 빈말이 아니다. 특히 오랑캐의 땅에서는 더욱 심하다. 그러므로 천하는 이익을 위해 서로 모여들고, 이익 때문에 떠나는 것이다. 한 나라의 왕이나, 한 지역의 제후나, 한 마을의 부자도 가난을 걱정하는데, 하물며 호적에 이름 하나 올라 있는 일반 백성들은 어떻겠는가?

월(越)나라 왕 구천(句踐, B.C. 496~B.C. 465)이 회계산에서 고통을 겪으면서 범려(范蠡)와 계연(計然)을 등용하였다. 계연이 왕에게 아뢰었다.

"싸울 때를 알면 미리 장비를 준비해 두면 됩니다. 때와 용도를 알면 어떤 물품이 필요한지를 알게 됩니다. 이 두 가지를 알면 모든 물품을 명확히 얻을 수 있습니다. 목성이 서쪽에 있을 때는 풍년이 들고, 북쪽에 있을 때는 수해가 들고, 동쪽에 있을 때는 기근이 들며, 남쪽에 있을 때는 가뭄이 듭니다. 가뭄이 든 해에는 앞으로 올 큰 비를 대비하여 배를 준비하고, 수해가 나는 해에는 앞으로 올 가뭄을 대비하여 수레를 준비해 두는 것이 사물의 이치입니다. 6년마다 풍년이 오고, 6년마다 가뭄이 들며, 12년마다 대기근이 일어납니다. 그로 인해 곡식값이 폭락하여 한 말에 20전이면 농민이 고통을 겪고, 폭등하여 90전이 되면 상인들이 고생을 하게 됩니다. 상인이 고통을 겪게 되면 물품이 나오지 않고, 농민이 고생해도 곡식이 생산되지 않습니다. 그러나 값이 올라도 80전을 넘지 않고, 값이 떨어져도 30전 아래로 내려가지 않으면 농민과 상인이 모두 이익을 보게 됩니다. 시장의 물가를 조정하고 공급과 세금을 적당히 하는 것이

나라를 다스리는 방법입니다. 물건을 쌓아둔다는 것은 온전히 물건을 보존하는 것이지 적채되게 해서는 안 됩니다. 부패하고 썩기 쉬운 것을 남겨두어서는 안 되며, 몰래 쌓아두고 가격이 오르기를 기다려서는 안 됩니다. 물건의 양을 알면 가격의 변동을 미리 알 수 있습니다. 지금 값이 비싼 물건은 점점 싸게 될 것이고, 바닥까지 내려간 물건은 다시 비싸지게 되는 법입니다. 값이 비쌀 때는 오물을 버리듯이 물건을 내다 팔고, 싸다고 할 때에는 보물을 손에 넣듯이 사들여야 합니다. 재물과 자금은 물이 흐르듯이 원활하게 유통해야 하는 것입니다."

구천은 계연의 방법대로 10년간 나라를 다스리자 부강해졌다. 병사들은 물품이 풍족해지자 사기가 올라 용감하게 적진으로 진격하였다. 구천은 결국 강한 오나라에 보복하여 천하에 그 이름을 떨치고 오패(五覇)의 하나로 불리게 되다.

오나라를 물리치고 나자 범려는 생각을 달리하였다.

"계연의 7가지 비책 중에 우리 월나라는 5가지 비책을 써서 뜻을 이루었다. 나라에는 이미 효과를 거두었으니, 이제는 집안에서 시험해봐야겠다."

그는 작은 배를 타고 강호(江湖)를 떠돌았다. 제나라에서는 치이자피(鴟夷子皮)라고 이름을 바꾸고, 도(陶) 지방에서는 주공(朱公)이라 했다.

도지방은 모든 제후들의 물자가 모이는 교역의 중심지였다. 범려, 즉 주공은 도 지역에 머물면서 재산을 늘렸다.

그는 대세에 따라 이익을 추구하였는데, 거래 상대를 신중하게 선택하면서도 상대방에게 책임을 물지는 않았다. 그러므로 장사를 잘하는 사람은 상대방을 잘 골라 대세에 맡길 줄 아는 자이다. 그렇게 19년간을 운영한 끝에 세 차례나 천금의 재산을 모았다. 두 번은 가난한 친구들과 먼 친척들에게 나누어 주기도 했다.

이것이 이른바 부유해야 온덕을 베풀기 좋아한다는 것이다. 나중에 늙어서 자손에게 일을 맡겼는데, 자손들이 관리를 잘하여 엄청난 재산이 되었다. 이후로 부자를 말할 때에는 모두가 도주공(도 지방의 주공)을 일컫게 되었다.

공자의 제자 자공(子貢)은 위(衛)나라에서 벼슬을 하였다. 그는 장사 수완이 좋아 조(曹)나라와 노(魯)나라에서 왕래하며 장사를 하였다. 공자의 70 제자 가운데, 자공이 가장 부유하였으며, 반면 원헌(原憲)은 빈민가에서 어렵게 생계를 유지하며 은거하였다.

자공이 사두마차를 타고 기마병을 대동한 채 비단 등의 예물을 싣고 제후들을 방문할 때면, 모두들 왕을 대하듯 했다. 후에 공자의 명성이 천하에 알려진 것도 자공이 그를 모시고 후원했기 때문이다. 이것이 이른바 세력을 얻게 되면 명성이 천하에 드러난다는 것이리라.

백규(白圭)는 주(周)나라 사람이다. 당시는 위(魏)나라 문후(文侯, B.C. 395~B.C. 370) 때로 재상 이회(李悝)가 중농정책에 전력하고 있었지만, 백규는 시기에 따라 물가 변동을 살피기 좋아했다. 사람들이 버리고 돌아보지 않는 물건을 사들이고, 사람들이 그것을 필요로 할 때 팔아넘겼다. 풍년이 들면 곡식을 사들이고 대신 옷감과 연료를 팔았다. 흉년이 들면 비단과 솜을 사들이고 대신 곡식을 팔아넘겼다.

그가 이해한 원리는 다음과 같았다.

"태음이 동쪽에 있는 해에는 풍년이 들고, 이듬해는 수확이 좋지 못하다. 태음이 남쪽에 있는 해에는 가뭄이 들고 그 이듬해는 수확이 많다. 태음이 서쪽에 있는 해에는 풍년이 들고 이듬해는 흉년이 들고 물이 풍부해진다."

태음이 다시 동쪽으로 돌아올 무렵이면, 그가 모은 재산은 배로 늘었다. 돈을 불리려면 값싼 곡식을 사들이고, 수확을 늘리려면 우수한 종자를 구했다.

백규는 좋은 음식을 멀리했고 자신의 취미를 자제했으며 검소하게 생활하였다. 한 번 부린 하인들과 의리를 지켜 고락을 함께하기도 했다. 하지만 기회다 싶으면 사나운 짐승이 먹이를 발견하듯 민첩하게 행동했다.

백규는 자신의 성공담을 이렇게 말했다.

"나는 사업을 할 때 강태공이나 이윤(伊尹)이 나라의 정책을 도모하듯 했다. 손자와 오자가 군사를 쓰듯 했고, 상앙이 법을 시행하듯 했다. 내 비법을 배우려고 찾아오는 자들 중에 임기응변의 지혜가 없거나, 결단할 용기가 없거나, 서로 주고받으면서 인자한 마음이 없거나, 지킬 바를 끝까지 못 지키는 강단 없는 자는 절대 가르쳐 주지 않았다."

이후로 사업을 잘하는 자를 말할 때 백규를 최고로 여긴다. 백규는 자신이 직접 모든 것을 경험하고 시행하였다. 이는 아무렇게나 한다고 되는 것이 결코 아니다.

노나라의 가난한 선비였던 의돈(猗頓)은 염전을 경영해 부자가 되었고, 조나라 한단(邯鄲) 사람인 곽종(郭縱)은 철을 다루어 부자가 되었다. 그들의 부유한 수준은 왕들과 대등할 정도였다.

서쪽 오지(烏氏)에 사는 나(倮)라는 자는 목축을 하였다. 가축이 많아지면 팔아서 진기한 물건을 구입해서 영악하게도 그것을 융(戎)의 왕에게 바쳤다. 왕은 선물을 받은 보상으로 나에게 열 배의 가축을 하사하였다. 나중에 소와 말 등이 엄청나게 많아져 나(倮)가 가축을 셀 때에는 한 마리, 열 마리가 아니라 골짜기 단위로 헤아려야 할 정도였다. 진시황이 나(倮)에 대한 소문을 듣고 정기 조회에 대신들과 함께 들게 했다. 군의 현령과 동등한 대우를 해주었다.

또한 파(巴) 지역에는 청(淸)이라는 과부가 있었다. 그녀의 조상이 수은으로 이루어진 단사(丹砂) 동굴을 발견해 여러 대에 걸쳐 이익을 독점해 왔다. 재산이 이루 헤아릴 수 없을 정도였다. 청은 과부이기는 했으나 수완이 좋아 가업을 잘 지켰다. 진시황은 그녀를 불러 정조 높은 여자라 칭찬하고 여회청대(女懷淸臺)를 지어주었다.

나(倮)는 비천한 목축업자였고, 청(淸)은 외딴 시골 과부에 불과했으나, 그들의 지위는 만승의 천자에 버금갔으며 명성은 천하에 드러냈다. 이것이 모두 재력 때문이 아니겠는가?

한나라가 일어나 중국이 통일되자, 관문과 교량을 열고 산과 택지(澤池)의 출입을 완화하니, 거상들이 천하를 주유하면서 교역하지 못하는 물건이 없어서, 백성들은 원하는 물건을 쉽게 얻게 되었다. 당시에 호걸과 제후 및 호족들이 수도에 옮겨왔다.

관중(關中) 지역은 견수(汧水)와 옹(雍)에서부터 동쪽으로 황하, 화산(華山)에 이르는 비옥한 토지가 천리에 달하여 요임금과 우임금 때부터 최상의 농지였다. 주나라의 공유(公劉)는 빈(邠)으로 갔고, 태왕(太王), 왕계(王季)는 기산(岐山)에 자리하였으며, 문왕에 이르러 풍(豊)을 도읍으로 건설하고, 무왕에 이르러는 호경(鎬京)에 도읍을 세웠다. 그러므로 이 땅은 여전히 선왕 때의 유풍이 남아, 백성들이 농사를 즐겨 오곡을 심고, 고장을 중히 여겨 다른 곳으로 이사하지 않고, 부정한 행동을 경계하였다.

진(秦) 문공(文公, B.C. 765~B.C. 716), 덕공(德公, B.C. 677~B.C. 676), 목공(穆公, B.C. 659~B.C. 621) 때에는 옹(雍) 지방을 도읍으로 하였는데, 그 지역은 농(隴)과 촉(蜀) 사이의 요충지로 상인들이 많았다. 헌공(獻公, B.C. 384~B.C. 362)과 효공(孝公, B.C. 361~B.C. 338)이 약(櫟) 지방을 도읍으로 하였다. 약 지방은 북쪽에서 융적을 격퇴하기 유리하였고, 삼진(三晉:趙,韓,魏)과 연결되어 있어서, 큰 상인들이 많았다. 무왕(武王, B.C. 311~B.C. 307), 소왕(昭王, B.C. 306~B.C. 251)은 함양(咸陽)을 도읍으로 다스리니, 이로해서 한(漢)은 부근에 자리한 장안(長安)에 도읍하였다. 장안은 주변의 왕릉이 조성되고, 사방에서 사람들이 몰려들어, 한정된 지역에 많은 사람이 살게 되니, 백성들은 더욱 꾀를 부려 상업에 종사하였다.

관중의 남쪽엔 파(巴)와 촉(蜀)이 있다. 파·촉 또한 비옥한 토양이었으니, 이 지역에서는 연지(臙脂:붉은 염료), 생강, 단사(丹沙), 석재, 구리, 철, 죽기(竹器), 목기(木器)가 많이 났다. 그 남쪽으로 전(滇)과 북(僰) 지방을 장악하고 있어서 북 지방에서 어린 노비를 공급받았다. 파·촉의 서쪽으로는 공(邛)과 착(筰) 지방에 가까운데, 착 지방에서는 말과 꼬리가 긴 소를 키운다. 파·촉 지방은 사방이 요새로 되었으되 1천 리에 이르는 잔도(棧道)가 있어서 통하지 않는 곳이 없다. 포(褒)와 야(斜) 지방의 잔도는 수레바퀴살처럼 가느다란 길이 그 입구로 복잡하게 몰려 있는 곳으로 남는 물자를 내어 모자란 물자와 교역하였다.

천수(天水), 농서(隴西), 북지(北地), 상군(上郡) 지방은 관중과 같은 풍속을 보이는데, 서쪽으로 강중(羌中) 지방과 교역하기 좋고, 북으로는 융적이 목축을 하고 있으니, 키우는 짐승들이 천하에 공급할 만큼 넉넉하였다. 비록 그 지역이 궁벽하고 험하나 수도로 바로 이어지는 요지였다. 그러므로 관중 지방은 천하의 삼분의 일을 차지하면서도 인구가 3할을 넘지 못하지만, 물자는 풍부하여 나라 전체의 6할을 차지하였다

옛날 요임금이 하동(河東)에 도읍하였고, 은나라가 하내(河內)에 도읍하고 주나라가 하남(河南)에 도읍하였다. 이 세 곳은 천하의 중심으로 마치 솥의 발처럼 자리하여 왕이 번갈아 지낼 만한 곳이다. 나라를 세운지 각각 수백 년 혹은 천년이 되어, 토지는 협소해지고 백성은 많았다. 더군다나 도읍에 제후들이 모여들게 되니, 그 풍속이 인색하고 사리에 밝게 되었다.

양(楊)과 평양(平陽) 지방은 서쪽으로 진(秦), 적(翟)과 무역하고 북으로는 종(種), 대(代)와 무역하였다. 종(種)과 대(代)는 석(石) 지방의 북쪽인데, 오랑캐와 인접해 있어서 자주 노략질을 당하였다. 그 백성은 자존심이 세고 뽐내기를 좋아하며 의협심이 있어서 농업과 상업에 종사하지 않았다. 그런데 북쪽 오랑캐가 가까이 있어 전투가 빈번하니, 나라에서 전쟁 물자가 운송될 때에는 여유가 많았다. 그 백성들은 성격이 거칠면서 불안하여 진(晉)나라 때부터 이미 그들의 사나움을 우려하던 차에 조나라 무령왕(武寧王, B.C. 325~B.C. 299)은 이를 더욱 장려하여서, 그 민간에서는 여전히 조나라의 유풍이 있었다. 이에 양과 평양 지방은 그 상황을 잘 활용하여 필요한 것을 얻었다.

온(溫)과 지(軹) 지방은 서쪽으로 상당(上黨) 지방과 무역하고 북쪽으로는 조(趙), 중산(中山)과 무역하였다. 중산의 땅은 척박하고 인구가 많았으며, 사구(沙丘)에는 은나라 주(紂) 임금의 음란한 풍속을 따르던 후예들이 있었다. 그 풍속은 경박하고 조급하여, 꾀를 부려 이익을 얻는 것을 좋게 보았다. 사내들은 서로 어울려 장난치고 놀다가 비장한 노래에 심취하기도 하고, 걸핏하면 서로 몰려다니면서 노략질을 하고 틈만 나면 무덤을 파헤쳐 간교한 짓을 일삼고, 외모가 잘나서 배우가 되는 사람도 많았다. 여인들은 거문고를 배우고 작은 신을 신었는데, 부귀한 자의 도움으로 후궁(後宮)이 되어 제후국으로 두루 진출하였다

한단(邯鄲)도 장수(漳水)와 황하(黃河) 사이의 큰 도시이다. 북으로는 연(燕)과 탁(涿) 지방으로 연결되고 남으로는 정(鄭)나라와 위(衛)나라가 있다. 정나라와 위나라의 풍속은 조나라와 비슷했지만, 양(梁)나라나 노(魯)나라에 가깝기도 해서 다소 장중하고 지조를 강조하였다.

야왕(野王) 지방에는 진(秦)나라의 강요로 위나라 복양(濮陽)에 살던 사람들이 이주해왔다. 이 때문에 야왕 사람들의 씩씩하고 의협심이 강한 특성은 위나라의 기풍이다.

연(燕) 지방 또한 발해(渤海)와 갈석산(碣石山) 사이에 위치한 큰 도시이다. 남으로는 제나라와 조나라로 통하고 동북쪽으로 이민족들과 국경을 접하고 있다. 상곡(上谷)에서 요동(遼東)까지 땅은 넓지만 인구는 드물어서, 자주 노략질을 당했다. 그 풍속은 조(趙), 대(代) 등과 매우 유사하여, 백성은 사납고 민첩하지만 현명하지 못하다. 생선, 소금, 대추, 밤 등이 많이 생산된다. 그 북쪽으로는 오환(烏桓), 부여(夫餘)와 인접하고, 동쪽으로는 예맥(穢貉), 조선(朝鮮), 진번(眞番)과 교역하기 좋다.

낙양(洛陽)은 동쪽으로 제나라 노나라 등과 교역하고 남쪽으로 양(梁)나라 초나라와 교역했다. 그러므로 태산의 남쪽은 노나라의 옛 영토이며, 그 북쪽은 제나라의 옛 영토였다.

제나라는 산과 바다로 둘러싸고 있는데, 기름진 땅이 천리에 이르고 뽕과 삼베를 재배하기에 적당하다. 백성들은 문양 있는 비단과 베, 생선 소금이 넉넉하였다. 임치(臨菑)도 동해와 태산 사이에 있는 커다란 도시였다. 그 풍속이 관대하고 활달하였고, 머리가 좋고 토론을 즐기며, 진중하여 쉽게 동요되지 않았다. 대규모 전투에는 약했지만 홀로 무기를 들고 싸우는 것은 잘해서 남을 위협하는 자들이 많았다. 제나라는 큰 나라의 풍모를 지녔으며, 백성들은 다섯 가지 직업[1]을 고루 가지고 있다.

---

1 다섯 가지 직업 사(士), 농(農), 공(工), 상(商:行商), 고(賈:坐商)

그리고 추(鄒)나라와 노(魯)나라는 수수(洙水)와 사수(泗水)에 인접하여 아직 주공(周公)의 유풍이 남아 있었다. 그 풍속은 유학을 좋아하고 예절을 지키니, 그 백성들이 소심하고 조심스러운 태도를 지녔다. 비단과 삼베를 짜는 일을 하는 사람이 꽤 많지만, 숲과 연못은 많지 않다. 땅은 작고 사람은 많아, 백성들은 검소하고 알뜰하며 죄를 짓거나 욕심부리는 것을 멀리하였다. 그러나 노나라가 쇠퇴하면서, 백성들은 장사하여 이익을 남기는 것을 좋아하게 되었는데, 그 경향이 주나라 사람들보다 심했다.

홍구(鴻溝)의 동쪽, 망(芒)과 탕(碭)의 북쪽으로 커다란 평원이 이어지니, 이곳이 양(梁)과 송(宋)이다. 도(陶)와 수양(睢陽)도 큰 도시이다. 옛날 요임금은 성양(成陽)에서 활동했고, 순임금 전택(雷澤)에서 물고기를 잡았으며, 탕임금이 박(亳)에 도읍을 정했다. 그 지역은 아직 선왕의 유풍이 있어, 성품이 중후하고, 군자가 많이 나오며, 백성들은 농업을 즐겨한다. 비록 기름진 토양은 아니지만, 사람들은 의복이나 음식을 아껴 저축을 한다.

월(越)나라와 초(楚)나라에는 지역에 따라 세 가지 서로 다른 풍속이 있다.

회수(淮水) 북쪽의 패(沛), 진(陳), 여남(汝南), 남군(南郡) 등지는 서초(西楚)이다. 그 풍속은 사납고 경박하며 쉽게 흥분하여, 토지가 빈약해서 재산을 모은 사람이 적다. 강릉(江陵)은 초나라의 수도였던 영(郢)의 중심지로서, 서쪽으로는 무(巫), 파(巴)로 통하고 동쪽으로는 기름진 운몽(雲夢) 지방이 있다. 진(陳)은 초나라와 하(夏)의 도로가 만나는 곳에 위치하여 생선과 소금의 물자가 오가니, 그 백성 중에는 상인이 많다. 서(徐), 동(僮), 추려(取慮) 지방은 정직하면서도 각박하며 신용을 긍지로 삼았다.

팽성(彭城) 동쪽의 동해(東海), 오(吳), 광릉(廣陵) 등지는 동초(東楚)이다. 그 풍속은 서(徐)나 동(僮)과 유사하다. 구(朐), 증(繒)의 북쪽은 그 풍속이 제나라를 닮았고, 절강(浙江)의 남쪽은 월(越)나라를 닮았다. 이 지역은 과거 오왕 합려(闔廬), 초나라 춘신군(春申君), 오왕 비(濞) 세 사람이 유람하는 천하의 인재들을 불러 모았던 곳으로, 동쪽으론 해산물과 소금이 풍부하고, 장산(章山)에는 구리 광산이 있으며,

삼강(三江)과 오호(五湖)를 통해 교역을 할 수 있으니, 강동(江東) 제일의 도시이다.

남(淮南)의 형산(衡山)과 구강(九江), 강남(江南)의 예장(豫章)과 장사(長沙) 등지는 남초(南楚)이다. 그 풍속은 서초와 대체로 유사하다. 초나라가 수도를 영(郢)에서 수춘(壽春)으로 옮긴 뒤, 수춘은 큰 도시로 성장하였다. 합비(合肥)는 양자강과 회수가 남북으로 만나니, 피혁, 절인 물고기, 목재의 집하장이다. 이 지역은 민중(閩中), 간월(干越)의 잡다한 풍속이 번져서 문학을 좋아하니, 사람들의 언변은 뛰어나지만 신용은 부족하다. 강남(江南)은 지대가 낮고 습하여 사내들이 단명하였고, 대나무와 목재가 풍부하다. 예장에선 황금이 나며, 장사에선 납과 주석이 나지만, 미미한 정도라 채굴하여도 이익을 남기지 못한다. 구의(九疑), 창오(蒼梧)의 남쪽에서 담이(儋耳)에 이르는 곳은 강남과 풍속이 대체로 같은데, 양월(陽越) 출신이 대부분이다. 반우(番禺)도 큰 도시로, 진주, 물소 뿔, 대모(玳瑁:거북의 갑주), 열대 과일, 갈포(葛布) 등의 집산지였다.

영천(潁川)과 남양(南陽)은 하(夏)나라 유민들의 거주지였다. 이곳은 하나라 사람들의 소박하고 충직한 정치를 숭상하여 아직도 선왕의 유풍이 남아 있다. 영천의 백성은 도탑고 질박하였다. 진나라 말기에는 황실에 잘 따르지 않는 백성을 남양으로 이주시켰다. 남양은 서쪽으로 무관(武關), 운관(鄖關)으로 통하며, 동남쪽으로 한수(漢水), 양자강, 회수(淮水)로 이어졌다. 완(宛)도 큰 도시였다. 그 풍속은 잡다하게 일을 좋아하고 장사하는 사람이 많다. 순종적이지 않고 의협심 있는 사람들이 영천에 드나들었기에, 지금도 그들을 일러 '하나라 사람'이라 부른다.

천하에는 물자가 적은 곳도 있고 많은 곳도 있으며 백성의 풍습 또한 지역에 따라 차이가 난다. 산동지방에서는 바다에서 소금이 나고, 산서지방에서는 호수에서 소금이 나고, 영남과 사북지역에서는 곳곳에서 소금이 난다. 물건과 사람의 관계는 대체로 이런 것이다.

종합해보면, 초나라와 월나라 등지는 땅은 넓고 인구는 희박하며, 사람들은 쌀밥에 생선국을 먹었다. 그들은 가을에는 마른 논에 불을 놓았고 봄에는 물을 대서 농사를 지었으며, 과일과 소라, 조개 등을 먹었는데, 장사에 기대지 않고

도 자급자족하였다. 땅은 기름져서 기근의 근심이 없었다. 이런 까닭으로 사람들이 게을러져 그저 살아가는데 만족하고, 물자를 모으지 않아 대체로 가난하였다. 그러므로 양자강과 회수 남쪽에서는 얼어죽고 굶어죽는 사람이 없었지만, 큰 재산을 가진 부자도 없었다.

기수(沂水)와 사수(泗水) 이북은 오곡(五穀)과 뽕나무, 마, 가축 등을 기르기에 적당하였고, 땅은 좁고 인구가 많았으며, 가뭄과 홍수의 피해가 잦았다. 이런 까닭으로 사람들은 저축하고 모아두기를 좋아했다. 그러므로 진(秦), 하(夏), 양(梁), 노(魯) 지방은 농업을 숭상하고 백성을 중요시하였다.

삼하(三河), 완(宛), 진(陳) 지방도 그러했지만, 상업에도 관심을 가졌다. 제(齊)와 조(趙)에서는 기회가 생기면 기지를 발휘하여 이익을 도모하였으며, 연(燕)과 대(代)에서는 농사와 목축을 하면서 양잠도 하였다.

이로부터 살펴보건대, 선비가 벼슬을 얻어 정사를 의논하고 절개를 지켜 죽는 것과, 은둔하여 동굴에 기거하며 세상에 이름을 드러내는 것은 무엇을 위한 것인가? 결국 부귀를 위한 것이다.

벼슬한 자가 욕심내지 않고 청렴하게 일하는 것은 갈수록 봉록이 높아져 부유하게 되기 때문이다. 장사꾼이 물건값을 비싸게 부르지 않는 이유는 신용을 얻어 부자가 되려 하기 때문이다. 부유함이란 사람의 본성이라 배우지 않아도 모두가 제각각 능력대로 추구하는 것이다.

전쟁 중인 병사가 위험을 무릅쓰고 적의 성에 먼저 올라 적진을 함락시키고 적의 장수를 목 베려하는 것은 큰상을 받기 위해서이다. 반면에 강도질이나 도둑질을 하여 남의 물건을 빼앗고 훔치는 것은, 그것이 죽을 곳을 향해 달려가는 말 위에 탄 처지라 해도 실은 모두 재물을 얻기 위함이다. 또 미인들이 얼굴을 아름답게 꾸미고 음악을 연주하거나 춤을 추어, 늙은이와 젊은이를 가리지 않고 유혹하는 것은 재물을 얻기 위함이다.

부잣집 자제들이 치장한 수레와 말을 타고 거리를 나돌아다는 것은 자신들의 부귀를 과시하기 위함이다. 사냥꾼이 눈과 서리를 무릅쓰고 깊은 골짜기를 다니며 사나운 맹수를 잡고자 하는 것은 그 맛 좋은 고기를 얻기 위해서다. 도박으로 인해 얼굴색이 변해가면서 자신을 과시하며 이기려는 것은 그 이익을 얻기 때문이다. 의사나 점쟁이나 기술로 먹고 사는 이가 그 재능을 다하는 것은 좋은 수입을 얻기 때문이다.

관리가 문서를 위조하면서 자신에게 내려질 형벌을 두려워하지 않는 것은 역시 뇌물을 탐하기 때문이다. 모든 직업을 가진 이들이 재물을 모으고 늘리는 것은 부자에 대한 동경 때문이다. 결국 배운 자들이 자신의 지식과 능력을 다하여 생을 바치는 이유가 바로 재물을 얻고자 하는 것이다.

속담에 이런 말이 있다.

"백리 먼 곳에 나가 땔나무를 팔지 말고, 천리 먼 곳에 나가 곡식을 팔지 마라.", "1년을 바라보려면 곡식을 심고, 10년을 바라보려면 나무를 심고, 백년을 바라보려면 덕으로 인도한다."

덕이란 사람을 근본으로 여기는 것이다. 그런데 지금 벼슬도 없고 봉받은 토지도 없으면서, 벼슬과 봉토를 가진 자들 만큼 즐거움을 누리는 자가 있다. 이런 이를 가리켜 소봉(素封)이라 한다. 봉(封)이란 영지에서 조세를 징수하는 권한이다. 예를 들어 가구마다 2백 전의 세금을 걷는다면, 1천 가구의 영지를 가진 자는 20만 전의 수입이 된다. 왕께 예물을 바치고 제후들과 교제하는 비용을 다 그 수입에서 쓰게 되는 것이다. 농업, 상업, 공업 등에 종사하는 평민이 원금 일만 전으로 이자를 받는다면 한 해의 수입이 2천 전이 된다. 그렇다면 1백만 전을 가진 집안은 한해 수입이 무려 20만 전이 된다. 군역이나 부역의 면제에 드는 비용과 각종 세금은 그 수입에서 충당하게 된다. 또한 아쉬움 없이 의식주를 누릴 수 있다.

그러므로 1천 가구의 영지를 보유하는 것을 재산으로 환원하면, 말 50마리 또는 소 160-170마리 또는 양 250마리를 치는 목장, 돼지 250마리를 키울 수 있는 물가, 연간 1천 석의 물고기를 양식할 수 있는 방죽, 큰 목재 1천 그루를 벌채할 수 있는 임야, 안읍(安邑)에 심어놓은 1천 그루의 대추나무, 연나라와 진나라에 심어놓은 1천 그루의 밤나무, 촉(蜀)·한(漢)·강릉(江陵) 지방에 심어놓은

1천 그루의 귤나무, 회북(淮北)과 상산(常山) 남쪽, 황하와 제수(濟水) 사이에 심어 놓은 1천 그루의 가래나무, 진(陳)과 하(夏)에 자라는 1천 이랑(1이랑:240㎡)의 옻나무, 제(齊)와 노(魯)에 자라는 1천 이랑의 뽕나무와 마(麻), 위천(渭川)에 자라는 1천 이랑의 대나무, 각국의 1만 가구에 달하는 도시 주변에 자리한 1천 이랑의 좋은 밭, 또는 그 도시 주변에 자리한 1천 이랑의 치자나무, 또는 5만 이랑의 생강과 부추에 해당된다. 이상 설명한 것 중 하나를 보유하고 있다면, 1천 가구의 영지를 가진 제후와 수입이 같은 것이다. 이는 매우 안정된 소득의 원천이기 때문에 시장을 기웃거릴 필요도 없고, 다른 지방으로 오갈 이유도 없고, 편안히 수입을 기다리면 된다. 자신은 관직에 얽매이지 않고도 넉넉한 수입을 누릴 수 있는 것이다.

만일 집이 가난하고, 부모도 연로하시며, 아내는 연약하고, 해마다 조상의 제사도 지내지 못하며, 음식과 의복조차 스스로 감당하지 못하면서, 자신에 대해 부끄러워하지 않는다면, 이런 사람은 비교대상도 되지 못할 것이다. 그러므로 재산이 없는 자는 노력해서 벌려고 하고, 약간 있는 자는 지혜를 써서 늘리려 하고, 많은 재산을 가진 자는 기회를 노려 이익을 추구한다. 이것이 재산을 축적하는 큰 원칙이다.

돈을 버는데 가장 기본이 되는 것은 농업으로 부를 얻는 것이 최상이고, 장사로 부를 얻는 것은 그 다음이고, 간악한 수단으로 부를 얻는 것은 최악이다. 한편 깊은 산림에 은둔하면서 벼슬에 뜻이 없는 선비의 고결함도 없으면서, 허구한 날 빈천하게 지내면서 인의(仁義)를 말하기 좋아하는 것도 부끄러운 일이다. 누군가가 자신보다 열 배로 돈이 많으면 그를 흉보고, 백 배로 돈이 많으면 그를 겁내고, 천 배로 돈이 많으면 그의 심부름을 하며, 만 배로 돈이 많으면 그의 노예가 된다. 이것이 세상의 이치이다.

가난에서 벗어나려 할때, 농업은 공업보다 못하고, 공업은 상업보다 못하다. 자수놓는 일을 하기보다 시장에 나가 장사를 하라고 하는데, 이 말은 상업이 가난한 자들의 밑천이라는 것이다. 사방으로 통하는 큰 도시에서, 한 해에 파는 분량이 술 천 항아리, 젓갈 1천 병, 장 1천 항아리, 소나 양 돼지의 가죽 1천

장, 판매용 곡식 1천 종(鍾:64말), 1천 수레 분량의 땔나무, 도합 1천 길이나 되는 배에 실린 땔나무, 목재로 쓸만한 나무 1천 그루, 1만 그루의 대나무, 작은 수레 1백 대, 우마차 1천 대, 옻칠한 목기 1천 개, 구리 그릇 1천 균, 목기나 철기 또는 염료 1천 석, 말 76 필, 소 250 마리, 양이나 돼지 2천 마리, 시종 100명, 심줄·뿔·단사(丹砂) 1천 근, 면·솜·가는 베 1천 균(鈞:30근), 문양을 넣은 옷감 1천 필, 옷감이나 피혁 1천 석, 옻 1천 말, 누룩이나 메주 1천 합(畣), 복어나 갈치 1천 근, 작은 생선류 1천 석(石), 건어물 1천 균, 대추나 밤 3천 석, 여우나 담비 가죽 1천 장, 염소나 양 가죽 1천 석, 담요 1천 장, 과일·야채 1천 종에 달하거나, 혹은 현금 1천 관(貫)을 자본으로 하여 이자를 받는 중개인으로 나서거나, 욕심을 부리다가 사고 파는 시기를 놓쳐 원금의 3할의 이익을 얻게 되거나, 정직하게 거래하면서도 비쌀 때 팔고 쌀 때 사들여서 원금의 5할의 이익을 얻게 되면, 제후국의 경제규모인 천승지가(千乘之家)에 비견되는 수준이다. 다른 잡다한 사업의 경우 원금 대비 2할의 수입을 올리지 못한다면, 이익이 남는 장사라고 할 수 없다.

부자가 되어 명성을 얻은 자를 소개하여 후세 사람들이 참고가 되도록 하겠다. 촉(蜀) 지방 탁씨(卓氏)의 조상은 제철업으로 부자가 되었다. 진(秦)나라가 조나라를 점령하고 탁씨를 이주시켰다. 재물을 모두 빼앗긴 탁씨는 고민에 빠졌다.

"사람들은 관리들에게 뇌물을 바치고 가까운 가맹(葭萌) 지역으로 이주하려 한다. 하지만 가맹은 좁고 척박한 땅이다. 듣자니 민산(汶山) 아래 땅이 기름져 감자가 잘 되고 사람들이 굶어 죽지 않는다고 한다. 그곳은 장사하기도 쉽다고 하니 그곳으로 보내달라고 하자."

그리하여 탁씨는 민산 아래 임공(臨邛) 지역으로 이주하였다. 그곳에서 철광을 발견하여 쇠를 녹여 그릇을 만들었다. 그렇게 부를 쌓기 시작하여 나중에는 노비 1천 명을 부리게 되었다. 그들이 사냥하고 고기잡이하는 즐거움은 왕에 버금갈 정도였다.

정정(程鄭)은 산동에서 옮겨 온 포로였다. 그 또한 제철업으로 오랑캐들과 교역을 하였다. 그 결과 탁씨처럼 부유해졌다. 나중에 그는 탁씨가 사는 임공으로 이주하여 살았다.

완(宛) 지방의 공씨(孔氏) 또한 제철업을 하였다. 그는 쇠를 녹여 그릇을 만들었고 방죽과 못도 만들었다. 수레를 몰고 제후를 찾아다니며 장사를 하여 많은 이익을 얻었다. 그는 제후들에게 선물을 잘하는 자로 소문나 유한공자(游閑公子)란 별명을 얻었다. 돈 씀씀이가 크면서도 수천 금을 벌어 큰 부자가 되었다. 남양의 장사꾼들은 모두 그를 존경하였다.

노(魯)나라 사람들은 절약하는 풍습이 있어 대부분 검소하였다. 조(曹) 지방의 병씨(邴氏)는 특히 심했다. 그는 대장장이로 시작해 몇만 금을 벌었는데 그러면서도 검소한 생활을 하였다. 그의 생활신조는 이랬다. '엎드리면 물건을 줍고, 위를 쳐다보면 물건을 취하라.'

그가 많은 사람들에게 돈을 빌려주자, 각 지역에서 학문을 버리고 이익을 좇으려는 자가 생겨났다. 이는 조씨의 영향이었다.

제나라에서는 노예를 천대하였다. 하지만 조한(刀閒)이라는 자는 노예를 아껴주고 정중히 대해주었다. 교활한 노예는 누구나 싫어하기 마련인데도 조한은 그런 자를 발탁해 생선과 소금을 팔게 해 이익을 보았다. 또 그들에게 말과 수레를 몰게 해 자신은 지역의 유지들과 교제를 할 수 있었다. 노예들을 신임하자 노예들 역시 돈을 벌어 보답하였다. 재산이 몇천 금에 달하자 소문이 났다.

"차라리 벼슬을 그만두고 조한의 노예가 되는 것이 낫다."

조한은 재주 있는 노예들을 잘 이끌어 그들을 부유하게 해주고, 그들의 노력으로 부에 이른 것이다.

주(周)나라 사람은 본래 알뜰했지만, 그중 사사(師史)는 더욱 심했다. 그의 상품을 실은 수백 대의 수레는 방방곡곡 이르지 않는 곳이 없었다. 주나라의 수도 낙양은 제(齊), 진(秦), 초(楚), 조(趙)나라의 중앙에 있어서 상업에 유리했다. 가난한 사람들은 부자들에게서 장사하는 법을 배워서 오래도록 행상하는 것에 자부심을 가졌으며, 수차례 집 근방을 지나면서도 들르지 않을 정도로 열심이었다.

사사는 이들의 도움으로 재산이 칠천만이나 되었다.

선곡(宣曲)에 사는 임씨(任氏) 조상은 독도(督道) 지방의 창고를 지키는 관리였다. 진나라가 무너지자 천하의 호걸들이 앞다투어 금이나 옥같은 패물을 털어갔다. 이때 임씨는 창고의 곡식을 빼내어 굴속에 감추었다. 나중에 초나라와 한나라가 형양에서 전투를 벌일 때 백성들은 농사를 지을 수 없어 곡식 한 섬에 만전까지 올랐다. 결국 영웅호걸들은 임씨에게 탈취했던 보물을 주고 식량을 사가야 했다. 그 결과 임씨는 큰 부자가 되었다.

대부분의 부자들이 사치를 일삼았지만 임씨는 검소하였다. 농사와 목축에 힘써 필요한 물품은 좋은 것만 사서 썼다. 임씨의 집안은 여러 대에 걸쳐 부유하게 살았다. 그것은 임씨의 가훈 때문이었다. "내 집의 밭과 가축에서 나온 곳이 아니면 먹지 않고, 일이 끝나지 않으면 술과 고기를 먹지 않는다."

임씨 가문은 이러한 원칙 때문에 부를 누릴 수 있었으며, 황제도 그들을 중하게 여겼다.

오초칠국(吳楚七國)이 반란[2]을 일으켰을 때 제후들은 토벌군에 가담하기 위해 자금이 필요했다. 그런데 반란군을 토벌할지가 미덥지 않아 아무도 돈을 빌려주지 않았다. 그때 무염씨(無鹽氏)가 천금을 풀어 이자를 원금의 10배로 해 빌려주었다. 석달이 지나자 반란군이 패하고 평정되었다. 1년도 안 되어서 무염씨는 자금의 10배를 이자로 받게 되었다. 그의 재산은 관중(關中) 전체 재산과 맞먹을 정도였다.

---

2 오초칠국(吳楚七國)의 반란 한나라 경제(景帝) 때인 B.C. 154년 제후국 오(吳)나라의 왕 유비(劉濞)가 주축이 되어 조(趙)·교서(膠西)·초(楚)·교동(膠東)·치천(菑川)·제남(濟南) 등 여섯 나라와 함께 일으킨 반란이다. 경제는 조조(晁錯)의 건의를 받아들여 제후의 죄를 빌미로 조·교서·초나라의 봉토를 삭감했다. 오나라에도 봉토를 삭감하려 하자, 유비는 초나라 등 여섯 나라의 왕들과 공모하여 간신 조조의 처결을 구실로 군사를 일으켰다. 이후 정부군의 전략에 의해 오왕은 살해당하고, 오와 공모한 왕들도 모두 살해당한 끝에, 반란은 3개월 만에 평정되었다.

이상의 인물들은 탁월하고 비범한 능력을 지닌 부호였다. 이 사람들은 벼슬이나 영토를 가진 것이 아니었고, 교묘한 수단이나 나쁜 짓을 해서 부자가 된 것도 아니다. 사물의 이치를 알아 그에 순응하여 이익을 얻었다. 상업으로 재물을 모으고, 부자가 되어서는 농업으로 부를 지켰다. 과감하게 일을 결단하고 추진하였으며, 치밀하게 따져보아 일을 성사시켰다. 그 변화에는 원칙이 있었으니, 충분히 살펴볼만한 가치가 있었다.

　최선을 다하여 농업, 목축업, 수공업, 임업, 행상, 상업 등에 힘써서 시세에 따라 이익을 올림으로써 부자가 된 사람들은 크게는 군(郡)을 장악하고, 다음은 현(縣)을 장악하고, 작게는 향리(鄕里)를 장악하였는데, 이런 사람들을 모두 열거하기에는 너무나 많다.

　근검절약하고 부지런히 일하는 것이 부자가 되는 바른길이다. 그런데 부자는 반드시 남보다 독특한 방법으로 재물을 모았다.

　농사는 재물을 모으는 방법으로는 그다지 현명한 방법은 아니지만 진양(秦揚)이라는 자는 농사로써 한 나라의 최고 부호가 되었다. 남의 무덤을 파헤쳐 재물을 훔치는 행위는 나쁜 일이다. 그러나 전숙(田叔)이라는 자는 이를 발판으로 부자가 되었다. 도박은 나쁜 일이지만 환발(桓發)은 그것으로 부자가 되었다.

　행상은 대장부에게 천한 일이지만 옹낙성(雍樂成)이라는 자는 이로써 부자가 되었다. 남자가 화장품을 파는 것은 부끄러운 일이지만 옹백(雍伯)이란 자는 이로써 천금을 얻었다. 술장사는 하찮은 직업이지만 장씨(張氏)라는 자는 이로써 천만금을 벌었다. 칼 가는 기술은 보잘것없지만 질씨(郅氏)라는 자는 이것으로 돈을 벌어 제후들에 버금가는 부자가 되었다.

　내장 말린 것을 파는 장사는 단순하고 하찮은 일이지만 탁씨(濁氏)는 그로 인해 수행원을 거느리는 부자가 되었다. 말의 병을 치료하는 것은 천한 의술이지만 장리(張里)는 그것으로 돈을 벌어 제후들의 재산만큼 벌었다. 이는 모두 성실하게 힘쓴 결과인 것이다.

　이것으로 미루어 보건대, 부자가 되는 직업은 정해진 것이 없다. 또 재물에는 일정한 주인이 없다. 재능이 있는 자에게 재물이 모이고, 못난 사람에게서는 기왓장 흩어지듯 재물이 날아가 버린다. 천금의 부자는 한 도시의 우두머리와 맞먹고, 수만금을 모은 자는 왕이 누리는 즐거움을 똑같이 누린다. 이것이야말로 소봉(素封)이 아니겠는가?

고전의 향기 ❸

사기열전

초판 1쇄 발행   2016년 10월 20일
    2쇄 발행   2019년 1월 25일

역   자 | 조장연
발 행 인 | 신재석
발 행 처 | (주)삼양미디어
등록번호 | 제 10−2285호
주   소 | 서울시 마포구 양화로 6길 9−28
전   화 | 02 335 3030
팩   스 | 02 335 2070
홈페이지 | www.samyang*M*.com

ISBN | 978-89-5897-317-1(03910)